K线

量化分析
实战技巧

王　征　李晓波 ◎著

中国铁道出版社有限公司
CHINA RAILWAY PUBLISHING HOUSE CO., LTD.

U0650017

内 容 简 介

为了能够让更多的投资者掌握正确的炒股方法、提高投资水平，作者将十几年来在实际操作中总结提炼的炒股方法进行归纳。本书首先讲解 K 线量化分析的基础知识，然后通过实例剖析讲解大阳线、见底 K 线组合、见顶 K 线组合、看涨 K 线组合、看跌 K 线组合、其他重要 K 线和 K 线组合、K 线缺口的量化实战技巧，接下来讲解 K 线底部形态、K 线顶部形态、K 线整理形态的量化实战技巧，最后讲解 K 线与趋势等实战技巧。

本书结构清晰、功能详尽、实例经典、技术实用，并且在讲解过程中既考虑读者的学习习惯，又通过具体实例剖析讲解 K 线运用中的热点问题、关键问题及各种难题。

本书适用于股票投资的初学者和爱好者，也适用于有一定炒股经验的股民，更适用于那些有志于在这个充满风险、充满寂寞的征程上默默前行的征战者和屡败屡战、愈挫愈勇并最终战胜失败、战胜自我的勇者。

图书在版编目（CIP）数据

K 线量化分析实战技巧 / 王征，李晓波著 . —北京：中国铁道出版社有限公司 , 2022.3
ISBN 978-7-113-28540-1

Ⅰ. ① K⋯ Ⅱ. ①王⋯②李⋯ Ⅲ. ①股票投资 – 基本知识 Ⅳ. ① F830.91

中国版本图书馆 CIP 数据核字（2021）第 228544 号

书　　名：K 线量化分析实战技巧
　　　　　K XIAN LIANGHUA FENXI SHIZHAN JIQIAO
作　　者：王　征　李晓波

责任编辑：张亚慧　　编辑部电话：（010）51873035　　邮箱：lampard@vip.163.com
编辑助理：张秀文
封面设计：宿　萌
责任校对：安海燕
责任印制：赵星辰

出版发行：中国铁道出版社有限公司（100054, 北京市西城区右安门西街 8 号）
印　　刷：三河市兴达印务有限公司
版　　次：2022 年 3 月第 1 版　2022 年 3 月第 1 次印刷
开　　本：700 mm×1 000 mm 1/16　印张：26　字数：319 千
书　　号：ISBN 978-7-113-28540-1
定　　价：88.00 元

版权所有　侵权必究

凡购买铁道版图书，如有印制质量问题，请与本社读者服务部联系调换。电话：（010）51873174
打击盗版举报电话：（010）63549461

前 言 ○────────────────────────────

为了成为股市中的赢家，很多股民忙着看股评，参加股市沙龙，钻研股票操作图书，可谓乐此不疲。但结果呢？令人遗憾的是，最终效果往往并不理想。

到底是什么原因造成这种状况呢？究其根源在于，对K线理解的不够全面，不够深入，不能站在主力的角度去思考K线背后的含义，去理解K线所预示的多空双方力量的变化。另外，不能把其他分析技术（均线、成交量）融入K线技术中去灵活地应用，从而建立属于自己的交易系统（包括预测系统和买卖决策系统），实现投资资金每年翻倍增长。

本书通过解密K线，使读者领会主力操盘的意图，掌握K线的实战运用法则，从而成为股市赢家。

内容结构

本书共12章，具体安排如下：

• 第1章：首先讲解K线的基础知识，如K线的由来、构成、作用、量化分析、类型；接着讲解K线的强势与弱势、均线、成交量；然后讲解如何快速看明白K线图；最后讲解如何通过K线看大势、K线实战分析要注意的事项。

• 第2~8章：讲解大阳线、见底K线组合、见顶K线组合、看涨K线组合、看跌K线组合、其他重要K线和K线组合、K线缺口的量化实战技巧。

• 第9~11章：讲解K线底部形态、K线顶部形态、K线整理形态的量化实战技巧。

• 第12章：讲解K线与趋势实战技巧。

内容特色

本书的特色归纳如下：

1. 实用性：本书首先着眼于K线量化实战应用，然后再探讨深层次的技巧问题。

2. 详尽的例子：本书附有大量的例子，通过这些例子介绍知识点。每个例子都是作者精心挑选的，初学者反复练习，举一反三，就可以真正掌握K线量化实战技巧，从而学以致用。

3. 全面性：本书包含K线基础知识、大阳线量化实战技巧、见底K线组合量化实战技巧、见顶K线组合量化实战技巧、看涨K线组合量化实战技巧、看跌K线组合量化实战技巧、其他重要K线和K线组合量化实战技巧、K线缺口量化实战技巧、K线底部形态量化实战技巧、K线顶部形态量化实战技巧、K线整理形态量化实战技巧、K线与趋势量化实战技巧。

适合读者

本书适用于股票投资的初学者和爱好者，也适用于有一定炒股经验的股民，更适用于那些有志于在这个充满风险、充满寂寞的征程上默默前行的征战者和屡败屡战、愈挫愈勇并最终战胜失败、战胜自我的勇者。

创作团队

本书由王征、李晓波编写，以下人员对本书的编写提出过宝贵意见并参与了部分内容编写工作，他们是周凤礼、周俊庆、张瑞丽、周二社、张新义、周令、陈宣各。

由于时间仓促，加之水平有限，书中的疏漏和不足之处在所难免，敬请读者批评指正。

作　者

2021年12月

目录

第3章　见底 K 线组合量化实战技巧　/　59

第4章　见顶 K 线组合量化实战技巧 / 103

第5章 看涨K线组合量化实战技巧 / 145

第 1 章

K线量化分析快速入门

K线是最基本的股市交易价格的统计方式，是股市技术分析的基础。利用K线可以捕捉买卖双方力量的对比，可以预测股价未来的走势，把握买入和卖出时机。

本章主要内容包括：

- K线的由来、构成和作用
- K线的量化分析
- K线的分类
- 强势K线和较强势K线
- 弱强势K线和无势K线
- K线舞动的平台——均线
- 看K线，不要忘了成交量
- 正确认识K线
- 快速看明白K线图
- 利用K线识大势
- K线实战分析要注意的事项

1.1　初识K线及量化分析

K线是股价历史走势的记录，将每日的K线按时间顺序排列起来，就是一张K线图。通过对K线图的分析，可以得知当前股市多、空力量的对比状况，并能进一步判断出市场多、空双方谁更占优势，这种优势是暂时性的还是决定性的，从而预测股市未来的发展方向。下面来讲解K线的由来、构成、作用及量化分析。

1.1.1　K线的由来

K线又称阴阳线、日本线、棒线，起源于日本十八世纪的米市交易，用来计算米价每天的涨跌。后来被引用到股票市场，效果明显，这样就逐渐流行起来，现在已成为最权威、最古老、最通用的技术分析工具。

通过K线，人们能够把每日或某一周期的市场状况表现完全记录下来，股价经过一段时间的盘档后，在图上即形成一种特殊区域或形态，不同的形态表示不同意义。可以从这些形态的变化中摸索出一些规律出来。K线图形态可分为底部反转形态、顶部反转形态、横向盘整形态、缺口等。

1.1.2　K线的构成

K线是由股价的开盘价、收盘价、最低价和最高价构成，打开同花顺炒股软件，按下键盘上的"F4"，然后回车，就可以看到深证成指的日K线图，如图1.1所示。

由图1.1可以看出，K线是一条柱状的线条，由实体和影线组成。在实体上方的影线称为上影线；在实体下方的影线称为下影线。实体分阳线和阴线，当收盘价高于开盘价时，实体部分一般是红色或白色，称为阳线；当收盘价低于开盘价时，实体部分一般是绿色或黑色，称为阴线，如图1.2所示。

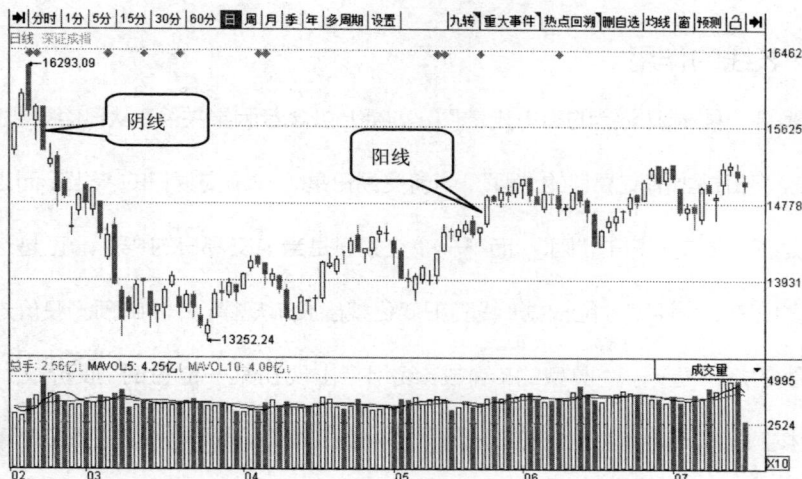

图1.1　深证成指（399001）2021年2月9日到2021年7月15日的日K线图

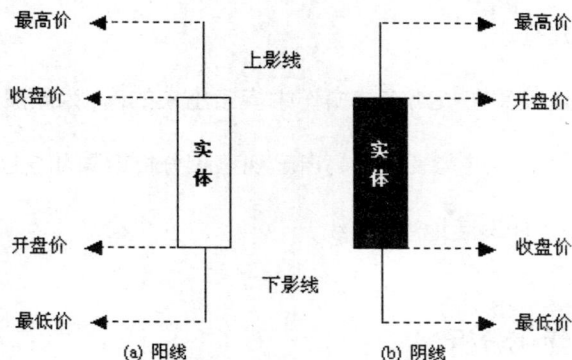

图1.2　阳线和阴线

K线具有直观、立体感强、携带信息量大的特点，它吸收了中国古代阴阳学说，蕴含着丰富的东方哲学思想，能充分显示股价趋势的强弱，显示买卖双方力量平衡的变化，从而较准确地预测后市。

利用K线图，投资者可以对变化多端的股市行情有一目了然的直接感受。K线图最大的优点是简单易懂，并且运用起来十分灵活；最大的特点在于忽略了股价在变化过程中的各种纷繁复杂的因素，而将其基本特征显示在投资者面前。

1.1.3　K线的作用

K线是一种阴阳交错的历史走势图，实际上包含着因果关系。从日K线图上看，上一个交易日是当前交易日的"因"，当前交易日是上一个交易日的"果"；而当前交易日又是下一个交易日的"因"，而下一个交易日是当前交易日的"果"。正是这种因果关系的存在，股评家才能根据K线阴阳变化找出股市规律，并以此预测股价走势。

K线的规律是：一些典型的K线或K线组合出现在某一位置时，股价或大盘指数将会按照某种趋势运行，当这些典型的K线或K线组合再次出现在类似位置时，就会重复历史的情况。如底部出现早晨之星，股价往往会由此止跌回升，掌握这一规律后，当再遇到底部出现早晨之星，就可以判断股价反转在即，认真分析行情后可以考虑择机建仓。

K线的规律是股民在长期实战操作中摸索出来的，作为新股民，需要在学习别人经验的基础上，通过实战来提高自己观察和分析K线的能力，只有这样才能掌握K线的规律，才能灵活地应用K线。

1.1.4　K线的量化分析

量化分析就是将一些不具体、模糊的因素用具体的数据表示出来，从而达到分析比较的目的。K线的量化分析，是指在利用K线进行股票交易时，把买进的位置、止损的位置、止赢的位置，都详细具体地用数字表示出来，然后严格地按照这些量化数据进行交易操作，忠实地执行交易计划，不受主观情绪（恐惧、贪婪、赌气等）影响，总之纪律严明。

1.2　K线的分类

K线按不同的标准来分，会有不同的类型，下面具体讲解一下。

1.2.1　按形态来分类

按形态来分，K线可以分为三种，分别是阳线、阴线和同价线。

（1）阳线

阳线，即收盘价高于开盘价的K线，阳线按实体大小可分为大阳线、中阳线和小阳线，如图1.3所示。

（2）阴线

阴线，即收盘价低于开盘价的K线，阴线按实体大小可分为大阴线、中阴线和小阴线，如图1.4所示。

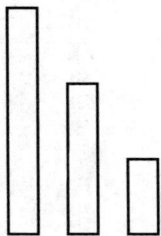

图1.3　大阳线、中阳线和小阳线　　　　图1.4　大阴线、中阴线和小阴线

（3）同价线

同价线是指收盘价等于开盘价，两者处于同一价位的一种特殊形式的K线，同价线常以"十"字形和"T"字形表现出来，所以又称十字线和T字线。同价线按上、下影线的长短、有无，又可分为长十字线、十字线、T字线、倒T字线和一字线，如图1.5所示。

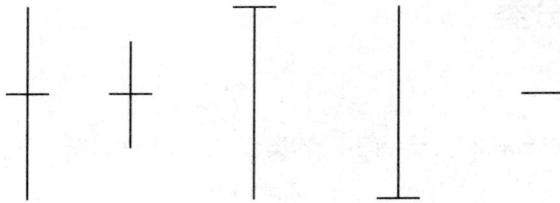

图1.5　长十字线、十字线、T字线、倒T字线和一字线

1.2.2　按时间来分类

按时间来分,K线可以分为两种,分别是短周期K线和中长期K线。其中短周期K线包括1分钟K线、5分钟K线、15分钟K线、30分钟K线、60分钟K线、日K线等。

打开同花顺炒股软件,按下键盘上的"F4",就可以看到深证成指(399001)的日K线图。在日K线图状态下,单击工具栏上的 ,弹出下拉菜单,如图1.6所示。

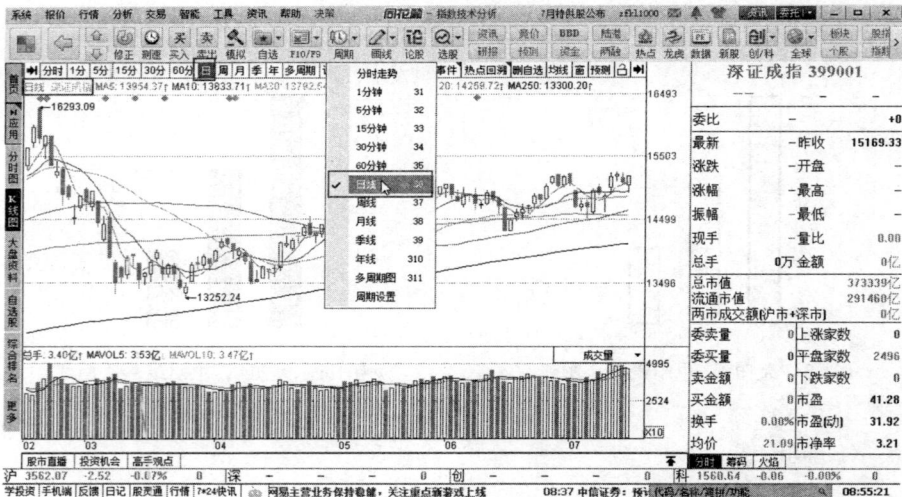

图1.6　深证成指(399001)的日K线图

在下拉菜单中,单击"60分钟"子菜单命令,就可以看到深证成指(399001)的60分钟K线图,如图1.7所示。

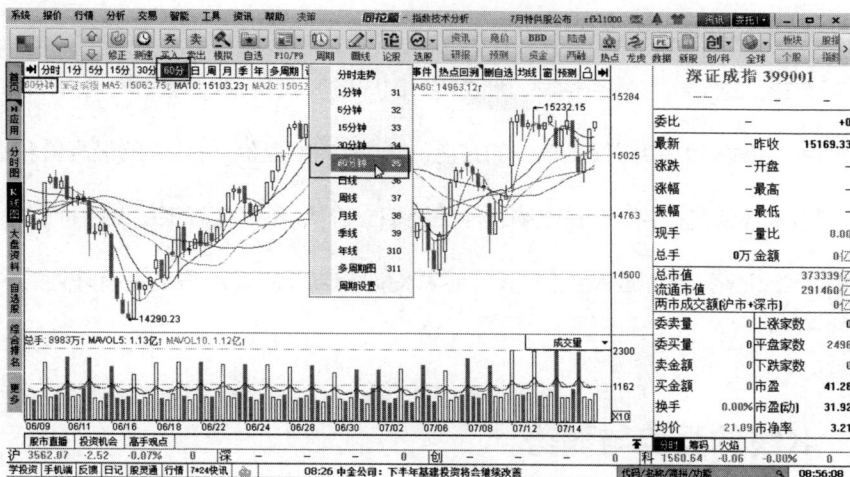

图1.7　深证成指（399001）的60分钟K线图

中长周期K线包括周K线、月K线、季K线、年K线。

在下拉菜单中，单击"月线"子菜单命令，就可以看到深证成指（399001）的

月K线图，如图1.8所示。

图1.8　深证成指（399001）的月K线图

提醒： 按下键盘上的"F8"键，可以实现不同分析周期的切换。

不同的K线有不同的作用，短周期K线，反映的是股价短期走势；长周期

K线，反映的是股价超短期走势。

　　所有K线的绘制方法都相同，即取某一时段的开盘价、收盘价、最高价、最低价进行绘制。如周K线，只需找到周一的开盘价、周五的收盘价、一周中的最高价和最低价，就能把K线绘制出来。现在电脑软件已经相当普及，不需要手工绘制各种K线图，但投资者最好懂得其原理及绘制方法，这样对研究判断股票走势是很有好处的。

1.3　K线的强势与弱势

　　数根K线组成一幅连续的K线分析图，但每根K线都有其自身的含义。K线可以分为强势K线、较强势K线、弱强势K线和无势K线。

1.3.1　强势K线

　　强势K线，共有四种，分别是光头光脚阳线、光头光脚阴线、大阳线和大阴线。注意这些强势K线出现在趋势的末端，则很可能盛极而衰，如图1.9所示。

光头光脚阳线：意味着极端强势上涨，后市看多。

光头光脚阴线：意味着极端强势下跌，后市看空。

大阳线：意味着强势上涨，后市看多。

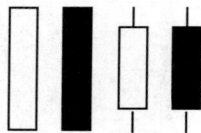

图1.9　强势K线

大阴线：意味着强势下跌，后市看空。

1.3.2　较强势K线

　　较强势K线，共有四种，分别是光头阳线、光头阴线、光脚阳线和光脚阴线。注意这些较强势K线出现在趋势的末端，则已显示疲软之势，如图1.10所示。

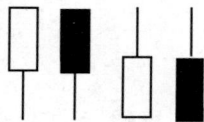

图1.10　较强势K线

光头阳线：意味着较强势上涨，影线表示曾一度遭遇空方反击。

光头阴线：意味着较强势下跌，影线表示曾一度遭遇多方反击。

光脚阳线：意味着较强势上涨，影线表示曾一度遭遇空方反击。

光脚阴线：意味着较强势下跌，影线表示曾一度遭遇多方反击。

提醒：这四种K线都说明对方曾经反击过，尽管尚未成功，但要注意，反击开始了。

1.3.3　弱强势K线

弱强势K线从图形上来是四种，其实是两种，1和2是一种，3和4是一种。如果弱强势K线出现在趋势的末端，往往有变局的意味，如图1.11所示。

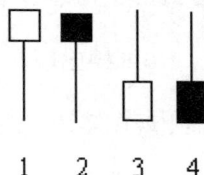

图1.11　弱强势K线

1和2，如果出现在连续上涨的顶部，则称之为上吊线，表示曾遇到剧烈反击，后市有变；如果出现在连续下跌的底部，则称之为锤子线，表示曾遇到过剧烈反击，后市有变。

3和4，如果出现在连续上涨的顶部，则称之为射击之星或流星线，意味着摸高受阻，后市有变；如果出现在连续下跌的底部，则称之为倒锤子线，意味着曾经大涨，后市有变。

提醒：弱强势K线都有较长的影线，出现在连续运动后，说明对手剧烈反击过，后市有变。

1.3.4　无势K线

无势K线表示趋势僵持不下，但如果出现在趋势的末端，比前面的大阴阳线，更有变局之意，如图1.12所示。

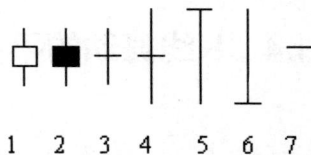

图1.12　无势K线

1、2和3分别表示小阳线、小阴线、十字星线，当它们出现时，一般不能确定后市运动方向。但在连续上涨后出现,说明涨势停顿,后市有变;在连续下跌后出现,说明跌势停顿,后市有变。

4为长十字线,又称长十字星线,其意义与十字星线一样,但疲软的性质和僵持的意义更强烈。

5如果出现在连续上涨的顶部,称之为风筝钱,表明曾遇到剧烈反击,后市有变;如果出现在连续下跌的底部,则称之为多胜线,表明曾遇到剧烈反击,后市有变。

6如果出现在连续上涨的顶部,称之为灵位线,表明摸高受阻,后市有变;如果出现在连续下跌的底部,则称之为空胜线,表明曾遇到过剧烈反击,后市有变。

提醒: 前面这六种无势K线,说明多、空双方僵持不下,失去了方向感,但在连续涨、跌势的末端,则往往意味着情况不妙。

7为一字线,说明开盘价、收盘价、最高价、最低价在同一价位,往往出现在股市中的涨跌停板处。

总体来说,阳线实体越长,越有利于价格上涨,阴线实体越长,越有利于价格下跌;但连续强势上涨后,谨防盛极而衰;连续强势下跌之后,可能否极泰来。如果影线相对实体来说非常小,则可以忽略不计,即等同于没有;如果影线很长,则说明多、空双方争斗非常剧烈,后市不确定。十字星的出现往往是过渡信号,而不是反转信号,它意味着市场暂时失去了方向感,投资者可以继续观察几个交易日。

1.4　K线舞动的平台——均线

在炒股实战中,均线占有相当重要的地位。那么均线究竟是什么呢?其实均线是一个弯曲的趋势线,是用来追踪趋势的,目的在于识别和显示旧趋势已经终结或反转、新趋势正在诞生。

1.4.1　均线的创建及计算

均线是美国投资专家格兰维尔创建的,是由道氏股价分析理论的"三种趋势说"演变而来,将道氏理论具体地加以数字化,从数字的变动中去预测股价未来短期、中期和长期的变动方向,为投资决策提供依据。

均线,是指一定交易时间内的算术平均线。下面以5日均线为例来说明一下,将5日内的收盘价逐日相加,然后除以5,就得出5日的平均值,再将这些平均值依先后次序连接成一条线,这条线就叫5日移动平均线,其他均线算法以此类推。均线如图1.13所示。

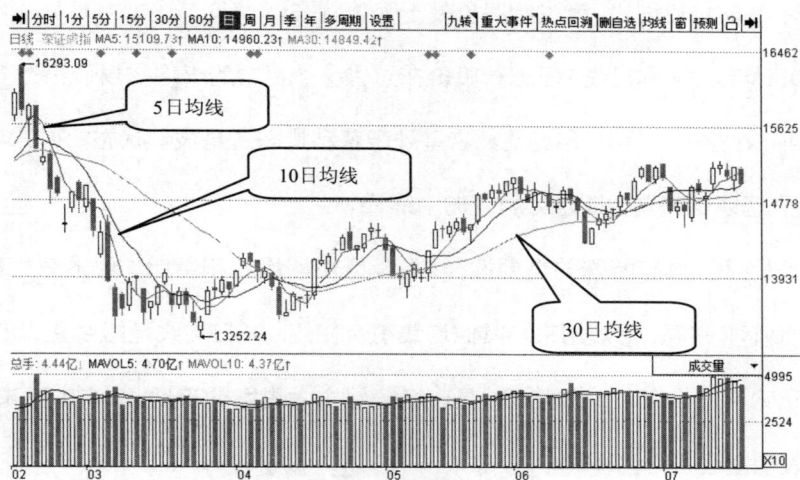

图1.13　深证成指(399001)2021年2月10日至2021年7月16日的日K线图和均线

1.4.2　均线的分类

均线按时间长短可以分为三类,分别是短期均线、中期均线和长期均线。

1. 短期均线

在各类短期均线中,比较常用的有3日、5日、10日、20日和30日均线,下面分别讲解一下。

3日均线：一般是炒股软件中最短时间周期的均线，由于时间短，波动就敏感，不能很好地起到价格平滑作用。该均线对于超短线操作来说是比较有用的。

5日均线：是默认的均线，即1周交易日的平均价格，因为1周只有5个交易日。因为在实际生活中，人们常常用周作为时间单位，所以，5日均线是短线判断的依据，只要股价不跌破5日均线，就说明股价处于极强势状态。

10日均线：又称半月线，是连续两周交易的平均价格，是考察股价在半个月内走势变化的重要参考线。相对于10日均线而言，5日均线起伏较大，特别是在震荡时期，买卖的信号很难把握，所以很多人短线常以10日均线作为进出的依据。只要股价不跌破10日均线，就说明股价处于强势状态。

20日均线：又称月线，标志着股价在过去一个月中的平均交易价格达到了怎样的水平，在这一个月中，市场交易者是处于获利状态还是被套状态。20日均线是考虑股价短期走势向中期走势演变的中继线。

30日均线：具有特殊的重要性，它是股价短期均线和中期均线的分界线，日常使用频率非常高，常被用来与其他均线组合使用。30日均线是短线主力的护盘线，这意味着股价突破30日均线，是市场短线主力进场的表现，只有不跌破30日均线，表明短线主力仍在其中。

提醒：有些短线主力会使用25日均线或34日均线作为短期的护盘线。

2. 中期均线

在各类中期均线中，比较常用的有45日、60日、90日均线，下面分别讲解一下。

45日均线：一个月的交易时间是22天，那么45日均线基本上是两月线，该均线是一条短期均线和中期均线的中继线，对于研判股价的中期行情，常常起到先知先觉的作用。

60日均线：是三个月的市场平均交易价格，也被称为季度线。这是一条比较常用、标准的中期均线，对于判断股价的中期走势有着重要的作用。

90日均线：是中期均线和长期均线的分界线，其特点是走势平滑、有规律，是作为判断中期运行趋势的重要依据。90日均线常被主力相中，作为其中期护盘线。这意味着股价突破90日均线，是市场中线主力进场的表现，只有不跌破90日均线，表明中线主力仍在其中。

提醒：有些中线主力会使用75日均线或100日均线作为中期的护盘线。

3. 长期均线

在各类长期均线中，比较常用的有120日、250日均线，下面分别讲解一下。

120日均线：又称半年线，其使用频率在长期均线组合中较高，利用该均线可以观察股价的长期走势。一般来说，在下降趋势中，它是年线的最后一道护身符；而在上升趋势中，它又是年线前的一个挡箭牌。半年线被股价突破的市场震撼力比较大，它意味着将进入长期上升趋势或长期下降趋势。

250日均线：又称年线，是股价运行1年后的市场平均交易价格的反映，它是股市长期走势的生命线，也是"牛熊分界线"，是判断牛市是否形成或熊市是否来临的主要依据。250日均线常被主力相中，作为其长期护盘线。这意味着股价突破250日均线，是市场长线主力进场的表现，只有不跌破250日均线，表明长线主力仍在其中。

提醒：有些长线主力会使用225日均线或255日均线作为长期的护盘线。

1.4.3　均线的特性

均线可以反映真实的股价变动趋势，即通常所说的上升趋势、下降趋势。借助各种移动平均线的排列关系，可以预测股票的中长期趋势，同时再灵活应用K线技术，就可以实现低买高卖，从而获得较高的收益。

在使用移动平均线时，还要注意到平均股价与实际股价在时间上有所超前或滞后，很难利用移动平均线把握股价的最高点和最低点。另外，股价在盘整时期，移动平均线买卖信号过于频繁。

在使用均线分析股票时，要注意均线的五个特性，如图1.14所示。

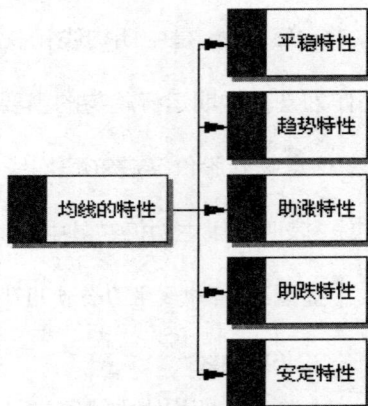

图1.14　均线的特性

1. 平稳特性

由于均线采用的是"平均"股价，所以它不会像日K线图那样高高低低的震荡，而是起落平稳。

2. 趋势特性

均线反映股价的变动趋势，所以具有趋势特性。

3. 助涨特性

在多头市场中，均线向一个方向移动，会持续一段时间后才能改变方向，所以在股价的上涨趋势中，均线可以看成多方的防线，具有助涨特性。

4. 助跌特性

与助涨特性相反，在股价的下跌趋势中，均线可以看成空方的防线，具有助跌特性。

5. 安定特性

通常越长期的均线，越能表现安定特性，即股价必须涨势真正明确后，移动平均线才会往上走；股价下落之初，移动平均线还是向上走的，只有股价下落明显时，移动平均线才会向下走。

1.4.4　均线的基本设置

在同花顺炒股软件中，均线默认是显示的，如图1.15所示。

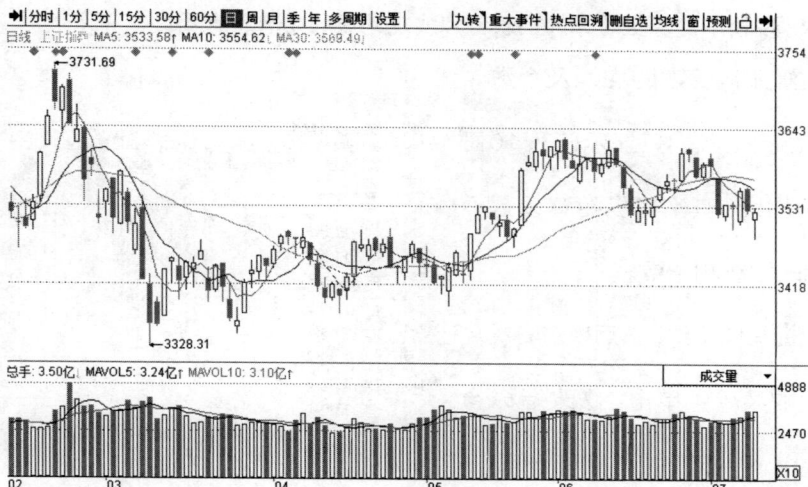

图1.15　上证指数（000001）2021年2月3日至2021年7月9日的日K线图和均线

下面来删除均线。鼠标指向均线，然后单击右键，在弹出菜单中单击"删除均线"命令，就可以删除均线，如图1.16所示。

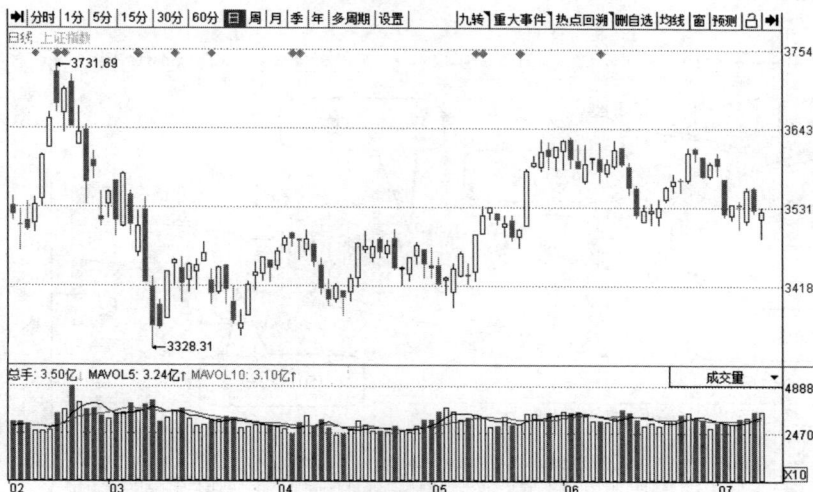

图1.16　删除均线

均线删除后，如果想再添加均线怎么办？在K线图的空白处，单击右键，在弹出菜单中单击"常用线型和指标/均线"命令，就可以重新显示均线。

提醒: 按下键盘上的"Tab"键,可以实现均线的显示和隐藏。

设置不同日期的均线及个数。一般情况下,我们只显示5日、10日和30日均线,其实可以随意设置不同日期的均线和个数。

鼠标指向均线,然后单击右键,在弹出的菜单中单击"修改指标参数"命令,弹出"技术指标参数设置"对话框,如图1.17所示。

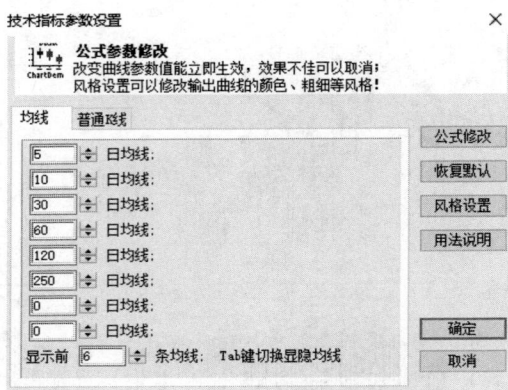

图1.17　技术指标参数设置对话框

在这里可以看到,最多可以显示8条均线,要显示多少日的均线,可以任意设置。在这里设置显示6条均线,分别是5日、10日、30日、60日、120日和250日均线,设置好后,单击"确定"按钮,如图1.18所示。

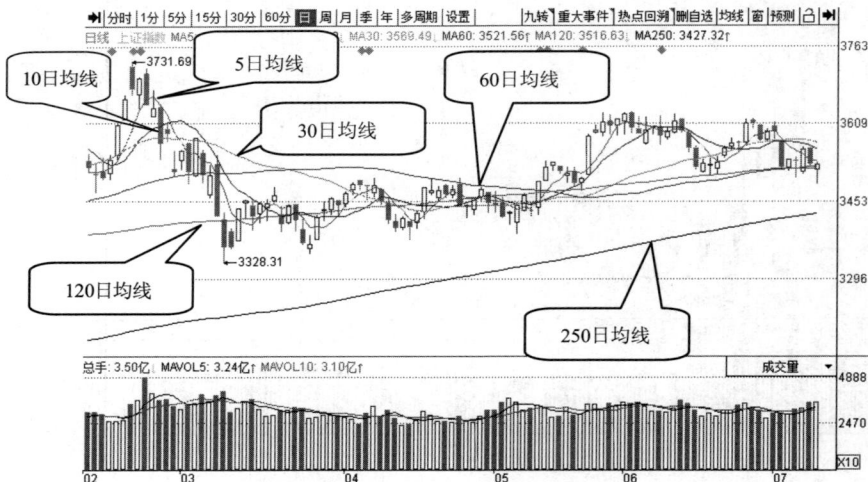

图1.18　显示6条均线

1.5　看K线，不要忘了成交量

成交量是股市人气的温度计，显示着股市中有多少人怀着激动的心在寻找着买家和卖家。所以，对于价量关系，投资者一定要高度关注，特别是股价大幅上涨后，出现成交量急剧放大，说明行情快到头了，是一个危险信号。

1.5.1　成交量的定义

成交量就是在一定交易时间内买卖双方所成交的量，其计算单位为股和手，1手=100股。成交量指标（VOL）将单位时间内总成交量用条形实体地直观地表示出来，如图1.19所示。

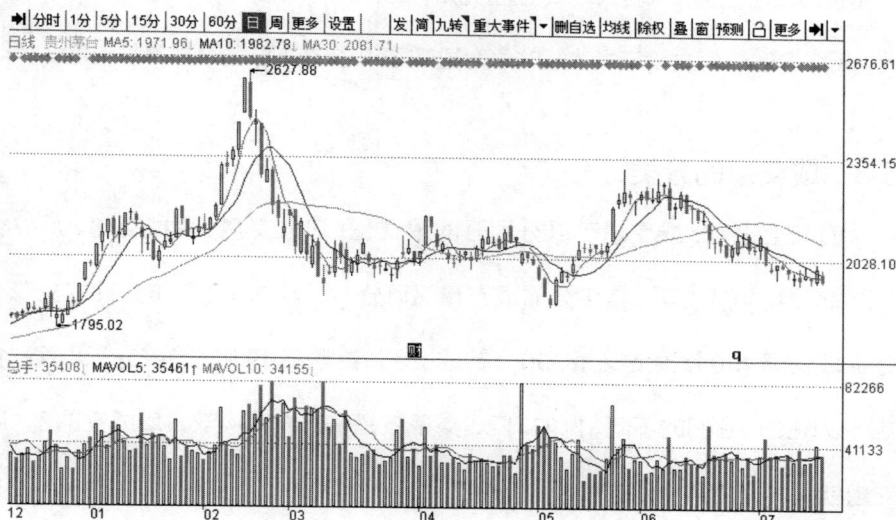

图1.19　贵州茅台（600519）2020年12月14日至2021年7月16日的日K线图和成交量

如果K线是阳线，则其成交量对应的是红柱，如果K线是阴线，则其成交量对应的是绿柱。柱体的长度越高，表示其对应时间的成交量越大；柱体的长度越低，表示其对应时间的成交量越小。

在同花顺炒股软件上，成交量是内盘和外盘之和，也就是主动性买盘和主动性卖盘之和。通常投资者所说的大盘成交量，就是指大盘的成交金额，因为人们对一个交易日交易多少股票没有概念，但总的交易金额可以说明市场的活跃度和入场的资金规模，便于投资者理解。

1.5.2　成交量的意义

成交量是股票市场供求关系的表现形式，它的大小表明买卖双方对某一股票即时价格的认同程度，记录了投资者在不同价位上买卖股票的数量，代表着股票的活跃程度和流通性，并由此透露出市场的人气买卖意愿。

投资者买卖股票，主要取决于股价高低和市场人气，人气越旺盛，则投资者进出场越自由，同时也意味着入场资金越充足，盈利的可能性要大于亏损的可能性。因此，成交量的价值是从市场人气的角度透露了市场的参与意愿和参与深度。

1.5.3　成交量的分类

从时间上来说，成交量可以分为分时成交量、日成交量、周成交量、月成交量、季成交量、年成交量。其中分时成交量又可分为1分钟成交量、5分钟成交量、15分钟成交量、30分钟成交量、60分钟成交量。这些各不相同的成交量，通过名称就可以识别出它们的不同。例如，日成交量就是一日内买卖双方所成交的量；周成交量就是一周内买卖双方所成交的量。

从形态上来说，成交量可分为逐渐放量、逐渐缩量、快速放大量、快速出小量和量平。

1. 逐渐放量

逐渐放量的特征是：虽然有时会出现忽大忽小的成交量，但是成交量总体呈上升态势。逐渐放量如图1.20所示。

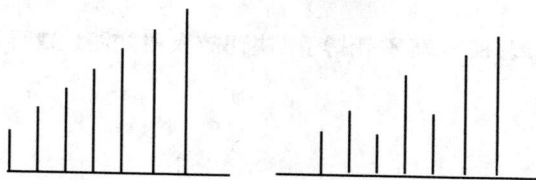

图1.20　逐渐放量

　　逐渐放量意味着买进的量越来越大的同时，卖出的量也相应越来越大，所以，投资者不能简单地理解为增量资金在源源不断地注入，后市可看高一线，其实，与此同时，也有相同的存量资金在不断地退出，后市究竟如何还存在变数。所以，投资者应该把成交量的变化和股价的位置结合起来分析和研究，这样才能对行情的演变做出较为正确的判断。

2. 逐渐缩量

　　逐渐缩量的特征是：虽然有时会出现忽大忽小的成交量，但是成交量总体呈下降态势。逐渐缩量如图1.21所示。

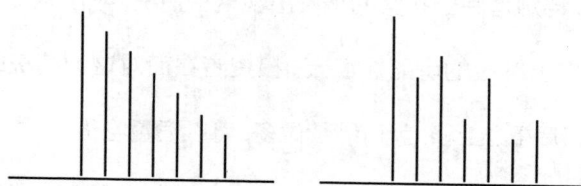

图1.21　逐渐缩量

　　逐渐缩量意味着买进的量越来越小的同时，卖出的量也相应越来越小。但投资者不能简单地理解为股市资金在源源不断地减少，后市看淡。股价在不同的位置，引起成交量的减少原因也是不同的，投资者一定要认真分析，从而对行情的演变做出较为正确的判断。

3. 快速放大量

快速放大量的特征是：在连续出现较小量后，突然出现很大的成交量，即多空换手积极，在此展开了一场殊死搏杀。快速放大量如图1.22所示。

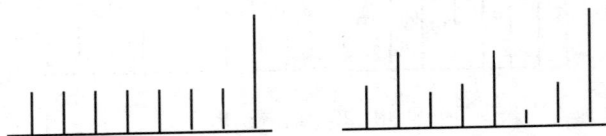

图1.22 快速放大量

在涨势初期出现快速放大量，原因有两种。第一：突发性利好消息为市场某些人获悉，从而进场大量抢购筹码；第二：主力在低位吸足筹码，即建仓完毕，为了使股价迅速脱离它们的建仓成本区，采取了快速放量拉升的动作。无论哪一种情况，投资者应顺势而为，果断建仓。

在上涨途中出现快速放大量，其原因是：股票在上攻到某一关键阻力位时，多空双方分歧加剧，看淡后市的人纷纷出货，看好后市的人蜂拥而入，因而快速放大量。这时，买卖双方搏杀十分激烈，哪方获胜，一时难料，不过根据多年的经验，在上涨途中，特别是底部扎实的个股出现这种情况，不出意外，多方主力会继续向上推进，即向上突破的可能性很大。投资者在面对这种情况时，可以密切关注盘面变化，如日后重心上移，就可继续做多，可以适量吃进。

在上涨后期出现快速放大量，其原因是：股票连续大幅上涨后，再加上利好消息不断，媒体和股评的渲染，诱使市场上一些踏空者或刚入市不久的新股民冒险追高买入，这时主力就开始派发手中的筹码。因此，一些炒股高手一再指出，高位快速放大量，无论是拉大阳线或大阴线，对多方来说都是相当危险的信号。投资者在面对这种情况时，可以果断清仓或卖出手中大部分仓位，以后的几天如果发现股价掉头向下，就毫不犹豫地斩仓出局。

在下跌初期出现快速放大量，其原因是：主力出货坚决，只要盘口出现买盘就毫不手软地坚决砸掉，市场上已经形成一股较大的做空力量。投资者在面对这种情况时，应全线抛空，及时斩仓出局。

在下跌后期出现快速放大量，其原因是：当股票经过连续大幅下跌后，股价已经跌得面目全非，市场主力感到做多时机已到，但苦于短时期内在低位难以收到足够的廉价筹码，就借利空消息或先以向下破位的方式制造市场恐慌情绪，让一些长期深套者觉得极端失望后，向外大量出逃，这样主力就可以乘机把投资者低位割肉的筹码照单全收，这就是下跌后期快速放大量的原因。投资者在面对这种情况时，可以随主力试着做多，适低吸纳，分批建仓。持股者此时一定要清楚，切不可再轻易抛出筹码。

4. 快速出小量

快速出小量的特征是：在连续出现较大量之后，突然出现很小的成交量。快速出小量如图1.23所示。

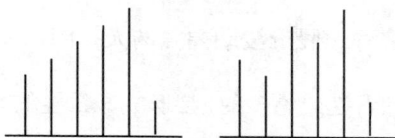

图1.23　快速出小量

快速出小量意味着买进的数量突然缩小的同时，卖出的量也相应突然缩小，所以，投资不能简单地判断市场上是做空力量强，还是做多力量强。

5. 量平

量平的特征是：虽然有时会出现忽大忽小的成交量，但是总体呈基本相同态势。量平根据某一时间段成交量的大小，可以分成量小平、量中平和量大平。量平如图1.24所示。

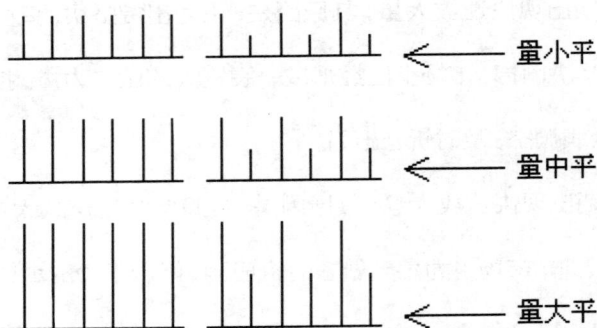

图1.24　量平

量平不能认为风平浪静，其实是多空双方始终在相互交战。

1.5.4　量价关系

量价关系是指成交量与价格同步或背离的关系，同步为正相关关系；背离为负相关关系，它们充分反映多、空双方对市场的认可程度。

一般来说，多方会买进股票，空方会卖出股票。当多、空双方的意见分歧增大时，看多的会大量买进，看空的则会大量卖出，股票的成交量自然就会增大，这种成交剧烈的情况，往往会导致股价波动幅度增大；相反，如果多、空双方的意见分歧小时，即当投资者一致看空或看多时，会形成一致性的买入或卖出行为，导致成交量萎缩，使股价呈现一边倒的行为，这就是单边市场。量价关系在市场中有两种观点，如图1.25所示。

图1.25　量价关系

1. 价格是第一位的, 成交量是次要的

投资者买卖股票的原因是股票的高低程度而不是成交量, 价格是因, 而成交量是果, 成交量是次要的。这种观点是正确的, 但在分析股价时, 再加上成交量的辅助判断, 则预测成功率会更高。

2. 成交量领先于价格运动

当股价将要发生变化前, 投资者买卖股票的数量会预示一些股价变动的趋势和规律, 即成交量可以判断市场上的买气与卖压, 成交量大是买气和卖压都很大的表现, 后市早晚会发生与原趋势不同的变化, 具体表现是: 股价上涨运动中, 当成交量增加时, 价格会上涨; 当成交量减少时, 价格会下跌, 因为没有量的价格没有意义。

事实上, 有实战经验的投资者知道, 大成交量只是多、空双方意见分歧增大的表现, 跟股价是否涨跌没有必然的联系。但是, 在股价运动过程中, 从无量到有量, 再到大量, 本身透露了多、空双方意见分歧正在加大的事实, 股价运动趋势发生反转就是必然的结果。所以该观点叙述不完整, 容易造成理解错误。

1.6　正确认识K线

初学K线, 不能只看表面现象, K线在不同的位置、不同的时间, 所表达的信息是不同的。在运用K线时要注意具体问题具体分析, 如下所示:

第一, 市场中没有百发百中的方法, 利用K线分析股市也仅仅是经验性的方法, 不能迷信。

第二, 分析K线必须结合关键位置上的表现, 即要看股价在支撑位、压力位、成交密集区、有意义的整数区、绝对高位、相对高位、绝对低位、相对低位等关键位置的表现形式。

第三，K线分析方法必须与其他方法相结合，用其他分析方法已经做出了买卖决策后，再用K线选择具体的出入市时机。

第四，注意对关键K线的分析，即对大阳线、大阴线及重要的K线组合的分析，另外还要关注重要K线的成交量。

第五，分析K线，要看一系列K线的重心走向，也就是K线均价的走向。

第六，根据自己的实战经验，加深认识和理解K线和K线组合的内在和外在的意义，并在此基础上不断修改、创造和完善一些K线组合，做到"举一反三，触类旁通"。

总之，对于K线，首先最重要的是它的相对位置，不同的位置意味着不同的价格区间；其次是它是什么模样，即是带影线还是不带影线，多长或多短等；最后才是它的颜色，是阴线还是阳线。千万不要因为大阳线或大阴线就匆忙下结论。

有时，对于连续出现的几根K线，也许不容易识别其意义，我们不妨做些简化或压缩工作，通过将几根K线简化成一根K线的形式，能更直观地了解价格运动的本质，如图1.26所示。

简化K线的方法具体如下：

第一，取第一根K线的开盘价作为简化后的开盘价；

第二，取所有K线中的最高价作为简化后的最高价；

第三，取所有K线中的最低价作为简化后的最低价；

第四，取最后一根K线的收盘价作为简化后的收盘价。

简化K线的目的，是让我们更直观地、更清楚地认识K线，从而了解K线的本质。但要注意并不是所有的K线都可以简化，如图1.27所示。

随着炒股时间的增长，你一旦明白了K线的本质，就没有必要做简化动作了。

图1.26　简化K线　　　　　　　　图1.27　不可简化的K线

1.7　快速看明白K线图

面对形态各异的K线及其组合,投资者有时很迷惑。看涨时不涨,看跌时不跌,或看对了方向,但没有抓住赚钱的机会,这正是投资者没有正确认识和熟练运用K线的结果。若想真正发挥K线的威力,快速看明白K线图,需要注意三点,分别是看K线的阴阳、数量及重心方向,看K线实体大小及上下影线长短、看K线需要关注成交量,如图1.28所示。

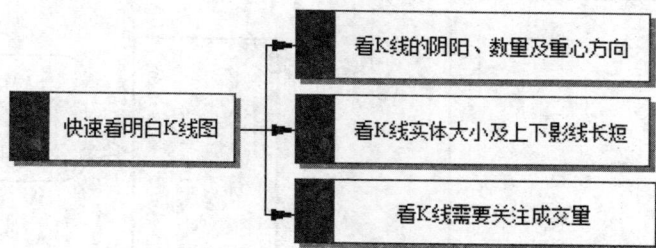

图1.28　快速看明白K线图

1.7.1　看K线的阴阳、数量及重心方向

阴阳代表多空双方的力量变化对比,代表股价行情趋势的上涨和下跌。阳线代表多方力量强于空方力量,表示股价处于上升行情中,并可能继续上涨;阴线代表空方力量强于多方力量,表示股价处于下跌行情中,并可能继续下跌。

以阳线为例，在经过一段时间的多空双方搏斗之后，收盘时，收盘价高于开盘价，表明多方力量占据上风，在没有外力的作用下，股价仍可能按照原来的方向和速度运行，一段时间内可能继续惯性上行。因此，阳线预示着后市股价仍然继续上涨，这符合技术分析中三大假设之一的价格呈趋势性波动，而这种趋势性，即顺势而为，正是技术分析中最应该遵守的操盘理念。

提醒：技术分析的三个基本假设，分别是市场行为包容消化一切、价格以趋势方式演变、历史会重演。

一般来讲，在上涨行情中，阳线的数量要多于阴线的数量，这时股价的重心是向上的，这预示着价格仍然可能继续惯性上涨，这样投资者手中的筹码可以继续持有，就可以实现躺着赚钱了。在下跌行情中，阴线的数量要多于阳线的数量，这时股价的重心是向下的，这预示着价格仍然可能继续惯性下跌，手中还有筹码的投资者要及时卖出，否则亏损会越来越大，如图1.29所示。

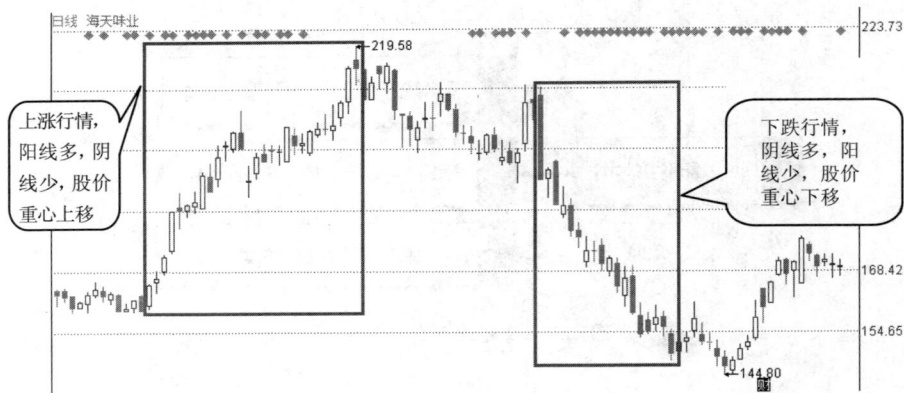

图1.29　海天味业（603288）2020年11月13日至2021年4月15日的日K线图

1.7.2　看K线实体大小及上下影线长短

大阳线、大阴线、小阳线、小阴线、十字星等各种各样的K线构成一个复杂的股市。又因为各种K线组合的不同，各种K线的分析周期不同，它们记录着不同的股市行为，还在一定程度上为行情未来的发展趋势提供一定的预示。

实体大小代表股市行情发展的内在动力，实体越大，上涨或下跌的趋势越明显，反之，趋势不明。以阴线为例，阴线的实体越长，说明空头的力量越强大，代表着下跌动能越大，其下跌动能大于实体较小的阴线。同理，阳线实体越大，上涨动能越大。

影线代表可能的转折信号，向一个方向的影线越长，越利于价格向相反方向变动，即上影线越长，越利于股价下行；下影线越长，越利于股价上行。以上影线为例，在经过一段时间的多空搏斗之后，多头终于在重压之下败下阵来，无论K线是阴还是阳，长上影线已经构成下一阶段的上涨压力，价格向下运行的可能性更大。同理，下影线暗示着价格向上攻击的可能性更大，如图1.30所示。

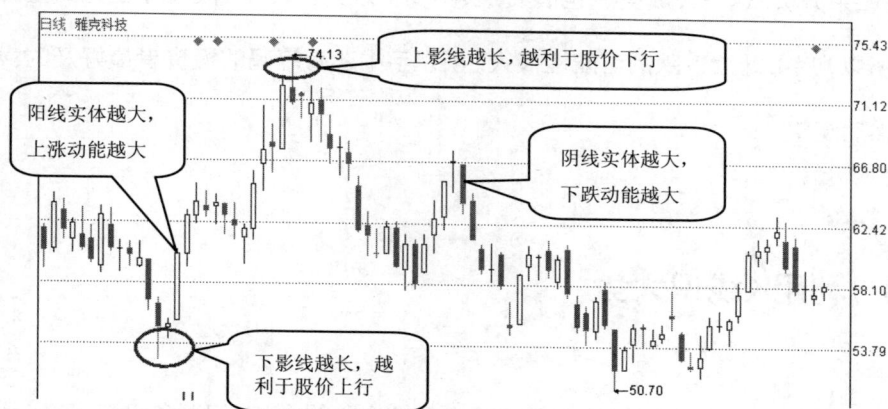

图1.30　雅克科技（002409）2020年12月11日至2021年4月15日的日K线图

1.7.3　看K线需要关注成交量

成交量代表的是股市资金力量的消耗，表示多空双方搏斗的动能大小和激烈程度，而K线是搏斗的结果。只看K线，不关注成交量，对股价后期的走势就不能做出正确地分析。成交量是动因，K线是结果，要想了解每根K线的内在动能大小，必须结合成交量来分析。成交量如图1.31所示。

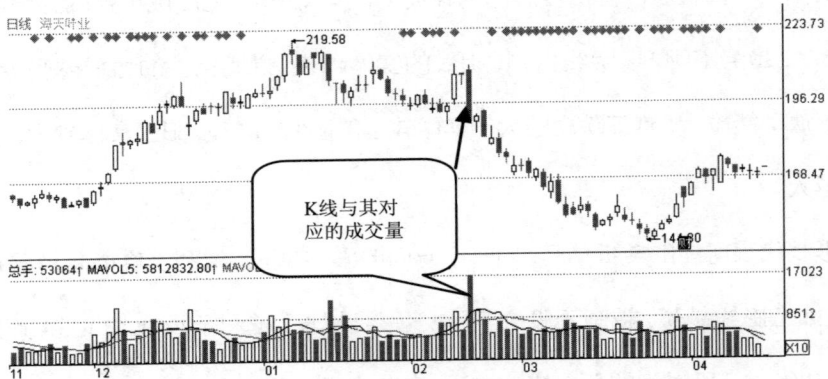

图1.31　海天味业（603288）2020年11月16日至2021年4月15日的日K线图和成交量

例如，出现大阴线，表明下跌力量很强，价格继续下跌的可能性很大，再结合成交量来分析，这一天成交量也很大，表明多空双方激烈搏斗之后，空方力量完胜，所以，后市继续下跌的可能性很大。所以手中还有筹码的投资者最好及时卖出，然后观望。

1.8　利用K线识大势

K线的作用很大，利用K线可以判断大盘或个股的大势，但很多投资者对K线的技术意义一清二楚，但始终没有感觉到利用K线可以了解大势，下面就来详细讲解一下如何利用K线识大势。

利用K线认识和了解大盘、个股的运行趋势，要登高远眺，然后从大到小，由粗到细地详细观察，才能如愿以偿。例如，要查看某只股票，就要先看它的月K

线, 甚至季 K 线、年 K 线, 这样可以对该股票的整个运行情况有所了解, 然后再看其周 K 线、日 K 线, 对一些重点部分还可以把它放大, 近期趋势还可以看看它的 60 分钟 K 线、30 分钟 K 线, 甚至 5 分钟 K 线。

这样由大到小, 由粗到细查阅、研究 K 线图有何好处呢? 通过查看大盘的年 K 线或月 K 线, 就可以了解大盘 20 年来究竟是如何走的。例如, 月 K 线 5 连阴, 就会想到会出现一次报复性反弹, 甚至反转, 所以, 投资者看到月线 5 连阴后, 就不要再盲目斩仓。又如, 看到某月的月 K 线实例特别长, 技术上称为"巨阳线", 巨阳线之后就是一轮持续的下跌, 原因是短期内升幅过大, 透支了未来行情, 当然要调整。所以投资者看到巨阳线后, 要做到心中有数, 无论当时日 K 线走势有多好, 这都是表面现象, 大的调整趋势是不会改变的, 所以, 这时一定要逢高减磅或退出观望。

另外, 从月 K 线上投资者还可以看到大盘现在所处于什么技术图形, 如头肩顶、双头、双底、头肩底, 还要明确技术图形的颈线在什么位置, 密集成交区在什么位置, 这都是投资者需要注意的。

提醒: *K 线技术图形在后面的章节要详细讲解, 这里不再多说。*

总之, 投资者不能只看日 K 线, 因为这样有点儿坐井观天的味道, 也不能日 K 线、周 K 线、月 K 线随便看看, 不去互相对照, 重点分析, 让查看 K 线图始终处于一种无序状态。因为这样, 投资者不仅难以了解大盘或个股的整个运行趋势, 更不能感受 K 线的作用和魅力。

提醒: *在利用 K 线识大势时, 还可以把上证指数 K 线、深证指数 K 线、上证 180 指数 K 线、沪深 300 走势 K 线等互相对照; 分析某只股票时, 可以把它与属于同一板块的个股相互对照; 分析某一时期的强势股时, 可以把不同时期的强势股 K 线图拿出来互相对照等, 这样就可以发现一些别人看不到的东西, 从而给自己的实际操作带有很大的帮助, 并获得更大的收益。*

1.9　K线实战分析要注意的事项

每一根K线都在试图向我们做出手势，告诉我们市场正在发生的变化。投资者只有静下心来，看明白市场主力在告诉我们什么，并且辨别信息是不是主力的真正意图，例如，根据K线理论，某K线告诉投资者可以加仓跟进了，但也有可能是主力在操纵市场，在进行反技术操作，即诱多，这里投资者一旦加仓，就很可能被套。

K线不是一门科学，而是一种行为艺术和投资哲学的实践，其本质是市场群体心理因素的集中反映。投资者可以把握它的性，但把握不了它的度，它给每个人留下了很多主观的判断。如果试图量化，则可能最终不得不陷入败局，如著名的投资大师江恩，晚年也只记录手法和操作规则而不言其他。

在股票市场上，没有完美的分析技术，即任何技术都有其缺点，K线的缺点就是发出的错误信号太多，当然优点也很明显，就是可以卖个高价获得较大的收益。所以，投资者在利用K线技术进行操作时，分析K线，不能拘泥于图形，而要究其内在的本质，洞悉多、空双方的力量对比变化。

对于K线技术，投资者一定在心中熟记常用的K线图，并且明白其具体意义及发出的买卖信号，然后再结合市场特征、主力操作手法、其他分析技术进行综合研判，才能下达买卖决定。

提醒： 任何技术都是在特定条件下运用才是正确的。

第 2 章

大阳线量化实战技巧

　　大阳线在K线家族中是相当重要的，只要弄明白大阳线，那么就弄明白K线的一半窍门。所以，只要弄清大阳线在不同场合担任的角色和市场意义，投资者就可以正确把握大势，做好股票投资交易。

本章主要内容包括：

- 光头光脚大阳线和光头大阳线
- 光脚大阳线和穿头破脚大阳线
- 大阳线的量化实战分析技巧
- 触底大阳线的量化实战分析技巧
- 突破大阳线的量化实战分析技巧
- 见顶诱多大阳线的实战量化分析技巧
- 如何正确地认识大阳线

2.1 大阳线概述

根据实体和影线的特征，大阳线可分四种，分别是光头光脚大阳线、光头大阳线、光脚大阳线、穿头破脚大阳线。下面来看一下它们的定义、技术含义和分析要点。

提醒： 大阳线是指阳线的实体不能小于涨幅的6%，即以大阳线的收盘价与开盘价相比，涨幅达到6%以上。在涨停板制度下，主板和中小板股票最大的日阳线实体可达当日开盘价的20%，而创业板和科创板股票最大的日阳线实体可达当日开盘价的40%，即以涨停板开盘，涨停板收盘。

2.1.1 光头光脚大阳线的技术含义和分析要点

光头光脚大阳线是指最高价与收盘价相同，最低价与开盘价一样，即没有上下影线，并且阳线的实体不能小于涨幅的6%。光头光脚大阳线如图2.1所示。

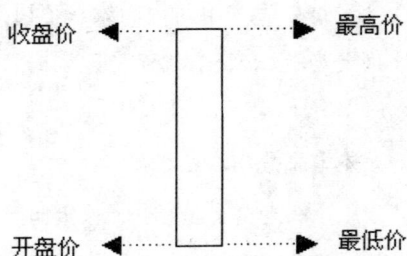

图2.1 光头光脚大阳线

1. 光头光脚大阳线的技术含义

股价从当日开盘，市场中的买方就积极进攻，中间也可能出现买卖双方的争斗，但买方发挥最大力量，一直到收盘。买方始终占优势，使股价一路上涨，直到收盘。

2. 光头光脚大阳线的分析要点

光头光脚大阳线表示股价具有强烈的涨势，市场中的买方疯狂涌进，不限价买进。手中持有股票筹码的投资者，因为看到买盘力量的强大，不愿抛售并持筹待涨, 从而出现供不应求的状况。

　　提醒: 阳线的实体越长, 表示买方力量越强。

2.1.2　光头大阳线的技术含义和分析要点

　　光头大阳线是指最高价与收盘价相同, 最低价低于开盘价, 有下影线, 但没有上影线, 并且阳线的实体不能小于涨幅的6%。光头大阳线如图2.2所示。

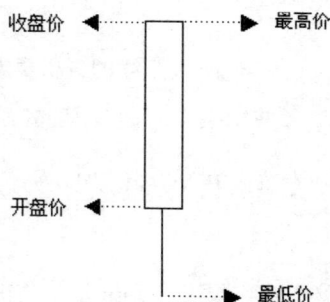

图2.2　光头大阳线

1. 光头大阳线的技术含义

　　股市开盘后, 卖盘力量较大, 股价下跌, 即跌破开盘价。但在某低价位得到买方的支撑, 卖方受挫, 价格向上推过开盘价, 一路上涨, 直至收盘, 收盘价在最高价上。

2. 光头大阳线的分析要点

　　总体来讲, 股价出现先跌后涨, 买方力量较强大, 但下影线的长短不同, 买方与卖方力量对比不同。具体来讲, 第一, 下影线较短, 表明股价下跌不多就受到买方支撑, 价格上推, 然后涨过开盘价后, 又开幅推进, 表明买方实力很大; 第二, 下影线较长, 表明买卖双方交战激烈, 但总体上是买方占据主导地位, 对买方有利。

2.1.3　光脚大阳线的技术含义和分析要点

　　光脚大阳线是指最高价大于收盘价, 最低价与开盘价一样, 有上影线, 但没有下影线, 并且阳线的实体不能小于涨幅的6%。光脚大阳线如图2.3所示。

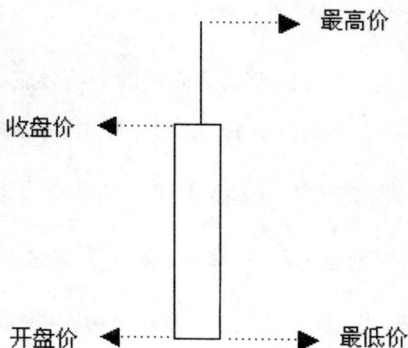

图2.3　光脚大阳线

1. 光脚大阳线的技术含义

股市开盘后，买方力量较强，股价一路上涨，但在高价位遇到卖方压力，从而使股价上升受阻。卖方与买方交战结果是买方略胜一筹。

2. 光脚大阳线的分析要点

总体来说，股价出现先涨后跌，买方力量较大，虽然在高价位遇到阻力，部分多方筹码获利回吐，但买方仍是市场的主导力量，后市继续看涨。

2.1.4　穿头破脚大阳线的技术含义和分析要点

穿头破脚大阳线是指最高价大于收盘价，最低价小于开盘价，带有上下影线，并且阳线的实体不能小于涨幅的6%。穿头破脚大阳线如图2.4所示。

1. 穿头破脚大阳线的技术含义

股市开盘后，股价下跌并且跌破开盘价，遇到买方支撑，双方争斗后，买方力量增强，股价一路上涨，但在收盘前，部分买方获利回吐，在最高价之下收盘。

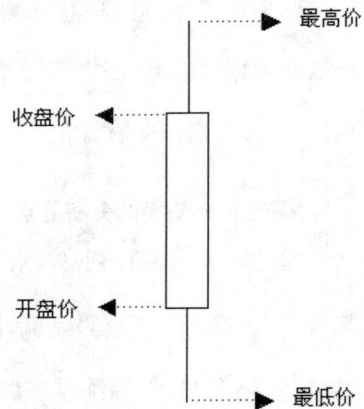

图2.4　穿头破脚大阳线

2. 穿头破脚大阳线的分析要点

如果在大涨之后出现，表示高位震荡，如果成交量放大量，后市很可能会下跌。如果在大跌后出现，后市可能会反弹。这里上下影线实体的不同又可分为两种情况：第一种情况，如果上影线长于实体，表示买方力量受挫，如果实体长于上影线，表示买方虽受挫，但仍占优势；第二种情况，如果下影线长于实体，表明买方尚需接受考验，如果实体长于下影线，表明买方虽受挫，但仍居于主动地位。

2.2　大阳线的量化实战分析技巧

通过K线理论可知, 在低位出现大阳线是做多信号, 这在一般意义上理解是对的。但在实战中, 往往并不是这么简单, 因为我们的对手是主力、庄家, 其操盘是很狡猾的, 常常拉出大阳线后, 股价没有接着涨上去, 而是跌下去。所以, 如何正确看待大阳线后的走势, 即大阳线后几天的走势, 是相当重要的, 也是相当关键的。

大阳线后, 股价经过几天的运行, 会出现超强、强、一般、偏弱、弱几种走势情况, 下面来具体分析一下。

1. 大阳线后表现为超强势

在大阳线之后, 第二根K线或以后几根K线在大阳线的收盘价上方运行, 此时可做出走势为超强势的判断, 如图2.5所示。

大阳线后, 出现超强走势, 投资者应采取积极跟进的策略。如果你是激进型投资者, 可在第二根K线收于大阳线之上时跟进, 止损位为大阳线的三分之二处; 如果你是稳健型投资者, 可以多观察几天, 在确保向上有效突破后再跟进, 止损位为大阳线的二分之一处。

2. 大阳线后表现为强势

在大阳线之后, 第二根K线及以后的几根K线, 在大阳线的收盘价与开盘价的二分之一上方运行, 此时可做出走势为强势的判断, 如图2.6所示。

大阳线后表现为强势, 如果你是激进型投资者, 可以采取少量跟进的策略, 等股价向上有效突破大阳线收盘价后再积极跟进, 止损位为大阳线的三分之一处; 如果你是稳健型投资者, 就应该观望, 等股价向上有效突破大阳线收盘价后再积极跟进, 止损位为大阳线的三分之二处。

3. 大阳线后表现为一般

在大阳线之后，第二根K线及以后的几根K线，在大阳线的收盘价与开盘价的三分之一至二分之一运行，此时可做出走势为一般的判断，如图2.7所示。

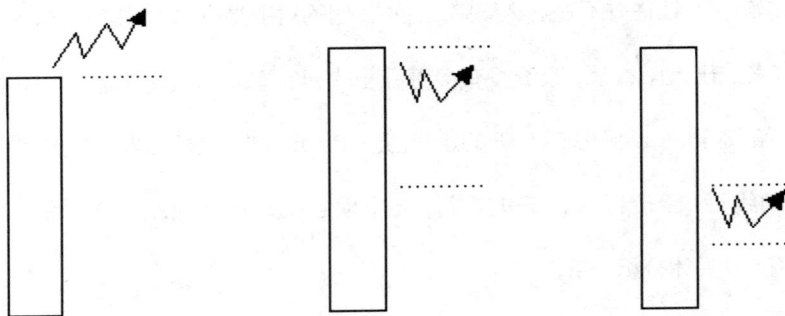

图2.5　大阳线后表现为超强势　图2.6　大阳线后表现为强势　图2.7　大阳线后表现为一般

大阳线后表现为一般，投资者应采取观望的策略，即持有该股票的投资者不加仓，也不急于抛出，没有该股票的投资者暂不买进，等股价向上有效突破大阳线收盘价后再积极跟进。

提醒： 已有该股筹码的投资者，止损位应放在大阳线的开盘价。

4. 大阳线后表现为偏弱

在大阳线之后，第二根K线及以后的几根K线，在大阳线的收盘价与开盘价下方的三分之一运行，此时可做出走势为偏弱的判断，如图2.8所示。

大阳线后表现为偏弱，投资者应采取持币的策略。不过需要注意的是，大阳线后主力进行洗盘，有时股价走势会出现这种偏弱的状况，因此，只要往后股价收盘价不跌破大阳线的开盘价，持有该股的投资者不宜盲目出局，应继续持股观望。

5. 大阳线后表现为弱势

在大阳线之后，第二根K线或以后的几根K线，在大阳线的收盘价下方运行，此时可做出走势为弱的判断，如图2.9所示。

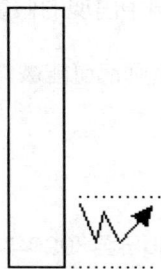

图2.8　大阳线后表现为偏弱　　　　图2.9　大阳线后表现为弱势

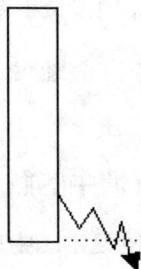

大阳线后表现为弱势，投资者应该采取止损出局的策略。

通过上述分析，投资者以后再碰到大阳线，心里就应该知道到底该如何操作了。但从实战要求来说，最难把握的是大阳线后表现强势、一般和偏弱这三种走势，因为它们变化较多，有时很难对它们做出严格意义上的区分。那么碰到这种情况，投资者该如何操作呢？这里给出作者多年的实战经验总结，共有三个注意项，具体如下：

第一，大盘处于强势时，拉大阳线的个股又在低位运行时，考虑到此时主力做多意愿强烈，因此，无论大阳线后的走势表现为强势、一般或偏弱，都要以看多、做多为主。

第二，当大盘处于弱势时或拉大阳线的个股在高位运行时，考虑到此时主力做多意愿不强，因此，即使大阳线后的走势表现为强势，也要谨慎对待，切不可重仓持有。

第三，如果个股拉大阳线后，其走势表现为偏弱，就应以减仓为主，并做好随时撤退的准备。

2.3　触底大阳线的量化实战分析技巧

无论是在短期底部、中期底部，还是在长期底部，大盘或个股常常是以大阳线确定底部区域,但投资者要时时注意主力在下跌行情中出现的假触底大阳线,如果一不小心碰到了假触底大阳线,要及时止损出局,否则很可能被深深地套牢。

2.3.1 下跌行情中的触底大阳线

图2.10显示的是中国中车(601766)2019年12月25日至2020年7月6日的日K线图。

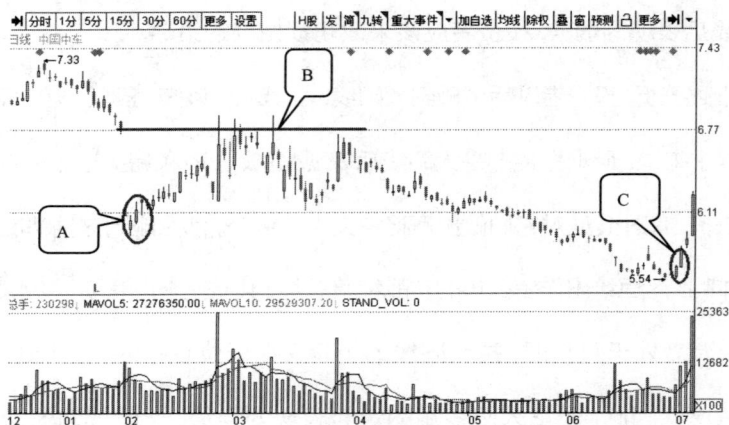

图2.10 中国中车(601766)2019年12月25日至2020年7月6日的日K线图

中国中车(601766)的股价经过一波反弹,创出7.33元高点,然后开始震荡下跌,刚开始下跌速度很慢,但最后是跳空大跌。但跳空大跌之后,连续收阳线,可以看到是K线组合大阳线,即A处。所以这里可以做多,目标是上方的跳空缺口,即B处,这里做多,止损位可以设置第一阳线的最低点。

从其后走势来看,股价震荡上涨补完缺口后又涨不动了,然后高位震荡之后,再度下跌。又经过三个月时间的下跌,创出5.54元低点,然后价格开始连续大阳线上涨,即C处,这是触底大阳线,可以做多,但是不是真正的底部呢?

按下键盘上的"→"键,可以向右移动日K线图,就可以看到其后的走势,如图2.11所示。

图2.11　中国中车（601766）两次触底后的走势

中国中车（601766）的股价两次触底之后，在A处再度触底，然后大阳线拉涨，这才是真正的触底，前面的触底大阳线都可以理解为是假的触底大阳线。

在这里可以看到，如果在A处果断买入该股票，短时间内就会有较大的盈利。

提醒：真正的触底大阳线，需要经过其后的走势来验证。所以，底部不是猜到的，只能股价走出后才能确定。

2.3.2　上涨行情中的触底大阳线

图2.12显示的是郑州煤电（600121）2020年10月29日至2020年12月31日的日K线图。郑州煤电（600121）的股价在底部区间反复震荡之后，开始上涨行情，刚开始上涨是震荡上涨，但随后就是快速上涨，即连续四个涨停板。四个涨停板后来了一个跌停板，跌停板后，又是一个低开，但股价低开后就是一个高走，最后涨停收盘，即在A处收出一根大阳线，所以，这是一个触底大阳线，可以以该大阳线的最低点为止损位，进场做多。

需要注意的是，A处的股价最低点正好在10日均线，所以10日均线是一个趋势线，只要该趋势线不跌破，低位筹码就可以继续持有。

在B处，股价又回调到10日均线附近，接着一根大阳线，所以这里也是一个短线做多的位置。

需要注意的是，股价大幅度上涨之后，往往会有回调，在这时可以看到，B处短线触底后，股价仅上涨一个交易日，第二个交易日就是一个高开低走的中阴线。随后股价开始回调，注意这一波回调，跌破了10日均线，但股价始终在30日均线上方，所以，低位筹码可以耐心持有，不要过分担心。

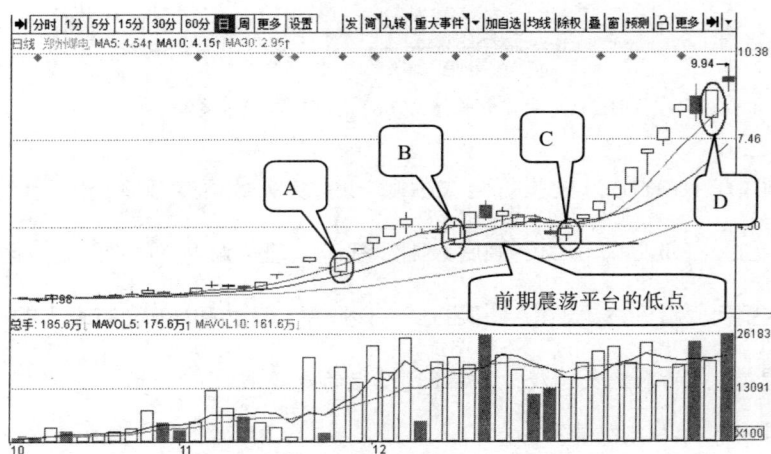

图2.12　郑州煤电（600121）2020年10月29日至2020年12月31日的日K线图

短线筹码如果逢高卖出后，要耐心等待回调结束信号，再买进。在C处，股价回调到前期震荡平台低点附近，股价收了一根大阳线，所以，这是一个新的做多位置，止损位置可以设置到前期震荡平台的低点。

股价在C处企稳，股价又是连续涨停，短线买进的投资者，短短8个交易日，就可以投资翻倍。

需要注意的是，在D处，股价又是一个触底大阳线，这里仍然可以轻仓短线买进，但投资者一定要明白，随着股价的上涨，前期低位筹码盈利丰厚，就会有获利卖出的冲动，所以这里再做多，一定要注意不好的K线，一旦涨不动，就要及时卖出。

2.4　突破大阳线的量化实战分析技巧

大盘或个股在突破重要阻力位时,常常是放量拉大阳线,但投资者要明白主力、庄家在操盘时是相当狡猾的,所以,投资者要认真识别大阳线,分清是真突破大阳线还是假突破大阳线。

2.4.1　上涨行情初期的突破大阳线

图2.13显示的是江苏国泰(002091)2021年1月7日至2021年7月15日的日K线图。

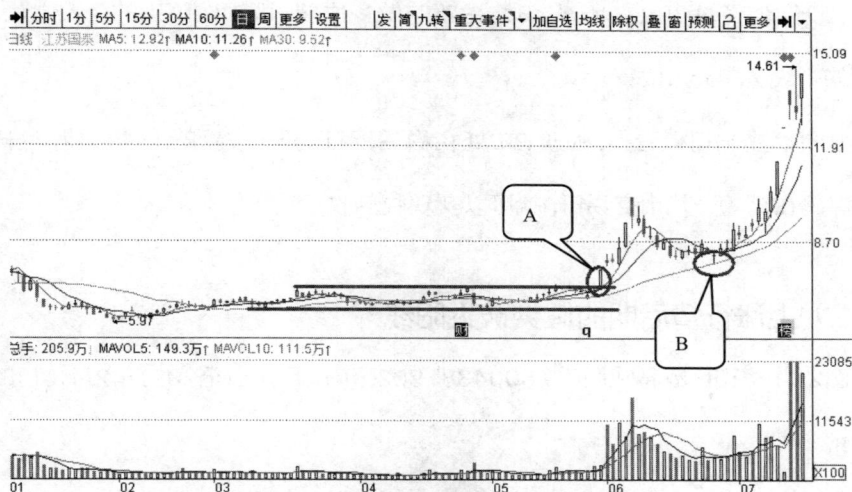

图2.13　江苏国泰(002091)2021年1月7日至2021年7月15日的日K线图

江苏国泰(002091)的股价经过长时间、大幅度下跌之后,创出5.97元低点。随后股价震荡上涨,先是站上5日均线,然后又站上10日均线,最后站上30日均线,这样短期均线就慢慢走好。

随后股价在底部区域开始窄幅震荡,经过近三个月时间的震荡之后,在A处,一根大阳线放量拉起,突破前期震荡平台的高点,这意味着震荡行情结束,新的

41

一波上涨行情开始，所以，A处是一个不错的买进位置，止损位放到前期震荡平台的高点即可。

从其后走势可以看出，A处大阳线拉涨之后，股价跳空高开，股价始终在大阳线上方运行，这表明大阳线后表现为超强势，所以，低位买进的筹码可以耐心持有，如果仓位轻的，还可以继续加仓做多。

随后股价又是两根大阳线上涨，两根大阳线之后，股价高开低走，这表明上方有压力，短线高手可以减仓或清仓，中线看好该股走势的低位筹码，可以中线持有。

接着股价就开始震荡回调，连续回调十几个交易日后，正好回调到30日均线附近，股价企稳，即B处。所以，B处是新的做多位置，即短线高手的介入位置，也是新的中线多单介入位置。

从其后走势可以看出，股价在B处企稳后，又出现一波新的上涨行情，这样新介入筹码在短短十几个交易日，就可以实现翻倍收益。

2.4.2 上涨行情后期的假突破大阳线

图2.14显示的是通威股份（600438）2020年12月10日至2021年2月10日的日K线图。

通威股份（600438）的股价在A处创出51.49元高点。随后股价出现回调，虽然股价跌破5日和10日均线，但股价始终在30日均线上方，这意味着股价企稳后，仍会继续上涨。

股价在企稳后再度上涨，先是一根大阳线涨停，然后又是一根大阳线向上突破，即B处。

B处这根大阳线可以跟进做多该股吗？首先看成交量，成交量有所放大，但总的来看，成交量还不够大，所以，最好先观察几天，再跟进得好。

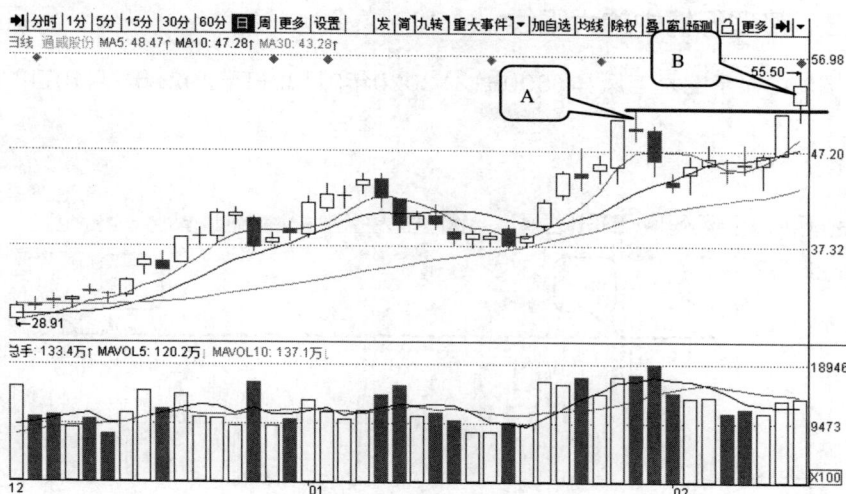

图2.14 通威股份(600438)2020年12月10日至2021年2月10日的日K线图

按下键盘上的"→"键，可以向右移动日K线图，就可以看到其后几天的走势，如图2.15所示。在这里可以看到，大阳线后，股价没有继续上涨，而是不断震荡下跌，先是跌破5日均线，然后又跌破10日均线，最后跌破30日均线，开始一波快速下跌行情。

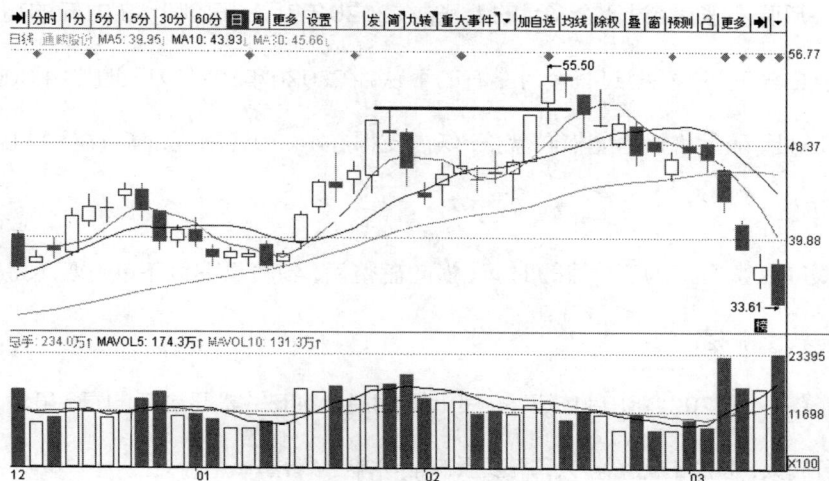

图2.15 通威股份(600438)大阳线后的走势

2.4.3 整理行情中的大阳线

图2.16显示的是老凤祥（600612）2020年9月22日至2021年2月19日的日K线图。

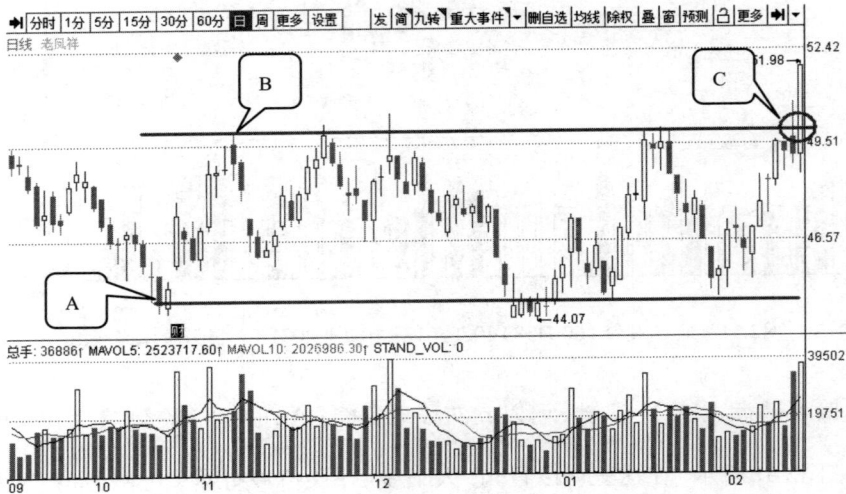

图2.16 老凤祥（600612）2020年9月22日至2021年2月19日的日K线图

老凤祥（600612）的股价在2020年3月19日创出35.65元的低点，然后价格开始触底反弹上涨，经过四个多月的上涨，在2020年7月28日创出68.01元的高点。随后价格再度下跌，经过三个月左右的下跌，在2020年10月27日创出44.30元低点，即A处。随后价格再度横向盘整，低点支撑在44.30元附近，高点在49.80元附近，即B处。

横向盘整行情为五个月的时间。横向盘整后，到底是继续下跌呢？还是开始新的一波上涨呢？

在C处，即2021年2月19日，一根大阳线向上突破，需要注意的是，虽然成交量有所放大，但放的量不够大，所以后市很可能会震荡。

按下键盘上的"→"键，可以向右移动日K线图，就可以看到其后的走势，如图2.17所示。

图2.17　老凤祥（600612）大阳线后的走势

在这里可以看到，大阳线突破上方压力后，该压力就变成了支撑。从大阳线向上突破后的几天走势来看，股价虽然震荡回落，但始终在支撑之上，这表明价格企稳后，仍会继续上涨。

2.4.4　下跌行情中的诱多大阳线

图2.18显示的是北新建材（000786）2021年2月3日至2021年7月5日的日K线图。北新建材（000786）的股价经过一波上涨，创出57.00元高点，但在创出高点的这一天，股价收出一根中阴线，表明上方压力较大。

随后股价开始下跌，先是跌破5日均线，然后又跌破10日均线，最后又跌破30日均线，这样短期均线就走坏了，意味着股价要开始新的一波下跌了。

股价跌破30日均线之后，股价出现反弹，仅仅反弹三天，反弹到30日均线附近，再度下跌。经过三小波下跌之后，股价开始横盘整理。在A处，股价一根大阳线突破前期高点，注意成交量不大，所以要观望几天。随后几天，股价都在压力线之下运行，这意味着A处大阳线向上突破是诱多，所以，抄底的多单要注意先止盈出局。

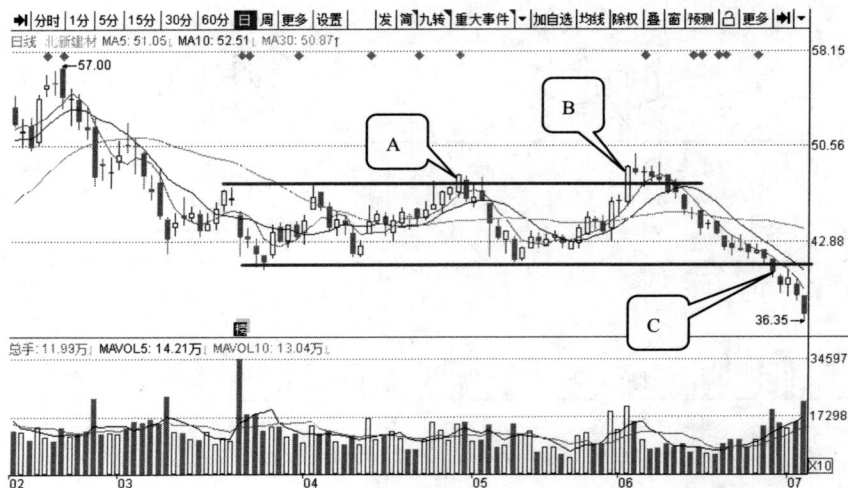

图2.18　北新建材（000786）2021年2月3日至2021年7月5日的日K线图

随后股价开始下跌，再度下跌到前期震荡平台低点附近，股价再度企稳，然后又开始上涨。在B处，股价再度向上突破，需要注意成交量略有放大，但放的量仍不够大，所以要多观察其后几天的走势。

随后四个交易日，股价盘中虽有跌破前期高点支撑线，但收盘价始终在支撑线上方，表明股价仍有上涨的可能，但投资者一定要明白，虽然有上涨的可能，但做多力量已经不是很强了。

随后股格跌破支撑线，表明价格又要下跌了，这说明在B处的突破是诱多，所以，手中有筹码的投资者要及时果断卖出，否则会损失惨重。

股价沿着5日均线不断下跌，下跌在前期震荡平台低点附近，股价虽然有跌不动的感觉，但股价始终在5日均线之下，所以，这里最好不要抄底。如果在这里您再度抄底做多，一定要关注股价是否跌破下方支撑线，一旦跌破就要止损出局。

在C处，股价跌破下方支撑线，所以，抄底多单要果断及时止损出局，否则会越套越深。

提醒：在判断个股走势时，要时时关注大盘的走势，如果大盘处于强势，个股出现买入信息，则可以积极加仓；如果大盘处于弱势，个股出现买入信号，要多观察几天，然后再做出操作计划。

2.5　见顶诱多大阳线的实战量化分析技巧

庄家、主力要在高位派发获利筹码，就要制造做多的热烈气氛，引诱中小散户在高位抢筹接盘，否则主力把获利筹码派发给谁，又如何在高位实现胜利大逃亡呢？主力最常用的逃顶方法之一，就是拉大阳线诱多出货，这时的大阳线不是加仓信号，而是果断卖出信号，下面来具体讲解一下。

2.5.1　见顶诱多大阳线出货的特点

见顶诱多大阳线出货是主力逃顶时最常用的阴招，投资者对此一定要高度警惕。该出货方法的特征有五点，具体如下：

第一，在大阳线出现前，股价处于相对平稳的上升途中；

第二，突破在某一日或几日出现低开高走，并拉出大阳线（少数情况下，大阳线封至涨停，或跳空高开封至涨停，但其阳线的实体相对较短，在意义上可视为大阳线的变化形态）；

第三，大阳线后股价出现冲高回落或形成短期横盘走势；

第四，在大阳线出现当日及随后的一段时间里，成交量开始明显放大；

第五，大阳线后股价重心出现下移的迹象。

投资者在K线图中发现，在高位拉出大阳线后出现上述特征，就可以基本上确定为主力在利用大阳线进行诱多出货。一旦主力完成筹码的派发任务，行情就会开始回落，甚至急转直下。

根据多年实战经验，见顶诱多大阳线出货这一招成功概率很高，上当的投资者不计其数，特别是中小散户。正因为这一招屡试不爽，所以，主力对此招情有独钟，不断用它来进行胜利逃顶。

2.5.2　拉大阳线诱多出货

图2.19显示的是万科A（000002）2021年1月5日至2021年6月21日的日K线图。

万科A（000002）的股价经过长时间、大幅度上涨之后，然后在高位震荡。在A处，股价拉出一根大阳线，并且成交量明显放量，但随后就是一根带有长长上下影线的十字线，这是见顶K线，所以，A处的放量大阳线是诱多大阳线，是逢高卖出的位置。

图2.19　万科A（000002）2021年1月5日至2021年6月21日的日K线图

同理，在B处又是一根放量大阳线，但随后几天，股价就出现滞涨，即上涨无力，所以，B处的大阳线也是诱多大阳线。

同理，C处也是一根诱多放量大阳线，也是卖出手中股票筹码的位置。

总之，该股主力频繁地使用拉大阳线诱多出货，使其在高位派发筹码，所以，投资者了解该股操作手法后，要对该方法特别警惕，从而与主力同步出货。

图2.20显示的是银河磁体（300127）2020年8月27日至2021年2月5日的日K线图。

银河磁体（300127）主力也是频繁利用拉大阳线诱多出货。在这时可以看到，几个重要的高点都是拉出大阳线后出现的。奇怪的是，主力使用这一招竟连连得手，所以对这一现象，投资者要高度重视。还有一些主力，极力烘托做多气氛，便于有充分的时间来派发高位筹码，常常间断集中使用拉大阳线诱多出货。

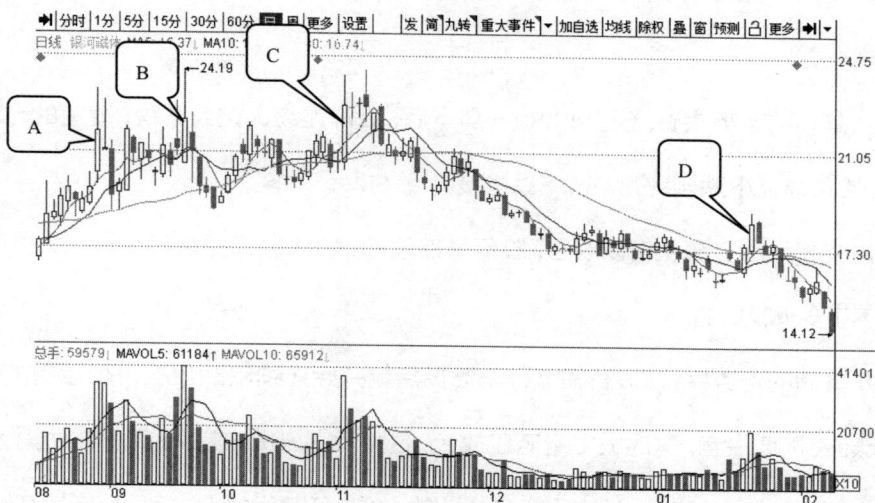

图2.20　银河磁体（300127）2020年8月27日至2021年2月5日的日K线图

图2.21显示的是雪人股份（002639）2015年2月25日至2016年1月28日的日K线图。

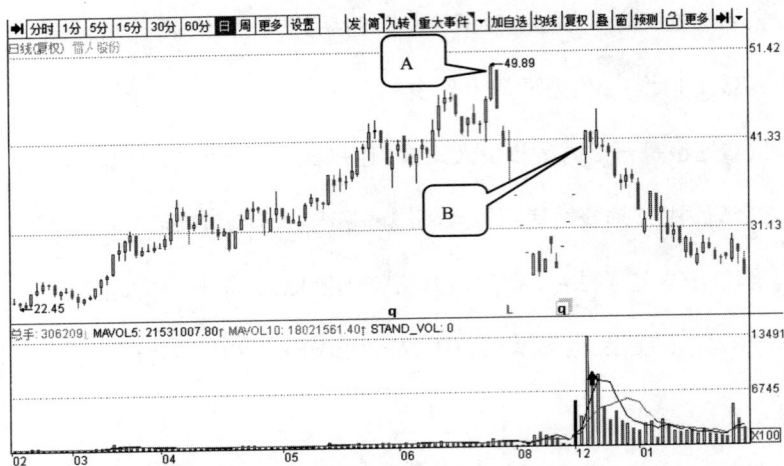

图2.21　雪人股份（002639）2015年2月25日至2020年1月28日的日K线图

雪人股份（002639）的股价经过连续上涨之后，在最后两个交易日，连续大阳线上涨，即A处，最终创出49.89元高点。需要注意的是，这时股价已经上涨的时间较长，并且在高位连拉大阳线，这是明显的拉大阳线诱多出货，所以，投资者一定要小心。

从其后的走势来看，创出49.89元高点后，股价连续大阴线下跌，短短8个交易日，股价最低下跌到25.27元，下跌幅度为49.35%。

投资者从成交量上可以看出，股价虽然波动很大，但成交量很小，所以主力是出不了多少股票的。

从其后的走势来看，股价在低位略震荡后就开始连续涨跌上涨，即连续拉了五个涨停。需要注意，这时成交量明显放大，这是拉高出货的节奏，即再次拉出大阳线出货。从成交量来看，这次出货是成功的，成交量明显放大，随后价格就开始震荡下跌。

雪人股份（002639）频繁利用拉大阳线诱多出货。在2016年的两个高点顶部，主力也是采用拉大阳线诱多出货，如图2.22所示。

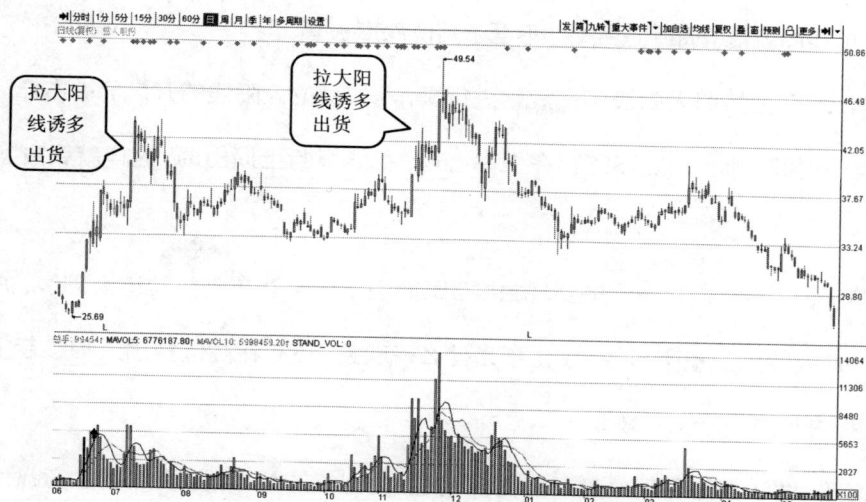

图2.22　雪人股份（002639）2016年的两个高点顶部

雪人股份（002639）2019年的高点也是拉大阳线诱多出货，如图2.23所示。

图2.23　雪人股份（002639）2019年的高点顶部

拉大阳线诱多出货，投资者要清醒认识其欺骗性，为了防范这方面的风险，避免陷入主力的圈套，下面来简述一下应对的四项策略。

第一，将主力拉大阳线诱多出货的常见图形熟记于心，这样，以后见到这样的类似的K线图就能立即引起警惕,不至于高位深度被套。

第二,严格按照大阳线买卖规则进行操作,如高位大阳线的开盘价被击穿,就要第一时间止损,一定不能存在侥幸心理,不能果断止损出局,这样就会越套越深。

第三,对于盘中的一些重要现象要密切关注,如突然在高位拉出大阳线,并且以后几天的成交量明显放大,这不是什么好现象,还有在高位拉出大阳线后出现横盘,并且成交量相对较大。

第四,要认真仔细观察盘面变化,寻找主力出货的规律。投资者要注意盘面细节的变化,就能发现许多主力隐藏在背后的秘密,如有很多主力在操作时有个习惯,第一次用这个方法取得成功,那么第二次、第三次仍然会故伎重施。所以,只要熟悉主力的操作习惯,就可以跟庄操作,从而实现获利。

2.6 如何正确地认识大阳线

一轮行情的兴起,往往是因为一根大阳线拔地而起,从而改变了股价的运行趋势,在这个时期大阳线扮演的是积极看多、做多,吹响冲锋号的角色;一轮行情的衰败和终结,往往也是因为在高位拉出一根或几根大阳线,从而构筑头部,甚至急转直下。另外,在上升趋势中,大阳线扮演中途加油,为市场鼓劲的角色;在下跌趋势中,大阳线扮演掩护主力出逃,伤害投资者的角色。

总之,大阳线具有双重性格,既是投资者的朋友,又是投资者的敌人,投资者要学会辩证看待,多总结规律,从而使大阳线成为自己投资的得力助手。

2.6.1　强势市场和弱势市场

股市进入强势,大阳线的出现对行情基本上起到的是一个助推作用,即行情继续向上拓展;而股市进入弱势,大阳线往往是主力的一种诱多信号,多半表示反弹行情即将结束。

那么什么是强势市场和弱势市场呢?其实强势市场是一个大概念,大牛市是一个强势市场,熊市中爆发的中级反弹行情也是一个强势市场。总之,强势市场是指一个总体有利于看多、做多的市场,而弱势市场是一个总体有利于看空、做空的市场。从技术上来说,大盘指数的60日均线必须有效站稳,并始终处于向上运行状态,表示市场强势,一旦60日均线向下弯头或失守,表示市场进入弱势。弱势市场和强势市场如图2.24所示。

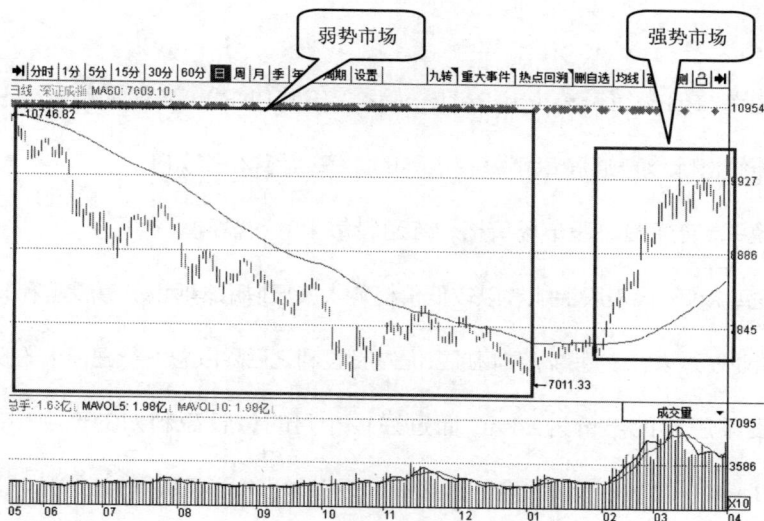

图2.24　弱势市场和强势市场

2.6.2　高位区和低位区

股价处于高位区,大阳线自然就会被主力作为出货手段加以利用;反之,股价处于低位区, 大阳线就会被主力作为积极做多的手段加以利用。那么, 如何判断股价在高位区或低位区呢? 具体方法有三种: 分别是看市盈率的高低、看同行业数据对比信息、看技术形态, 如图2.25所示。

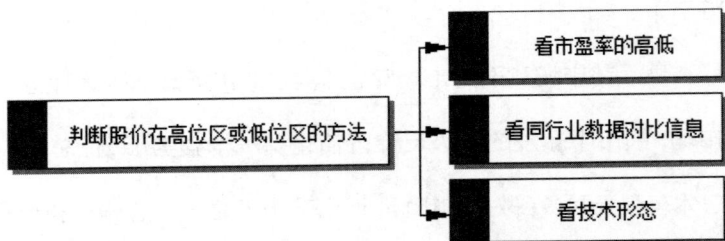

图2.25　判断股价在高位区或低位区的方法

1. 看市盈率的高低

市盈率是最常用来评估股价水平是否合理的指标之一, 是很有参考价值的股市指针。

市盈率(Price Earnings Ratio, 简称P/E或PER), 又称本益比, 是普通股每股市场价格除以普通股每年每股盈利的比率, 计算公式如下:

市盈率=普通股每股市场价格÷普通股每年每股盈利

市盈率越低, 代表股民能够以较低价格购入股票以取得回报。每股盈利的计算方法是该企业在过去12个月的净利润减去优先股股利之后除以总发行已售出的股数。

假设某股票的市价为24元, 而过去12个月的每股盈利为3元, 则市盈率为24÷3=8。该股票被视为有8倍的市盈率, 即每付出8元可获得1元的盈利。 投资者计算市盈率, 主要用来比较不同股票的价值。理论上, 股票的市盈率越低, 越值得投资。比较不同行业、不同国家、不同时段的市盈率是不大可靠的。比较同类股票的市盈率较有实用价值。

在市盈率中, 其关键在于每股盈利(E)的确定。从直观上看, 如果公司未来若干年每股收益为恒定值，那么P/E值代表公司保持恒定盈利水平的存在年限。这有点儿像实业投资中回收期的概念，只是忽略了资金的时间价值。而实际上保持恒定的每股盈利（E）几乎是不可能的，每股盈利（E）的变动往往取决于宏观经济和企业的生存周期所决定的波动周期。所以，在运用P/E值的时候，每股盈利（E）的确定显得尤为重要，由此也衍生出具有不同含义的P/E值。每股盈利（E）有两个方面，一个是历史的每股盈利（E），另一个是预测的每股盈利（E）。

用历史的每股盈利（E）计算出来的市盈率，称为静态市盈率。

用预测的每股盈利（E）计算出来的市盈率，称为动态市盈率。市盈率的分类如图2.26所示。

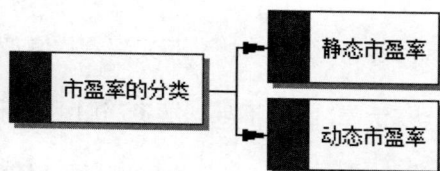

图2.26　市盈率的分类

静态市盈率是市场广泛谈及的市盈率，即以市场价格除以已知的最近公开的每股收益后的比值。静态市盈率体现的是企业按现在的盈利水平要花多少年才能收回成本，这个值通常被认为在10~20是一个合理区间。

动态市盈率是指还没有真正实现的下一年度的预测利润的市盈率。等于股票现价和未来每股收益的预测值的比值，比如下年的动态市盈率就是股票现价除以下一年度每股收益预测值，后年的动态市盈率就是现价除以后年每股收益。动态市盈率的计算公式如下：

动态市盈率=股票现价÷未来每股收益的预测值

在计算动态市盈率时，往往是静态市盈率乘以一个动态系数，具体如下：

动态市盈率=静态市盈率×动态系数

其中动态系数为$1÷(1+i)^n$，i为企业每股收益的增长性比率，n为企业的可持续发展的存续期。

例如，上市企业当前股价为20元，每股收益为0.38元，上年同期每股收益为0.28元，成长性为35%，即$i=35\%$，该企业未来保持该增长速度的时间可持续5年，即$n=5$；则动态系数为$1\div(1+35\%)^5\approx0.22$。

下面来计算一下静态市盈率和动态市盈率：

静态市盈率$=20\div0.38\approx52.63$

动态市盈率$=52.63\times0.22\approx11.58$

两者相比，相差之大，相信普通投资者看了也会大吃一惊。动态市盈率理论告诉我们一个简单朴素而又深刻的道理，即投资股市一定要选择有持续成长性的公司。于是，我们不难理解资产重组为什么会成为市场永恒的主题，以及有些业绩不好的公司在实质性的重组题材支撑下成为市场黑马。

具体如何分析静态市盈率、动态市盈率？如果一家公司受到投资收益等非经营性收益带来较好的每股盈利，从而导致其该年静态市盈率显得相当具有诱惑力；如果一家公司该年因为动用流动资金炒股获得高收益，或者是该年部分资产变现获取了不菲的转让收益等，那么对于一些本身规模不是特别大的公司而言，这些都完全有可能大幅提升其业绩水平，但这样更多是由非经营性收益带来的突破增长，需要辩证地去看待。

非经营性的收益带给公司高的收益，这是好事，短期而言，对公司无疑有振奋、刺激作用，但这样的收益具有偶然性、不可持续性。资产转让了就没有了，股票投资本身就具有不确定性，没有谁敢绝对保证一年有多少收益。因此，非经营性收益是可遇而不可求的。

图2.27显示的是云南白药（000538）的市盈率。在这里可以看到云南白药（000538）的静态市盈率为24.56，动态市盈率为44.38。

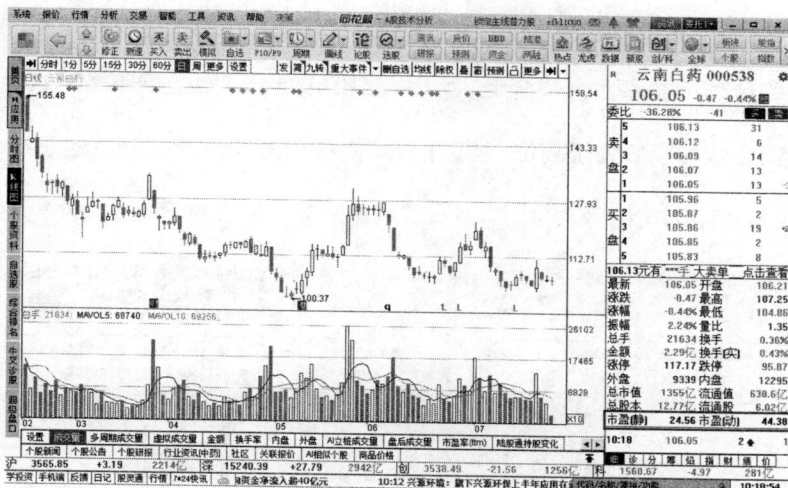

图2.27　云南白药（000538）的市盈率

2. 看同行业数据对比信息

与同行业的股票进行比较，如果远低于平均水平，就是低位；如是远高于平均水平，则是高位。

在云南白药（000538）日K线状态下，按下键盘上的"F10"键，就可以查看该股票的资料信息，单击"行业对比"，就可以看到最近半年报或年报的同行业股票数据的对比信息，如图2.28所示。

3. 看技术形态

如果股价刚从底部形态走出，可视为低位；如果已经上涨很长时间，特别是有很大涨幅，技术上呈价升量平或价平量增时，要视为高位。这部分在后面章节会进行详细讲解，这里不再多说。

投资者在分析股价处于高位还是低位时，还应该注意当时的股市环境，因为在不同的市场环境下，股票的估值标准也不一样。例如，在牛市中，市场给予业绩优秀、成长性预期良好的股票的合理市盈率为三四十倍，当股价低于该市盈率水平时，可以认为股价处于低位；但到了熊市，市场给予业绩优秀、成长性预期良好的股票的合理市盈率会大幅降低，所以，当股价处于三四十倍市盈率水平时，此时市场就会认为股价处于高位。所以，投资者在衡量股价是在低位还是在高位，也要因时而异，因市而异。

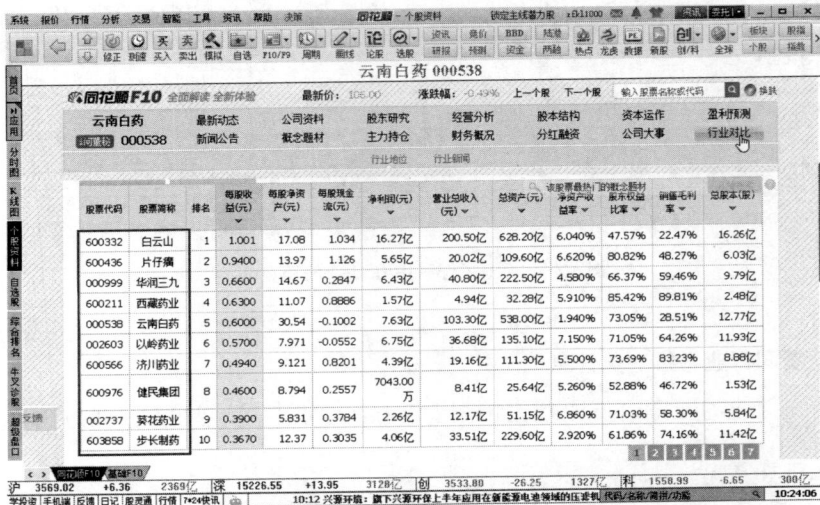

图2.28　同行业股票的数据对比信息

第 3 章

见底K线组合量化实战技巧

利用见底K线组合，投资者可以把握建仓或加仓的最佳时机，从而为盈利奠定良好的基础。

本章主要内容包括：
- 好友反攻量化实战技巧
- 曙光初现量化实战技巧
- 旭日东升量化实战技巧
- 平底量化实战技巧
- 圆底量化实战技巧
- 塔形底量化实战技巧
- 希望十字星量化实战技巧
- 早晨之星量化实战技巧
- 锤头线量化实战技巧
- 倒锤头线量化实战技巧

3.1 好友反攻和曙光初现量化实战技巧

下面讲解一下好友反攻和曙光初现的基础知识和量化实战应用技巧。

3.1.1 好友反攻

好友反攻出现在下跌趋势中，是由一阴一阳两根K线组成，第一根K线是大阴线，接着跳空低开，而收盘时却收了一根中阳线或大阳线，并且收在前一根大阴线的收盘价附近或相同的位置上。好友反攻如图3.1所示。

好友反攻也是一种常见的见底信号，它提示投资者不要再盲目看空。好友反攻常见的变化图形如图3.2所示。

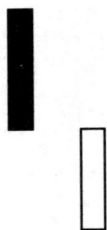

图3.1 好友反攻

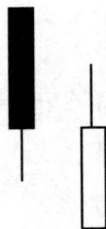

图3.2 好友反攻的变化图形

3.1.2 曙光初现

曙光初现，出现在下跌趋势中，是由一阴一阳两根K线组成，先是出现一根大阴线或中阴线，接着出现一根大阳线或中阳线，并且阳线的实体深入阴线实体的二分之一以上位置。曙光初现如图3.3所示。

曙光初现的阳线实体深入阴线实体的部分越多, 则见底转势信号越强。曙光初现的见底信号比好友反攻强。曙光初现常见的变化图形如图3.4所示。

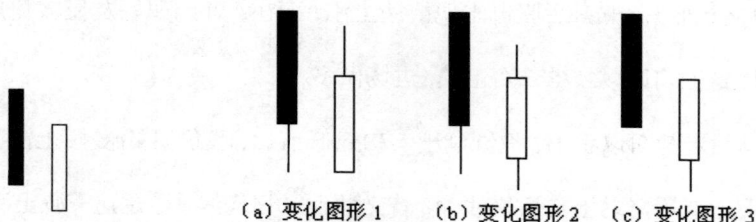

（a）变化图形 1　　（b）变化图形 2　　（c）变化图形 3

图3.3　曙光初现　　　　　　　　图3.4　曙光初现常见的变化图形

3.1.3　好友反攻量化实战技巧

如果股价经过大幅快速下跌后, 出现好友反攻见底 K 线组合, 投资者就可以逢低跟进, 止损位设在好友反攻中第二根阳线的低点即可。

图3.5显示的是未来股份（600532）2020年1月8日至2020年4月27日的日 K 线图。

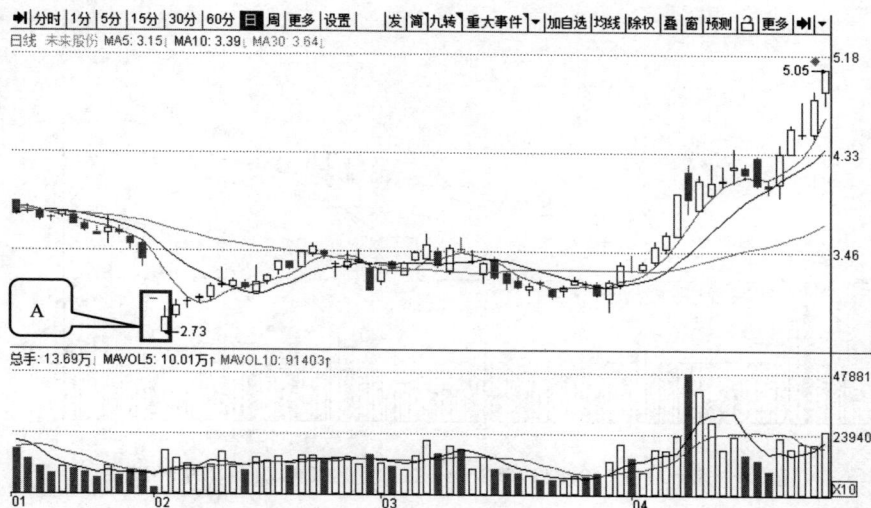

图3.5　未来股份（600532）2020年1月8日至2020年4月27日的日 K 线图

　　未来股份（600532）的股价经过长时间下跌之后，出现了最后一跌。股价先是慢慢沿着5日均线下跌，然后快速下跌，即来一个一字线跌停板，但一字线跌停后，股价又是低开，低开后股价出现快速上涨，即在A处出现好友反攻见底K线组合。所以，这时可以以2.73元为止损，进场做多。

　　从其后走势可以看出，股价创出2.73元低点后，股价开始慢慢上涨，先是站上5日均线，然后又站上10日均线，接着又站上30日均线。经过这一波上涨之后，股价开始在低位震荡盘整，震荡盘整结束后，开始了真正意义的上涨行情。

　　如果股价已处于明显的上升趋势中，并且升幅不大，在短期回调过程中出现了好友反攻见底K线组合，投资者就可以逢低跟进，止损位设在好友反攻中第二根阳线的低点即可。

　　图3.6显示的是未来股份（600532）2020年4月2日至2020年6月30日的日K线图。

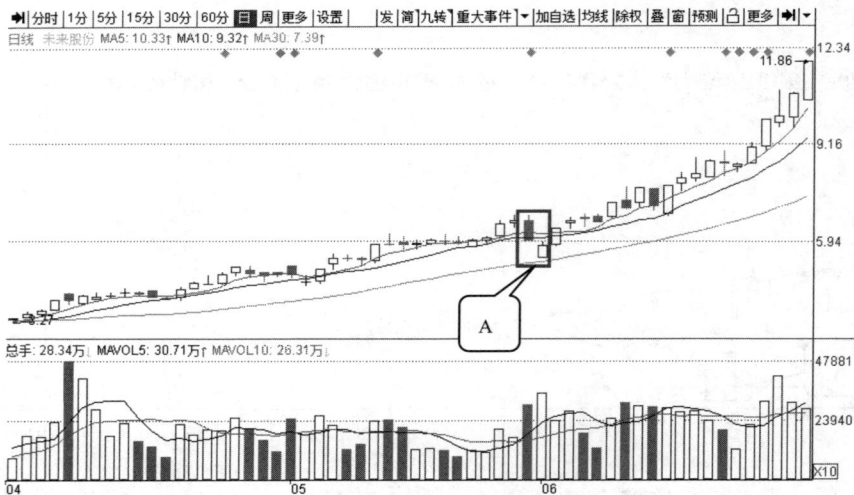

图3.6　未来股份（600532）2020年4月2日至2020年6月30日的日K线图

　　未来股份（600532）的股价在明显的上涨行情中，在A处，股价大阴线下跌后，第二个交易日出现一个低开高走的大阳线，即出现好友反攻见底 K 线组合，所以，这是一个买入股票信号，止损位放在低开高走大阳线的低点，即 5.32 元。

如果股价已经过大幅上涨，然后在高位震荡，在震荡过程中出现好友反攻见底 K 线组合，投资者一定要小心是主力在诱多，一不小心，很可能被套在高高的山岗上。

图 3.7 显示的是隆基股份（601012）2020 年 12 月 18 日至 2021 年 3 月 24 日的日 K 线图。

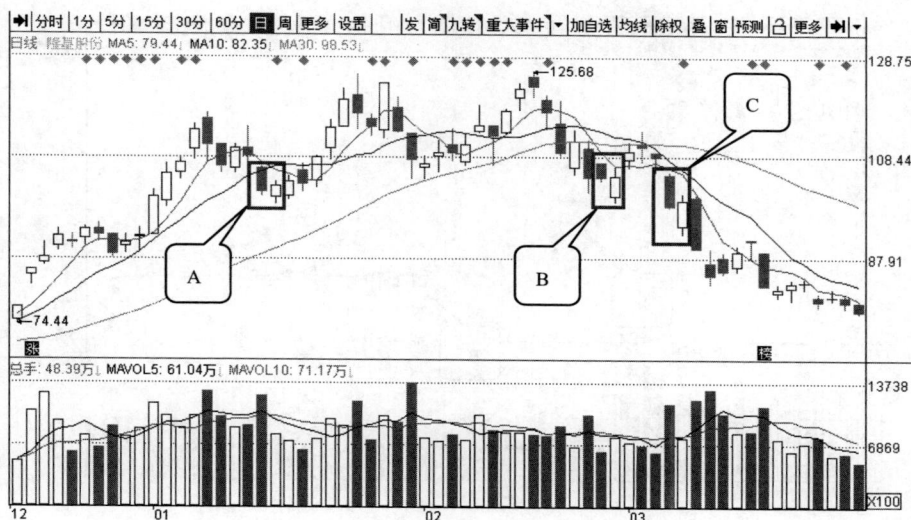

图 3.7　隆基股份（601012）2020 年 12 月 18 日至 2021 年 3 月 24 日的日 K 线图

隆基股份（601012）的股价经过长时间、大幅度上涨之后，然后在高位震荡。在高位震荡过程中，出现好友反攻见底 K 线组合，即 A 处，可以轻仓做多，但投资者一定要清楚，股价已经处在高位，一旦有不好的信号就要先卖出观望。

在 B 处又出现好友反攻见底 K 线组合，需要注意这里股价已经跌破 30 日均线，如果做多，更要小心。从其后走势来看，股价反弹到 30 日均线附近，再度受压下跌。

在C处也出现好友反攻见底K线组合，但这时均线已经处在明显的空头行情之中，并且股价是沿着5日均线下跌的，所以，这时最好不要胡乱抄底，否则很容易被套在高位。

在下跌初期和下跌途中，如果出现好友反攻见底K线组合，投资者一定不要去抢反弹，这很可能是主力的诱多之计，一不小心就会被套。

图3.8显示的是比亚迪（002594）2021年1月20日至2021年5月7日的日K线图。

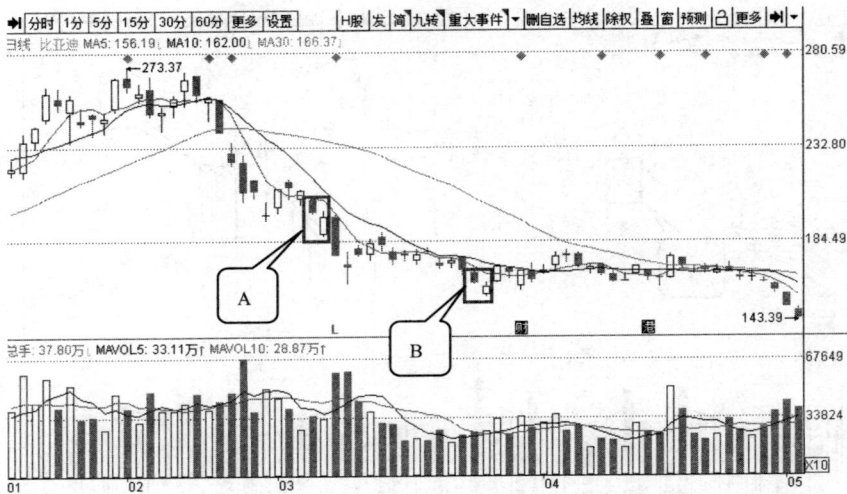

图3.8　比亚迪（002594）2021年1月20日至2021年5月7日的日K线图

比亚迪（002594）的股价经过长时间、大幅度上涨之后，创出273.37元高点，然后在高位略震荡之后就开始下跌，先是跌破5日和10日均线，然后又跌破30日均线，这样均线就呈空头排列。

随后股价沿着5日均线下跌，在下跌过程中，在A处出现好友反攻见底K线组合。注意：当前是下跌行情，并且刚开始下跌，最好不要抄底，否则很容易被套在高位。

随后股价不断下跌，下跌速度也越来越慢，在B处，再度出现好友反攻见底K线组合，这里最好也不要抄底。虽然从其后走势来看，在这里抄底，会有一点盈利，但如果认为抄底成功，不及时卖出，最终也会被套。

3.1.4　曙光初现量化实战技巧

如果股价经过大幅度、长时间下跌之后，出现曙光初现见底K线组合，投资者就可以逢低跟进，止损位设在曙光初现中第二根阳线的低点即可。

图3.9显示的是金辰股份（603396）2020年10月19日至2020年12月25日的日K线图。

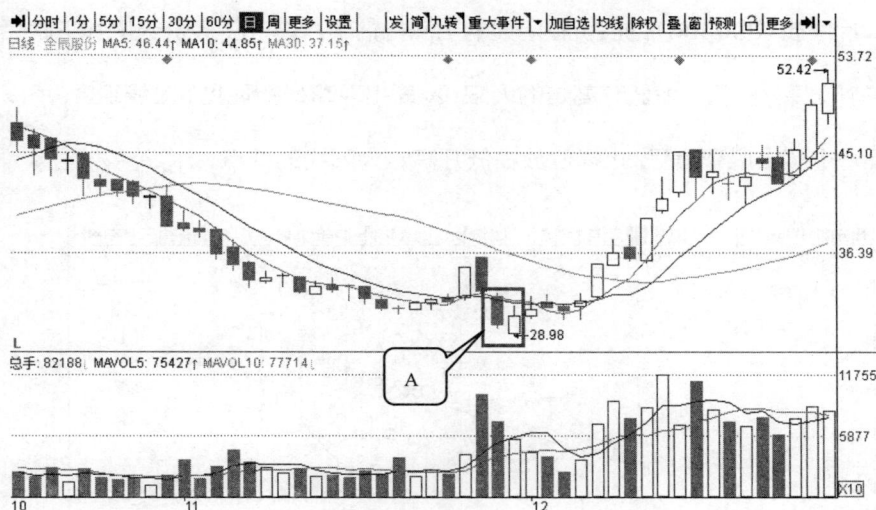

图3.9　金辰股份（603396）2020年10月19日至2020年12月25日的日K线图

金辰股份（603396）的股价经过连续下跌之后，投资者都亏损严重，这时主力先来一根涨停，让投资者认为机会来了，但随后就是两根大阴线杀跌，并且创出新低，这让很多投资者认为新的一波下跌又开始了，纷纷卖出手中的筹码，但两根大阴线之后，股价低开高走，收了一根中阳线，即在A处出现了曙光初现见底K线组合，聪明的投资者就能看明白,这是主力的最后一跌,吓出中小投资者手中的筹码。

所以,A处是极佳的做多位置,止损位置为28.98元。从其后走势来看,股价在底部略震荡之后就开始一波新的上涨行情。这样,在A处买进的投资者短时间内就会有较大的投资收益。

如果股价已经处于明显的上升趋势中,并且升幅不大,在短期回调过程中出现曙光初现见底K线组合,投资者就可以逢低跟进,止损位设在曙光初现中第二根阳线的低点即可。

图3.10显示的是片仔癀(600436)2021年4月19日至2021年6月25日的日K线图。

片仔癀(600436)的股价在明显的上涨行情中,在A处,股价大阴线下跌后,第二个交易日出现一根低开高走的大阳线,即出现曙光初现见底K线组合,所以,这是一个买入股票信号,止损位放在低开高走大阳线的低点。

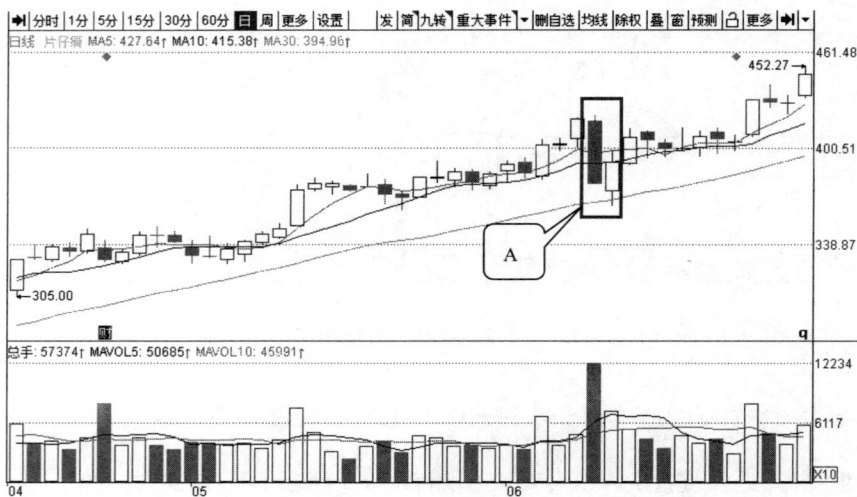

图3.10　片仔癀(600436)2021年4月19日至2021年6月25日的日K线图

如果股价已经过大幅上涨,然后在高位震荡,在震荡过程中出现曙光初现见底K线组合，投资者一定要小心是主力在诱多，一不小心，很可能被套在高高的山岗上。

　　图3.11显示的是天味食品（603317）2020年8月28日至2021年3月16日的日K线图。

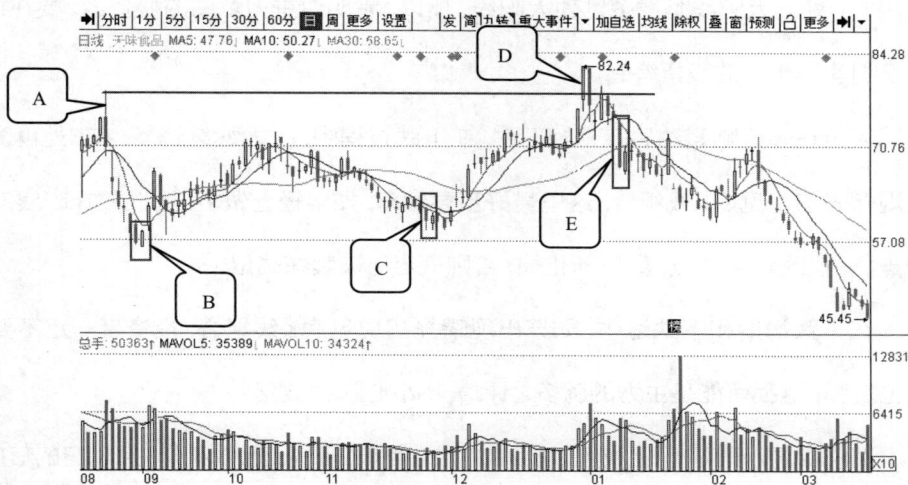

图3.11　天味食品（603317）2020年8月28日至2021年3月16日的日K线图

　　天味食品（603317）经过长时间、大幅度上涨之后，创出78.38元高点，即A处。需要注意，创出高点这一天，股价收出一根带有较长上影线的大阴线，这表明股价上方压力很大，投资者要注意及时止盈。

　　随后股价开始快速下跌，连续下跌6个交易日后，出现一根低开高走的中阳线，即在B处出现曙光初现见底K线组合，这时可以轻仓做多博反弹，止损放在B处中阳线的低点处，即55.74元。

　　随后股价出现反弹，注意这一波反弹没有创出新高，然后股价再度下跌，然后在C处，再度出现曙光初现见底K线组合，这里仍可以轻仓做多博反弹，止损放在C处阳线的低点处，即58.40元。

需要注意的是，在C处出现见底K线组合后，股价没有上涨，反弹继续沿着5日均线下跌，但没有跌破58.40元，所以，介入多单仍可以继续持有。

随后股价又出现一波上涨，这一波上涨创出新高82.24元。但需要注意，主力很坏，创出高点这一天，股价收了一根大阳线，但随后就是一根大阴线，即D处。这表明D处的大阳线是诱多见顶大阳线，所以，看明白主力意图的投资者，要在D处及时卖出手中的股票筹码。

股价在高位略震荡后就开始下跌，在下跌过程中，主力继续诱多，在E处再度出现曙光初现见底K线组合，这里最好不要做多，如果轻仓做多，止损放在阳线的低点。一旦跌破该低点，要果断止损，否则很容易被套在高位。

在下跌初期和下跌途中，如果出现曙光初现见底K线组合，投资者一定不要去抢反弹，这很可能是主力的诱多之计，一不小心就会被套。

图3.12显示的是恒立液压（601100）2021年1月5日至2021年5月10日的日K线图。

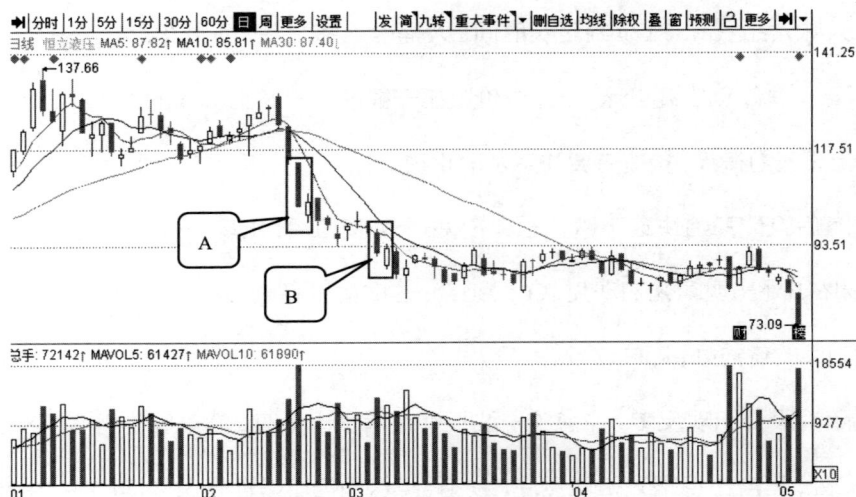

图3.12　恒立液压（601100）2021年1月5日至2021年5月10日的日K线图

恒立液压（601100）的股价经过长时间、大幅度上涨之后，创出137.66元高位。随后股价在高位震荡，经过一个多月时间高位震荡后，股价出现快速下跌，先是跌破5日均线，然后又跌破10日和30日均线，这表明股价开始新的一波下跌。在下跌初期如果出现曙光初现见底K线组合，千万不要轻易进场抄底，因为很容易被套在高位。所以，A和B处的曙光初现见底K线组合都不能进场做多。

3.2　旭日东升和平底量化实战技巧

下面讲解一下旭日东升和平底的基础知识和量化实战应用技巧。

3.2.1　旭日东升

旭日东升，出现在下跌趋势中，是由一阴一阳两根K线组成，先是出现一根大阴线或中阴线，接着出现一根高开的大阳线或中阳线，并且阳线的收盘价已经高于前一根阴线的开盘价。旭日东升如图3.13所示。

旭日东升的阳线实体高出阴线实体的部分越多，则见底转势信号越强。旭日东升的见底转势信号要比曙光初现和好友反攻都要强。旭日东升常见的变化图形如图3.14所示。

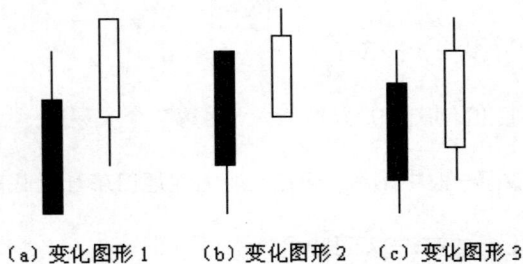

（a）变化图形 1　　（b）变化图形 2　　（c）变化图形 3

图3.13　旭日东升　　　　　　图3.14　旭日东升常见的变化图形

3.2.2　平　　底

平底,又称钳子底,出现在下跌趋势中,由两根或两根以上的K线组成,但这些K线的最低价在同一水平位置上。平底如图3.15所示。

平底是见底回升的信号,如果出现在较大的跌势之后,所提示的股价反转的可能性就很大。投资者见到此K线形态,可以考虑适量买进。平底的变化图形如图3.16所示。

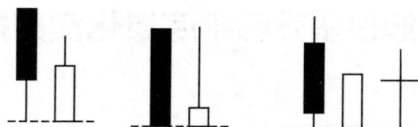

图3.15　平底　　　　　　　　　　　图3.16　平底的变化图形

3.2.3　旭日东升量化实战技巧

如果股价经过大幅度、长时间下跌之后,出现旭日东升见底K线组合,投资者就可以逢低跟进,止损位设在旭日东升中第一根阴线的低点即可。

图3.17显示的是中原高速(600020)2021年1月5日至2021年5月14日的日K线图。

中原高速(600020)的股价经过长时间、大幅度下跌之后,创出2.97元低点。需要注意的是,股价在创出低点这一天,收了一根带有下影线的中阴线,这表明有一部分投资者抄底了。

股价创出2.97元低点之后,第二个交易日,股价没有继续下跌,反而是高开高走,收了一根中阳线,即在A处出现旭日东升见底K线组合,所以,这时可以抄底做多,止损放在2.97元即可。

如果股价已经处于明显的上升趋势之中,并且升幅不大,在短期回调过程中

出现旭日东升见底 K 线组合，投资者就可以逢低跟进，止损位设在旭日东升中第一
根阴线的低点即可。

图 3.17　中原高速（600020）2021年1月5日至2021年5月14日的日 K 线图

图 3.18 显示的是万华化学（600309）2020年10月12日至2021年2月9日的日 K
线图。

万华化学（600309）的股价在明显的上涨行情中出现调整，在调整结束时出
现旭日东升见底 K 线组合，是买进的大好时机，即 A 和 B 处都是较好的买入位置，
止损位放在旭日东升中第一根阴线的低点即可。

如果股价已经过大幅上涨，然后在高位震荡，在震荡过程中出现旭日东升见
底 K 线组合，投资者一定要小心是主力在诱多，一不小心，很可能被套在高高的山
岗上。

图 3.19 显示的是招商银行（600036）2021年1月11日至2021年7月27日的日 K
线图。

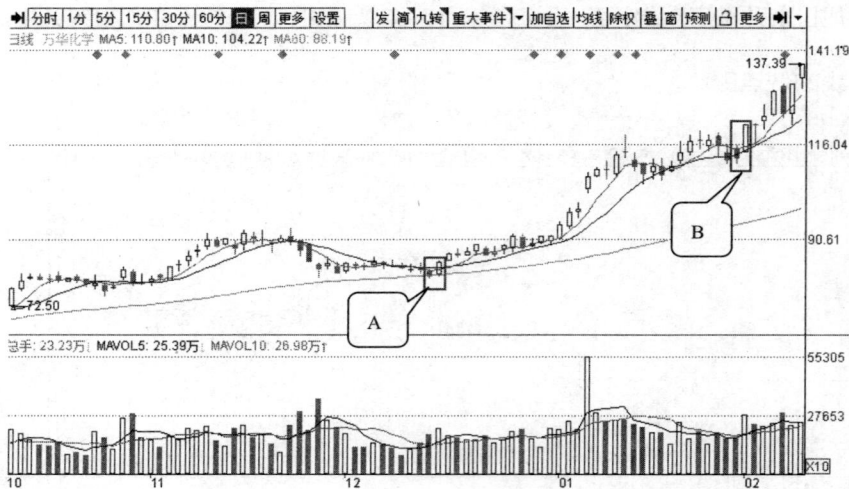

图3.18　万华化学（600309）2020年10月12日至2021年2月9日的日K线图

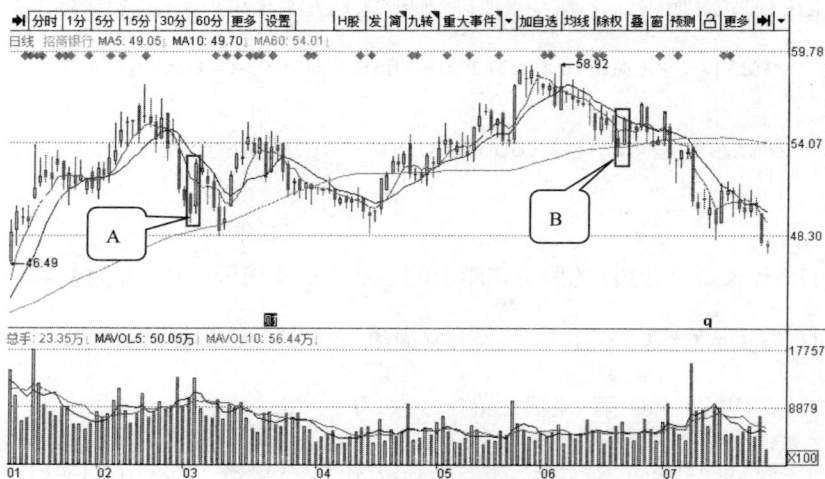

图3.19　招商银行（600036）2021年1月11日至2021年7月27日的日K线图

招商银行（600036）的股价经过长时间、大幅度上涨之后，然后在高位震荡。在高位震荡过程中，出现旭日东升见底K线组合，只可以轻仓做多，并且为不好的信号，要第一时间出局观望。在A处，股价连续中阴下跌之后，出现一根高开高走的大阳线，即出现旭日东升见底K线组合，在这里买进股票，止损位要放在旭日东升中第一根阴线的低点。从其后走势看,如果介入多单后不及时卖出,就会止损出局。

同理,在B处,出现旭日东升见底K线组合,如果在这时买进股票,不及时出局,就会被套在高位。

在下跌初期和下跌途中,如果出现旭日东升见底K线组合,投资者一定不要去抢反弹,这很可能是主力的诱多之计,一不小心就会被套。

图3.20显示的是中顺洁柔(002511)2021年3月11日至2021年7月27日的日K线图。

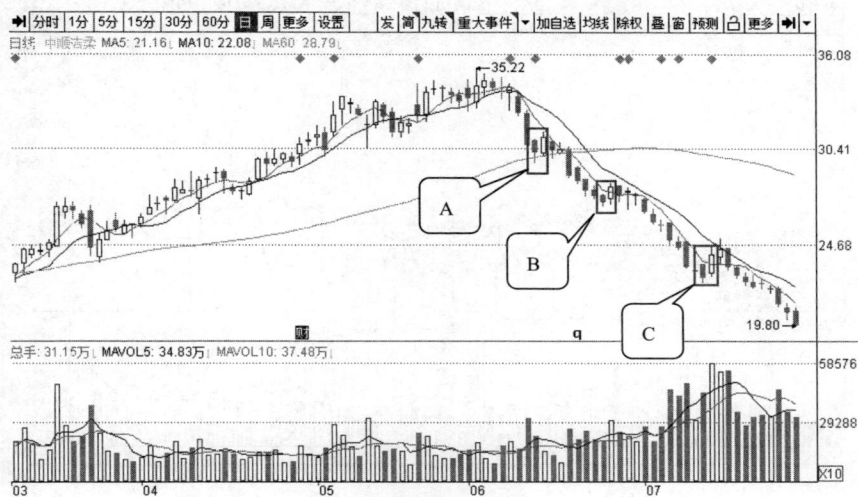

图3.20　中顺洁柔(002511)2021年3月11日至2021年7月27日的日K线图

中顺洁柔(002511)的股价经过长时间、大幅度上涨之后,创出35.22元高点后,然后在高位略做震荡就开始下跌,先是跌破5日和10日均线,然后继续下跌到30日均线附近,股价出现反弹,即在A处出现了旭日东升见底K线组合。需要注意,这里如果您买进该股,就会被套,当股价跌破30日均线或跌破旭日东升中第一根阴线的低点,就要及时止损。

同理，在B和C处，股价再度出现旭日东升见底K线组合，这些位置最好不要抄底买进该股票，一旦买入不及时卖出，就会被套在高位上。

3.2.4　平底量化实战技巧

股价处在明显的上升趋势中，并且上涨幅度不大，如果在平底或回调过程中又出现平底，是一个不错的买入时机，止损位设在平底的低点即可。

图3.21显示的是中信特钢（000708）2020年10月21日至2020年2月10日的日K线图。

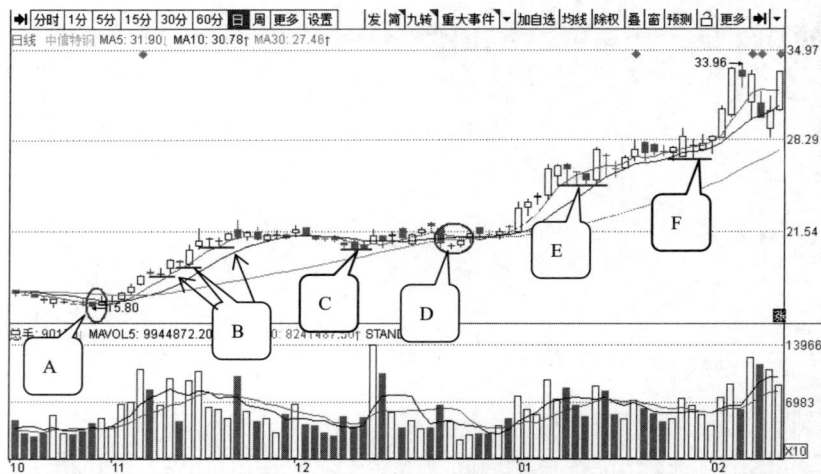

图3.21　中信特钢（000708）2020年10月21日至2020年2月10日的日K线图

中信特钢（000708）的股价经过一波回调，最低为15.80元，但创出低点这一天，股价带有下影线，表明多方有抄底买进该股票。随后股价高开高走，即出现了旭日东升见底K线组合，即A处。

随后股价继续上涨，最后站上所有均线，即站上5日、10日和30日均线。这表明股价要开始一波上涨行情了。如果在A处抄底，就可以继续持有；如果没有抄底，则可以继续关注该股票。

随后股价继续沿着5日均线上涨，在上涨过程中，在B处连续出现平底，所以手中筹码可以继续持有，没有该股票的投资者可以在平底处买进该股票。

经过一波上涨之后，股价开始横盘整理。在窄幅横盘整理过程中，在C处出现平底，是买入信号。同理，在D处，出现早晨之星，也是买入信号。

经过一个多月时间的横盘整理之后，价格再度上涨，在上涨过程中，在E和F处出现平底，所以仍是买进股票的机会。

股价如果已经过较长时间、较大幅度的上涨，然后在高位震荡，这时出现平底信号，可以轻仓跟进，但要注意控制风险，毕竟在高位。另外要注意，如果股价处在明显的下跌趋势中，出现平底信号，最好不要轻仓进场，因为下跌趋势中的反弹力度有时很弱，进场被套的可能性很大。

图3.22显示的是时代出版（600551）2020年5月22日至2020年11月4日的日K线图。

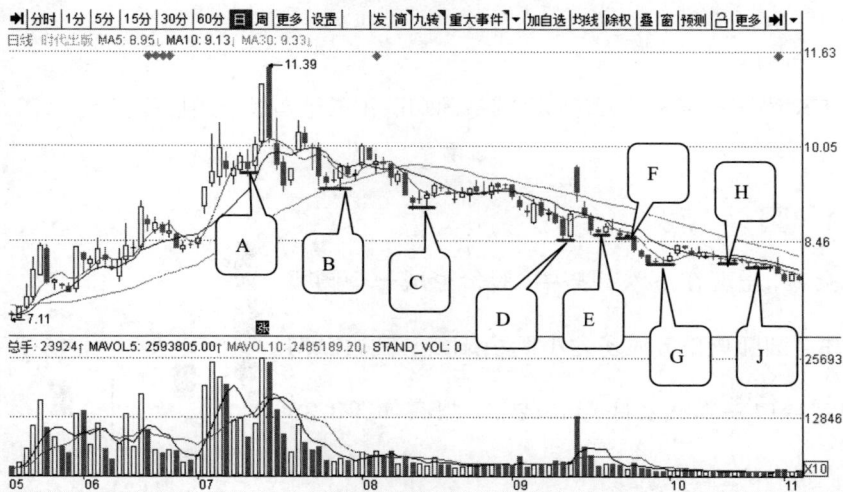

图3.22　时代出版（600551）2020年5月22日至2020年11月4日的日K线图

时代出版（600551）的股价，经过一波上涨之后，然后在高位震荡，在A处出现平底，可以轻仓买入该股票，虽然创出11.39元高点，但创出高点的那一天，股价收了一根大阴线，所以要及时卖出股票。

在B处，股价再度出现平底，仍然可以轻仓买入股票，但上涨力量不强，所以，当股价跌破5日均线时，最好卖出。

在C处，股价出现平底，需要注意的是，这里均线已经形成空头排列，即当前行情很可能已是下跌趋势的初期。所以，当股价反弹站不上30日均线，要及时卖出。

随后股价开始震荡下跌，即进入明显的下跌行情。在这样的行情中，出现平底或其他见底K线，最好以观望为主。从其后走势来看，在D、E、F、G、H、J任何一处买进股票，都会被套住，如果不及时止损，损失是非常惨重的。

3.3 圆底和塔形底量化实战技巧

下面讲解一下圆底和塔形底的基础知识和量化实战应用技巧。

3.3.1 圆 底

圆底，出现在下跌趋势中，股价形成一个圆弧底，并且圆弧内的K线多为小阴小阳线，最后以向上跳空缺口来确认圆底形态成立。圆底如图3.23所示。

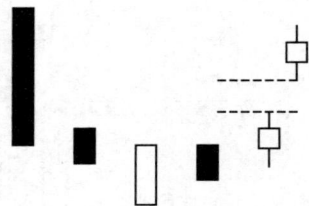

图3.23 圆底

当股价在下跌回调或横向整理时，出现圆底K线形态，表示市场做空力量已大大减弱，后市很可能转为升势。投资者见到该K线形态，可以考虑适量买进。

3.3.2　塔 形 底

塔形底，因其形状像一个倒扣的塔顶，其特征是：在一个下跌行情中，股价在拉出长阴线后，跌势开始趋缓，出现一连串的小阴小阳线，随后窜出一根大阳线，这时升势确立。塔形底如图3.24所示。

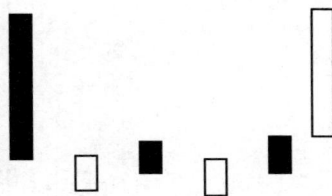

图3.24　塔形底

一般来说，股价在低位形成塔形底后，并且有成交量的配合，往往会有一段较长的涨势出现。投资者见此 K 线组合后应抓住机会，跟进做多。

3.3.3　圆底量化实战技巧

如果股价经过大幅度、长时间下跌之后，出现圆底见底 K 线组合，投资者就可以逢低跟进，止损位设在圆底的最低点即可。

图3.25显示的是金轮股份（002722）2021年1月25日至2021年6月21日的日 K 线图。金轮股份（002722）的股价经过长时间、大幅度下跌之后，在 A 处出现圆底见底 K 线组合，这时投资者可以以最低点（8.80元）为止损位，买进该股票。从其后的走势可以看出，股价出现圆底后，股价继续沿着5日均线上涨，上涨到30日均线附近出现窄幅震荡，最终站上30日均线。

在 B 处，股价出现旭日东升见底 K 线组合，这是买进股票的信号，所以，手中持股的投资者仍然可以继续持有，没有该股筹码的投资者，可以在 B 处买进该股票，止损可以放到旭日东升中第一根阴线的低点即可。

如果股价已经处于明显的上升趋势中，并且升幅不大，在短期回调过程中出现圆底见底 K 线组合，投资者就可以逢低跟进，止损位设在圆底的最低点即可。

图3.26显示的是保隆科技（603197）2021年4月7日至2021年7月23日的日 K 线图。

图3.25　金轮股份（002722）2021年1月25日至2021年6月21日的日K线图

保隆科技（603197）的股价在明显的上涨行情中，出现回调，正好回调到30日均线，股价企稳，所以可以以30日均线为止损位买进该股票。股价在30日均线企稳，又跳空高开，站上5日和10日均线，即在A处出现圆底见底K线组合，所以已经买进的投资者可以继续持有，如果没有筹码的投资者想买进，仍然可以以30日均线为止损，继续买进该股。

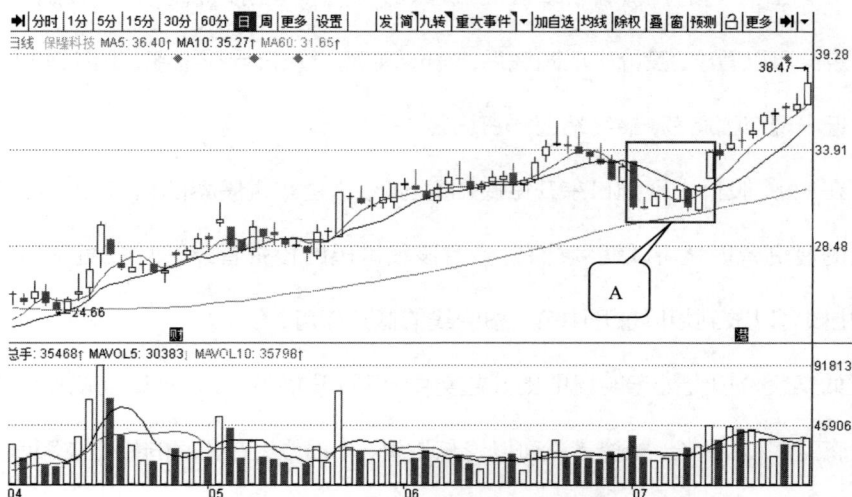

图3.26　保隆科技（603197）2021年4月7日至2021年7月23日的日K线图

如果股价已经过大幅上涨，然后在高位震荡，在震荡过程中出现圆底见底 K 线组合，投资者一定要小心是主力在诱多，一不小心，很可能被套在高高的山岗上。

图 3.27 显示的是安车检测（300572）2020 年 6 月 19 日至 2020 年 10 月 23 日的日 K 线图。

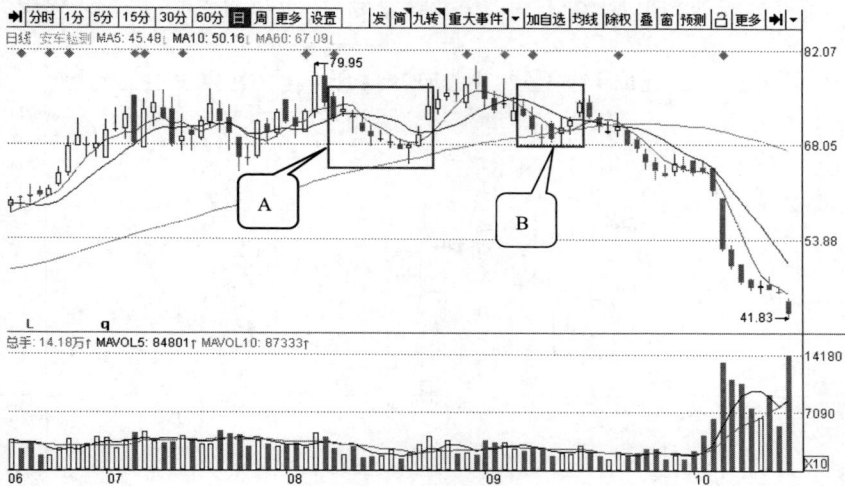

图 3.27　安车检测（300572）2020 年 6 月 19 日至 2020 年 10 月 23 日的日 K 线图

安车检测（300572）的股价经过长时间、大幅度上涨之后，然后在高位震荡。在高位震荡过程中，在 A 和 B 处出现圆底见底 K 线组合，这是见底信号，但由于已经处在高位，只能轻仓做多，并且有不好信号就要及时卖出股票，否则就会被套在高高的山岗上。

在下跌初期和下跌途中，如果出现圆底见底 K 线组合，投资者一定不要去抢反弹，这很可能是主力的诱多之计，一不小心就会被套。

在明显的下跌趋势中，特别是在下跌初期出现圆底这很可能是主力在诱多，要特别小心。

图 3.28 显示的是中迪投资（000609）2020 年 7 月 14 日至 2021 年 1 月 29 日的日 K

线图。中迪投资（000609）的股价经过一波上涨，创出7.09元高点，但创出高点这一天却收了一根大阴线，并且跌破5日和10日均线，随后又跌破30日均线，这样股价就处于空头行情之中。

在明显的空头行情中出现做多信号，要特别小心。所以，在A和B处出现的圆底，想做多都要特别小心。因为一不小心就会被套，不及时止损，会损失惨重。

图3.28　中迪投资（000609）2020年7月14日至2021年1月29日的日K线图

3.3.4　塔形底量化实战技巧

股价经过大幅下跌之后，探明底部区域，然后开始震荡上升，在这个过程中出现回调，回调过程中出现塔形底，要敢于重仓买进并持有。

图3.29显示的是黄山旅游（600054）2020年10月29日至2021年3月15日的日K线图。

黄山旅游（600054）的股价经过一波下跌，创出8.10元低点。需要注意的是，这里出现了早晨十字星见底K线，即A处。

随后股价开始震荡上涨，先是站上5日均线，然后又站上10日均线，最后又站上30日均线，均线形成多头排列，即行情有望出现一波上涨行情。

接着价格并没有上涨，而是横盘整理，经过窄幅震荡后，股价再度下跌，即主力来洗盘。在B处出现塔形底见底K线组合，并且这时股价又重新站上所有均线，所以，这时手中有筹码的投资者可以继续持有，没有的可以买进该股票。

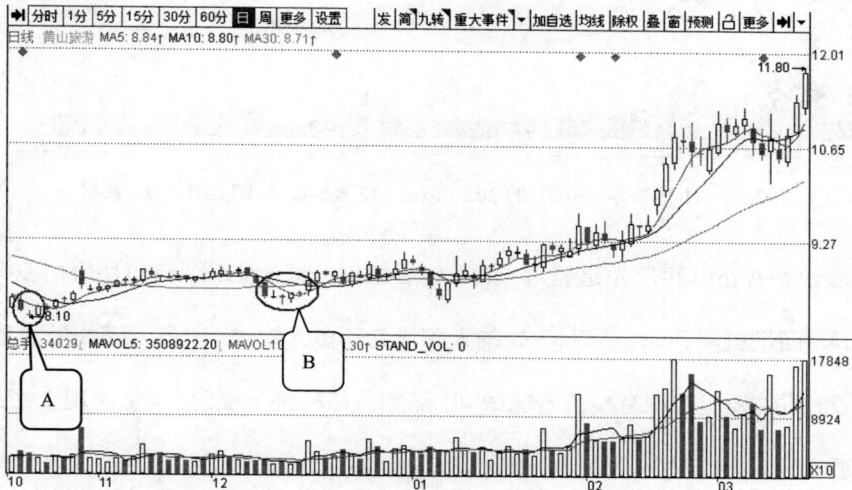

图3.29 黄山旅游（600054）2020年10月29日至2021年3月15日的日K线图

如果股价经过一段时间的上涨之后，仍在高位震荡，在震荡过程中出现塔形底，可以短线做多跟进，但要小心是主力在诱多，把自己套在高位。

图3.30显示的是中信证券（600030）2020年6月22日至2021年3月12日的日K线图。

中信证券（600030）的股价经过较长时间、较大幅度的上涨之后，然后在高位震荡。在高位震荡过程中，在A处出现塔形底，可以轻仓买入股票，但一定要注意，一旦有不好信号就要及时卖出。

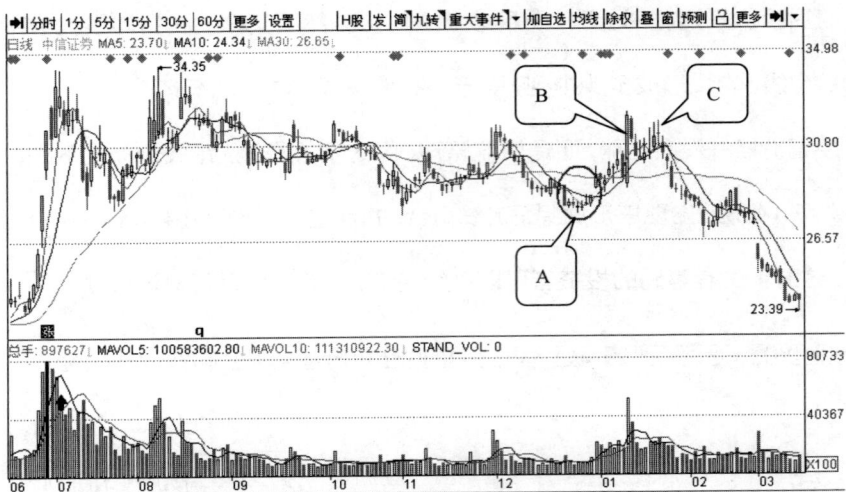

图3.30　中信证券（600030）2020年6月22日至2021年3月12日的日K线图

股价在A处见底后先是震荡上涨，然后拉出一根大阳线，但随后价格没有继续上涨，而是震荡回调，所以，B处的大阳线为诱多大阳线。诱多大阳线处是最理想的卖出位置，但很难有投资者能做到。随后价格震荡上涨时，反复出现上影线K线，即C处，表明上方压力较大，就可以卖出股票了。

在明显的下跌趋势中，特别是在下跌初期，出现塔形底，这很可能是主力在诱多，要万分警惕。

图3.31显示的是厦门象屿（600057）2020年11月17日至2021年2月5日的日K线图。厦门象屿（600057）经过一波上涨，最高上涨到6.95元，然后开始下跌，先是大阴线一跌，然后在30日均线上方震荡，震荡后又是中阴线下跌，并且跌破30日均线。

股价跌破30日均线后出现塔形底，即A处。需要注意的是，股价已经处于空头行情中，并且塔形底反弹的高点正好为30日均线附近，这是明显的诱多行情，所以千万不能在这里买进该股，如果手中还有该股票筹码，就应该卖出。

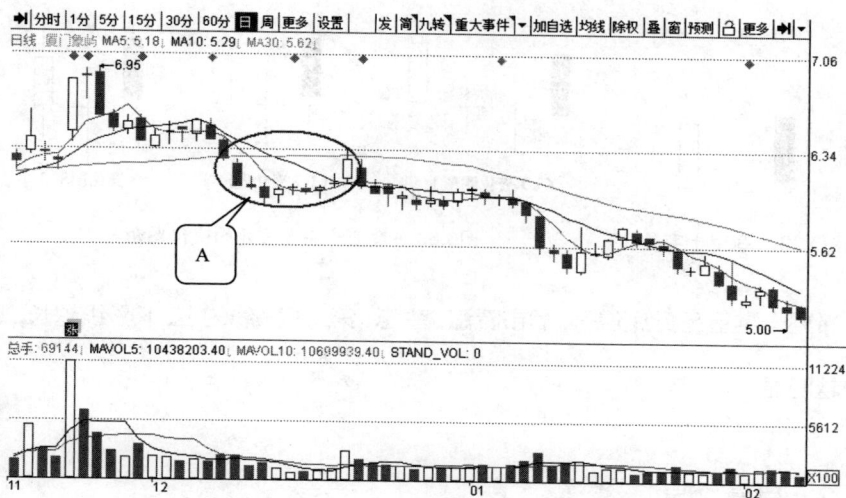

图3.31　厦门象屿（600057）2020年11月17日至2021年2月5日的日K线图

3.4　希望十字星和早晨之星量化实战技巧

下面讲解一下希望十字星和早晨之星的基础知识和量化实战应用技巧。

3.4.1　希望十字星

希望十字星，又称早晨十字星，出现在下跌趋势中，是由三根K线组成，第一根K线为阴线，第二根K线是十字星，第三根K线是阳线，并且第三根K线实体深入第一根K线实体之内。希望十字星如图3.32所示。

希望十字星的技术含义是：股价经过大幅回落后，做空能量已经大量释放，股价无力再创新低，呈现见底回升态势，这是较明显的大市转向信号。希望十字星常见的变化图形如图3.33所示。

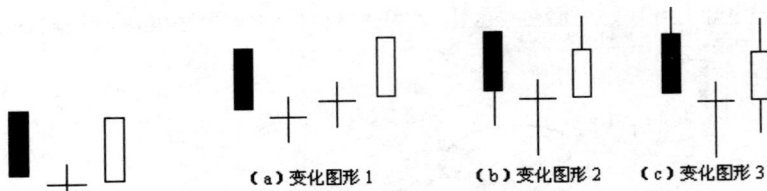

（a）变化图形1　　（b）变化图形2　　（c）变化图形3

图3.32　希望十字星　　　　图3.33　希望十字星常见的变化图形

希望十字星是见底信号，后市看涨，注意：第二根K线的上、下影线越长，见底信号越明显。

3.4.2　早晨之星

早晨之星，又称启明星，市场开始处于下降趋势中，第一个交易日是一根大阴线；第二个交易日是一根小阳线或小阴线；第三个交易日是一根阳线，它将市场推进到第一个交易日阴线的价格变动范围之内。在理想形态中，第二个交易日与第一个交易日的图形之间形成向下的跳空缺口，而第三个交易日的阳线与第二个交易日的小阳线或小阴线之间出现一个向上的跳空缺口，早晨之星如图3.34所示。

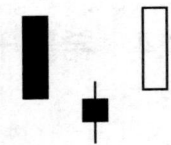

图3.34　早晨之星

早晨之星形成的心理分析：市场原本在已经确定的下降趋势中运行，一根大阴线的出现支持这种趋势，这样市场将在这一行为的带动下继续走熊；但第二个交易日市场向下跳空开盘，全天价格波动不大，最后价格又回到收盘价，这表明市场主力对未来的发展趋势犹豫不决；第三个交易日市场高开，并且买盘踊跃，继续向上推高价格，市场趋势反转信号出现。

早晨之星常见的变化图形如图3.35所示。

在实战操作中，如果同时碰到出现希望十字星和早晨之星的个股，就应选择出现希望十字星的个股买入。虽然希望十字星和早晨之星都是见底信号，都有可能给投资者带来获利机会, 但因为希望十字星中间的那一根K线是"下字线"或"长十字线", 表明多空双方在该位置战斗激烈, 股价处于十字路口, 其转势信号比一般的小阳线、小阴线更强烈, 所以, 在相同的条件下, 应优先选择希望十字星的股票。

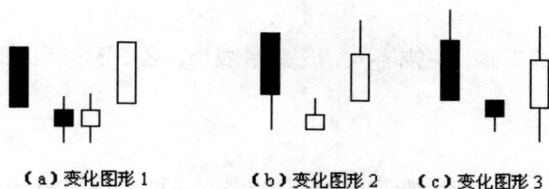

（a）变化图形 1　　　　（b）变化图形 2　　　（c）变化图形 3

图3.35　早晨之星常见的变化图形

3.4.3　希望十字星量化实战技巧

如果股价经过大幅度、长时间下跌之后, 出现希望十字星见底K线组合, 投资者就可以逢低跟进, 止损位设在希望十字星的最低点即可。

图3.36显示的是桂东电力（600310）2020年12月23日至2021年4月12日的日K线图。

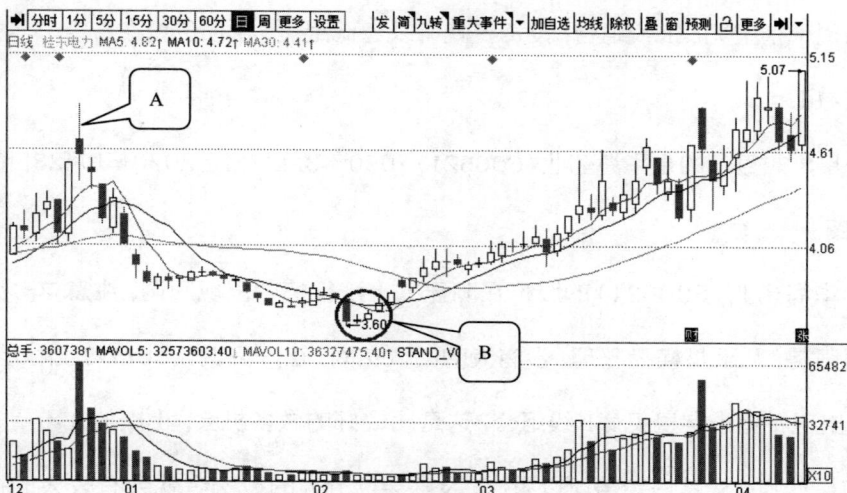

图3.36　桂东电力（600310）2020年12月23日至2021年4月12日的日K线图

桂东电力（600310）经过一波反弹，在A处出现一根转势K线，即螺旋线。随后价格开始下跌，先是跌破5日均线，然后又跌破10日均线，接着又跌破30日均线。需要注意的是，股价虽然在快速下跌，但成交量不算大，这表明卖出筹码的量不大。

随后价格震荡下跌，跌幅不大，成交量很小，这表明持有该股的投资者都不愿意卖出。

价格经过明显的三波下跌之后，在B处出现希望十字星见底K线组合，即先是大阴线杀跌，随后收出一根十字线，然后又阳线上涨。这表明该股有上涨的可能，所以投资者手中还有没有卖出的筹码，就不要卖出了。如果手中有资金，可以观察一下，能不能站稳30日均线，均线能否形成多头排列，如果能，手中筹码继续持有，并且可以沿着5日均线买入该股，止损位设在希望十字星的最低点。

从其后走势来看，股价站稳所有均线后，开始一波趋势性上涨行情。及时买进的投资者会有不错的投资收益。

如果股价已经处于明显的上升趋势中，并且升幅不大，在短期回调过程中出现希望十字星见底K线组合，投资者就可以逢低跟进，止损位设在希望十字星的最低点即可。

图3.37显示的是华海药业（600521）2020年3月27日至2020年8月28日的日K线图。

华海药业（600521）的股价在明显的上涨行情中出现回调，注意这一波回调很强势，几乎是横盘整理，没有大的回调空间，正好回调到30日均线附近，在A处出现希望十字星见底K线组合，这是比较好的做多机会，止损放在希望十字星的最低点。从其后走势可以看出，及时果断介入的投资者就会有较大的投资收益。

如果股价已经过大幅上涨，然后在高位震荡，在震荡过程中出现希望十字星见底 K 线组合，投资者一定要小心是主力在诱多，一不小心，很可能被套在高高的山岗上。

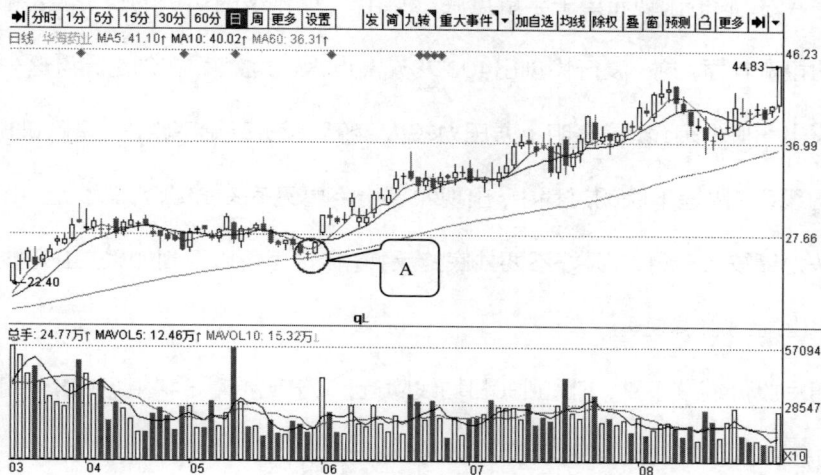

图3.37　华海药业（600521）2020年3月27日至2020年8月28日的日 K 线图

图3.38显示的是中国中免（601888）2020年11月25日至2021年7月28日的日 K 线图。

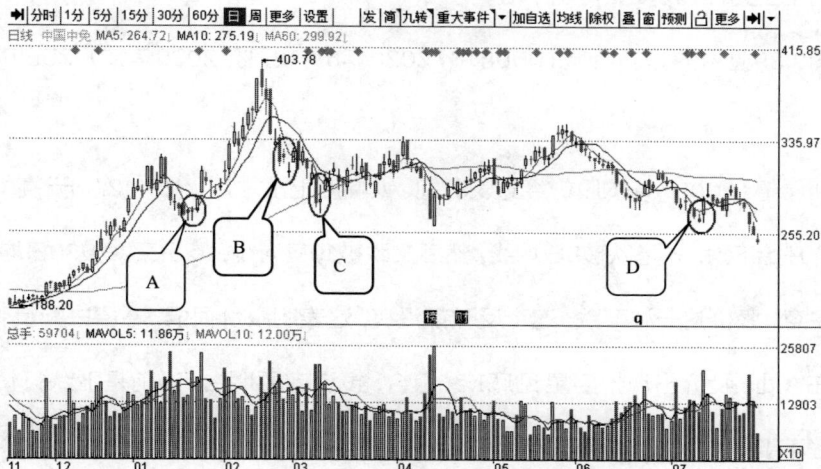

图3.38　中国中免（601888）2020年11月25日至2021年7月28日的日 K 线图

中国中免（601888）的股价经过长时间、大幅度上涨之后，然后在高位震荡。在高位震荡过程中出现希望十字星见底K线组合，只能短线轻仓操作，并且有不好信号要第一时间卖出手中的股票。

在A处，股价出现希望十字星见底K线组合，如果及时买进的投资者，就会有不断的投资收益。这一波行情创出403.78元高点，需要注意，在创出高点这一天，股价收出一根中阴线，这表明上方压力较大，随后股价开始下跌，先是跌破5日和10日均线，在快速下跌的过程中，出现希望十字星见底K线组合，即B处。由于当前下跌力量较大，所以，最好不要抄底抢反弹，在这里可以看到如果在B处抄底，不及时出局，就会被套。

随后股价继续下跌，下跌到30日均线附近，又出现希望十字星见底K线组合，即C处。这时可以轻仓抄底抢反弹，但也要见好就收，否则也很容易被套。

同理，在D处，出现早晨之星见底K线组合，轻仓抢反弹的也要见好就收，否则很容易被套在高位。

在明显的下跌趋势中，特别是在下跌初期，出现希望十字星见底K线组合，这很可能是主力在诱多，要特别小心。

图3.39显示的是新希望（000876）2020年6月12日至2020年12月25日的日K线图。

新希望（000876）的股价经过长时间、大幅度上涨之后，创出42.20元高位，然后股价开始下跌，先是跌破5日均线，然后又跌破10日均线，最后又跌破30日均线。需要注意，股价这一波下跌，连个反弹都没有，这表明股价很弱，不要去抢反弹。

在A处，股价出现十字星见底K线组合，投资者要明白，当前是下跌行情，所以最好不要操作。如果管不住自己就轻仓，并且见反弹无力，就要先出局观望。

同理，在B处，又出现十字星见底K线组合，最好不要操作，以观望为主。

图 3.39　新希望（000876）2020 年 6 月 12 日至 2020 年 12 月 25 日的日 K 线图

3.4.4　早晨之星量化实战技巧

如果股价经过大幅度、长时间的下跌之后，出现早晨之星见底 K 线组合，投资者就可以逢低跟进，止损位设在早晨之星的最低点即可。

图 3.40 显示的是中国核建（600310）2021 年 2 月 1 日至 2021 年 4 月 14 日的日 K 线图。

新希望（000876）的股价经过快速下跌之后，在 A 处出现早晨之星见底 K 线组合，所以这时可以抄底做多，止损位放在早晨之星的最低点，即 6.51 元处。

从其后走势可以看出，股价先是站上 5 日均线，然后又站上 10 日均线，最后站上 30 日均线，所以，敢于抄底做多的投资者就会有不错的投资收益。

如果股价已经处于明显的上升趋势之中，并且升幅不大，在短期回调过程中出现早晨之星见底 K 线组合，投资者就可以逢低跟进，将止损位设在早晨之星的最低点即可。

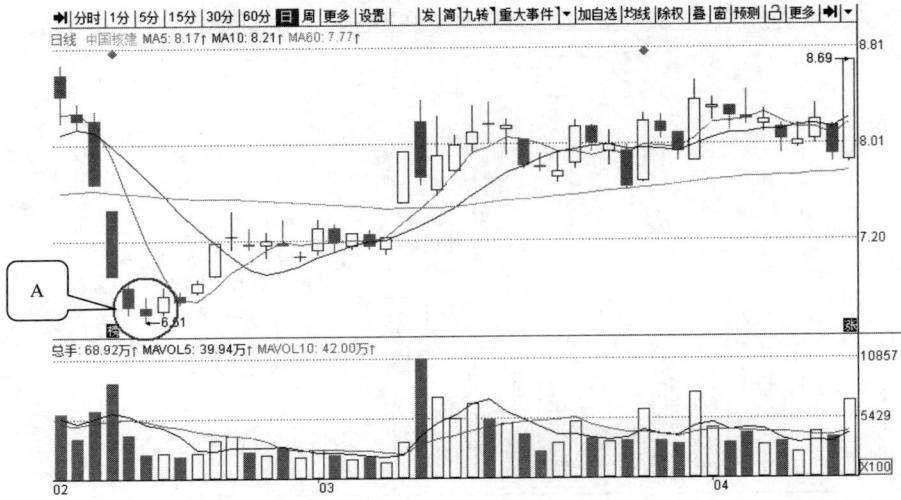

图3.40　新希望（000876）2020年6月12日至2020年12月25日的日K线图

图3.41显示的是瀚蓝环境（600323）2020年3月23日至2020年8月25日的日

K线图。

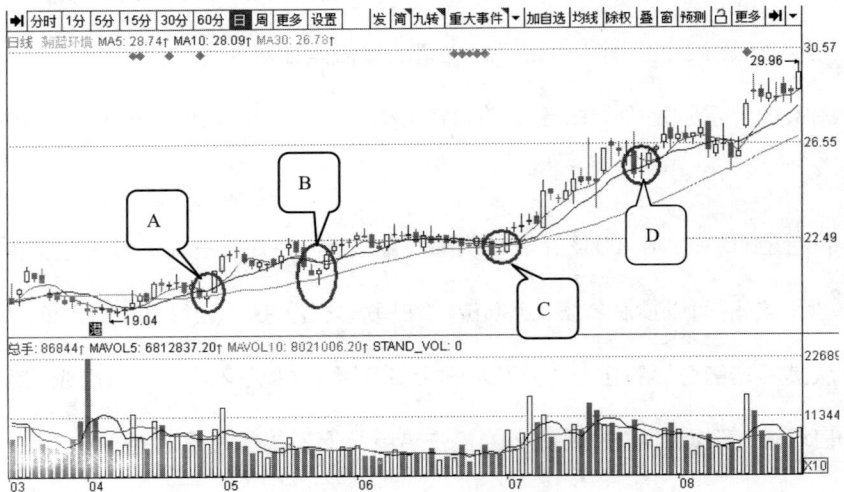

图3.41　瀚蓝环境（600323）2020年3月23日至2020年8月25日的日K线图

瀚蓝环境（600323）经过一波下跌调整，创出19.04元低点，然后开始震荡上

涨，先是站上5日均线，然后又站上10日均线，接着又站上30日均线，这表明股价

走势向好, 所以, 手中还有筹码的投资者可以耐心持有, 一直关注该股票的投资者要注意进场信号了。

在 A 处, 股价阴线跌破 30 日均线, 但第二个交易日就收了一根小阳线, 第三个交易日就是中阳线上涨, 重新站上所有均线, 这就是标准的早晨之星, 是见底信号, 所以这时可以买进该股票。

同理, 在 B 处, 股价在 30 日均线附近出现变形的早晨之星, 所以也是进场买进信号。

在 C 处, 股价也是先跌破 30 日均线, 但随后收了一根十字线, 接着就是一根中阳线上涨, 重新站上所有均线, 所以这里是新的做多位置。

同理, D 处也出现买入信号, 即希望十字星, 仍然可以轻仓介入多单。毕竟价格已经上涨一段时间, 也没有充分的调整, 获利盘一旦卖出, 容易回调。

如果股价已经过大幅上涨, 然后在高位震荡, 在震荡过程中出现早晨之星见底 K 线组合, 投资者一定要小心是主力在诱多, 一不小心, 很可能被套在高高的山岗上。

图 3.42 显示的是中新药业 (600329) 2020 年 5 月 13 日至 2020 年 9 月 16 日的日 K 线图。

中新药业 (600329) 经过长时间大幅上涨之后, 开始在高位震荡, 低位支撑区间是 17 元附近, 高位压力区间是 20 元附近。

在高位震荡行情中, 如果在支撑区间出现见底 K 线, 可以轻仓买入股票, 但一旦上方压力不能突破, 要及时出局。在这时可以看到 A 处出现变形早晨之星买进, B 处卖出, 有盈利; C 处希望十字星买进, 没有盈利机会, 短线还会被套; D 处希望十字星买进, 有盈利机会, 但如果不及时卖出, 很可能在股价跌破支撑后, 仍不卖出, 死抱不出, 就会损失惨重。

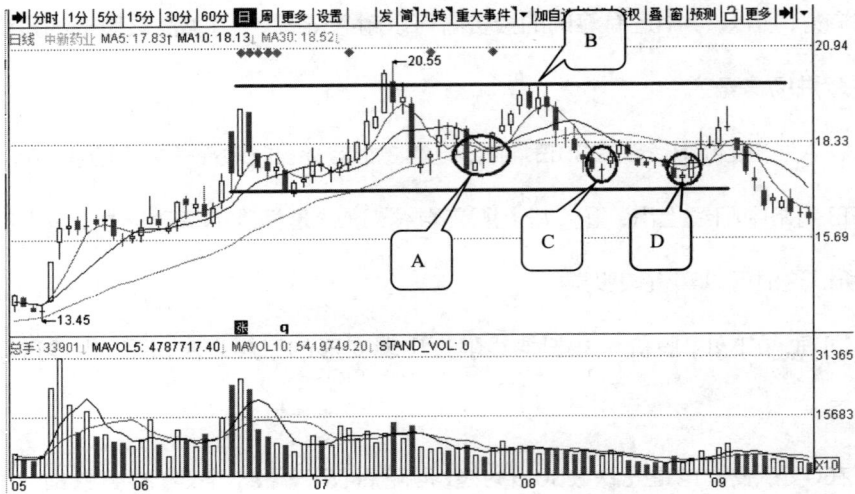

图3.42　中新药业（600329）2020年5月13日至2020年9月16日的日K线图

在明显的下跌趋势中，特别是在下跌初期，出现早晨之星见底K线组合，这很可能是主力在诱多，要特别小心。

图3.43显示的是华联综超（600361）2020年7月8日至2020年12月24日的日K线图。

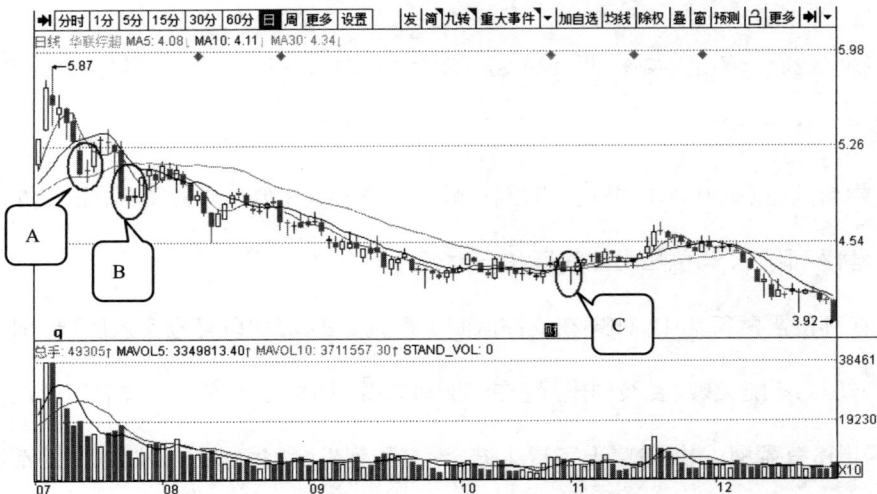

图3.43　华联综超（600361）2020年7月8日至2020年12月24日的日K线图

华联综超（600361）的股价经过一波上涨，创出5.87元高点。需要注意创出高点这一天，股价收出一根螺旋线转势K线。随后价格开始下跌，先是跌破5日均线，然后又跌破10日均线，最后下跌到30日均线附近，出现见底希望十字星K线，即A处，这时可以做多，因为符合在支撑处出现见底K线组合买进的条件。但需要注意的是，如果价格站不上5日均线，就要及时出局。

从其后走势来看，价格反弹到5日均线附近出现十字线，表明上涨受到压力，所以可以先止盈。随后价格开始下跌，这一波出现大阴线杀跌，跌破30日均线，表明价格有可能要走入下跌趋势，所以出现做多信号最好观望，不要轻易进场。

在B处最好不要做多，如果要做多也要有盈利就止盈出局。

在C处，也出现见底K线希望十字星，所以，这时也可以做多，但由于处在明显的下跌趋势中，所以也要见好就收。

3.5　锤头线和倒锤头线量化实战技巧

下面讲解一下锤头线和倒锤头线的基础知识和量化实战应用技巧。

3.5.1　锤 头 线

锤头线出现在下跌趋势中，阳线或阴线的实体很小，下影线大于或等于实体的两倍，一般没有上影线，即使有，也短得可以忽略不计。锤头线如图3.44所示。

通常，在股价大幅下跌后，出现锤头线，则股价止跌回升的可能性较大，其效果与以下四点有关：

（1）锤头实体越小，下影线越长，止跌作用就越明显；

（2）股价下跌时间越长、幅度越大，锤头线见底信号就越明显；

（3）锤头线有阳线锤头与阴线锤头之分，作用意义相同，但阳线锤头力度要大于阴线锤头。

（4）如果锤头线与早晨十字星一起出现，见底信号更可靠。

激进型投资者见到下跌行情中的锤头线，可以试探性地做多；稳健型投资者可以多观察几天，如果股价能放量上升，可以适量做多。锤头线的变化图形如图3.45所示。

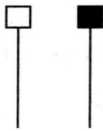

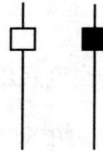

图3.44　锤头线　　　　　　　　　　　图3.45　锤头线的变化图形

股价处于明显的上升趋势，并且上涨幅度不大，在上涨回调过程中，如果出现锤头线见底信号，激进型投资者可以试探性地做多；稳健型投资者可以多观察几天，如果股价能放量上升，可以适量做多。

3.5.2　倒锤头线

倒锤头线，出现在下跌趋势中，因其形状像个倒转锤头而得名。阳线或阴线的实体很小，上影线大于或等于实体的两倍，一般没有下影线，即使有，也短得可以忽略不计。倒锤头线如图3.46所示。

倒锤头线出现在下跌过程中，具有止跌回升的意义。如果它与早晨之星同时出现，则行情反转向上的可能性更大，投资者可以适量参与做多。倒锤头线的变化图形如图3.47所示。

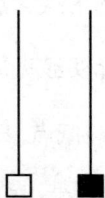

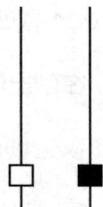

图3.46　倒锤头线　　　　　　　图3.47　倒锤头线的变化图形

股价处于明显的上升趋势,并且上涨幅度不大,在上涨回调过程中,如果出现倒锤头见底信号,激进型投资者可以试探性地做多;稳健型投资者可以多观察几天,如果股价能放量上升,可以适量做多。

3.5.3　锤头线量化实战技巧

如果股价经过大幅度、长时间下跌之后,出现锤头线见底K线,投资者就可以逢低跟进,止损位设在锤头线的最低点即可。

图3.48显示的是朗科科技(300042)2021年1月6日至2021年5月18日的日K线图。

图3.48　朗科科技(300042)2021年1月6日至2021年5月18日的日K线图

朗科科技（300042）的股价经过长时间、大幅度的下跌之后，创出10.18元低点。需要注意的是，在创出低点这一天，股价收了一根锤头线见底K线，即A处。所以在A处，投资者可以进场做多，止损位放在锤头线的最低点，即10.18即可。

从其后走势来看，股价在A处见底后开始上涨，先是站上5日和10日均线，然后继续上涨，最后又站上30日均线，站稳30日均线后，就开始震荡上涨行情。

如果股价已经处于明显的上升趋势中，并且升幅不大，在短期回调过程中出现锤头线见底K线，投资者就可以逢低跟进，止损位设在锤头线的最低点即可。

图3.49显示的是安琪酵母（600298）2020年2月13日至2020年7月8日的日K线图。

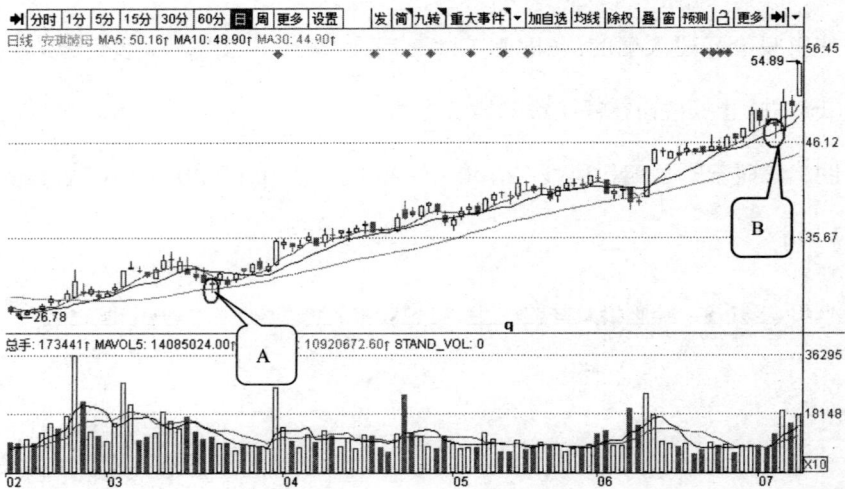

图3.49　安琪酵母（600298）2020年2月13日至2020年7月8日的日K线图

安琪酵母（600298）的股价经过一波回调，创出26.78元低点，然后开始震荡上涨，先是站上5日、10日和30日均线，这样股价就进入上升趋势中。在A处，股价回调到30日均线，出现了锤头线，由于这里涨幅不大，所以，这时可以买进该股票。

同理，在 B 处也出现锤头线，所以，仍然可以买进该股票。但需要注意的是，股价已经过较大幅度的上涨，在这里介入多单，一旦出现不好信号要及时卖出股票。

如果股价已经处在相对高位，然后在震荡盘整，在这个过程中出现锤头线见底信号，可以短线做多，但要时时警惕，以防把自己套在高位。

图 3.50 显示的是天下秀（600556）2020 年 3 月 13 日至 2020 年 8 月 19 日的日 K 线图。

天下秀（600556）的股价经过较长时间、较大幅度的上涨之后，然后在高位震荡，其中下方支撑为 16.50 元左右，上方压力在 22 元附近。

只要价格在下方支撑之上出现见底 K 线，就可以做多，但一定要注意，股价已经上涨幅度较大，一旦跌破支撑可能会大跌，所以买进股票之后，一旦有不好的信号就要及时出局。

在这里可以看到，在 A、B 和 C 处都出现了锤头线，都可以买进该股票，但要注意出现不好的信号就要及时出局。

如果股价已经处在明显的下降趋势之中，这时出现锤头线见底信号，应以观望为好，如果实在想操作，也只能轻仓跟随，并且要有获利就走的短线思维，因为在下降趋势中做多是很容易被套的。

图 3.51 显示的是海德股份（000567）2020 年 5 月 6 日至 2020 年 10 月 29 日的日 K 线图。

海德股份（000567）的股价在高位反复震荡之后，然后一根大阴线跌破下方支撑，但随后就收了一根锤头线。需要注意的是，当前已经由前期的震荡行情转变为下跌行情，所以，这里出现锤头线见底信号就不能进场做多，否则就会被套，不止损就会损失惨重。

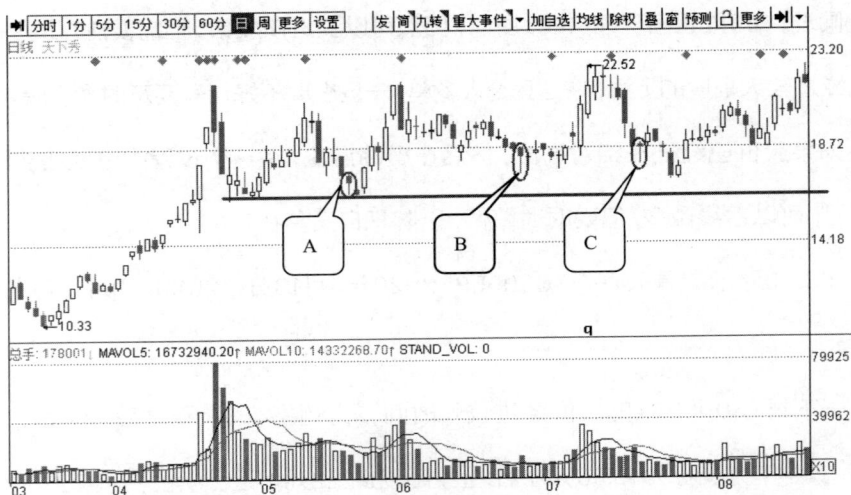

图3.50　天下秀（600556）2020年3月13日至2020年8月19日的日K线图

同理，B和C处的锤头线也不能轻易做多，也很容易被套。

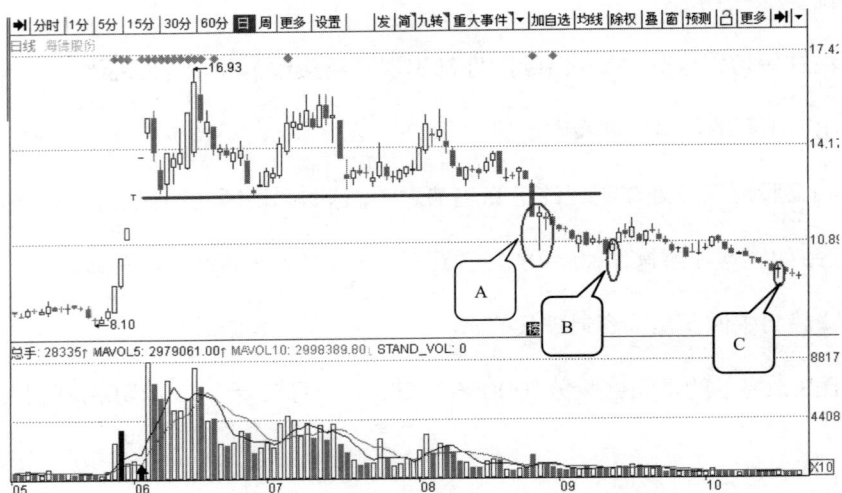

图3.51　海德股份（000567）2020年5月6日至2020年10月29日的日K线图

3.5.4　倒锤头线量化实战技巧

如果股价经过大幅度、长时间的下跌之后，出现倒锤头线见底K线，投资者就可以逢低跟进，止损位设在倒锤头线的最低点即可。

图3.52显示的是思创医惠（300078）2020年12月9日至2021年7月19日的日K
线图。

图3.52　思创医惠（300078）2020年12月9日至2021年7月19日的日K线图

思创医惠（300078）的股价经过长时间、大幅度下跌之后，创出6.41元低点。
需要注意的是，在创出低点这一天，股价收了一根倒锤头线见底K线，即A处。所
以在A处，投资者可以买进该股票，止损位放在6.41元即可。

从其后走势可以看出，股价在A处见底后就开始震荡上行，先是站上5日和10
日均线，然后在低位震荡后继续上涨，然后站上30日均线，从而开始一波新的上
涨行情。

如果股价已经处于明显的上升趋势之中，并且升幅不大，在短期回调过程中出
现倒锤头线见底K线，投资者就可以逢低跟进，止损位设在倒锤头线的最低点即可。

图3.53显示的是超华科技（002288）2020年11月17日至2021年1月21日的日
K线图。

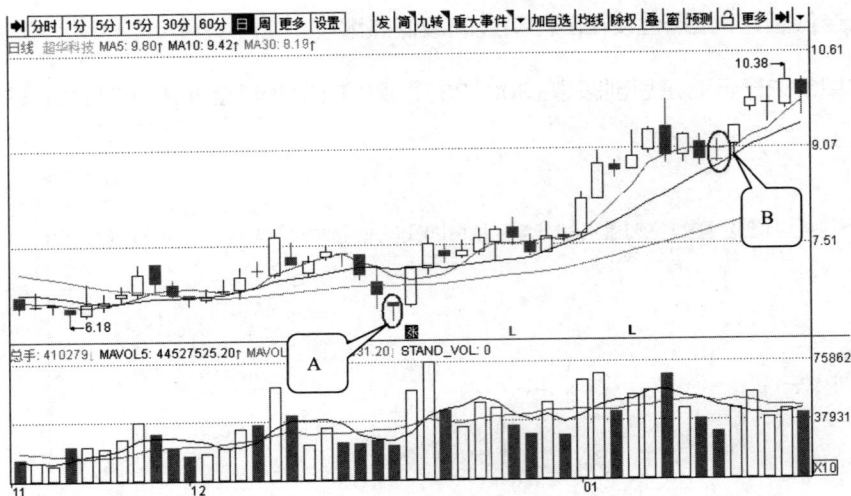

图3.53 超华科技（002288）2020年11月17日至2021年1月21日的日K线图

超华科技（002288）的股价经过一波下跌,创出6.18元低点,然后开始震荡上涨,先是站上5日均线,然后又分别站上10日和30日均线,这样股价就处在上涨趋势之中。需要注意的是,在A处,价格已经跌破30日均线,并且是一个锤头线见底K线组,第二个交易日就是一个大阳线,重新站上所有均线,这表明下跌是假,是主力为了洗盘,所以这里可以做多。

随后价格继续上涨,先是小幅震荡上行,然后快速拉升。快速拉升后又出现小幅回调,正好回调到10日均线附近,即B处,出现一个倒锤头线见底K线,这是一个买入信号,所以,这里可以买进股票。

从其后走势可以看出,在B处买进,短时间就会有不错的盈利。

如果股价已经处在相对高位,然后在震荡盘整,在这个过程中出现倒锤头线见底信号,可以短线做多,但要时时警惕,以防把自己套在高位。

图3.54显示的是桃李面包（603866）2020年7月6日至2021年3月16日的日K线图。

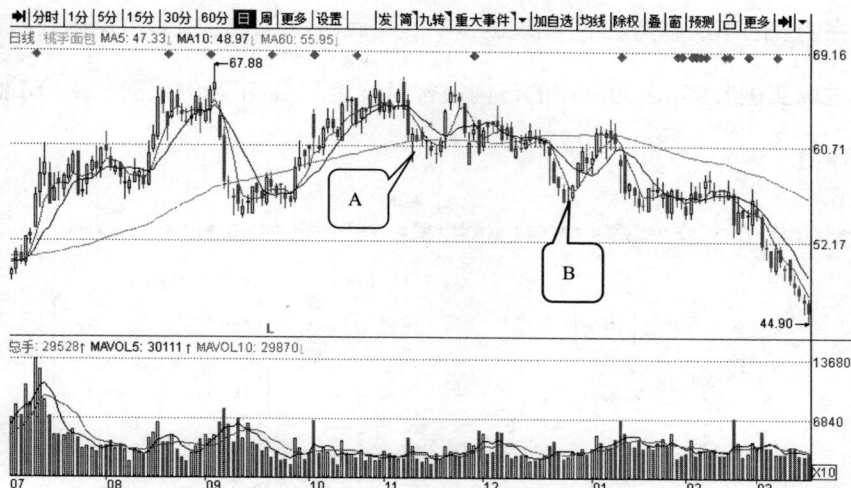

图3.54 桃李面包（603866）2020年7月6日至2021年3月16日的日K线图

桃李面包（603866）的股价经过长时间、大幅度上涨之后，然后在高位震荡。在高位震荡过程中，出现锤头线或倒锤头线见底信号，都只能轻仓参与，并且有不好的信号出现，就要及时卖出手中的股票筹码。

在A处，股价出现锤头线见底信号，短线操作可以略有盈利。在B处，股价出现倒锤头线见底信号，短线操作可以略有盈利。但无论是A处还是B处，如果不及时卖出手中的筹码，就会被套，如果不止损就会被套在高位。

如果股价已经处在明显的下降趋势之中，这时出现倒锤头线见底信号，观望为好，如果实在想操作，也只能轻仓跟随，并且要有获利就走的短线思维，因为在下降趋势中做多是很容易被套的。

图3.55显示的是信立泰（002294）2020年8月31日至2020年12月11日的日K线图。

信立泰（002294）的股价经过一波上涨之后创出43.66元高点，先是跌破5日均线，又跌破10日均线，然后又跌破30日均线，这样行情由上涨趋势变成下跌趋势。

在明显的下跌趋势之中，出现倒锤头线见底信号，如A、B、C、D和E处，最好不要进场买进股票，因为这样的行情很容易被套，并且不及时止损出来，可能会损失惨重。

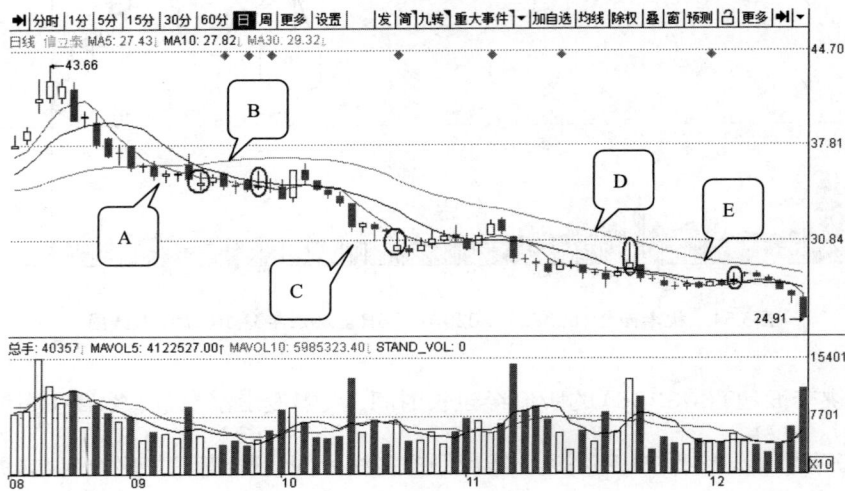

图3.55　信立泰（002294）2020年8月31日至2020年12月11日的日K线图

第 4 章

见顶K线组合量化实战技巧

逃顶是瞬间的过程，散户只需几秒钟就可以卖出股票，但又有几位能在高位顺利出逃呢？大多数投资者不是在低位被主力早早洗盘出局，就是在高位被牢牢套死。成功逃顶成了很多投资者心中的梦想。利用见顶K线组合，就能把握好卖出时机，从而踏准股市节拍，实现盈利最大化。

本章主要内容包括：
- 黑云压阵量化实战技巧
- 乌云盖顶量化实战技巧
- 倾盆大雨量化实战技巧
- 平顶量化实战技巧
- 塔形顶量化实战技巧
- 圆顶量化实战技巧
- 黄昏十字星量化实战技巧
- 黄昏之星量化实战技巧
- 射击之星量化实战技巧
- 绞弄线量化实战技巧
- 暴跌三杰量化实战技巧
- 双飞乌鸦量化实战技巧

4.1 黑云压阵和乌云盖顶量化实战技巧

下面讲解一下黑云压阵和乌云盖顶的基础知识和量化实战应用技巧。

4.1.1 黑云压阵

黑云压阵的特征是：在上升行情中，在出现中阳线或大阳线的次日，股价跳空高开，但上攻无力，继而下跌，其收盘价与前一根阳线的收盘价相同或相近，形成一根大阴线或中阴线。黑云压阵如图4.1所示。

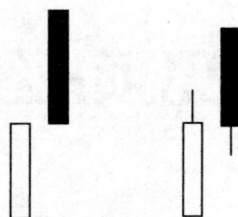

图4.1 黑云压阵

黑云压阵是见顶信号，它提示投资者不要再盲目看多了。黑云压阵与乌云盖顶的区别是：阴线实体未深入阳线实体，其预示的下跌可靠性不如乌云盖顶。但上升行情中出现黑云压阵，并伴随着成交量急剧放大，其领跌作用甚至要超过乌云盖顶，这一点投资者不可忽视。所以，见到该K线组合，投资者要适量减仓。

提醒：黑云压阵，意义是说股价在上涨途中遇到黑云压在头顶上，那其后的走势就岌岌可危了。虽然此K线组合出现后股价不一定会马上跌下来，但这个压在头上的黑云，一旦化成暴雨，股价就要大跌了。

4.1.2 乌云盖顶

乌云盖顶的特征是：在上升行情中，出现一根中阳线或大阳线后，第二天股价跳空高开，但没有高走，反而高开低走，收了一根中阴线或大阴线，阴线的实体

已经深入第一根阳线实体的二分之一以下处。乌云盖

顶如图4.2所示。

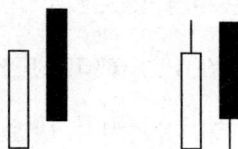

乌云盖顶是一种见顶信号，表示股价上升势头已

尽，一轮跌势即将开始。投资者见此K线组合，应警觉

图4.2 乌云盖顶

起来，可以先抛掉一些筹码，余下的筹码视其后势而定，如果发现股价重心出现

下移，就可以确定见顶信号已被市场确认，此时很有可能要大幅下跌，这时投资

者要果断卖出所有筹码，出局观望。

4.1.3 黑云压阵量化实战技巧

如果股价经过长时间、大幅度上涨之后，出现黑云压阵K线组合，表明股价已

见顶或即将见顶，这时投资者要万分小心，或者减仓以应对风险。

图4.3显示的是金龙汽车（600686）2020年10月27日至2021年2月8日的日K

线图。

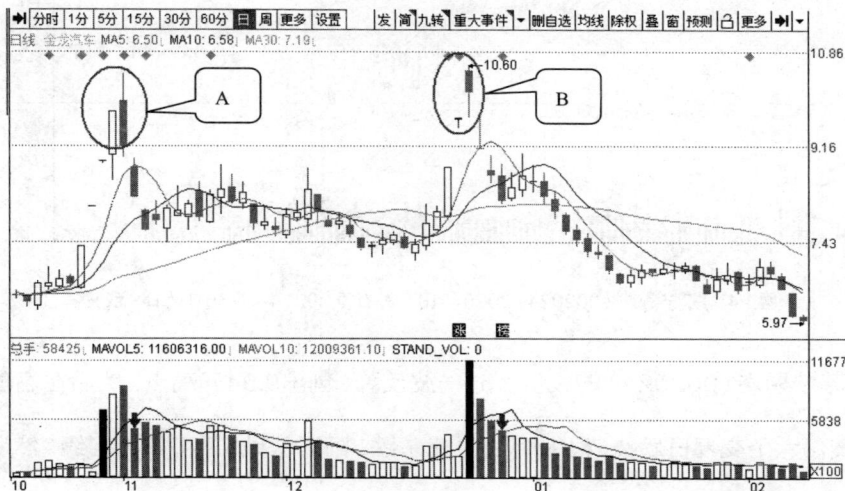

图4.3 金龙汽车（600686）2020年10月27日至2021年2月8日的日K线图

金龙汽车（600686）的股价经过一波快速上涨之后，在A处出现乌云盖顶见

顶K线组合，随后股价快速下跌。股价快速下跌之后，开始震荡，震荡后再度快速上涨，在B处出现黑云压阵见顶K线组合。

投资者要明白，快速上涨之后出现的见顶K线组合，往往具有较大的杀伤力，所以一旦出现，就要果断卖出手中的股票，否则就会损失惨重。

如果股价已经处于明显的下跌行情中，并且处于下跌初期或下跌途中，如果出现反弹，在反弹末期出现黑云压阵K线组合，投资者要果断清仓离场，否则就会被套在半山腰。

图4.4显示的是苏宁易购（002024）2020年10月27日至2021年4月30日的日K线图。

图4.4　苏宁易购（002024）2020年10月27日至2021年4月30日的日K线图

苏宁易购（002024）的股价经过一波反弹，创出9.94元高点，然后在高位震荡，震荡六个交易日后，一根大阴线快速杀跌，同时跌破5日和10日均线，然后又跌破30日均线，这样均线呈空头排列，即股价进入下跌行情。

在明显的下跌行情中，股价出现反弹，反弹出现黑云压阵K线组合，即A处。

由于当前处在30日均线下方,这表明反弹结束后还会继续下跌,所以,手中还有该股筹码的投资者,要及时果断卖出手中的股票。

股价经过几波下跌之后,创出6.46元低点,然后股价在低位震荡之后,开始反弹,在反弹末端,股价又快速上涨,然后出现黑云压阵K线组合,即B处。B处也是卖出股票的好位置,因为快速上涨后出现的见顶K线,往往会有回调,甚至是新的一波下跌的开始。

如果股价经过长时间、大幅度下跌之后,并成功探出底部后开始震荡上升或在上升途中,如果出现黑云压阵K线组合,短线投资者要减仓或清仓,而中长期投资者可以持仓不动。

图4.5显示的是阳煤化工(600691)2020年10月9日至2021年5月12日的日K线图。

图4.5　阳煤化工(600691)2020年10月9日至2021年5月12日的日K线图

阳煤化工(600691)的股价经过较长时间、较大幅度的下跌之后,创出1.88元低点,然后价格开始震荡上涨,先是站上5日均线,然后又站上10日均线,最后又站上30日均线，这样均线就呈多头排列，即股价进入上涨行情。

在明显的多头行情中，特别是上涨幅度不大，如果出现见顶K线组合，不要过分害怕，短线可以通过减仓或清仓来应对风险，如果仓位不重或看好该股其后走势，可以持仓不动。如在A处出现乌云盖顶，在B处出现黑云压阵，在C处出现倾盆大雨，都是见顶K线组合，短线高手可以卖出股票，然后耐心等待股价回调到30日均线再买进股票。中线投资者，如果看好其后市走势，则可以持仓不动。

4.1.4　乌云盖顶量化实战技巧

股价经过较长时间、较大幅度的上涨之后，在高位出现乌云盖顶见顶信号，我们一定要及时出局观望，不要心存幻想，否则很可能被套在高高的山顶上。

图4.6显示的是老凤祥（600612）2020年5月8日至2020年10月26日的日K线图。

老凤祥（600612）的股价经过较长时间、较大幅度的上涨之后，创出68.01元高点，但在创出高点这一天，股价收出一根大阴线，与前一个交易日的大阳线组成乌云盖顶见顶信号，即A处。

A处的乌云盖顶见顶信号是一个高位见顶信号，所以，投资者一定要明白，这里一定要及时卖出股票，否则后市一旦走向下跌趋势就会损失惨重。

可能有的投资者会说，如果后市还上涨怎么办？其实，明显的见顶信号出现后，下跌的概率有90%左右，当然也有10%的可能会上涨。这里不要纠结，大不了技术再度走好后再介入即可。在股市中，机会到处都有，但我们的资金是有限的，所以一定要以保证资金安全为主。

如果股价已经处于明显的下跌行情中，并且处于下跌初期或下跌途中，如果出现反弹，在反弹末期出现乌云盖顶K线组合，要果断清仓离场。

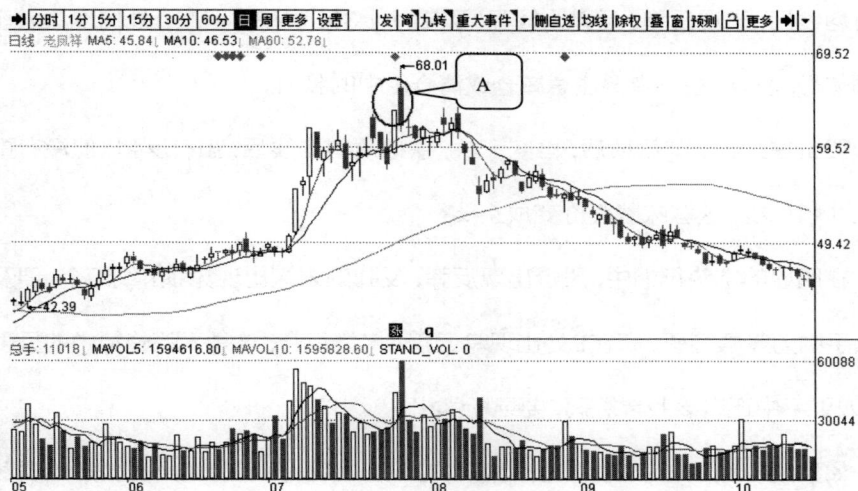

图4.6　老凤祥（600612）2020年5月8日至2020年10月26日的日K线图

图4.7显示的是闻泰科技（600745）2021年1月26日至2021年5月10日的日K

线图。

图4.7　闻泰科技（600745）2021年1月26日至2021年5月10日的日K线图

闻泰科技（600745）的股价经过一波上涨，创出133.90元高点，然后开始快

速下跌，先是跌破5日均线，然后跌破10日均线，接着又跌破30日均线。股价跌破

所有均线后，出现反弹，反弹比较强，重新站上30日均线，但在A处出现黑云压阵见顶信号，所以，投资者要注意减仓或清仓手中的股票。

股价在A处反弹见顶后，再度下跌，跌破所有均线后，虽有反弹，但没有重新站上30日均线，这意味着股价变成空头行情。

在明显的空头行情中，股价出现反弹，反弹的末端出现见顶K线组合，要及时卖出手中的股票筹码，即在B处出现乌云盖顶K线组合，这是下跌趋势中的见顶信号，如果手中还有该股票筹码，要果断卖出。

如果股价经过较长时间、较大幅度的下跌之后，探明的底部区域开始震荡上升，在这个过程中出现乌云盖顶见顶信号，不要过分害怕，短线可以减仓应对风险，中线可以持仓不动。

图4.8显示的是中路股份（600818）2021年1月29日至2021年5月12日的日K线图。

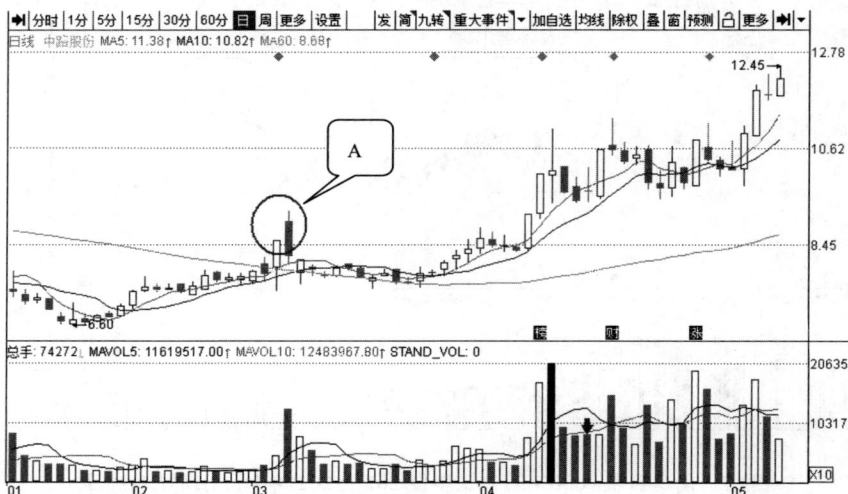

图4.8　中路股份（600818）2021年1月29日至2021年5月12日的日K线图

中路股份（600818）的股价经过较长时间、较大幅度的下跌之后，创出6.60

元低点，然后开始震荡上涨，先是站上5日均线，然后又站上10日均线，接着继续震荡上涨，最后一根中阳线站上30日均线，但随后就是一根高开低走的中阴线，即在A处出现乌云盖顶见顶K线组合，这里到底该如何操作呢？

首先股价已经过较长时间、较大幅度的下跌，已经在低位区域，这时股价刚刚上涨，所以这里很可能是洗盘，所以，中线单子可以持有，短线高手可以减仓，等股价回调到重要支撑位置，即回调到30日均线附近，有见底K线组合，就可以重新买进该股票。

股价在30日均线附近得到支撑，又开始新的一波上涨行情。所以，无论是中线单子，还是在30日均线买进的单子，都会有不错的投资收益。

4.2　倾盆大雨和平顶量化实战技巧

下面讲解一下倾盆大雨和平顶的基础知识和量化实战应用技巧。

4.2.1　倾盆大雨

倾盆大雨的特征是：在股价有了一段升幅之后，先出现一根大阳线或中阳线，接着出现一根低开低收的大阴线或中阴线，其收盘价已经比前一根阳线的开盘价要低。倾盆大雨如图4.9所示。

倾盆大雨，即股市要遭受暴水袭击，这种K线组合，对多方是极为不利的，投资者应及时退出观望。倾盆大雨常见的变化图形如图4.10所示。

提醒：倾盆大雨杀伤力很强，因为该K线组合的第二根阴线已经穿了前面一根阳线的开盘价，形势一下子变得非常不妙。特别是股价已经有大幅上涨，出现该K线组合，意味着行情已经见顶，股价就要出现重挫。

图4.9　倾盆大雨

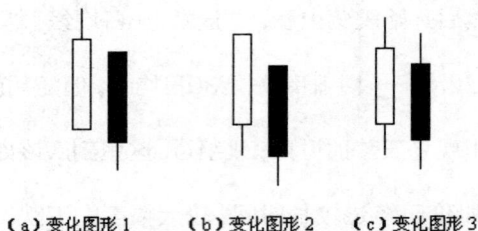

（a）变化图形1　（b）变化图形2　（c）变化图形3

图4.10　倾盆大雨常见的变化图形

4.2.2　平　顶

平顶，又称钳子顶，出现在涨势行情中，由两根或两根以上的K线组成，但这些K线的最高价在同一水平位置上。平顶如图4.11所示。

平顶是见顶回落的信号，它预示股价下跌的可能性极大，特别是与吊颈线、射击之星等其他见顶K线同时出现时。投资者见到此K线形态，只有"三十六计，走为上计"，即快快躲开这个是非之地。平顶的变化图形如图4.12所示。

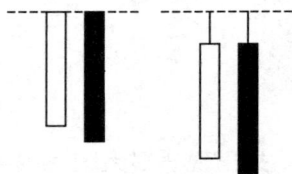

图4.11　平顶

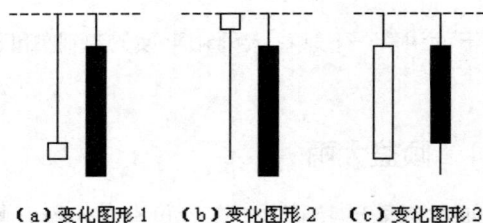

（a）变化图形1　（b）变化图形2　（c）变化图形3

图4.12　平顶的变化图形

提醒：平顶就是一根无形的直线封锁线，它像一道不可逾越的屏障，迫使股价掉头下行。

4.2.3　倾盆大雨量化实战技巧

股价经过大幅上涨后，并且经过快速拉升后出现倾盆大雨K线组合，表明股价已经见顶或即将见顶，这时投资者要万分小心，要减仓或清仓以应对下跌风险。

图4.13显示的是上汽集团（600104）2020年9月24日至2021年3月31日的日K线图。

上汽集团（600104）的股价经过较长时间、较大幅度的上涨之后，创出28.80元高点，但在创出高点这一天，股价却收出一根带有长长上下影线的螺旋线，接着股价收出一根中阳线，然后股价低开低走，收出一根中阴线，即在A处出现倾盆大雨见顶K线组合。表明股价已经见顶，手中有该股筹码的投资者，要及时卖出手中的股票。

从其后走势可以看出，股价见顶后，在高位出现震荡，震荡后就出现一波明显的下跌行情。不及时出局的投资者，可能会把盈利吐回去，也可能由盈利变成亏损。

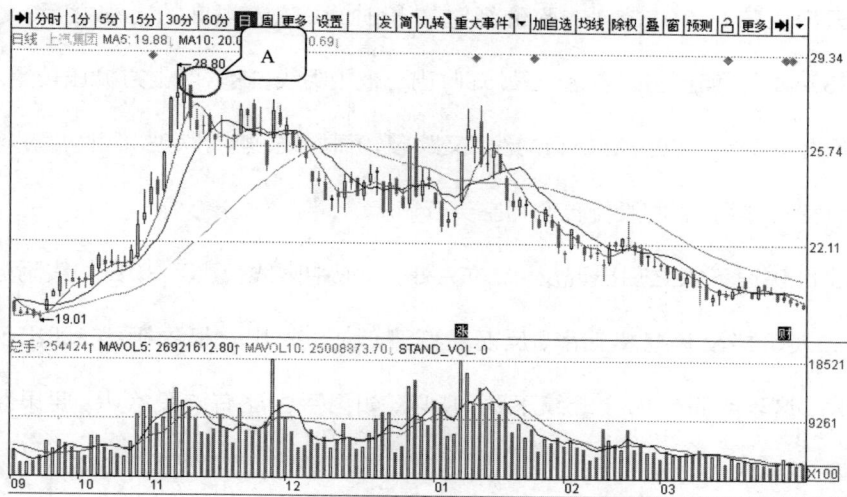

图4.13　上汽集团（600104）2020年9月24日至2021年3月31日的日K线图

股价如果处于明显的下跌行情之中，如果出现反弹，在反弹的过程中出现倾盆大雨见顶信号，也可及时出局观望，以防把自己套在半山腰上。

图4.14显示的是云南白药（000538）2020年12月29日至2021年5月10日的日K线图。

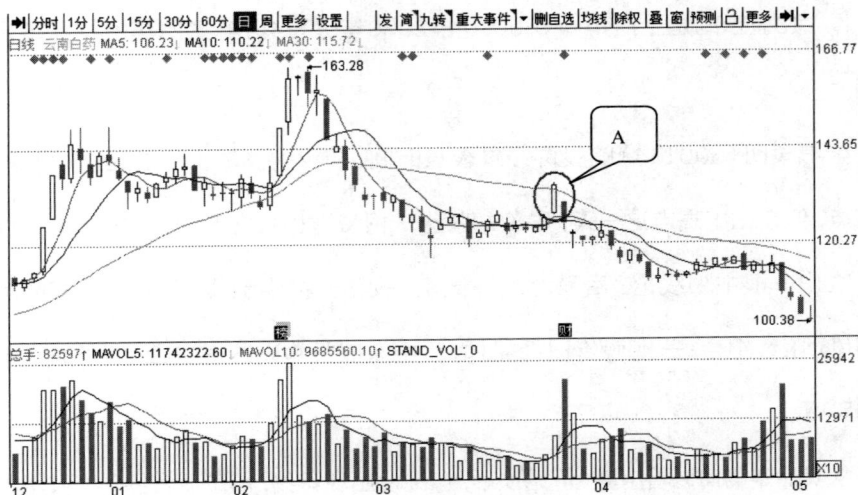

图4.14　云南白药（000538）2020年12月29日至2021年5月10日的日K线图

云南白药（000538）的股价经过较长时间、较大幅度的上涨之后，创出163.28元高点，但创出高点这一天，却收出一根中阴线，这表明上方抛压较重。随后股价继续下跌，先是跌破5日均线，又跌破10日均线，接着跌破30日均线，这样均线呈空头排列，表明股价转变为空头行情。

股价快速下跌之后出现反弹，在A处，一根中阳线反弹到30日均线附近，但第二天价格没有继续上涨，反而是低开低走，收出一根中阴线，即出现倾盆大雨，这表明股价仍会继续下跌，所以，如果手中还有该股筹码，要果断卖出为好。

如果股价已经过长时间的下跌，并且幅度较大，然后开始震荡上升，在上涨初期出现倾盆大雨见顶信号，短线可以减仓，中线可以持仓不动。

图4.15显示的是北汽蓝谷（600733）2020年9月22日至2021年4月20日的日K线图。

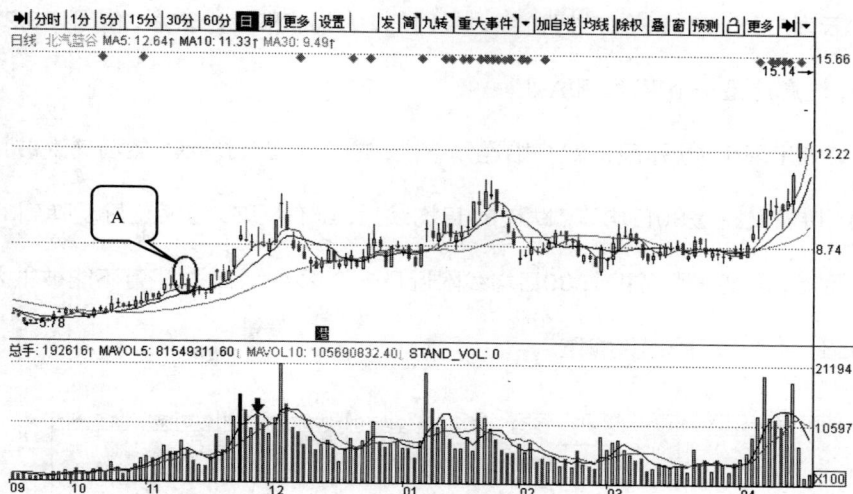

图4.15　北汽蓝谷（600733）2020年9月22日至2021年4月20日的日K线图

北汽蓝谷（600733）的股价经过较长时间、较大幅度的下跌之后，创出5.78元低点，然后股价开始震荡上涨，先是站上5日均线，然后又站上10日均线，最后站上30日均线，这样均线呈多头排列，即股价进入多头行情。

在多头行情中，如果股价上涨幅度不大，出现见顶信号，不要过分害怕，因为往往短线调整后，都会在重要支撑位得到支撑，然后再度上涨。所以，在A处出现倾盆大雨不用过分害怕，短线高手可以减仓或清仓应对，中线只要不跌破30日均线就可以持有。

4.2.4　平顶量化实战技巧

股价经过较长时间、较大幅度上涨之后，在高位出现平顶见顶信号，投资者要及时出局观望，或者要减仓应对下跌风险。

图4.16显示的是云南白药（000538）2020年12月3日至2021年5月10日的日K线图。

云南白药（000538）的股价经过长时间、大幅度的上涨之后，创出163.28元高点，注意这是一个平顶，即A处。

A处出现平顶后，股价就开始连续下跌，先是跌破5日均线，然后又跌破10日均线，接着又跌破30日均线。跌破30日均线后，虽有反弹，但又正好反弹到30日均线附近，再度下跌。注意：30日均线附近是一个诱多大阳线，千万不能被主力诱导进去，否则很可能损失惨重。

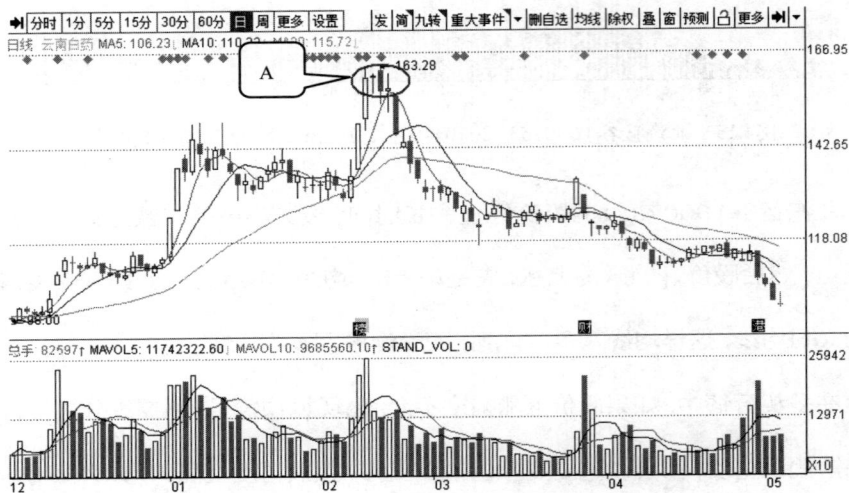

图4.16　云南白药（000538）2020年12月3日至2021年5月10日的日K线图

股价处于明显的下跌行情中，如果出现反弹，在反弹的过程中出现平顶见顶信号，也可及时出局观望，以防把自己套在半山腰上。

图4.17显示的是华建集团（600629）2020年8月4日至2021年2月4日的日K线图。

华建集团（600629）的股价经过一波反弹上涨，创出9.58元高点，然后开始在高位震荡。在高位震荡过程中出现平顶，即A处，这时手中还有筹码的投资者最好及时减仓或清仓。

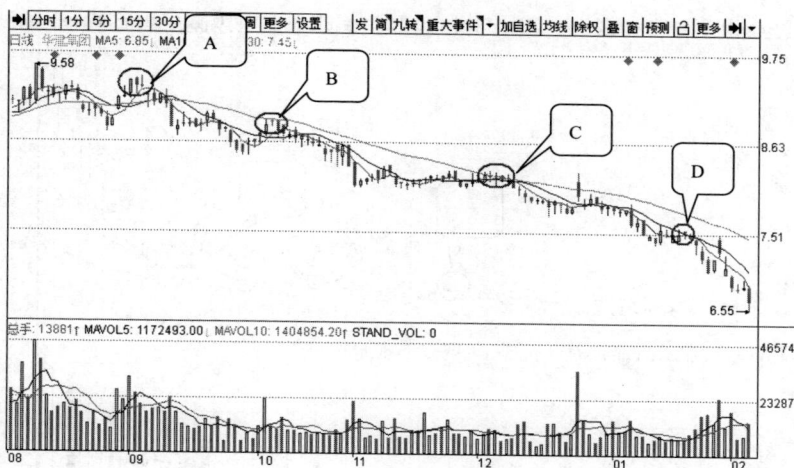

图4.17　华建集团（600629）2020年8月4日至2021年2月4日的日K线图

在高位震荡之后，股价再度下跌，均线开始形成空头排列。在明显的空头行情中，当股价反弹到30日均线附近再出现平顶，说明后市还会下跌，所以，手中有筹码还要及时卖出，即B处和C处。

同理，在D处，出现的平顶也是卖出股票的位置。

如果股价已经过较长时间的下跌，并且幅度较大，然后开始震荡上升，在上涨初期出现平顶见顶信号，短线可以减仓，中线可以持仓不动。

图4.18显示的是祥龙电业（600769）2021年1月19日至2021年4月19日的日K线图。

祥龙电业（600769）的股价经过较长时间、较大幅度的下跌之后，创出3.71元低点，然后股价开始震荡上涨，先是站上5日均线，然后又站上10日均线，最后又站上30日均线，这样均线形成多头排列。

股价经过一波震荡上涨之后，在A处出现平顶K线组合，由于当前涨幅不大，短线高手可以卖出手中的筹码，中线可以持有不动。但一定要注意，如果股价跌破30日均线，就要果断止损。

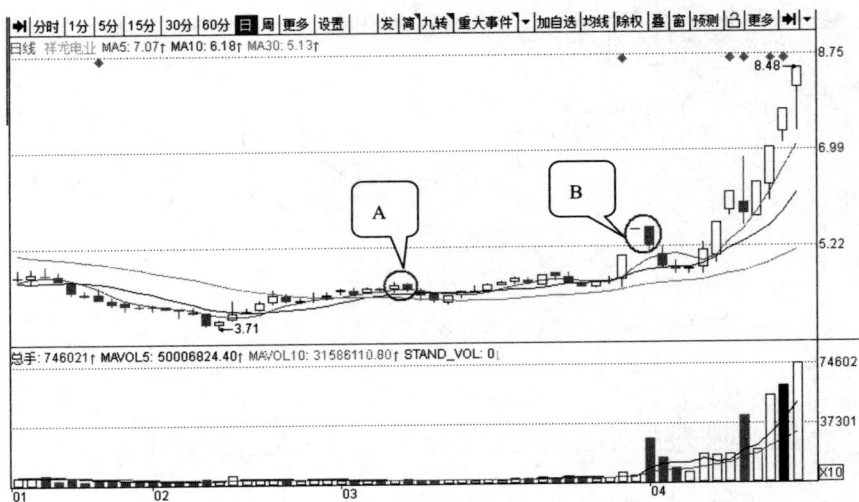

图4.18　祥龙电业（600769）2021年1月19日至2021年4月19日的日K线图

从其后走势来看，股价回调到30日均线附近得到支撑，所以中线筹码可以继续持有，如果在平顶处卖出的可以在30日均线附近补回。

同理，在B处也出现平顶，操作方法与A处一样。

从其后走势可以看出，耐心持有中线筹码，往往会有丰厚的收益。

4.3　塔形顶和圆顶量化实战技巧

下面讲解一下塔形顶和圆顶的基础知识和量化实战应用技巧。

4.3.1　塔　形　顶

塔形顶的特征是：在一个上涨行情中，首先拉出一根较有力度的大阳线或中阳线，然后出现一连串向上攀升的小阳线或小阴线，之后上升速度减缓，接着出现一连串向下倾斜的小阴线或小阳线，最后出现一根较有力度的大阴线或中阴线，这样塔形顶就形成了。塔形顶如图4.19所示。

当股价在上涨时，出现塔形顶K线形态，投资者就要高度警惕，并及时抛空出局。塔形顶的变化图形如图4.20所示。

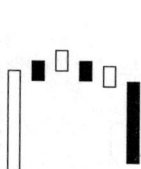

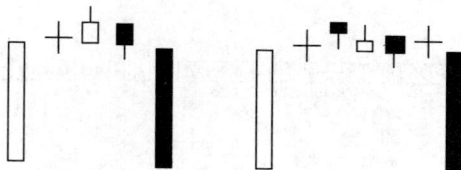

图4.19　塔形顶　　　　　　　图4.20　塔形顶的变化图形

提醒：塔形顶的左右两根实体较长的大阳线、大阴线之间，聚集的K线越多，其见顶信号越强；左右两根K线的实体越长，特别是右边的阴线实体越长，信号就越强。

根据多年实战经验，投资者一旦发现见顶信号，应及早做好撤退准备或先卖出一部分筹码，接下来紧盯盘面，如果看到后面的K线走势将见顶信号进行确认，就应果断止损离场。

4.3.2　圆　　顶

圆顶，出现在涨势行情中，股价形成一个圆弧顶，并且圆弧内的K线多为小阴线、小阳线，最后以向下跳空缺口来确认圆顶形态成立。圆顶如图4.21所示。

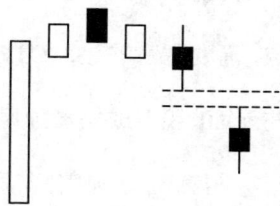

图4.21　圆顶

当股价在上涨或横向整理时，出现圆顶K线形态，表示多方已经无力推高股价，后市很可能转为跌势。投资者见到该K线形态，就要快点卖出股票。

4.3.3　塔形顶量化实战技巧

股价经过较长时间、较大幅度的上涨之后，在高位出现塔形顶见顶信号，投资者一定要及时出局观望,不要心存幻想,否则很可能被套在高高的山顶上,甚至好几年都解不了套。

图4.22显示的是宏发股份(600885)2020年9月29日至2021年3月24日的日K线图。

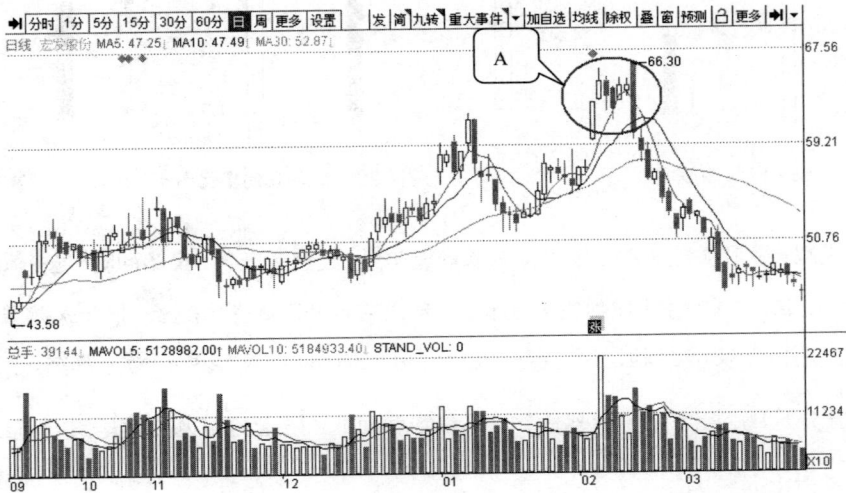

图4.22　宏发股份(600885)2020年9月29日至2021年3月24日的日K线图

宏发股份(600885)的股价经过长时间、大幅度上涨之后,创出66.30元高点。需要注意的是,在创出高点这一天,股价即收出一根高开低走的大阴线,并且与前面K线组成塔形顶见顶信号,即A处。

在高位见到塔形顶见顶信号,一定要果断出局,否则就会被套在高高的山顶上。

如果股价处在明显的下降趋势中出现反弹,在反弹的中后期出现塔形顶见顶信号,也要及时出局,否则就会被套在山腰上。

图4.23显示的是万业企业(600641)2020年8月6日至2021年2月10日的日K线图。

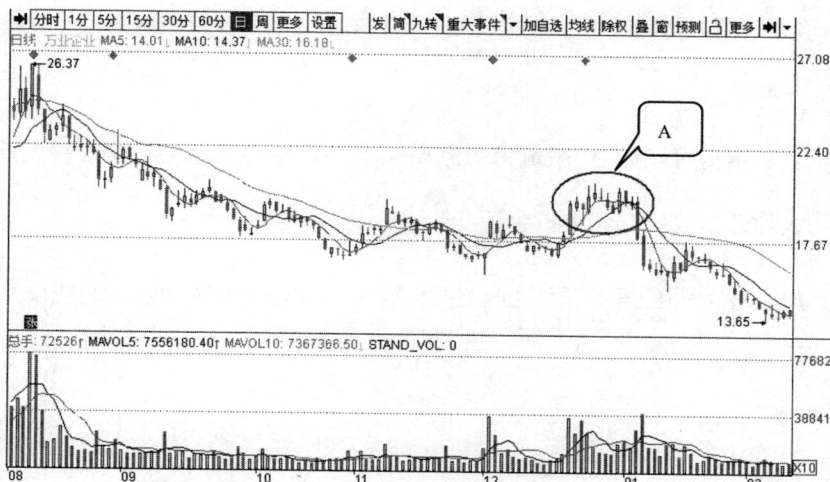

图4.23　万业企业（600641）2020年8月6日至2021年2月10日的日K线图

万业企业（600641）的股价创出26.37元高点之后，在高位略震荡后，就开始沿着均线下跌。经过两个多月的时间下跌之后，股价开始震荡反弹，注意：虽然反弹时间较长，但反弹的高度有限，并且在反弹的末端形成见顶信号，即A处。注意：出现塔形顶见顶信号，越早止损或止盈出局越好。

如果股价经过较长时间、较大幅度的下跌之后，探明的底部区域开始震荡上行，在这个过程中出现塔形顶见顶信号，不要过分害怕，短线可以减仓应对风险，中线可以持仓不动。

图4.24显示的是福耀玻璃（600660）2020年3月11日至2020年9月17日的日K线图。

福耀玻璃（600660）的股价经过一波下跌，创出17.86元低点，然后开始在低位窄幅震荡。经过长达一个多月时间的窄幅震荡之后，股价开始向上突破，站上所有均线，均线呈多头排列。

这时在A处，出现塔形顶见顶信号，投资者要明白，这里才刚刚上涨，并且底部震荡时间很长，很可能是主力上涨之前的进一步洗盘，所以，只要股价不跌破

30日均线，就不用害怕。所以，短线高手可以在A处减仓，以应对风险，中线单子可以持仓不动。

从其后走势可以看出，股价每每回调到30日均线附近就会得到支撑，所以，30日均线附近是较好的买进机会。

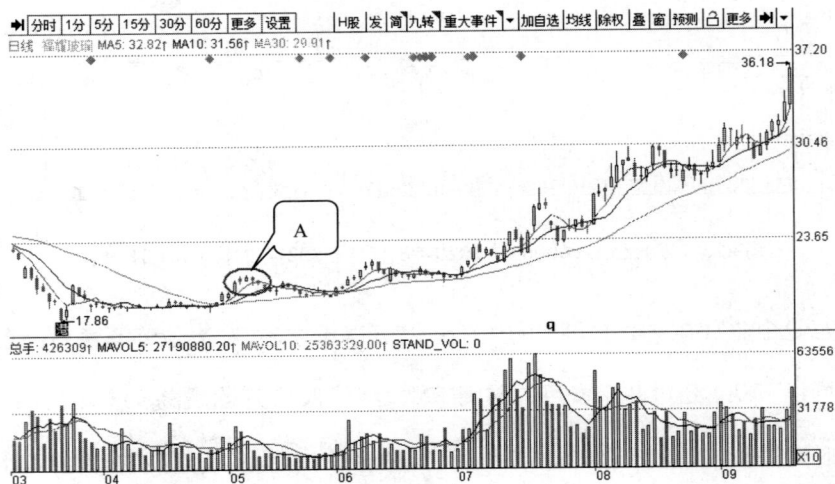

图4.24　福耀玻璃（600660）2020年3月11日至2020年9月17日的日K线图

4.3.4　圆顶量化实战技巧

股价经过较长时间、较大幅度的上涨之后，在高位出现圆顶见顶信号，投资者要及时出局观望，至少要减仓应对下跌风险。

图4.25显示的是中直股份（600038）2020年11月17日至2021年3月16日的日K线图。

中直股份（600038）的股价经过较长时间、较大幅度的上涨之后，创出71.16元高点。随后价格在高位震荡下跌，先是跌破5日均线，然后又跌破10日均线，接着跳空低开继续下跌，即在A处出现圆顶。

圆顶见顶信号出现,往往意味着股价要走入下跌行情了,所以,手中还有筹码的投资者一定要及时出局观望,否则就会越套越深。

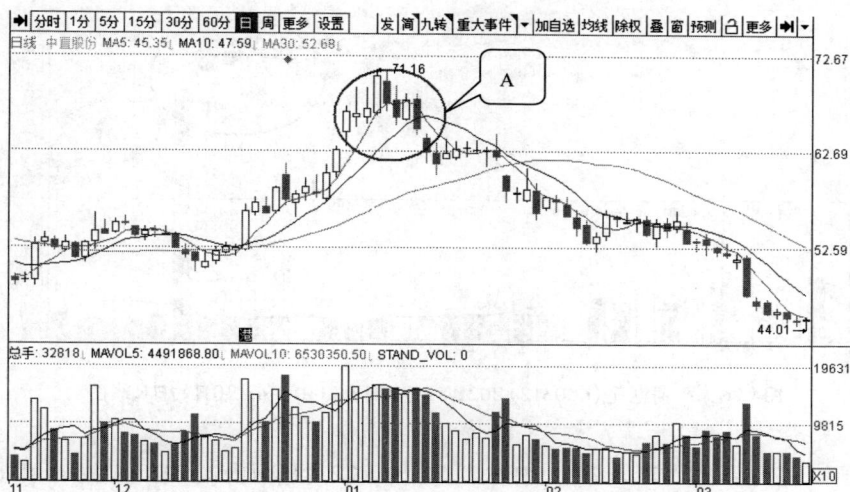

图4.25　中直股份(600038)2020年11月17日至2021年3月16日的日K线图

在明显的下跌行情中,如果股价出现反弹,在反弹过程中出现圆顶见顶信号,投资者也要及时出局观望,否则很容易被套在半山腰上。

图4.26显示的是平高电气(600312)2021年3月16日至2021年4月30日的日K线图。

平高电气(600312)的股价经过一波反弹上涨,创出7.28元高点,然后在高位略震荡就开始下跌,先是跌破5日均线,然后又跌破10日均线,接着又跌破30日均线,这样均线形成空头排列。

在明显的下跌行情中,如果股价出现反弹,反弹出现圆顶见顶信号,即A处,如果手中还有筹码,要坚决卖出。

如果股价已经过较长时间的下跌,并且幅度较大,然后开始震荡上升,在上涨初期出现圆顶见顶信号,短线可以减仓,中线可以持仓不动。

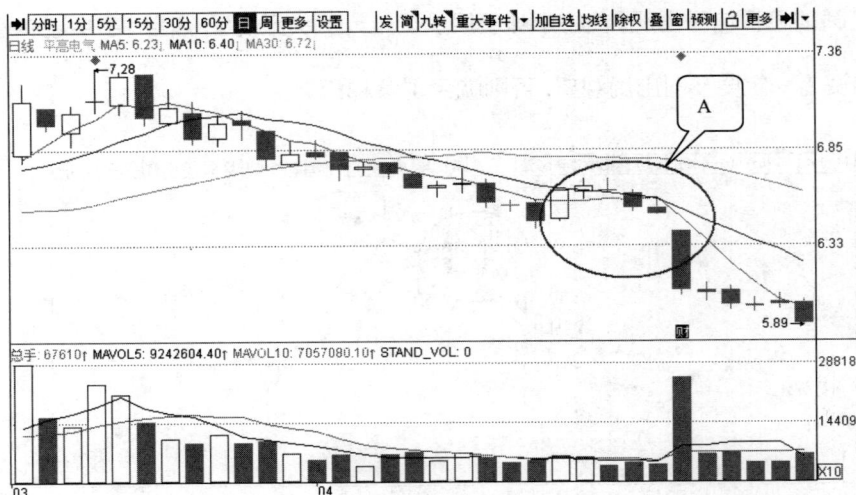

图4.26　平高电气（600312）2021年3月16日至2021年4月30日的日K线图

图4.27显示的是老凤祥（600612）2020年12月15日至2021年4月29日的日K线图。

老凤祥（600612）的股价经过充分的下跌之后，创出44.07元低点，然后股价开始震荡盘升，先是上攻30日均线，没有突破，就受压下行，但没有再创新低，然后再度上涨，注意这一波站上30日均线，但在A处出现圆顶见顶信号。短线高手可以减仓，等待调整充分后再买进该股。如果您对该股的基本面比较了解，知道该股已经充分调整过了，可以暂持仓不动。

股价在A处短线见顶后，就开始下跌回调，回调到30日均线附近，虽然有一个交易日收盘价跌破30日均线，但随后又重新站上30日均线，所以，这里是假突破。即下跌为假，上涨为真。所以，这里是重新买入的信号，即B处。

同理，C处也是一个假跌破30日均线，所以也是一个不错的买入位置。

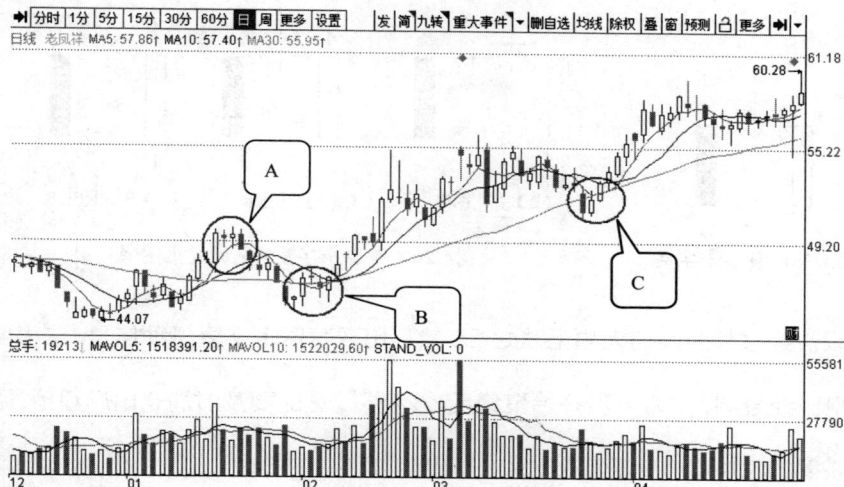

图4.27　老凤祥（600612）2020年12月15日至2021年4月29日的日K线图

4.4　黄昏十字星和黄昏之星量化实战技巧

下面讲解一下黄昏十字星和黄昏之星的基础知识和量化实战应用技巧。

4.4.1　黄昏十字星

黄昏十字星的特征是：股价经过一段时间的上涨后，出现向上跳空开盘，开盘价与收盘价相同或非常接近，并且留有上下影线，形成一颗"十字星"，接着第二个交易日跳空拉出一根下跌的阴线。黄昏十字星如图4.28所示。

黄昏十字星的出现，表示股价已经见顶或离顶部不远，股价将由强转弱，一轮跌势将不可避免。投资者见此K线图离场出局为妙。黄昏十字星常见的变化图形如图4.29所示。

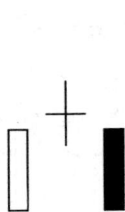

图4.28　黄昏十字星　　　　图4.29　黄昏十字星常见的变化图形

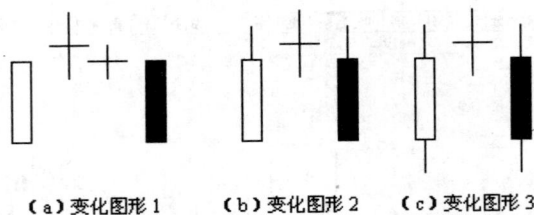

（a）变化图形1　　（b）变化图形2　　（c）变化图形3

股价经过长时间的大幅上涨之后，然后出现黄昏十字星见顶信号，这表明多方力量已经衰竭，空方力量开始聚集反攻，所以，这时要及时清仓出局观望，否则会把获得的收益回吐，甚至不及时出局还会被套。

4.4.2　黄昏之星

黄昏之星，出现在上升趋势中，是由三根K线组成，第一根K线是一根实体较长的阳线；第二根K线是实体较短的阳线或阴线，如果是阴线，则其下跌力度要强于阳线；第三根K线是一根实体较长的阴线，并深入第一根K线实体之内。黄昏之星如图4.30所示。

黄昏之星是股价见顶回落的信号，预测股价下跌的可靠性较高，有人统计有80%以上。所以，投资者见到该K线组合，不宜再继续买进，应考虑及时减仓，并随时做好止损离场的准备。黄昏之星常见的变化图形如图4.31所示。

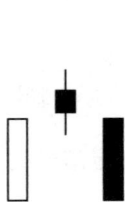

（a）变化图形1　　（b）变化图形2　　（c）变化图形3

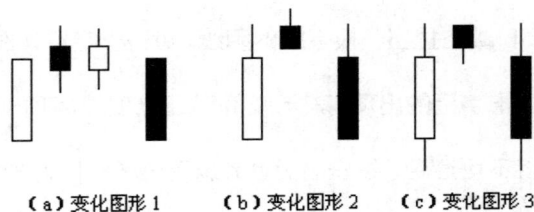

图4.30　黄昏之星　　　　图4.31　黄昏之星常见的变化图形

提醒：黄昏之星见顶信号没有黄昏十字星强。

黄昏十字星和黄昏之星都是很明显的见顶信号，其技术意义是：盘中做多的能量，在拉出一根大阳线或中阳线后就戛然而止，随后出现一个冲高回落的走势，这反映了多方的最后努力失败了，然后从右边出现一根大阴线或中阴线，将左边的阳线吞吃，此时空方已经完全掌握了局势，行情开始走弱。如果股价重心开始下移，那么就是明显的见顶信号，即接下来是慢慢或快速的大幅回调。投资者还要注意，在形成黄昏十字星或黄昏之星时，如果成交量明显放大，或者是关键的技术点位被其击破，那么见顶信号就更明显了，这里要果断斩仓，否则就会出现重大的投资失误。

4.4.3　黄昏十字星量化实战技巧

如果股价经过较长时间、较大幅度的上涨之后，在高位出现黄昏十字星见顶信号，投资者要及时出局观望，至少要减仓应对下跌风险。

图4.32显示的是新世界（600628）2020年1月20日至2020年8月26日的日K线图。

新世界（600628）的股价经过一波快速下跌，创出6.90元低点，但在创出低点这一天，股价却收出一根低开高走的大阳线，这表明股价已经见底。

随后股价在低位震荡，震荡后就开始上涨，经过两波上涨之后，就开始在高位震荡。经过较长时间的震荡之后，股价再度快速上涨，然后在A处出现黄昏十字星见顶信号。由于股价已经过三波明显的上涨行情，已经处于高位，这时出现黄昏十字星，后市下跌的概率很大，所以，投资者要及时卖出手中的筹码。

股价见顶后，开始大幅下跌，然后又快速反弹，在反弹的末端如果出现黄昏十字星见顶信号，抄底多单要及时出局，否则也会被套在高位上。

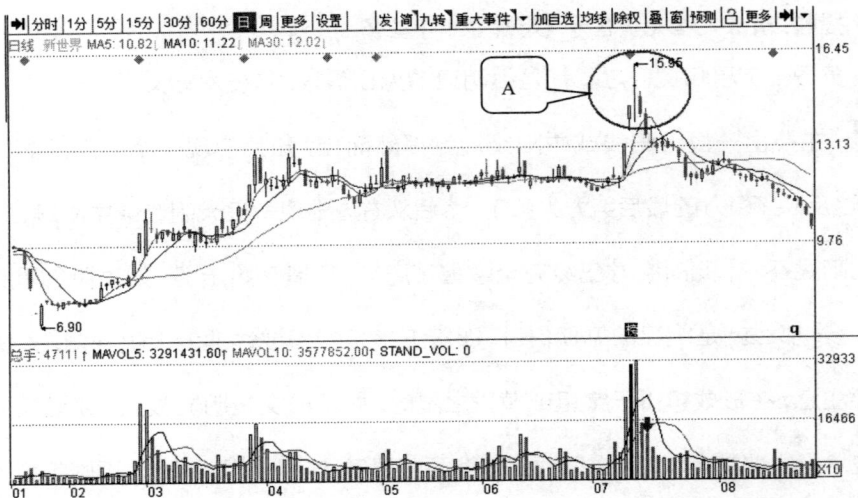

图4.32　新世界（600628）2020年1月20日至2020年8月26日的日K线图

图4.33显示的是广汇物流（600603）2020年9月2日至2020年1月28日的日K

线图。

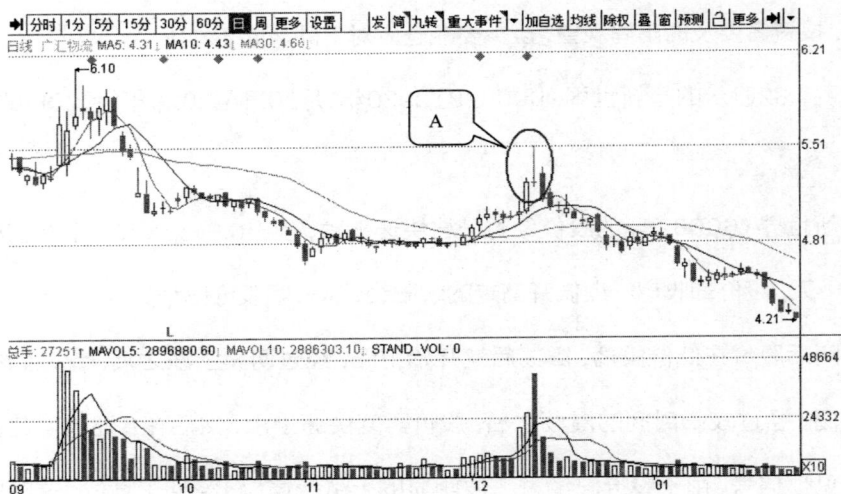

图4.33　广汇物流（600603）2020年9月2日至2020年1月28日的日K线图

广汇物流（600603）的股价在创出6.10元高点之后，然后在高位震荡，震荡

之后就开始快速下跌。经过明显的两波下跌之后，然后开始较长时间的震荡，震

荡后再度反弹上涨。投资者一定要明白,当前很可能出现反弹行情,所以,一旦反弹出现见顶K线,要第一时间卖出股票。所以在A处出现黄昏十字星,就要及时卖出股票。

提醒:可能有投资者会问,当前均线已经处于多头行情,到底是新的一波上涨呢?还是反弹行情呢?其实当前是日K线,这时看周K线或月K线,就可以看出当前还是空头行情。当然这里即使是新的一波上涨,出现明显的见顶K线,也要先卖出观望,等技术走好后再进场做多。

4.4.4 黄昏之星量化实战技巧

如果股价经过大幅上涨,并且出现快速拉升后出现黄昏之星K线组合,则表明股价已见顶或即将见顶,投资者这时要果断逢高出局为妙。

图4.34显示的是华鑫股份(600621)2020年5月6日至2020年9月10日的日K线图。

图4.34　华鑫股份(600621)2020年5月6日至2020年9月10日的日K线图

华鑫股份(600621)的股价经过较长时间、较大幅度的上涨之后,在高位出现黄昏之星见顶K线组合,投资者要及时卖出手中的股票筹码,否则盈利会损失较大，甚至由盈利变亏损。

如果股价见顶后，然后快速下跌，再反弹，在反弹中出现黄昏之星K线组合，投资者要果断出局，否则会被深套。

图4.35显示的是锦江在线（600650）2020年8月12日至2020年11月2日的日K线图。

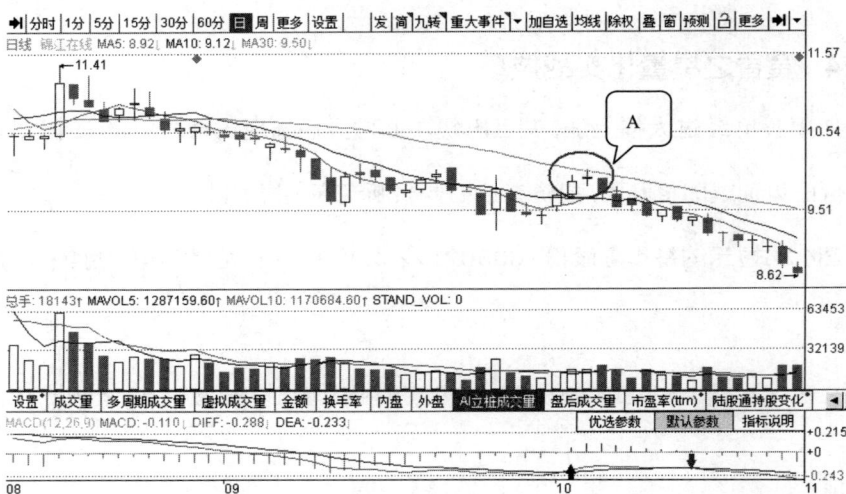

图4.35　锦江在线（600650）2020年8月12日至2020年11月2日的日K线图

锦江在线（600650）的股价经过一波上涨，创出11.41元高点，然后在高位震荡，震荡后跌破所有均线，这样均线呈空头排列。

经过一波下跌之后，又出现小幅反弹，反弹末端出现黄昏之星见顶K线，并且正好反弹到30日均线附近，即A处，所以，如果这里手中还有筹码，还是果断卖出为妙。

如果股价已经处于明显的上升趋势中，并且升幅不大，出现黄昏之星K线组合，短线投资者要减仓，如果是中长线投资者则可以持仓不动。

图4.36显示的是中国国贸（600007）2021年1月21日至2021年5月10日的日K线图。

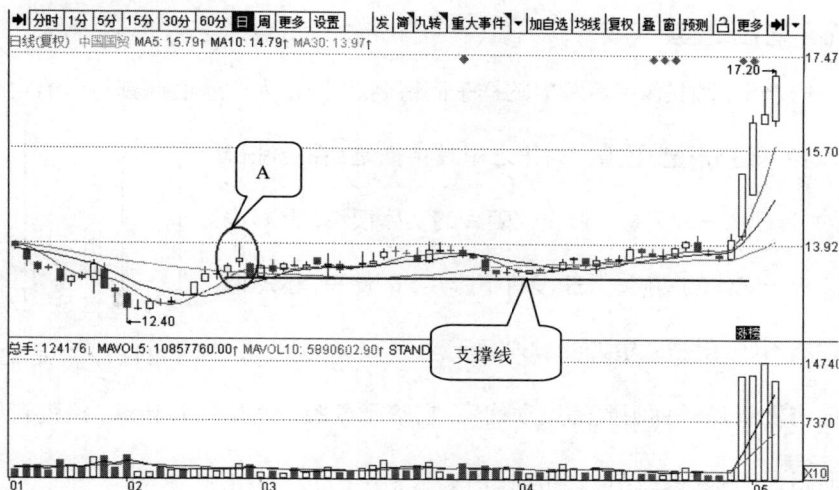

图4.36　中国国贸（600007）2021年1月21日至2021年5月10日的日K线图

中国国贸（600007）的股价经过较长时间、较大幅度的下跌之后，创出12.40元低点，然后股价开始震荡上涨，先是站上5日均线，然后又站上10日均线，最后站上30日均线，但随后出现黄昏之星见顶K线，即A处。

在A处，如何处理手中的股票筹码呢？短线买进的可以卖出手中筹码。轻仓介入的可以暂持有；重点关注股价能否跌破30日均线或跌破下方的支撑线。如果不跌破，可以继续持有，如果跌破，可能是新的一波下跌行情。

从其后走势来看，股价在这里出现较长时间的横盘整理，但始终没有跌破下方支撑线。长时间横盘后，一根大阳线开始了一波上涨行情，手中的筹码可以继续持有，没有筹码的朋友或仓位轻的朋友，可以继续加仓做多。

4.5　射击之星和绞弄线量化实战技巧

下面讲解一下射击之星和绞弄线的基础知识和量化实战应用技巧。

4.5.1 射击之星

射击之星,因其像弓箭发射的样子而得名。另外,人们还根据其特点给它起了一些诨名,如扫帚星、流星。射击之星其特征是:在上涨行情中,并且已有一段升幅,阳线或阴线的实体很小,上影线大于或等于实体的两倍,一般没有下影线,即使有,也短得可以忽略不计。射击之星如图4.37所示。

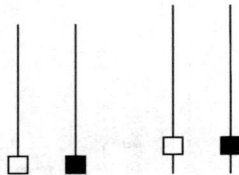

图4.37 射击之星

射击之星是一种明显的见顶信号,它暗示着股价可能由升转跌,投资者如果不及时出逃,就会被流星、扫帚星击中。

提醒: 射击之星与倒锤头线形状相同,区别是:射击之星必须是在上升趋势中出现,而倒锤头线必须是在下降趋势中出现。

4.5.2 绞弄线

绞弄线,又称吊颈线,其特征是:在上涨行情的末端,阳线或阴线的实体很小,下影线大于或等于实体的两倍,一般没有上影线,即使有,也短得可以忽略不计。绞弄线如图4.38所示。

图4.38 绞弄线

一般来说,在股价大幅上涨后出现的绞弄线K线组合,是明显的见顶信号。投资者见到此K线,应高度警惕,不管后市如何,可先做减仓,事后一旦发现股价掉头向下,应及时抛空出局。

提醒: 绞弄线与锤头线形状相同,区别是:绞弄线必须是在上升趋势中出现,而锤头线必须是在下降趋势中出现。

4.5.3 射击之星量化实战技巧

如果股价经过较长时间、较大幅度的上涨之后,在高位出现射击之星见顶信号，投资者要及时出局观望，或者要减仓应对下跌风险。

图4.39显示的是华北制药（600812）2020年5月21日至2020年9月9日的日K线图。

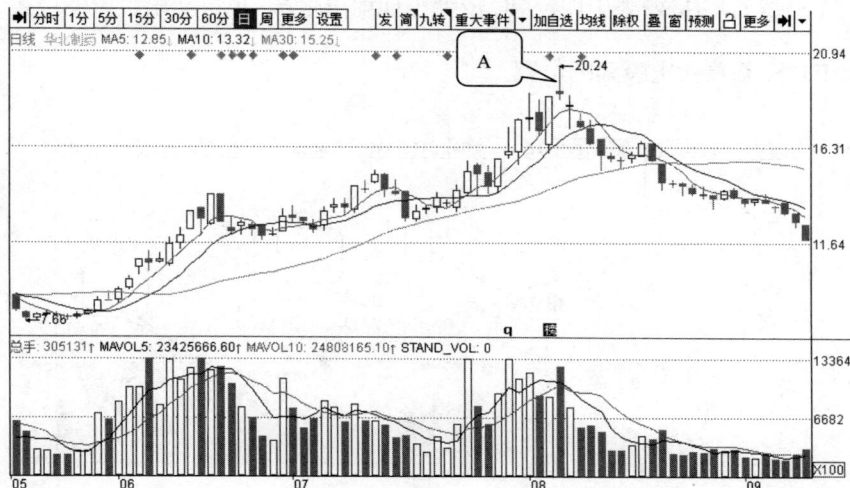

图4.39　华北制药（600812）2020年5月21日至2020年9月9日的日K线图

华北制药（600812）的股价经过一波下跌，创出7.66元低点，然后开始震荡上涨，经过近三个月时间的上涨，最高上涨到20.24元，上涨幅度为164.23%。需要注意的是，股价在创出最高点这一天，却收出一根带有长长上影线的射击之星见顶K线，即A处。这是一个明显的见顶信号，投资者见到该信号，要及时果断卖出股票筹码，否则就会损失惨重。

如果股价已经处于明显的下跌趋势中，并且处于下跌初期或下跌途中，如果出现反弹，在反弹末期出现射击之星见顶信号，也要果断清仓离场。

图4.40显示的是洲际油气（600759）2020年11月30日至2021年1月29日的日K线图。

洲际油气（600759）的股价经过一波反弹，创出2.15元低点，但随后出现一根射击之星见顶信号,所以要及时卖出手中的股票筹码。

随后股价开始震荡下跌,先是跌破5日均线,然后又跌破10日均线,接着又跌破30日均线,这样均线就出现空头排列,即行情进入下跌趋势。

在下跌行情中,如果出现反弹,反弹出现射击之星,也是卖出股票的位置,即B、C和D处,都是卖出股票的位置。

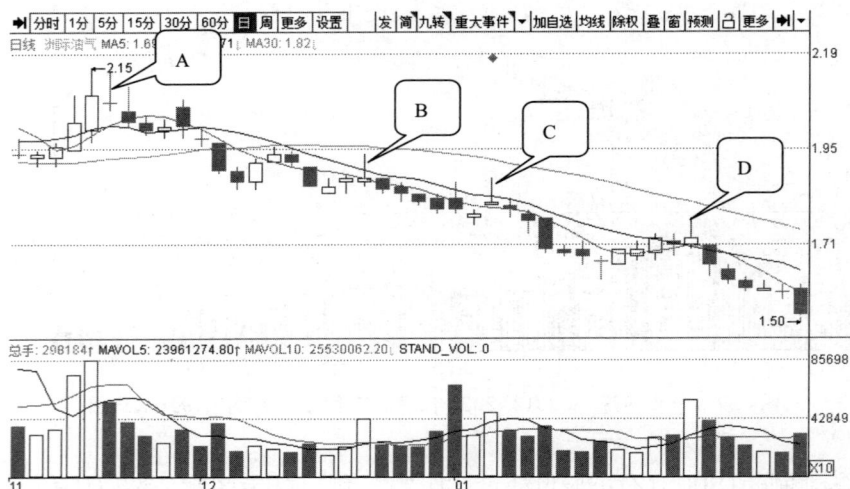

图4.40　洲际油气(600759)2020年11月30日至2021年1月29日的日K线图

如果股价已经处于明显的上升趋势中,并且升幅不大,出现射击之星见顶信号,短线投资者要减仓,如果是中长线投资者则可以持仓不动。

图4.41显示的是鼎龙股份(300054)2021年3月8日至2021年8月2日的日K线图。

鼎龙股份(300054)的股价经过较长时间、较大幅度的下跌之后,创出14.98元低点,然后股价开始震荡上涨,先是站上5日均线,然后又站上10日均线,最后站上30日均线,这样均线呈多头排列,即股价进入多头行情。

在上涨行情初期,股价在A处出现射击之星见顶信号,投资者如何处理手中的股票筹码呢?短线买进的可以卖出手中筹码。轻仓介入的可以暂持有;重点关注股价能否跌破30日均线或跌破下方的支撑线。如果不跌破,可以继续持有,如果跌破,可能是新的一波下跌行情。在这里可以看到,股价在30日均线附近企稳。

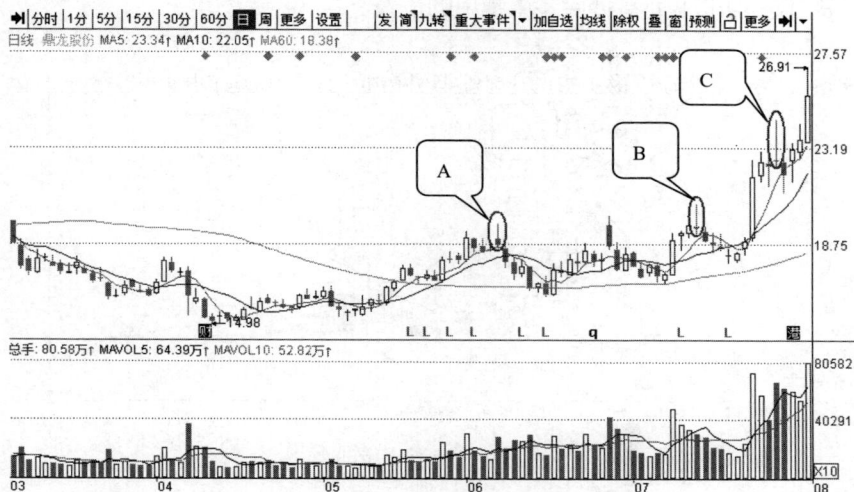

图4.41　鼎龙股份(300054)2021年3月8日至2021年8月2日的日K线图

在B处,股价又出现射击之星见顶信号,从其后走势来看,股价小幅回调5个交易日,股价再度上涨。

在C处,股价又出现射击之星见顶信号,从其后走势来看,股价仅回调1个交易日,股价就又开始上涨。

4.5.4　绞弄线量化实战技巧

如果股价经过较长时间、较大幅度的上涨之后,在高位出现绞弄线见顶信号,投资者要及时出局观望,或者要减仓应对下跌风险。

图4.42显示的是华电能源(600726)2020年8月12日至2020年9月28日的日K线图。

华电能源(600726)的股价经过连续涨停之后,出现绞弄线见顶信号,即A处,所以这里要果断卖出手中的股票筹码,否则后面连续跌停,投资者很难卖出手中的股票,这样盈利可能大幅减少,甚至由盈利变成亏损。

股价大幅下跌之后,在30日均线附近出现反弹,反弹后又出现射击之星见顶信号,即B处,所以B处是抄底多单卖出的位置。

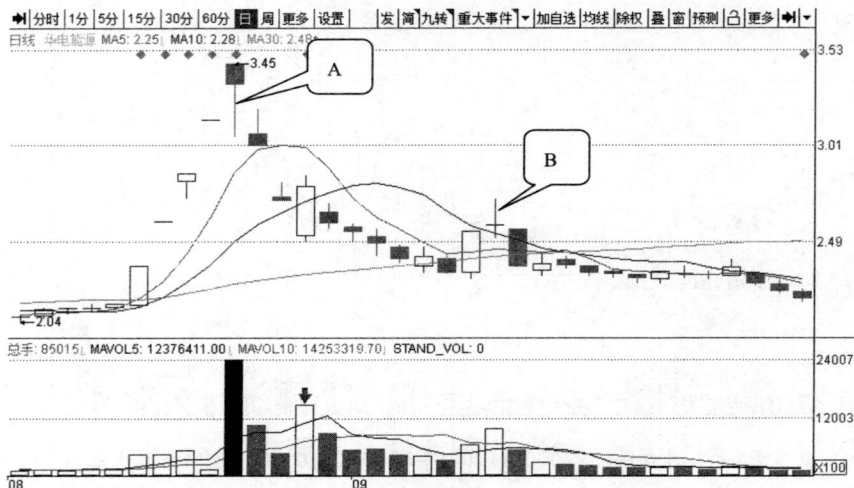

图4.42　华电能源(600726)2020年8月12日至2020年9月28日的日K线图

图4.43显示的是宜宾纸业(600793)2020年12月22日至2021年2月10日的日K线图。

宜宾纸业(600793)的股价经过一波回调,创出7.72元低点,然后在低位区间小幅震荡7个交易日,一根中阳线向上突破,随后就是连续中阳线或大阳线上涨,短短10个交易日,最高上涨到21.26元,上涨幅度为175.39%。

需要注意的是,在创出21.26元高点这一天,股价收出一根绞弄线见顶K线,这表明股价有不好信号,投资者可以减仓以应对风险。

随后股价中阴线下跌,又跌破5日均线,由于盈利巨大,所以卖出股票的投资者就会赚很多,所以还是及时果断卖出为妙。

从其后走势可以看出,股价绞弄线见顶后,出现较大幅度的下跌,不及时出局的投资者,盈利会大大回吐。

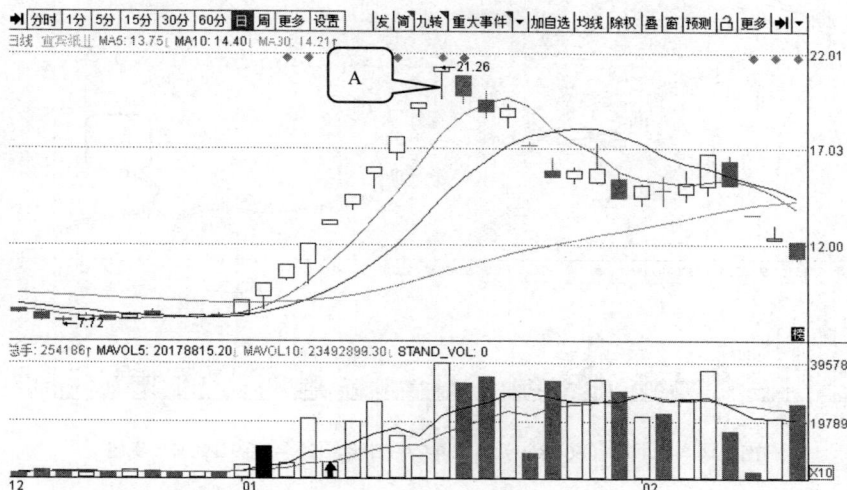

图4.43　宜宾纸业(600793)2020年12月22日至2021年2月10日的日K线图

如果股价已经处于明显的下跌趋势之中,并且处于下跌初期或下跌途中,如果出现反弹,在反弹末期出现绞弄线见顶信号,也要果断清仓离场。

图4.44显示的是王府井(600859)2020年7月1日至2021年3月9日的日K线图。

王府井(600859)的股价连续大阳线拉涨之后,在A处出现绞弄线见顶信号,这表明价格上涨已有压力。随后股价又拉出大阳线诱多,但接着就是一根大阴线杀跌,随后股价高位震荡,先是射击之星,再是绞弄线,即B处。

高位震荡之后,股价开始快速下跌,然后又在30日均线附近震荡,最后跌破30日均线,这样均线呈空头排列,即行情进入震荡下跌行情。

在震荡下跌行情中,股价出现反弹,反弹出现绞弄线见顶信号,即C处,这也是抄底的多单卖出位置。

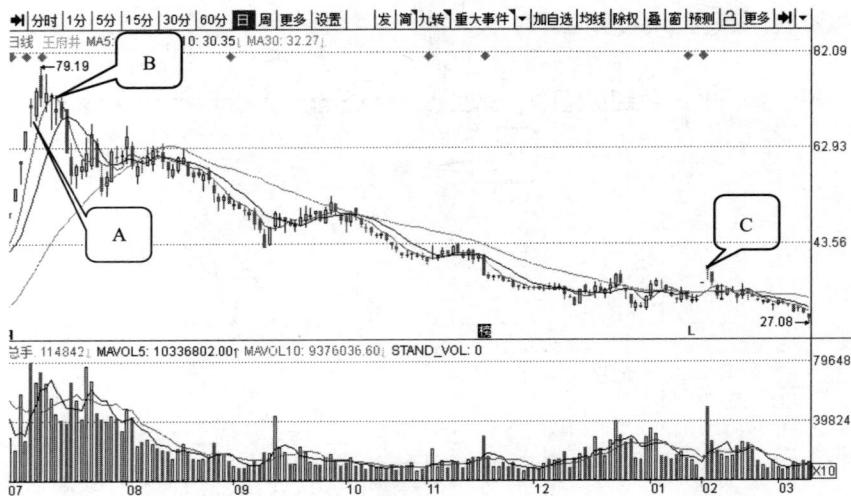

图4.44　王府井（600859）2020年7月1日至2021年3月9日的日K线图

4.6　暴跌三杰和双飞乌鸦量化实战技巧

下面讲解一下暴跌三杰和双飞乌鸦的基础知识和量化实战应用技巧。

4.6.1　暴跌三杰

暴跌三杰，又称三只乌鸦，其特征是：在上升行情中，股价在高位出现三根连续跳高开盘，但却以阴线低收的K线。暴跌三杰如图4.45所示。

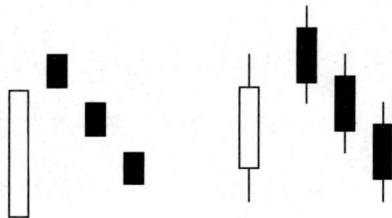

图4.45　暴跌三杰

在上涨趋势中出现暴跌三杰，说明上档卖盘压力沉重，多方每次跳高开盘，均被空方无情地打了回去。这是股价大幅下跌的先兆，是个不祥的信号，投资者要及早离场。

4.6.2　双飞乌鸦

双飞乌鸦的特征是：在上升行情中，连续出现两根阴线，第一根阴线的实体部分，与上一根 K 线的实体形成一段小缺口，构成起飞的形状，可惜翅折羽断，没有飞起来，出现高开低走的情形；第二根阴线，也重蹈第一根阴线的覆辙，同样走出高开低走的结局，不过第二根阴线比较长，已把第一根阴线完全吞并。从图形上看，好像两只乌鸦在空中盘旋，所以称为双飞乌鸦。双飞乌鸦如图4.46所示。

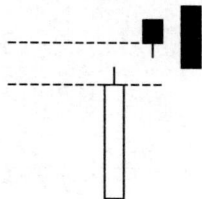

图4.46　双飞乌鸦

双飞乌鸦的出现往往是令人生厌的，说明人们对股市已很烦腻，做多力量严重不足，后市由升转跌的可能性很大。

4.6.3　暴跌三杰量化实战技巧

股价经过较长时间、较大幅度的上涨之后，在高位出现暴跌三杰见顶信号，要及时出局观望，最少要减仓以应对下跌风险。

图4.47显示的是国电南瑞（600406）2020年12月14日至2021年3月10日的日 K 线图。

国电南瑞（600406）的股价经过长时间的大幅上涨之后，创出51.46元高点。需要注意的是，在创出高点这一天，股价高开低走，收出一根中阴线，随后两天，继续高开低走，收出小阴线和中阴线，这样在A处就出现暴跌三杰见顶 K 线组合。由于股价上涨幅度巨大，这里出现暴跌三杰见顶信号，投资者要果断卖出手中的股票。

从其后走势可以看出，股价创出最高点后，连续下跌6个交易日，跌破5日、10日和30日均线，然后出现反弹，反弹到30日均线附近，再度出现倾盆大雨见顶 K 线，即B处，所以，B处也是卖出股票的好位置。

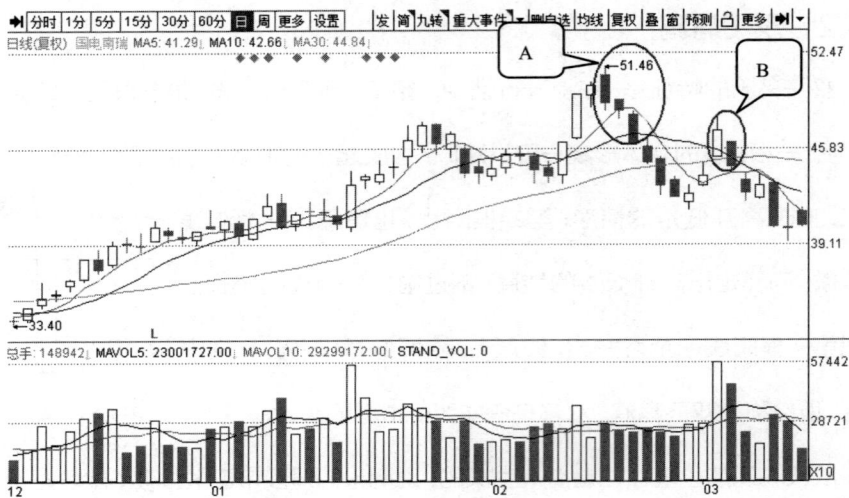

图4.47　国电南瑞（600406）2020年12月14日至2021年3月10日的日K线图

如果股价已经处于明显的下跌趋势之中，并且处于下跌初期或下跌途中，如果出现反弹，在反弹末期出现暴跌三杰K线组合，要果断清仓离场。

图4.48显示的是佳都科技（600728）2020年9月29日至2020年12月28日的日K线图。

佳都科技（600728）的股价经过一波反弹，创出9.54元高点，然后继续沿着均线震荡下跌。在震荡下跌过程中出现反弹，在反弹的末端出现暴跌三杰K线组合，即A处。在这里，投资者一定要果断卖出手中的股票筹码，否则会越套越深。

如果股价已经过较长时间的下跌，并且幅度较大，然后开始震荡上涨，在上涨初期出现暴跌三杰见顶信号，短线可以减仓，中线可以持仓不动。

图4.49显示的是中储股份（600787）2021年1月29日至2021年4月16日的日K线图。

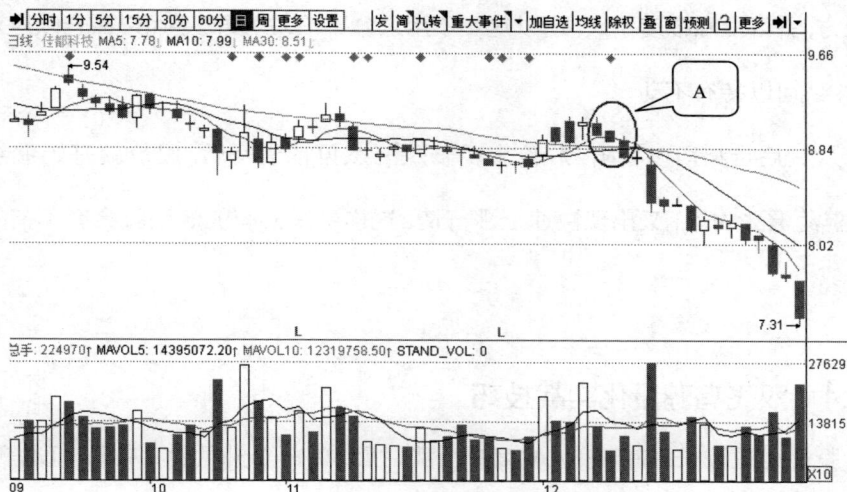

图4.48　佳都科技（600728）2020年9月29日至2020年12月28日的日K线图

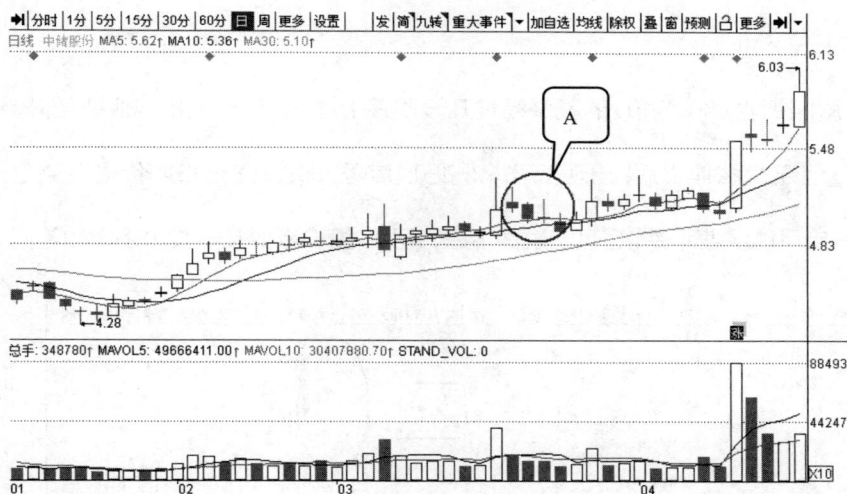

图4.49　中储股份（600787）2021年1月29日至2021年4月16日的日K线图

中储股份（600787）的股价经过较长时间、较大幅度的下跌之后，创出4.28元低点，随后股价开始震荡上涨，先是站上5日均线，再站上10日均线，最后站上30日均线，这样均线呈多头排列，即行情进入上涨趋势。

在上涨行情初期，在A处出现暴跌三杰见顶信号，注意这里股价仍在30日均线上方,并且上涨幅度不大,所以这里不用过分害怕,短线高手可以减仓以应对风险,中线可以持有不动。

从其后走势可以看出,股价出现暴跌三杰见顶信号后,股价就开始继续上涨。震荡上涨之后,又出现快速上涨行情,这样中线持有的筹码就会有不错的投资收益。

4.6.4　双飞乌鸦量化实战技巧

股价经过较长时间、较大幅度的上涨之后,在高位出现双飞乌鸦见顶信号,要及时出局观望,最少要减仓应对下跌风险。

图4.50显示的是厦门钨业(600549)2020年12月9日至2021年3月24日的日K线图。

厦门钨业(600549)的股价经过几波震荡上涨之后,最后出现快速拉升,连续涨停,但连续涨停之后,出现双飞乌鸦见顶信号,即A处,这表明价格已经上涨无力,后市可能快速下跌,也可能震荡下跌,所以,投资者要及时卖出手中的筹码。

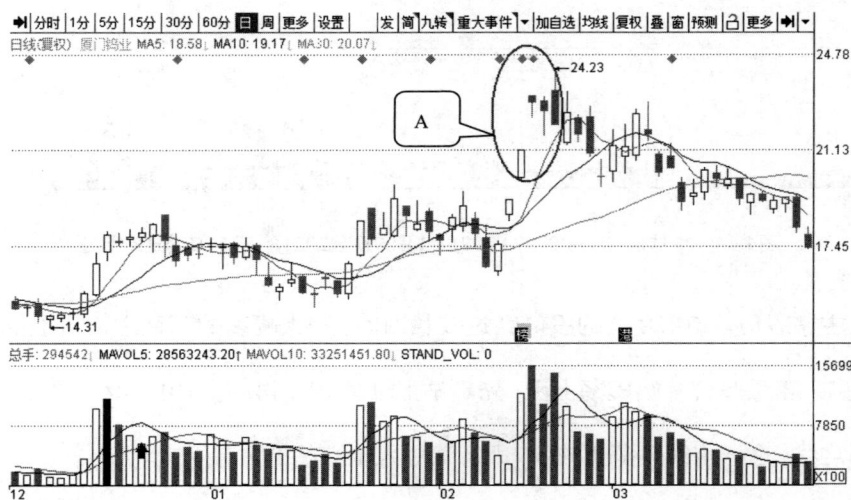

图4.50　厦门钨业(600549)2020年12月9日至2021年3月24日的日K线图

如果股价经过一波下跌之后，出现反弹，在反弹末期出现双飞乌鸦见顶信号，投资者要果断清仓离场。

图4.51显示的是华微电子（600360）2020年7月1日至2021年2月3日的日K线图。

图4.51　华微电子（600360）2020年7月1日至2021年2月3日的日K线图

华微电子（600360）的股价经过几波上涨，创出11.20元高点，然后出现快速下跌，接着在高位震荡，震荡后进入明显的沿着均线下跌行情。经过三个月的下跌之后，股价再度反弹，在反弹的末端出现双飞乌鸦见顶信号，即A处。这里也是快速拉升后跳空出现双飞乌鸦，这表明股价上涨无力，后市还会下跌，所以这里要及时卖出手中的股票。

如果股价已经过较长时间的下跌，并且幅度较大，然后开始震荡上涨，在上涨初期出现双飞乌鸦见顶信号，短线可以减仓，中线可以持仓不动。

图4.52显示的是四川路桥（600039）2020年12月25日至2021年3月22日的日K线图。

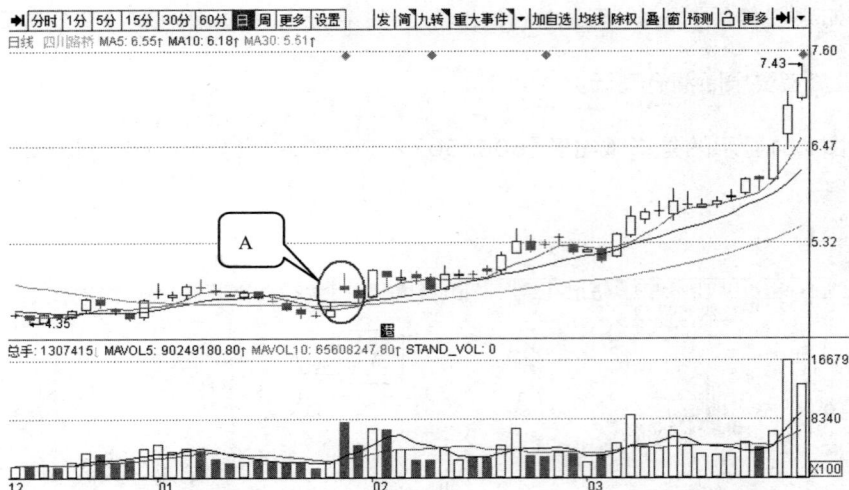

图4.52　四川路桥（600360）2020年12月25日至2021年3月22日的日K线图

　　四川路桥（600360）的股价在低位区域反复震荡时，出现双飞乌鸦K线组合，即A处。需要注意的是，当前股价仍在底部区间，另外，股价离均线不远，所以如果投资者手中有该股票筹码，不要过分害怕，可以继续持有，看看后面行情如何变化。如果股价再度跌破所有均线，甚至跌破前期低点4.35元，那么就要先止损出局。如果回调到均线附近，价格得到企稳，则可以继续持有，甚至可以加仓做多。

第 5 章

看涨K线组合量化实战技巧

在底部区域买股票是安全的，但如果买入过早，股票会长时间不上涨，而是反复震荡，这样就输掉大量的时间，从而造成资金利用率不高。其实最佳买入股票的时机是在上涨初期，利用看涨K线组合来买入，从而实现快速盈利。

本章主要内容包括：
- 两红夹一黑量化实战技巧
- 多方尖兵量化实战技巧
- 上升三部曲量化实战技巧
- 红三兵量化实战技巧
- 下探上涨形量化实战技巧
- 上涨两颗星量化实战技巧
- 冉冉上升形量化实战技巧
- 稳步上涨形量化实战技巧
- 徐缓上升形量化实战技巧
- 上升抵抗形量化实战技巧
- 蛟龙出海量化实战技巧

5.1 两红夹一黑和多方尖兵量化实战技巧

下面讲解一下两红夹一黑和多方尖兵的基础知识和量化实战应用技巧。

5.1.1 两红夹一黑

两红夹一黑的特征是：左右两边是阳线，中间是阴线，三根K线的中轴基本上是处在同一水平位置上，两根阳线的实体一般比阴线实体长。两红夹一黑如图5.1所示。

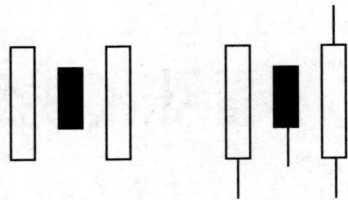

图5.1 两红夹一黑

如果两红夹一黑出现在跌势中，则暗示股价会暂时止跌，或有可能见底回行；在上涨趋势中，特别是在上涨初期，表示股价经过短暂休整，还会继续上涨。

5.1.2 多方尖兵

多方尖兵的特征是：股价在上升过程中，遇到空方打击，出现一根上影线，股价随之回落整理，但多方很快又发动一次攻势，股价穿越前面的上影线。多方尖兵如图5.2所示。

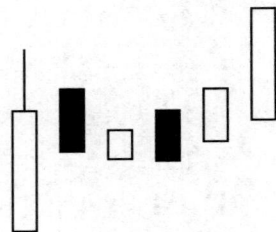

图5.2 多方尖兵

多方尖兵的技术意义是：多方在发动大规模攻击前曾做过一次试探性的进攻，在K线上留下一根较长的上影线。有人把它比喻成深入空方腹地的尖兵。多方尖兵的出现，表示股价会继续上涨，投资者见此K线组合，要跟着做多，这样会有不错的获利机会。

5.1.3　两红夹一黑量化实战技巧

股价经过长时间的大幅下跌之后，然后探明了底部区域，开始震荡上行，这时出现两红夹一黑看涨信号，预示着后市还会上涨，这时可以顺势加仓。两红夹一黑的止损位可以设在两红夹一黑三根 K 线的最低点。

图 5.3 显示的是招商银行（600036）2018 年 12 月 18 日至 2019 年 4 月 8 日的日 K 线图。

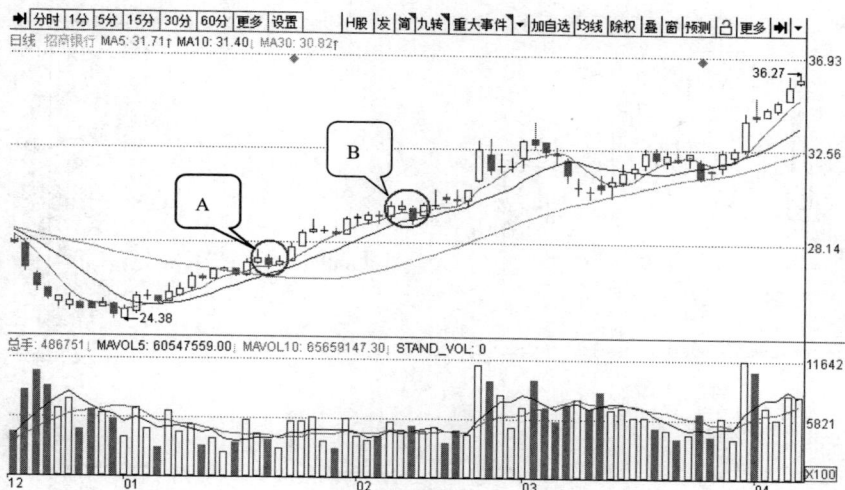

图 5.3　招商银行（600036）2018 年 12 月 18 日至 2019 年 4 月 8 日的日 K 线图

招商银行（600036）的股价经过一波下跌回调，创出 25.38 元低点，然后股价开始震荡上涨，先是站上 5 日、10 日和 30 日均线，这样均线形成多头排列，即行情为上涨趋势。

在上涨行情的初期，连续出现两红夹一黑看涨信号，即 A 和 B 处，这两处都是不错的买进股票的位置。当然，如果您手中有低位筹码，可以继续持有，如果手中没有筹码，就可以在 A 和 B 处买进该股票。

如果股价经过一段时间的上涨之后，然后在高位震荡，在震荡过程中出现两红夹一黑,可以短线做多跟进,但要小心主力在诱多,把自己套在高位上。

图5.4显示的是深粮控股(000019)2020年7月2日至2021年1月13日的日K线图。深粮控股(000019)的股价经过快速上涨之后,然后在高位震荡,在高位震荡中出现两红夹一黑看涨信号,即A处,这时如果手中有筹码,可以继续持有,如果没有筹码,可以轻仓买进该股票。但投资者一定要明白,当前股价在高位,一定要注意不好信号,一旦不妙,就要先卖出股票,以观望为主。

图5.4 深粮控股(000019)2020年7月2日至2021年1月13日的日K线图

如果股价处在明显的下跌趋势之中,出现反弹,在反弹过程中出现两红夹一黑,这很可能是主力在诱多,要小心,要有随时出局观望的准备。

图5.5显示的是同方股份(600100)2020年11月5日至2021年2月5日的日K线图。同方股份(600100)的股价经过一波反弹,正好反弹到30日均线,再度受压下行。在明显的下跌行情中,连续出现两红夹一黑,即A和B处,虽然是看涨信号,但大势太空,不能做多,否则很容易被套。如果是短线高手,可以轻仓买入该股票,但一定要注意,一旦有不好信号,就要及时卖出股票。

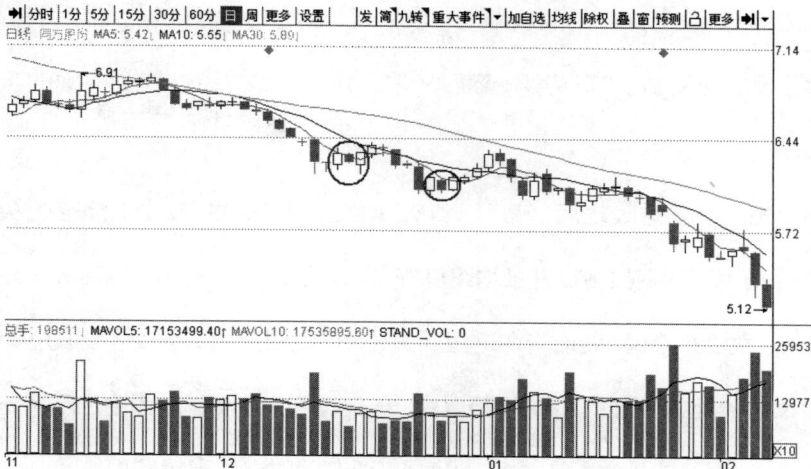

图5.5　同方股份（600100）2020年11月5日至2021年2月5日的日K线图

5.1.4　多方尖兵量化实战技巧

如果股价处在上升行情中，并且上涨幅度不大，这时出现多方尖兵看涨信号，表明上涨动力仍在，可以继续看涨，还可以逢低再加仓。

图5.6显示的是东方雨虹（002271）2020年11月29日至2021年2月9日的日K线图。

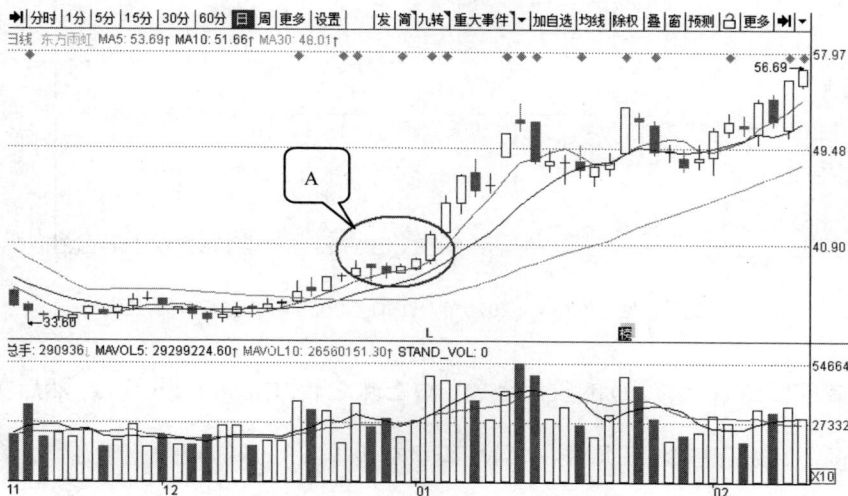

图5.6　东方雨虹（002271）2020年11月29日至2021年2月9日的日K线图

东方雨虹（002271）的股价经过一波回调，创出33.60元低点，然后股价就开始震荡上涨，先是站上5日均线，然后又站上10日均线，经过较长时间的盘整之后，才站上30日均线。

股价站上30日均线之后，然后沿着5日均线上涨，接着在A处出现多方尖兵看涨信号。由于股价刚刚上涨，并且均线良好，所以，这时如果手中有筹码，一定要耐心持有。如果没有筹码，要敢于在这里买进，这样短时间内就会有不错的盈利。

如果股价处在明显的下跌趋势之中，出现反弹，在反弹过程中出现多方尖兵看涨信号，这很可能是主力在诱多，要小心，要有随时出局观望的思维。

图5.7显示的是威创股份（002308）2020年7月16日至2020年12月28日的日K线图。

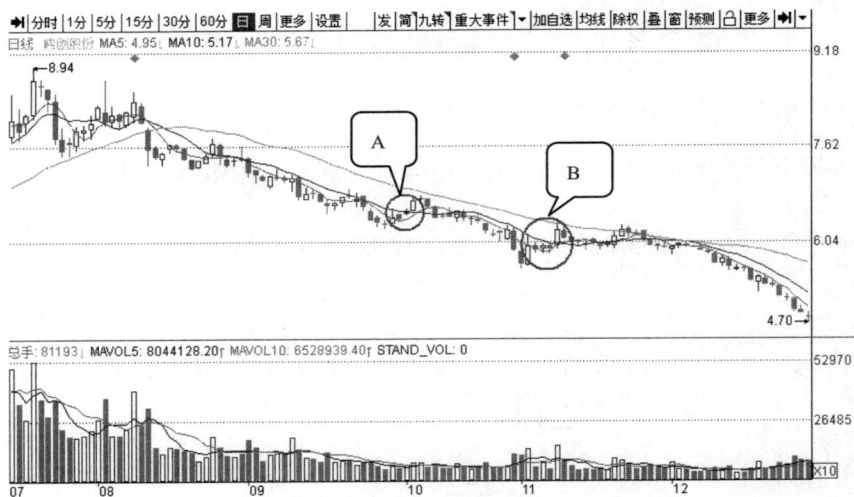

图5.7　威创股份（002308）2020年7月16日至2020年12月28日的日K线图

威创股份（002308）的股价经过一波上涨之后，创出8.94元高点，然后在高位震荡，震荡后跌破30日均线，并且均线呈空头排列，即行情进入下跌趋势。

在明显的下跌行情中，A和B处出现多方尖兵看涨信号。但投资者一定要明白，当前是下跌趋势，最好以观望为主。只有等均线再度变成多头排列才能操作，否则很容易在下跌行情中抄底抄到半山腰上，结果损失惨重。

5.2　上升三部曲和红三兵量化实战技巧

下面讲解一下上升三部曲和红三兵的基础知识和量化实战应用技巧。

5.2.1　上升三部曲

上升三部曲，又称升势三鸦，往往在上升途中出现。上升三部曲由五根 K 线组成，首先拉出一根大阳线，接着连续出现三根小阴线，但没有跌破前面阳线的开盘价，随后出现一根大阳线或中阳线，其走势有点儿类似英文字母"N"。上升三部曲如图 5.8 所示。

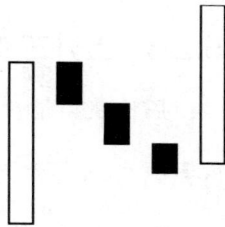

图5.8　上升三部曲

上升三部曲的 K 线组合中，有三连阴，投资者不要认为股价就会转弱，开始做空。投资者看到该 K 线组合后，可以认定它是一个买入信号，要敢于买进，并持股待涨。显然，如果投资者把上升三部曲中的三连阴看成卖出信号，这就大错特错，抛股离场，势必会错失一大段行情。

提醒： 上升三部曲的变形图形很多，投资者只要明确该 K 线组合的实战意义就行了，碰到变形图形不要太在意形状，更多的是在于它的含义。上升三部曲的真正含义是主力在发动行情前先拉出一根大阳线进行试盘，接着连拉小阴线或以阴多阳少的方式进行压盘，从而清除短线获利筹码或持筹不坚定者，正当短线投资者看淡之际，突然发力，再度拉出一根大阳线，宣告调整结束。

5.2.2 红三兵

红三兵，市场处于上升趋势中，出现三根连续创新高的小阳线，特别是股价见底回升或横盘后出现红三兵，表明多方正在积蓄力量，准备发力上攻，如果成交量能同步放大，说明已经有主力加入，后面继续上涨的可能性极大。投资者见此K线组合，应大胆买进，从而轻松、快速地获利做赢家，如图5.9所示。

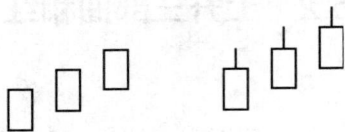

图5.9 红三兵

提醒：当三根小阳线收于最高或接近最高点时，称为"三个白色武士"，其作用要强于普通的红三兵，投资者应高度重视。

5.2.3 上升三部曲量化实战技巧

股价在明显的上升趋势中，出现较大幅度的调整，在调整后期出现上升三部曲看涨信号，要及时加仓跟进。

图5.10显示的是上海贝岭（600171）2021年3月3日至2021年4月29日的日K线图。

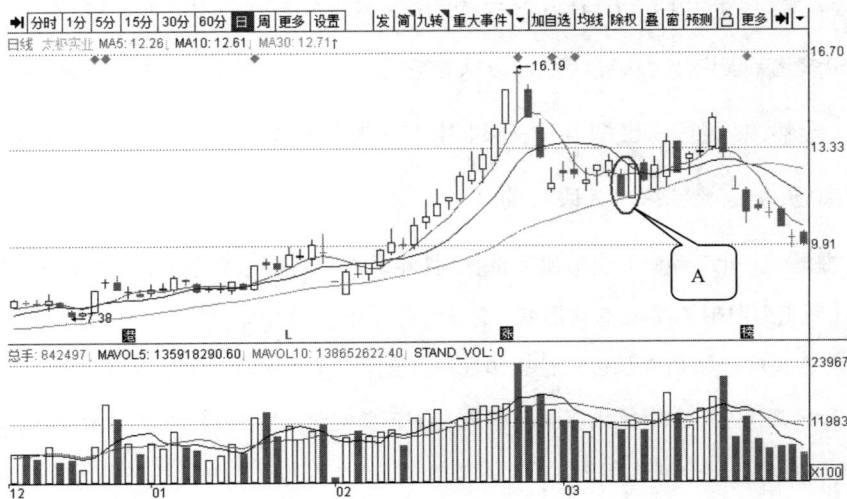

图5.10 上海贝岭（600171）2021年3月3日至2021年4月29日的日K线图

上海贝岭（600171）的股价经过一波下跌回调，创出 13.71 元低点，然后股价开始震荡上涨，先是站上 5 日均线，然后又站上 10 日均线，最后又站上 30 日均线，这样行情就形成上涨趋势。

在明显的上涨趋势中，连续出现上升三部曲，即 A 和 B 处，这是明显的看涨信号，如果手中有筹码，可以继续持有，如果没有，可以逢低买入该股票。

股价经过长时间的上涨之后，进入高位区域，然后在高位震荡，这时出现上升三部曲看涨信号，短线可以轻仓跟随，但要时时警惕，以防被主力套在高位上。

图 5.11 显示的是生益科技（600183）2020 年 2 月 12 日至 2021 年 9 月 10 日的日 K 线图。

图 5.11　生益科技（600183）2020 年 2 月 12 日至 2021 年 9 月 10 日的日 K 线图

生益科技（600183）的股价在 2018 年 6 月创出 8.15 元低点，到 2020 年 3 月上涨到 36.80 元，上涨幅度高达 351.53%。

股价大幅上涨之后，就开始在高位震荡，在震荡过程中出现上升三部曲看涨信号，即 A 处可以买进该股票。但需要注意的是，股价已经大涨过，如果在上涨过程中出现不好信号，要先止盈出局为妙。

如果股价处在明显的下跌趋势之中，出现反弹，在反弹过程中出现上升三部曲看涨信号，这很可能是主力在诱多，要小心，要有随时出局观望的思维。

图5.12显示的是农发种业（600313）2020年12月21日至2021年4月29日的日K线图。

农发种业（600313）的股价经过一波反弹上涨之后，创出6.59元高点之后，然后又宽幅震荡，震荡后股价沿着均线下跌，即形成明显的空头行情。

在明显的下跌行情中，出现上升三部曲看涨信号，是否可以买进该股票呢？如果您不是短线高手，尽量不要碰这样的股票，一定要等均线都走好了，才能进场买进股票。

从其后走势来看，这一波行情正好反弹到30日均线附近，再度受压下行，如果不及时止损，损失只能是越来越大。

图5.12　农发种业（600313）2020年12月21日至2021年4月29日的日K线图

5.2.4　红三兵量化实战技巧

股价在明显的上升趋势中, 出现较大幅度的调整, 在调整后期出现红三兵看涨信号, 要及时加仓跟进。

图5.13显示的是飞亚达 (000026) 2020年5月28日至2020年7月8日的日K线图。

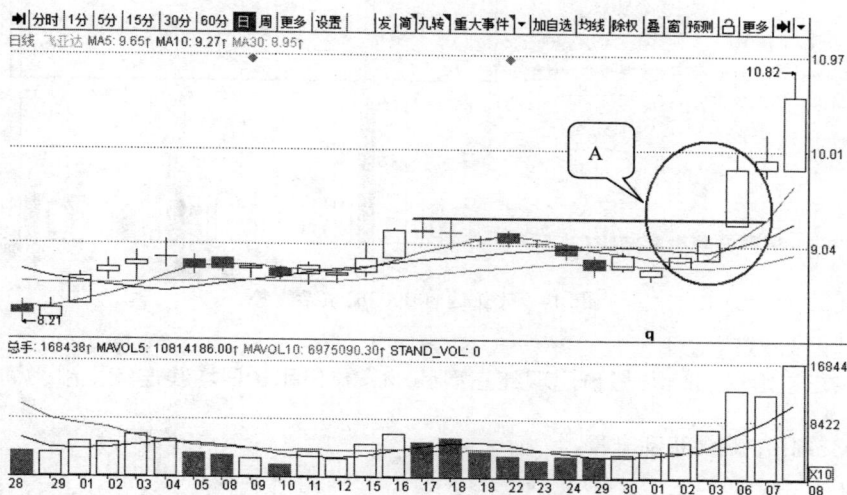

图5.13　飞亚达 (000026) 2020年5月28日至2020年7月8日的日K线图

飞亚达 (000026) 的股价经过一波下跌, 创出8.21元低点, 然后股价开始上涨, 先是站上5日均线, 然后又站上10日、30日均线, 这样由下跌行情变成上涨行情。随后价格继续震荡, 但始终在30日均线之上。

在A处, 股价连续收阳线, 即出现红三兵看涨信号, 并且突破前期震荡平台的高点, 即突破前期平台的压力, 这表明价格要开始新的一波上涨行情。所以, 在A处如果手中持有该股票的筹码, 要耐心持有; 如果手中没有筹码并且手中有资金, 则可以在A处买入股票, 可以重仓买入。

按下键盘上的 "→" 键, 向右移动K线图, 就可以看到该股的其后走势, 如图5.14所示。

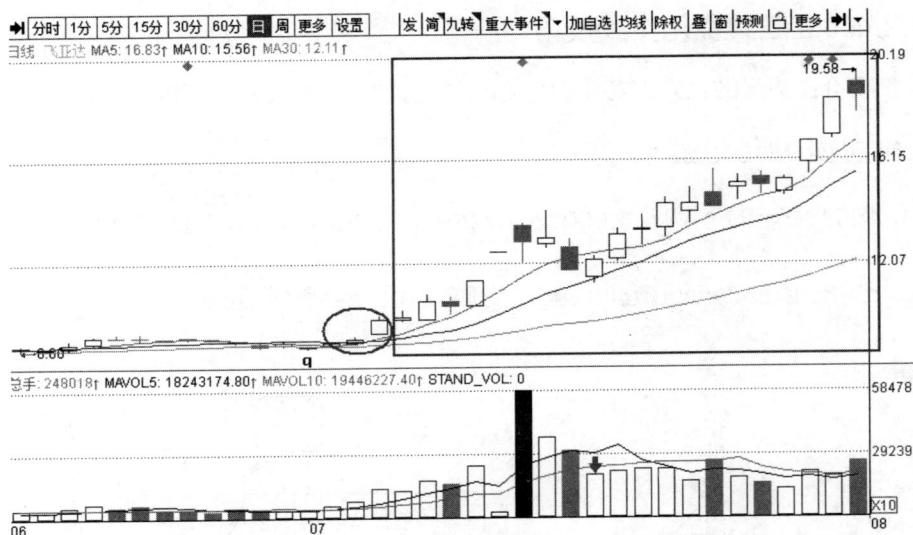

图5.14　飞亚达（000026）其后走势

在这里可以看到，股价出现红三兵后，沿着5日和10日均线连续上涨，短短十几个交易日，就会获利丰厚。

股价经过长时间的上涨之后，进入高位区域，然后在高位震荡，这时出现红三兵看涨信号，短线可以轻仓跟随，但要时时警惕，以防被主力套在高位上。

图5.15显示的是赣锋锂业（002460）2020年12月14日至2021年3月8日的日K线图。

赣锋锂业（002460）的股价经过较长时间、较大幅度上涨之后，然后在高位震荡。在高位震荡过程中，在A和B处，都出现红三兵看涨信号，投资者一定要明白，当前在高位，最好不要进场买进股票，不及时出局，就会被套在高位上，从而造成较大的损失。

如果在下跌趋势中出现红三兵看涨信号，投资者要采取持筹观望的态度，因为这很可能是主力在反技术进行诱多操作。

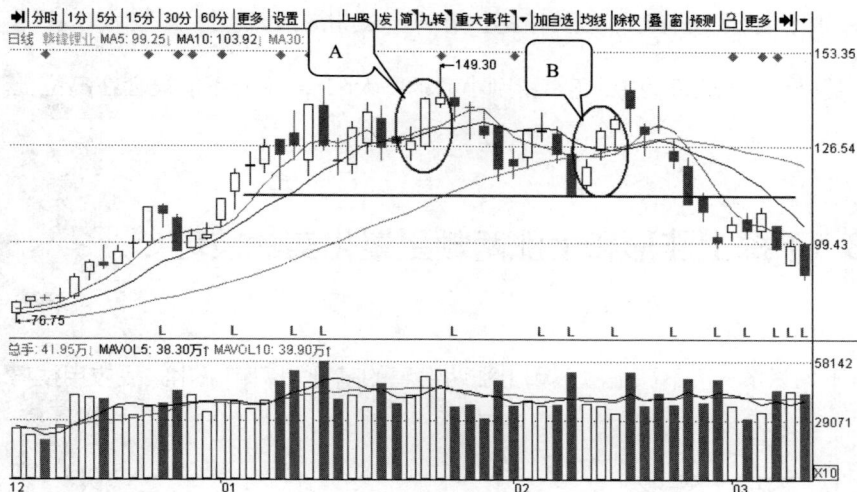

图5.15　赣锋锂业（002460）2020年12月14日至2021年3月8日的日K线图

图5.16显示的是皇庭国际（000056）2020年7月8日至2021年2月1日的日K

线图。

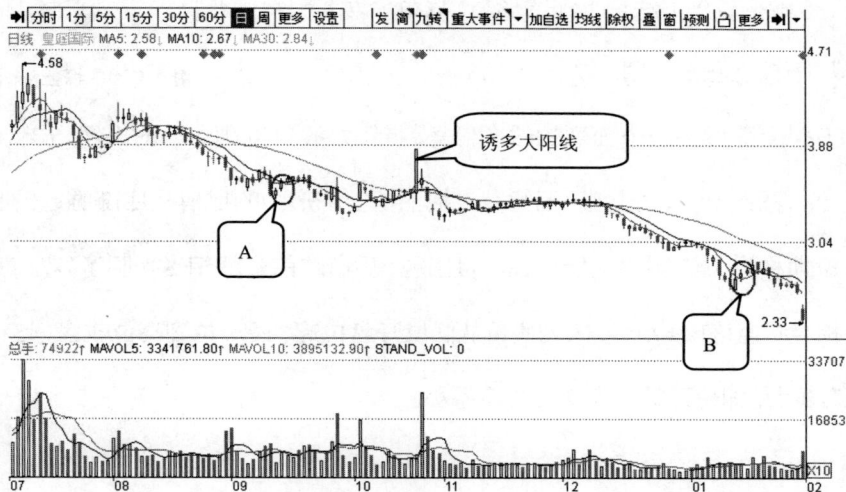

图5.16　皇庭国际（000056）2020年7月8日至2021年2月1日的日K线图

皇庭国际（000056）的股价经过一波反弹上涨，创出5.58元高点，然后是震

荡盘整，最后开始趋势性下跌。在明显的下跌行情中，出现红三兵，千万不能进场

做多，否则很容易被套，所以A和B处，都不能买进该股票。

另外，在下跌行情中，还有特别小心诱多大阳线，千万不能被套在高位上。

5.3　下探上涨形和上涨两颗星量化实战技巧

下面讲解一下下探上涨形和上涨两颗星的基础知识和量化实战应用技巧。

5.3.1　下探上涨形

下探上涨形的特征是：在上涨行情中，某日股价突然大幅低开，甚至以跌停板开盘，但当日却引出一根大阳线或以涨停板报收，从而在图中拉出一根低开高走的大阳线。这就构成先下跌后上涨的形态，故命名为"下探上涨形"。下探上涨形如图5.17所示。

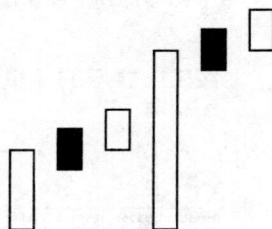

图5.17　下探上涨形

下探上涨形是一个强烈的做多信号，特别是股价刚刚启动时出现。出现该K线组合，股价十有八九上涨，因此有人把下探上涨形中的那根从底部崛起的长阳线形象地称为"擎天柱"。擎天柱一旦出现，后市的前景就相当光明了。股市实战高手相当看重该K线组合，因为股价从低位开盘拉起，最后拉到高位收盘，这样的力度有多大，即拉升的主力实力肯定不小。

5.3.2　上涨两颗星

上涨两颗星，在上涨初期、中期出现，由一大两小三根K线组成。在上涨时，先出现一根大阳线或中阳线，随后就在这根阳线的上方出现两根小K线，既可以

是小十字线，也可以这体很小的阳线或阴

线。上涨两颗星如图5.18所示。

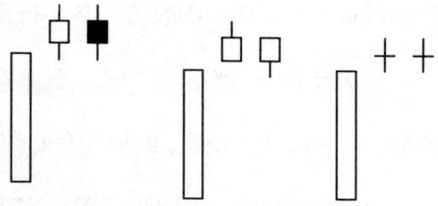

上涨两颗星的出现，表明涨势仍会继

续，即股价很可能在短期内展开新一轮的

升势。投资者看到该K线组合，可适量增加仓位，持筹待涨。

图5.18　上涨两颗星

5.3.3　下探上涨形量化实战技巧

如果股价处在明显的上升行情中，并且上涨幅度不大，这时出现下探上涨形

看涨信号，表明上涨动力仍在，可以继续买进，并采取持筹待涨的策略。

图5.19显示的是国新能源（600617）2020年5月7日至2020年8月5日的日K

线图。

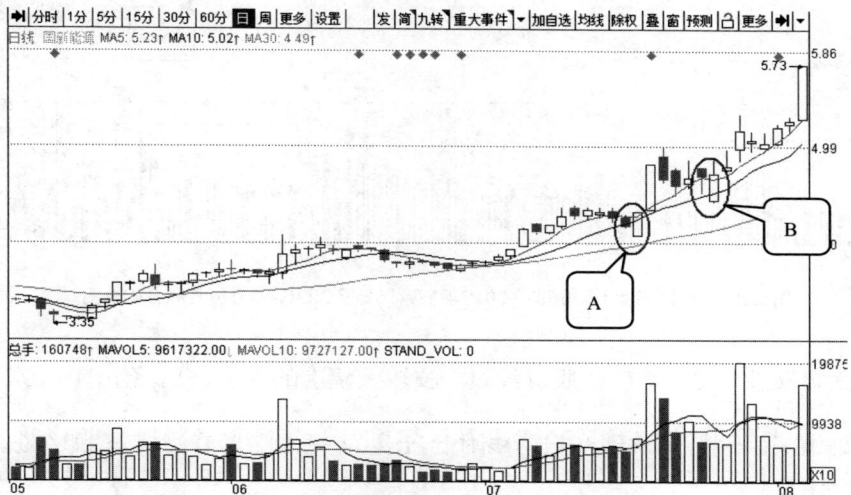

图5.19　国新能源（600617）2020年5月7日至2020年8月5日的日K线图

国新能源（600617）的股价经过一波下跌，创出3.35元低点，然后股价开始上

涨，先是站上5日、10日、30日均线，这样均线慢慢形成多头排列。随后股价再也

没有跌破30日均线，即股价在多头行情之中。

在A和B处，都出现下探上涨形看涨信号，所以如果投资者手中有该股票的筹码，则可以继续持有，如果没有筹码，可以继续买进。

如果股价在高位出现下探上涨形看涨信号，投资者要小心，很可能是主力在诱多。

图5.20显示的是太极实业（600667）2019年12月16日至2020年3月31日的日K线图。

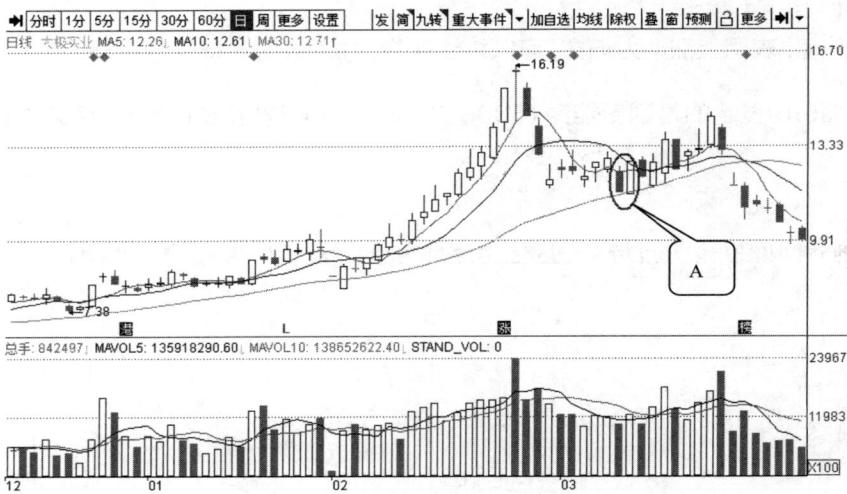

图5.20　太极实业（600667）2019年12月16日至2020年3月31日的日K线图

太极实业（600667）的股价经过一波较大幅度的上涨之后，创出16.19元高点，然后快速下跌，下跌到30日均线附近，出现下探上涨形看涨信号，即A处。由于下跌到支撑处又出现看涨信号，可以买进该股，但投资者一定要明白，股价已经过较大幅度的上涨，这里可能是主力诱多出货行情，所以一定要轻仓介入，有不好信号第一时间出局。

如果在下跌趋势中出现下探上涨形看涨信号，投资者要采取持筹观望的态度，因为这很可能是主力在反技术进行诱多操作。

图5.21显示的是广聚能源（000096）2021年6月11日至2021年7月28日的日K
线图。

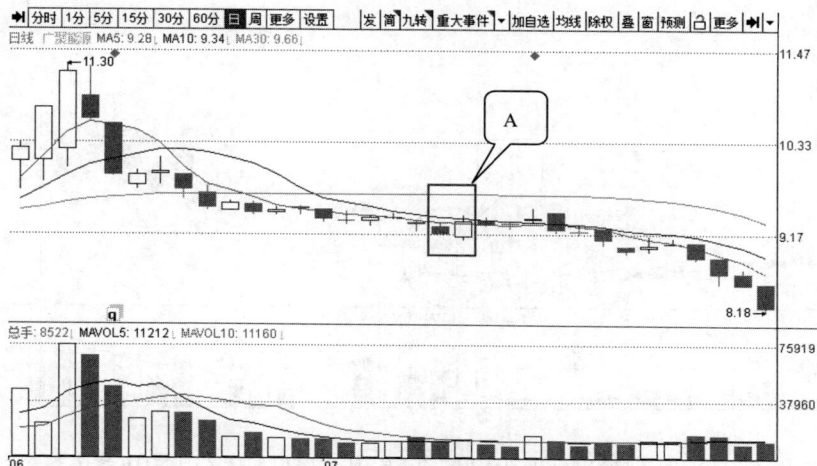

图5.21　广聚能源（000096）2021年6月11日至2021年7月28日的日K线图

广聚能源（000096）的股价经过一波反弹上涨，创出11.30元高点。但随后股
价没有继续上涨，而是开始下跌，先是跌破5日均线，然后又跌破10日均线，最后
又跌破30均线，这样均线就呈空头排列行情。

在明显的空头行情中，股价沿着均线震荡下跌，这时出现看涨K线组合，也不要
轻仓入场做多，否则很容易被套在半山腰上。在A处，股价出现下探上涨形看涨K线
组合，以观望为主，如果实在想操作，只能轻仓，并且如果反弹无力，就要及时出局。

5.3.4　上涨两颗星量化实战技巧

股价经过长时间的大幅下跌之后，然后探明底部区域，开始震荡上涨，这时
出现上涨两颗星看涨信号，预示着后市还会上涨，可以顺势加仓，止损位可以设在
第一根阳线的最低点。

图5.22显示的是天宸股份（600620）2020年6月9日至2020年7月23日的日K线图。

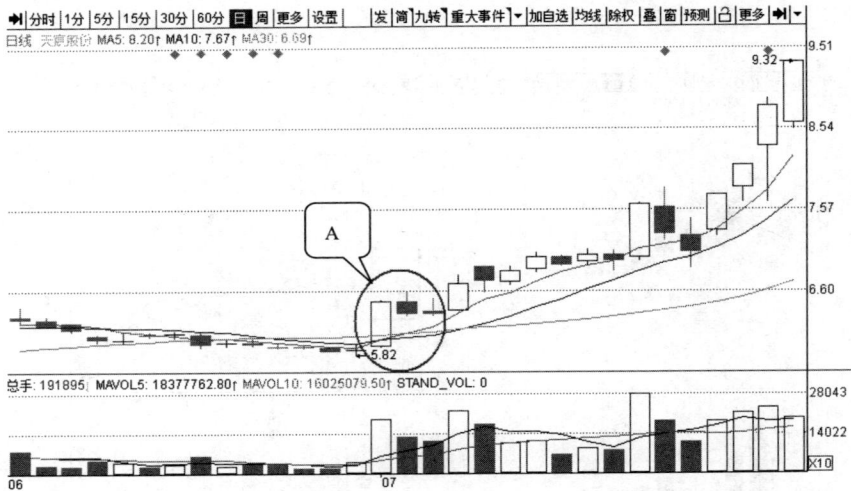

图5.22　天宸股份（600620）2020年6月9日至2020年7月23日的日K线图

天宸股份（600620）的股价经过一波横盘式的调整后，均线完全黏合，这是一根大阳线拉起，同时站上所有均线，均线便为多头行情。

大阳线后，出现两根小阴线，即出现了上涨两颗星看涨信号，即A处。这里是刚刚向上突破的看涨信号，所以可以加仓做多。

从其后走势可以看出，这里加仓做多，短短十几个交易日，就会有较大的盈利。

如果股价已经过较长时间的上涨，然后在高位震荡，这时出现上涨两颗星K线看涨信号，可不要想当然地买进，而是要根据大势情况来定，并且要轻仓操作，一有不好信号就要及时出局，毕竟股价现在在高位。注意，上涨两颗星的止损位为第一根阳线的最低点。

图5.23显示的是海南海利（600731）2020年7月15日至2020年12月29日的日K线图。

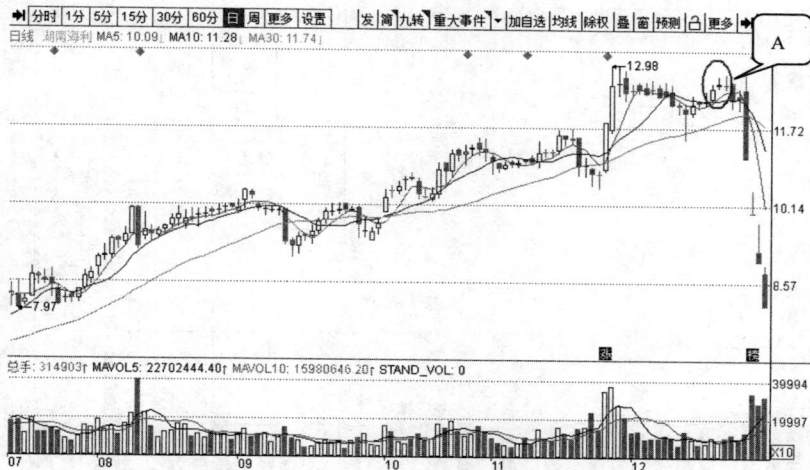

图5.23　海南海利（600731）2020年7月15日至2020年12月29日的日K线图

海南海利（600731）的股价经过较长时间、较大幅度的上涨之后，然后在高位震荡，在震荡过程中出现上涨两颗星K线看涨信号，即A处。如果这时买进股票，并且不及时卖出的话，短时间内就会出现巨大损失。

如果在下跌趋势中出现上涨两颗星看涨信号，投资者要采取持筹观望的态度，因为这很可能是主力在反技术进行诱多操作。如果特别想操作，止损位一定要设置在第一根阳线的最低点。

图5.24显示的是广宇发展（000537）2021年3月16日至2021年5月10日的日K线图。

广宇发展（000537）的股价经过一波反弹，创出6.03元高点，然后开始震荡下跌，先是跌破5日均线，然后又跌破10日均线，最后又跌破30日均线，这样均线呈空头排列。

股价经过下跌之后，出现反弹，在A处出现上涨两颗星看涨信号，需要注意的是，这里是反弹，并且刚好反弹到30日均线附近，所以这里是卖出信号，不是买进信号，所以，这里千万不能想当然地买进做多，否则只能被套在半山腰上。

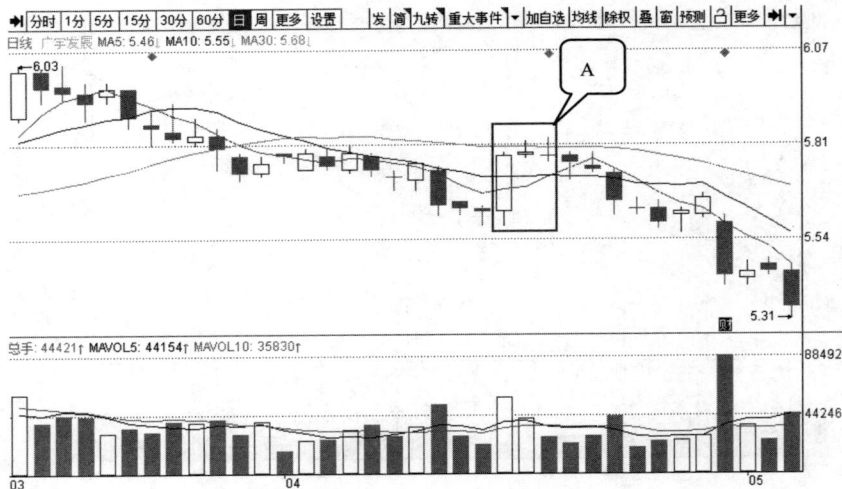

图5.24　广宇发展（000537）2021年3月16日至2021年5月10日的日K线图

5.4　冉冉上升形和稳步上涨形量化实战技巧

下面讲解一下冉冉上升形和稳步上涨形的基础知识和量化实战应用技巧。

5.4.1　冉冉上升形

冉冉上升形的特征是：股价经过一段时间横盘后，出现向上倾斜的一组小K线，一般不少于八根，其中小阳线居多。这种不起眼的小幅上升走势就如同冉冉上升的旭日，故名冉冉上升形。冉冉上升形如图5.25所示。

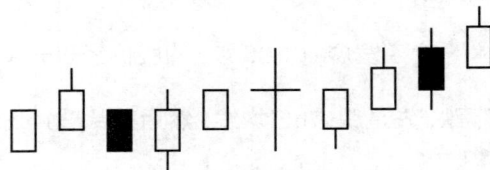

图5.25　冉冉上升形

冉冉上升形往往是股价日后大涨的前兆，如果再有成交量的温和放大配合，这种可能性就会更大。从沪深股市历年来的一些大牛股来看，它们的启动初期常常以这种形式表现。所以，投资者见此 K 线组合，可先试着做多，如若日后股价出现拉升，再继续加码买进。

5.4.2　稳步上涨形

稳步上涨形的特征是：在上涨过程中，众多阳线中夹着较少的小阴线，股价一路上扬。如果后面的阳线对插入的阴线覆盖速度越快越有力，则上涨的潜力就越大。稳步上涨形如图5.26所示。

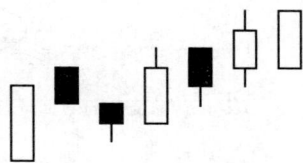

图5.26　稳步上涨形

稳步上涨形的出现，表明股价仍会继续上涨，这是一个做多信号。投资者见到该 K 线组合，应以持股为主，不要轻易卖出股票。

5.4.3　冉冉上升形量化实战技巧

股价经过长时间的大幅下跌之后，然后探明底部区域，开始震荡上涨，这时出现冉冉上升形看涨信号，预示着后市还会上涨，这时可以顺势加仓，止损位可以设在冉冉上升形的最低点。

图5.27显示的是青岛啤酒（600600）2020年2月24日至2020年7月15日的日K线图。

青岛啤酒（600600）的股价经过一波下跌，创出36.40元低点，创出低点这一天，股价收出一根锤头线见底K线，然后股价就开始上涨，先是站上5日均线，然后站上10日均线，最后站上30日均线，均线系统已经处于多头状态。

随后股价在30日均线上方横盘整理，在整理过程中形成冉冉上升形看涨信号，即A处，这是一个看多信号，如果手中有筹码，可以继续持有，没有筹码，就可以沿着5日均买进股票，最终会有丰厚的投资收益。

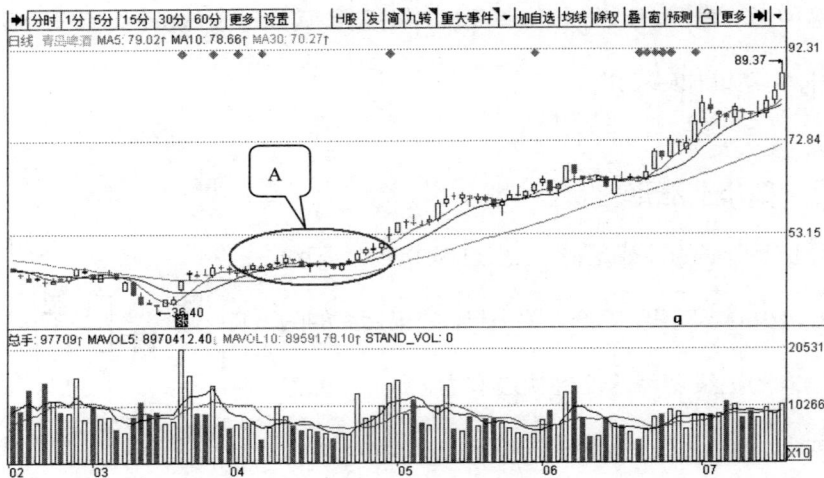

图5.27　青岛啤酒（600600）2020年2月24日至2020年7月15日的日K线图

如果在明显下跌趋势中出现冉冉上升形看涨K线组合，投资者要采取持币观望的态度，因为这很可能是主力在反技术进行诱多操作。如果特别想操作，一定要严格止损，止损位设在冉冉上升形的最低点处即可。

图5.28显示的是市北高新（600604）2020年7月7日至2020年10月23日的日K线图。

图5.28　市北高新（600604）2020年7月7日至2020年10月23日的日K线图

市北高新（600604）经过一波上涨之后，创出11.45元高点，然后开始震荡下跌，最终均线形成空头行情。在A处，股价明显处于空头行情，但却出现了冉冉上升形，那么在这里可以进行买入操作吗？首先股价还在30日均线压制之下，所以，这里不能进行买进操作。另外，成交量也不配合，即成交量没有温和放大。

按下键盘上的"→"键，向右移动K线图，就可以看到该股的其后走势，如图5.29所示。在这里可以看到，冉冉上升形没有站上30日均线，如果在这里买进，正好买在最高点上。如果不及时止损出局，就会越套越深，最终很可能在连续下跌时，心里实在受不了而割肉出局。

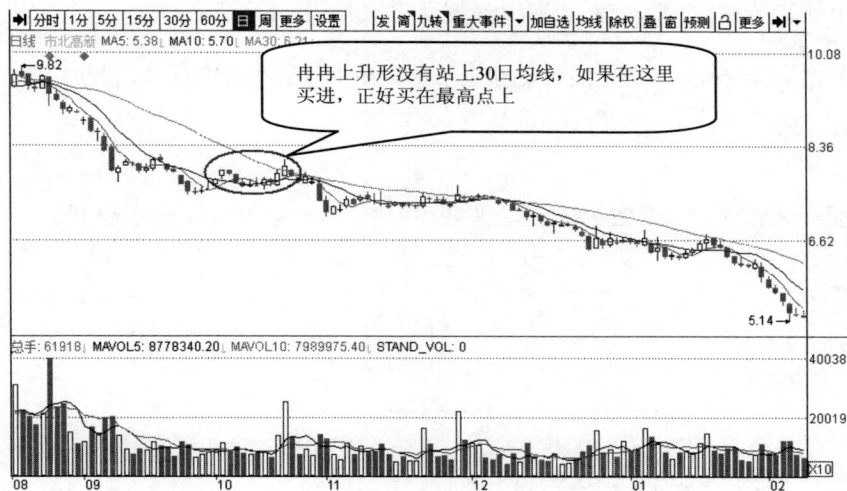

图5.29　市北高新（600604）其后走势

5.4.4　稳步上涨形量化实战技巧

如果股价处在明显的上涨行情中，并且上涨幅度不大，这时出现稳步上涨形看涨信号，表明上涨动力仍在，可以继续看涨，还可以逢低再加仓。止损位可以设在稳步上涨形的最低点。

图5.30显示的是洪都航空（600316）2020年11月13日至2021年1月7日的日K线图。

洪都航空（600316）的股价经过一波下跌，创出29.95元低点，然后股价开始震荡上涨，先是站上5日和10日均线，又站上30日均线。随后股价仍震荡盘整，即先四根阳线，然后来两根阴线，再又来三根阳线，接着又是三根阴线，然后又是四根阳线，接着一根阴线，然后两根阳线，即A处。

A处是一个看涨信号，即稳步上涨形，另外还需要注意所有K线的收盘价都在30日均线上方，这意味着价格处在多头行情中，所以，如果手中持有该股筹码，就可以继续持有，如果没有，仍可以逢低买进该股票。

从其后走势可以看出，股价稳步上涨形之后，出现快速拉升，短时间内就会有较大的盈利。

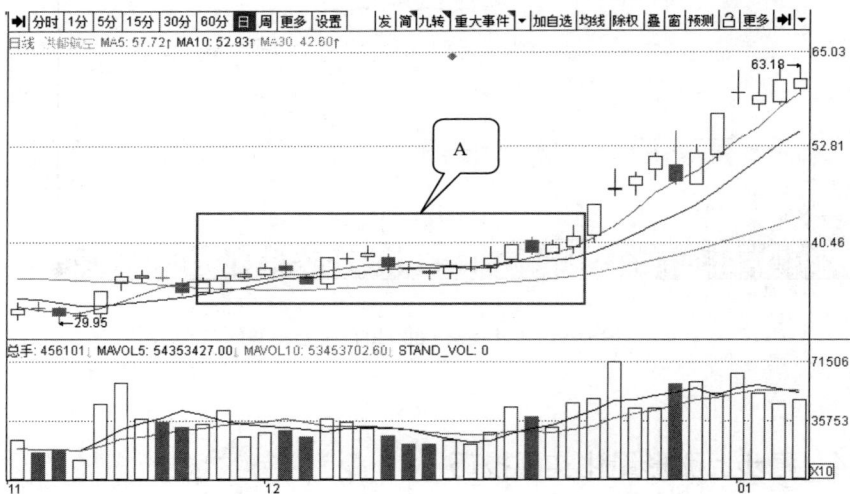

图5.30　洪都航空（600316）2020年11月13日至2021年1月7日的日K线图

如果股价已经处在明显的高位，这时出现稳步上涨形看涨信号，不要轻易进场，因为很可能是市场主力在诱多，一不小心就会被套在高位上。如果特别想操作该股,要严格以稳步上涨形的最低点为止损点。

图5.31显示的是贵航股份(600523)2020年4月23日至2020年10月26日的日

K线图。

图5.31　贵航股份(600523)2020年4月23日至2020年10月26日的日K线图

贵航股份(600523)的股价经过一波下跌回调,创出12.02元低点,然后开始

震荡盘升,先是站上所有均线,这样均线形成多头行情,然后股价继续震荡上涨,

虽有回调,但都没有跌破30日均线。

在A处,股价再度回调到30日均线附近,先是两根阳线上涨,然后一根阴线

杀跌,接着又是两根阳线上涨,然后是一根阴线下跌,接着三根阳线上涨,然后一

根阴线杀跌,再来两根阳线上涨,然后又是一阴一阳,即出现稳步上涨形。这是一

个看涨信号,如果手中有该股票的筹码,可以继续持有,如果没有该股票筹码,

则可以轻仓介入,但一定要注意,股价已经出现上涨,盈利盘较多,要特别小心回

调,所以一旦有不好信号,就要及时卖出。

如果股价处在明显的下跌趋势中,出现反弹,在反弹过程中出现稳步上涨形

看涨信号，这很可能是主力在诱多，要小心，要有随时出局观望的思维。如果特别想操作该股，要严格以稳步上涨形的最低点为止损点。

图5.32显示的是光明乳业（600597）2020年2月27日至2020年11月25日的日K线图。

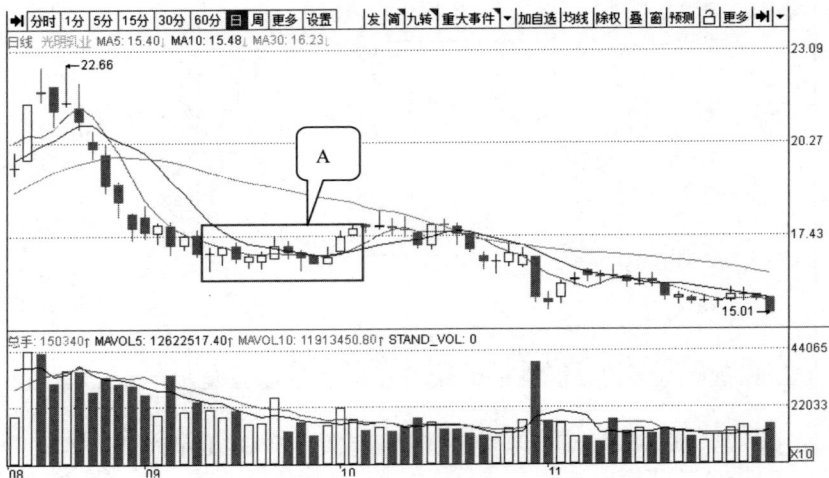

图5.32　光明乳业（600597）2020年2月27日至2020年11月25日的日K线图

光明乳业（600597）的股价经过一波上涨之后，创出22.66元高点，需要注意创出高点这一天，股价收出一根带有长长上影线的K线，这表明上方压力很大。随后价格连续下跌，并且是跳空下跌，连续跌破5日、10日和30日均线。这样均线就变成空头行情。

在明显的下跌行情中，如果出现看涨信号，即在A处出现稳步上涨形看涨信号，千万不能盲目，因为30日均线附近往往会有较大的压力，所以最好的策略是观望。当然如果你是短线高手，对该股票很熟悉，则可以轻仓短线操作，一旦出现不好信号，就要果断出局。

5.5　徐缓上升形和上升抵抗形量化实战技巧

下面讲解一下徐缓上升形和上升抵抗形的基础知识和量化实战应用技巧。

5.5.1　徐缓上升形

徐缓上升形的特征是：在上涨行情的初期，连续出现几根小阳线，随后出现一、二根中、大阳线。徐缓上升形如图5.33所示。

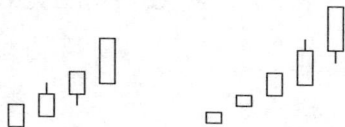

图5.33　徐缓上升形

在股价刚启动或横盘后股价往上抬升时，出现徐缓上升形K线组合，表明多方力量正在逐步壮大，后市虽有波折，但总趋势向上的格局已初步奠定。投资者看到该K线组合，可以适量跟进。

提醒： 如果在连续大幅上涨后出现该K线组合，表示升势可能接近尾声，投资者要随时注意见顶信号的出现，然后再结合均线进行抛售。

5.5.2　上升抵抗形

上升抵抗形的特征是：在股价上升过程中，连续跳高开盘，收出众多阳线，其中夹着少量阴线，但这些阴线的收盘价均比前一根K线的收盘价高。上升抵抗形如图5.34所示。

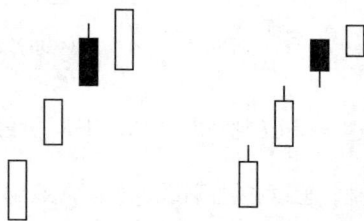

图5.34　上升抵抗形

股价上升时出现上升抵抗形，是买方力量逐渐增强的一种表现，显示日后股价仍会继续上涨，少数情况下，还可能出现加速上扬态势。投资者见到该K线组合可以考虑适量买进。

提醒： 从推动股价上涨的短期作用来看，力量第一的是上升抵抗形，第二的是徐缓上升形，第三的是稳步上升形，第四的是冉冉上升形。但这仅仅对短线操作有参考价值，对中长线操作而言，不急不慢的上升走势反而更让人放心。

5.5.3 徐缓上升形量化实战技巧

如果股价处在明显的上升行情中,并且上涨幅度不大,这时出现稳步上涨形看涨信号,表明上涨动力仍在,可以继续看涨,还可以逢低再加仓。止损位可以设在徐缓上升形的最低点。

图5.35显示的是马应龙(600993)2020年5月27日至2020年7月13日的日K线图。

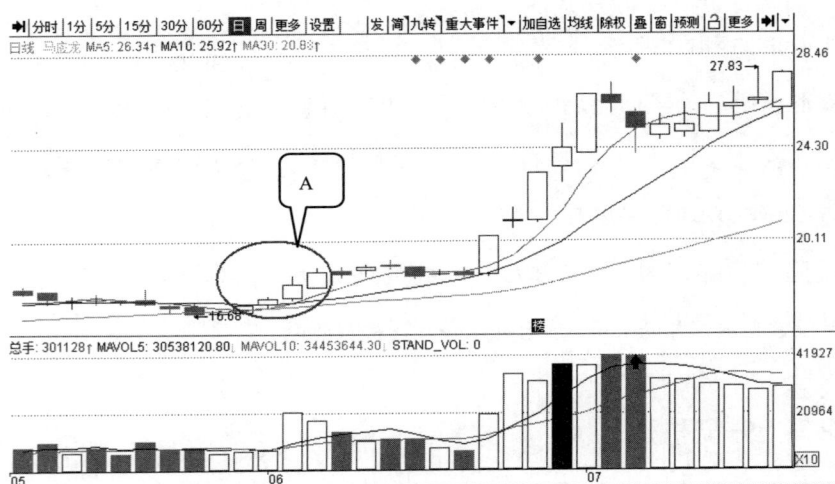

图5.35　马应龙(600993)2020年5月27日至2020年7月13日的日K线图

马应龙(600993)的股价经过一波回调,创出16.68元低点,然后价格开始上涨,连续拉出阳线,即在A处出现徐缓上升形,这表明价格要开始新的一波上涨行情。所以手中有该股筹码的投资者可以耐心持有;如果没有筹码,则可以关注买入机会。

从其后走势可以看出,股价出现徐缓上升形之后,出现6个交易日的横盘整理,但股价始终在10日均线上方,这表明价格始终处在多头行情之中。股价震荡结束后,就开始新的上涨行情,短时间内就会有较丰厚的盈利。

股价经过长时间的上涨之后，进入高位区域，然后在高位震荡，这时出现徐缓上升形看涨信号，最好是观望，不要轻易进场，以防被主力套在高位上。如果特别想操作，要严格以徐缓上升形的最低点为止损点。

图5.36显示的是TCL科技（000100）2020年10月20日至2021年6月17日的日K线图。

图5.36　TCL科技（000100）2020年10月20日至2021年6月17日的日K线图

TCL科技（000100）的股价经过两波上涨之后，在高位震荡，在震荡过程中出现徐缓上升形，即A处。徐缓上升形虽然是看涨信号，但投资者一定要明白，股价已有较大涨幅，震荡后如果向下突破，就可能会出现大跌，所以，轻仓介入为好，一旦有不好的K线卖出信号，就要及时出局观望。

如果股价处在明显的下跌趋势之中，出现反弹，在反弹过程中出现徐缓上升形看涨信号，这很可能是主力在诱多，要小心，要有随时出局观望的思维。如果特别想操作，要严格以徐缓上升形的最低点为止损点。

图5.37显示的是金融街（000402）2020年7月1日至2020年9月30日的日K线图。

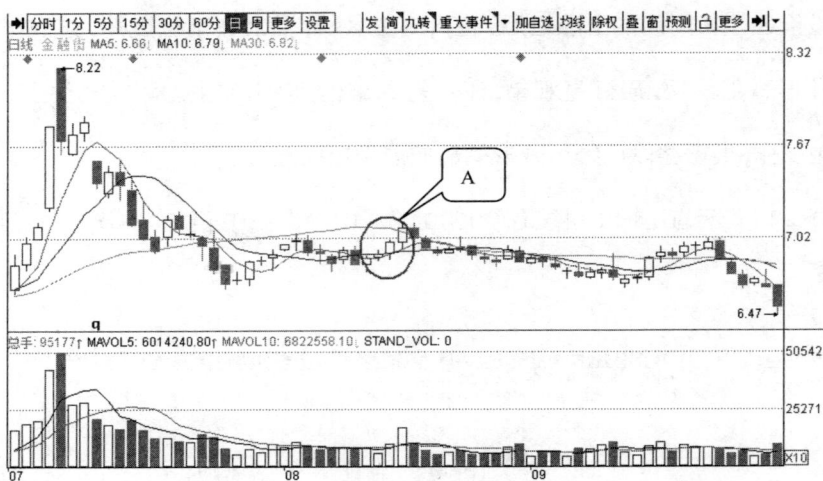

图5.37　金融街（000402）2020年7月1日至2020年9月30日的日K线图

金融街（000402）的股价经过一波上涨，创出8.22元高点，但在创出高点这一天，股价却收出一根大阴线，这表明上方压力很大。随后股价就开始下跌，并且跌破所有均线。

股价快速下跌之后就开始反弹，需要注意的是，股价始终在30日均线下方，这表明反弹力量很弱。在反弹过程中出现徐缓上升形，即A处，虽然是一个看涨信号，但往往是主力在诱多，是利用看涨信号出货，所以在A处千万不能买进股票，否则就会被套在高位上。

5.5.4　上升抵抗形量化实战技巧

图5.38显示的是鄂武商A（000501）2020年3月24日至2020年7月10日的日K线图。

鄂武商A（000501）的股价经过长时间的横盘整理之后，然后一根中阳线向上突破，随后出现上升抵抗形看涨信号，即A处。由于这里股价刚刚向上突破，横有多长，竖有多高，这时可以关注该股票的买进机会。

从其后走势可以看出, 股价虽然出现回调, 但始终在30日均线上方。股价调整结束后, 就开始新的上涨行情, 及时买进的投资者, 短时间内就会有不错的投资收益。

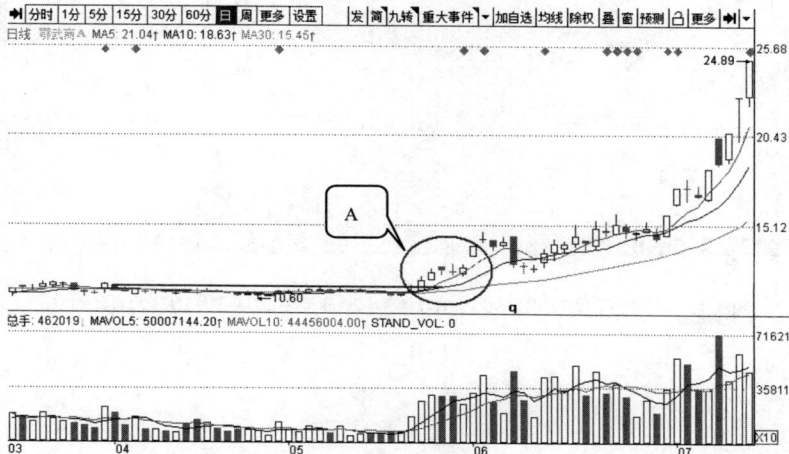

图5.38　鄂武商A (000501) 2020年3月24日至2020年7月10日的日K线图

图5.39显示的是传艺科技 (002866) 2020年3月20日至2020年9月10日的日K线图。

传艺科技 (002866) 的股价经过一波下跌, 创出11.36元低点, 然后震荡上涨, 先是站上5日和10日均线, 又站上30日均线, 这时出现上升抵抗形看涨信号, 即A处。这是上涨初期, 所以可以关注其后期的买进机会。

从其后走势来看, 股价虽然出现回调, 但整体回调幅度不大, 回调结束后, 就开始一波明显的上涨行情。

股价震荡上涨之后, 又出现回调, 回调到30日均线, 价格又开始上涨, 但上涨的速度很快, 再度出现上升抵抗形, 即B处。需要注意的是, 股价已经过一段时间的上涨, 并且最后上涨幅度很快, 几乎是连续涨停, 所以要小心主力利用大阳线诱多出货, 所以这里是卖出股票的机会, 不是进场做多的机会。

图5.39　传艺科技（002866）2020年3月20日至2020年9月10日的日K线图

5.6　蛟龙出海量化实战技巧

下面讲解一下蛟龙出海的基础知识和量化实战应用技巧。

5.6.1　蛟龙出海

蛟龙出海的意思是像一条久卧海中的长龙一下子冲天而起，其特征是：拉出大阳线，一下子把短期、中期和长期几根均线全部吞吃，有种过五关、斩六将的气势。蛟龙出海如图5.40所示。

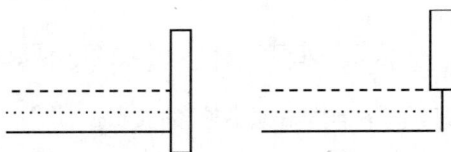

图5.40　蛟龙出海

蛟龙出海是明显的见底信号，如果成交量随之放大，说明主力已经吸足筹码，现在就要直拉股价。这时投资者可以买进，但要警惕主力用来诱多，所以投资者最好在拉出大阳线后多观察几日,如果重心上移,则可再加码追进。

注意,用直线"———"表示短期移动平均线(如5日均线);用虚线

"............"表示中期移动平均线(如10日均线);用点画线"----------"表示长期移

动平均线(如30日均线)。

提醒: 当然标准的蛟龙出海是很少见的,但变形的蛟龙出海却不少,投资者要学
会认真辨别。

5.6.2　蛟龙出海形量化实战案例

股价经过长时间的大幅下跌之后,然后探明底部区域,开始震荡上涨,这时
出现蛟龙出海看涨信号,预示后市还会上涨,这时可以顺势加仓。蛟龙出海的止
损位设在大阳线的最低点即可。

图5.41显示的是四环生物(000518)2020年5月25日至2020年8月4日的日K
线图。

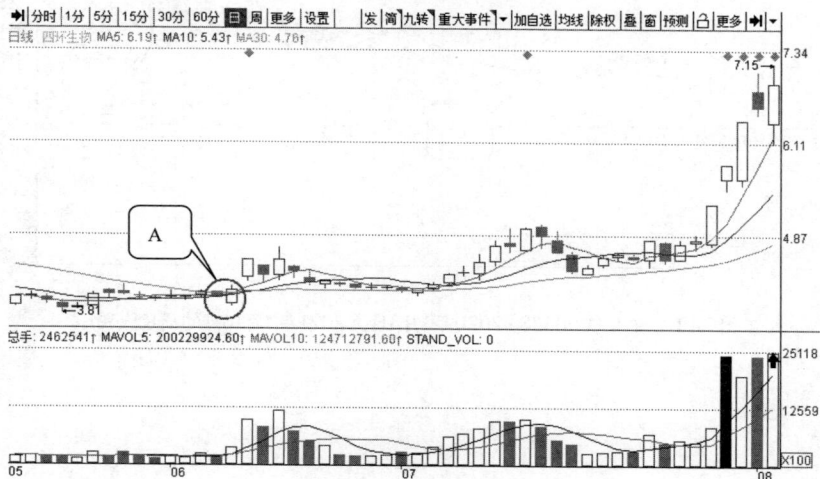

图5.41　四环生物(000518)2020年5月25日至2020年8月4日的日K线图

四环生物(000518)的股价经过一波下跌之后,创出3.81元低点,然后在低位

窄幅震荡。经过较长时间的震荡之后，在A处，一根低开大阳线同时站上5日、10日和30日均线，即出现蛟龙出海看涨信号。这时低位发出买入信号，如果手中还有该股筹码，可以继续持有；如果没有，可以加仓做多。

从其后走势可以看出，股价震荡上涨，虽有回调，但始终在30日均线上方，所以筹码可以继续持有，并且可以在30日均线继续加仓做多。

图5.42显示的是柳工（000528）2020年1月3日至2021年4月16日的周K线图。

在柳工（000528）的周K线图中，连续出现蛟龙出海看涨信号，即A和B处，都是不错的看多、做多机会。

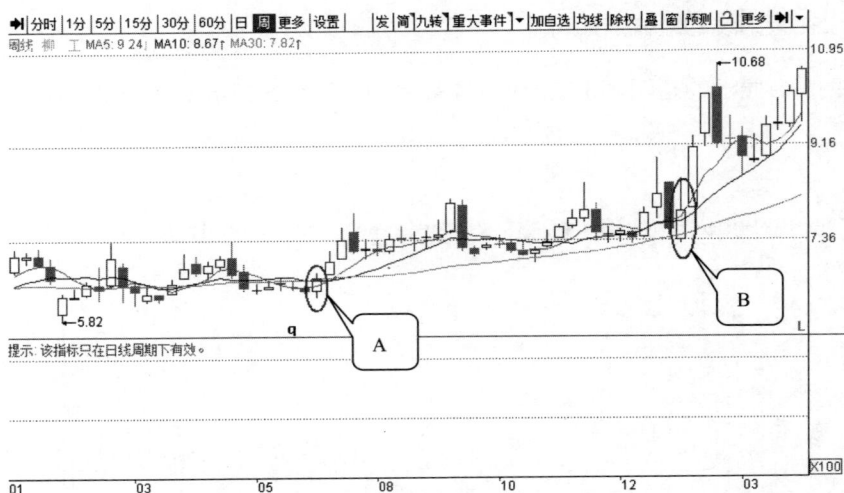

图5.42　柳工（000528）2020年1月3日至2021年4月16日的周K线图

第 6 章

看跌K线组合量化实战技巧

在下跌初期或下跌途中，投资者如果能够清楚透彻地了解看跌K线组合的含义，那么就不会再抱有任何幻想，从而及时出局，减少损失，为下一次再战打下良好的基础。

本章主要内容包括：

- 空方尖兵量化实战技巧
- 降势三鹤量化实战技巧
- 黑三兵量化实战技巧
- 高位出逃形量化实战技巧
- 绵绵阴跌形量化实战技巧
- 徐缓下跌形量化实战技巧
- 下降抵抗形量化实战技巧
- 下跌不止形量化实战技巧
- 两黑夹一红量化实战技巧
- 下跌三颗星量化实战技巧
- 断头铡刀量化实战技巧

6.1 空方尖兵和降势三鹤量化实战技巧

下面讲解一下空方尖兵和降势三鹤的基础知识和量化实战应用技巧。

6.1.1 空方尖兵

空方尖兵的特征是：股价在下跌过程中，遇到多方反抗，出现一根下影线，股价随之反弹，但空方很快又发动一次攻势，股价穿越前面的下影线。空方尖兵如图6.1所示。

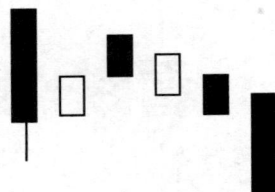

图6.1 空方尖兵

空方尖兵的技术含义是：空方在杀跌前曾做过一次试探性进攻，在K线上留下一根较长的下影线，有人把它视作深入多方阵地的尖兵，这就是空方尖兵的由来。空方尖兵的出现，表示股价还会下跌。投资者见到该K线组合，要及时做空，以降低股价继续下行带来的风险。

6.1.2 降势三鹤

降势三鹤又称下降三部曲，其特征是：股价在下跌时出现一根实体较长的阴线，随后连拉出三根向上攀升的实体较为短小的阳线，但最后一根阳线的收盘价仍比前一根大阴线的开盘价要低，之后又出现一根长阴线，把前面三根小阳线全部或大部分都吞吃了。降势三鹤如图6.2所示。

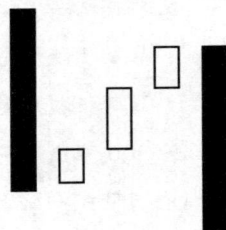

图6.2 降势三鹤

降势三鹤的出现，表明多方虽然想做反抗，但最终在空方的打击下显得不堪一击,这暗示着股价还会进一步向下滑落。投资者见此 K 线组合要顺势而为,快速减持手中的仓位或清仓离场。

6.1.3　空方尖兵量化实战技巧

股价经过长时间的大幅上涨之后出现见顶信号,一定是在减仓,但如果再出现空方尖兵看跌信号,一定要及时清仓出局观望。

图6.3显示的是理工环科(002322)2019年2月29日至2019年6月17日的日 K 线图。

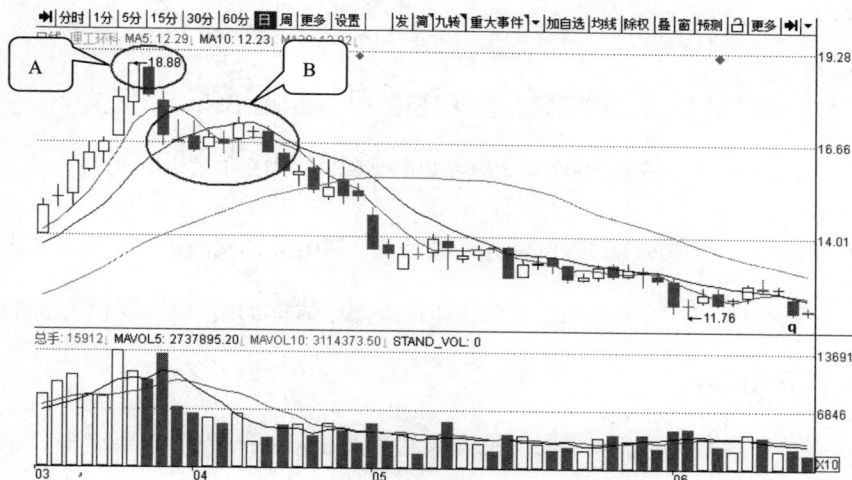

图6.3　理工环科(002322)2019年2月29日至2019年6月17日的日 K 线图

理工环科(002322)的股价经过较长时间、较大幅度的上涨之后,创出18.88元高点,但第二天没有继续上涨,而是低开低走,即在 A 处出现倾盆大雨见顶信号,投资者见到该信号,要及时减仓或清仓以应对风险。随后股价继续震荡下跌,并出现空方尖兵看跌信号,即 B 处,这里也是不错的卖出股票的机会,否则随着股价不断下跌,就会造成盈利大幅回吐,甚至由盈利变成亏损。

股价在明显的下降趋势中,出现空方尖兵看跌信号,要及时出局观望。

图6.4显示的是红日药业（300026）2020年10月9日至2021年2月5日的日K线图。

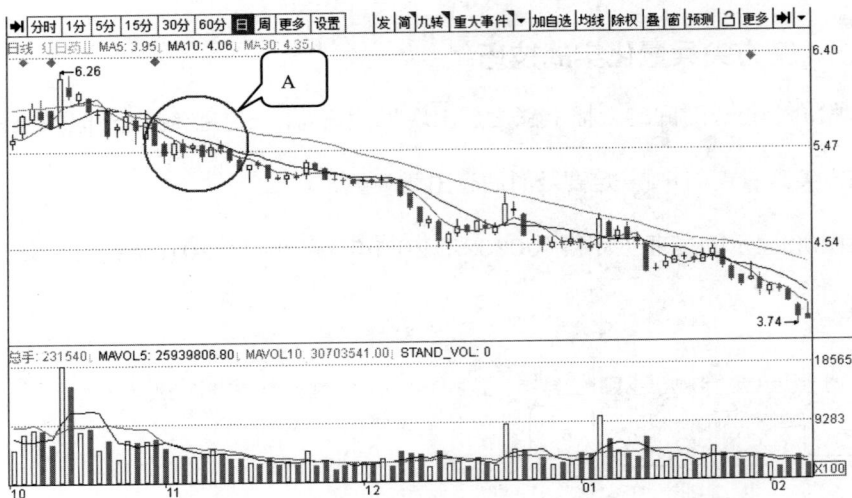

图6.4 红日药业（300026）2020年10月9日至2021年2月5日的日K线图

红日药业（300026）的股价经过一波反弹，创出6.26元高点，然后开始震荡下跌，先是跌破5日和10日均线，又跌破30日均线，这样均线呈空头排列，即股价进入震荡下跌行情。

在震荡下跌行情中，如果出现空方尖兵看跌信号，即A处，如果这里还有该股票筹码，要果断及时卖出。

股价经过较长时间的大幅下跌之后，探明底部区域，然后震荡上涨，这时出现空方尖兵看跌信号，短线可以减仓，然后逢低再补仓，中线则可以持仓不动。

图6.5显示的是宏昌电子（303002）2021年1月6日至2021年4月12日的日K线图。

宏昌电子（303002）经过较长时间、较大幅度的下跌之后，创出4.43元低点，然后股价开始震荡反弹，经过几波反弹之后，最终站上30日均线，这样均线就呈多头排列，即股价进入上升趋势。

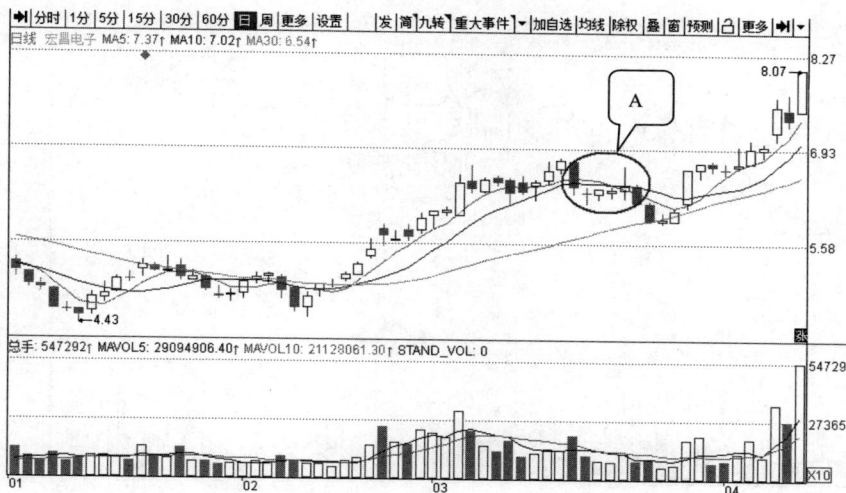

图6.5　宏昌电子（303002）2021年1月6日至2021年4月12日的日K线图

在上涨趋势中，特别是在上涨初期，股价回调出现空方尖兵看跌信号，即A处，短线高手可以减仓以应对风险，而中线看好该股后期走势的投资者，则可以耐心持有。

6.1.4　降势三鹤量化实战技巧

股价经过长时间的大幅上涨之后，然后出现降势三鹤看跌信号，这表明多方力量已经衰竭，空方力量开始聚集反攻，所以这时要及时清仓出局观望，否则会把获得的收益回吐，甚至不及时出局还会被套。

图6.6显示的是凯利泰（300326）2020年4月2日至2020年11月25日的日K线图。

凯利泰（300326）的股价经过较长时间、较大幅度的上涨之后，创出31.38元高点，但在收出最高点的这一天，却收出一根螺旋线。然后股价开始震荡下跌，在A处出现降势三鹤，这是明显的看跌信号，所以，手中有该股票筹码的投资者一定要及时卖出，否则会越套越深。

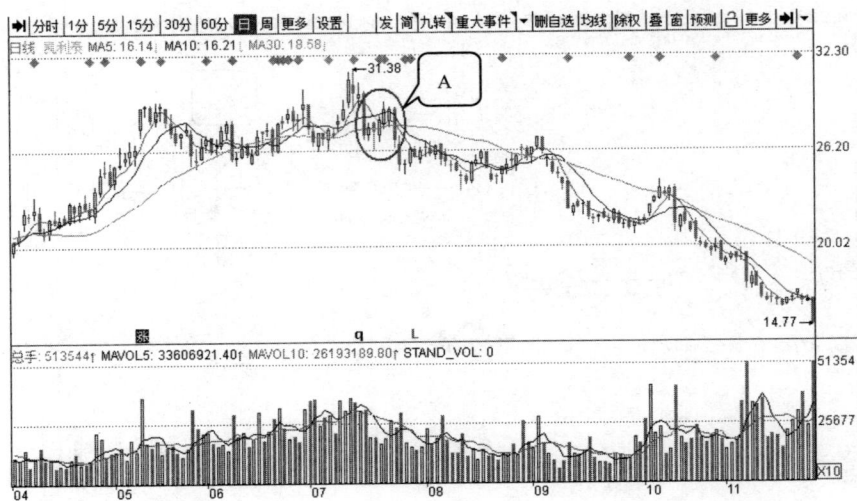

图6.6　凯利泰（300326）2020年4月2日至2020年11月25日的日K线图

股价在明显的下跌趋势之中，特别是在下跌初期或下跌途中，出现降势三鹤K线组合，投资者要及时清仓离场为妙。

图6.7显示的是华胜天成（600410）2020年6月29日至2020年11月2日的日K线图。

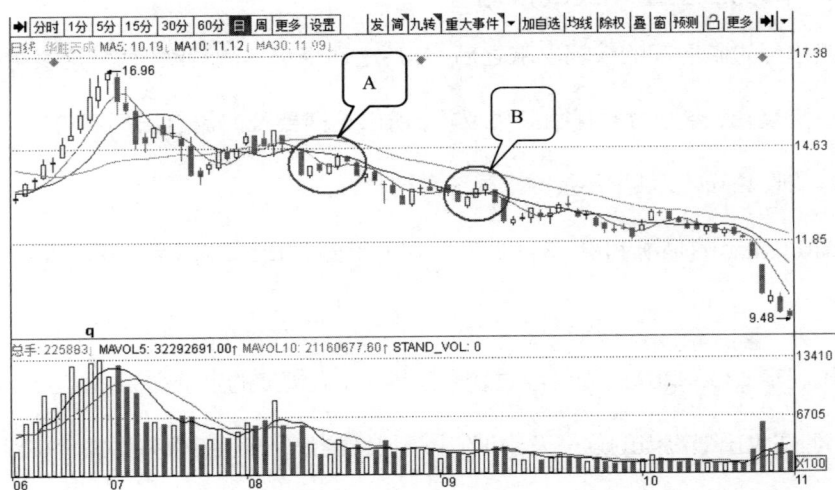

图6.7　华胜天成（600410）2020年6月29日至2020年11月2日的日K线图

华胜天成（600410）的股价经过一波上涨，创出16.96元高点，然后股价开始下跌，先是跌破5日均线，又跌破10日均线，最后跌破30日均线。随后股价虽有反弹，但很快又跌破所有均线，这样均线就呈空头排列，即股价处于下跌趋势之中。

在下跌行情初期，如果出现降势三鹤看跌信号，即A和B处，都要卖出手中的股票筹码。

如果股价已经过较长时间、较大幅度的下跌并且探明底部，然后开始震荡上涨，然后在上涨初期或上涨途中出现降势三鹤K线组合，投资者不必恐慌，很可能是主力在做空。

图6.8显示的是诺德股份（600110）2020年5月21日至2020年11月6日的日K线图。

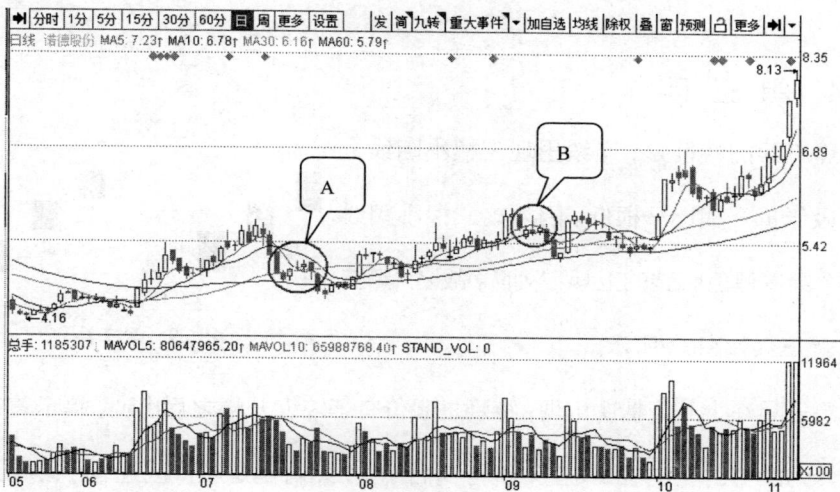

图6.8　诺德股份（600110）2020年5月21日至2020年11月6日的日K线图

诺德股份（600110）的股价经过较长时间、较大幅度的下跌之后，创出4.16元低点，然后股价开始震荡上涨，先是站上5日均线，又站上10日均线，然后站上

30日均线，最后站上60日均线，这样均线就呈多头排列，即股价进入上涨趋势之中。

经过近一个月时间的上涨之后，股价出现回调，如果回调出现降势三鹤看跌信号，短线高手可以减仓以应对风险，看好该股票后期走势的中线投资者可以耐心持有，即A和B处。

从其后走势可以看出，股价都是回调到60日均线附近，股价得到支撑，所以短线高手可以在60日均线附近重新买进股票。

6.2　黑三兵和高位出逃形量化实战技巧

下面讲解一下黑三兵和高位出逃形的基础知识和量化实战应用技巧。

6.2.1　黑　三　兵

黑三兵的特征是：连续出现三根小阴线，其中最低价一根比一根低。因为这三根小阴线像三个穿着黑色服装的卫兵在列队，故名"黑三兵"。黑三兵如图6.9所示。

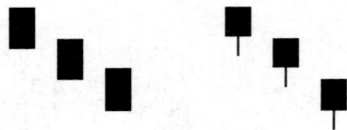

图6.9　黑三兵

黑三兵在上升行情中出现，特别是股价有了较大升幅之后出现，暗示着行情快要转为跌势；黑三兵如果在下跌行情后期出现，特别是股价已经有一段较大的跌幅或连续急跌后出现，暗示控底行情短期内即将结束，并可能转为一轮升势。所以，投资者见到该K线组合，可以根据其所在位置，决定投资策略，即在上升行情中出现，要适量做空；在下跌行情中出现，要适量做多。

6.2.2　高位出逃形

高位出逃形的特征是：在跌势中，股票某天突然大幅高开，有的以涨停板开盘，但当天就被空方一路打压，收出一根大阴线，有的可能以跌停板收盘。高位出逃形如图6.10所示。

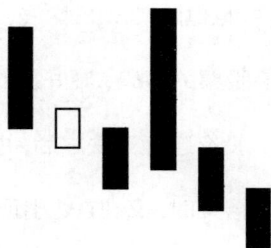

图6.10　高位出逃形

高位出逃形多数是被套庄家利用朦胧消息拉高出货所致，一般情况下，在这根大阴线之后，股价将有一段较大的跌势。投资者看到该K线组合，唯一的选择就是快速卖出股票离场观望。

提醒： 当股价趋势向下时，一些在高位没有出完货的主力，会设置许多诱多陷阱，目的是诱导不明真相的投资者盲目跟进，乘机将筹码抛售给他们。根据笔者多年实战经验，高位出逃形是相当常用的诱多陷阱，也是主力大逃亡的一种非常重要的手段。

6.2.3　黑三兵量化实战技巧

股价经过长时间的大幅上涨之后，出现见顶信号，一定是在减仓，但如果再出现黑三兵看跌信号，一定要及时清仓出局观望。

图6.11显示的是爱柯迪（600933）2021年2月9日至2021年5月14日的日K线图。

爱柯迪（600933）的股价经过一波上涨之后，创出19.12元高点，但在创出高点这一天，股价收出一根带有上长影线的中阳线，这表明上方已有压力。随后股价没有继续上涨，而是低开低走，收出一根中阴线，即在A处，出现倾盆大雨见顶信号。

随后价格继续下跌，连续下跌四天后，股价在30日均线上方企稳，然后再度上涨，但仅上涨5天，又在B处出现黄昏十字星见顶信号。接着股价开始下跌，并且跌破30均线。跌破30日均线后，股价仍在震荡，但在C处出现黑三兵看跌K线组合，并且也跌破30日均线，这意味着行情可能要走入空头趋势，所以，如果手中还有该股票的筹码，最好及时卖出。

股价连续下跌之后，再次反弹，注意这一次反弹较弱，始终在30日均线下方，反弹结束时，又在D处出现黑三兵看跌信号，这是最后一次卖出机会，否则后面会越套越深。

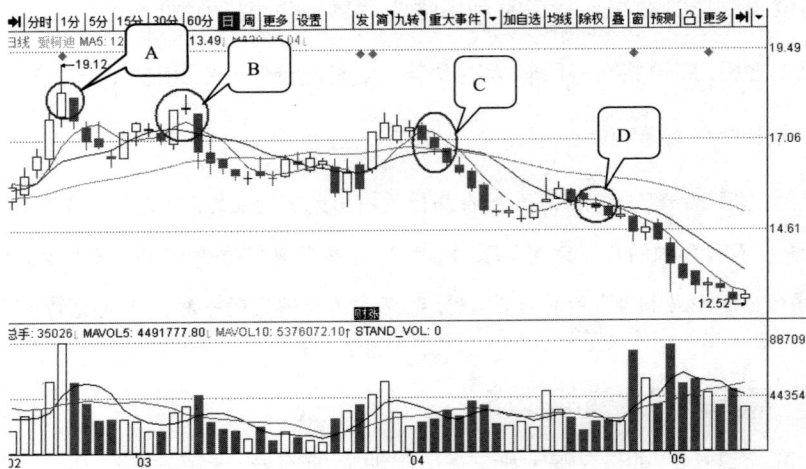

图6.11　爱柯迪（600933）2021年2月9日至2021年5月14日的日K线图

股价在明显的下降趋势之中，出现较大幅度的反弹上涨，在反弹末期出现黑三兵看跌信号，要及时卖出股票出局观望。

图6.12显示的是南宁百货（600712）2020年7月29日至2021年1月13日的日K线图。

南宁百货（600712）的股价经过一波上涨，创出8.28元高点，然后股价在高位略震荡，就开始下跌，先是跌破5日均线，然后又跌破10日均线，最后跌破30日均线，这样均线呈空头排列，股价进入下跌趋势。

在明显的下跌行情之中，如果股价出现反弹，反弹结束出现黑三兵看跌信号，投资者如果手中还有该股票筹码，应及时卖出，否则会越套越深，如A、B、C和D

处，即为卖出股票的位置。

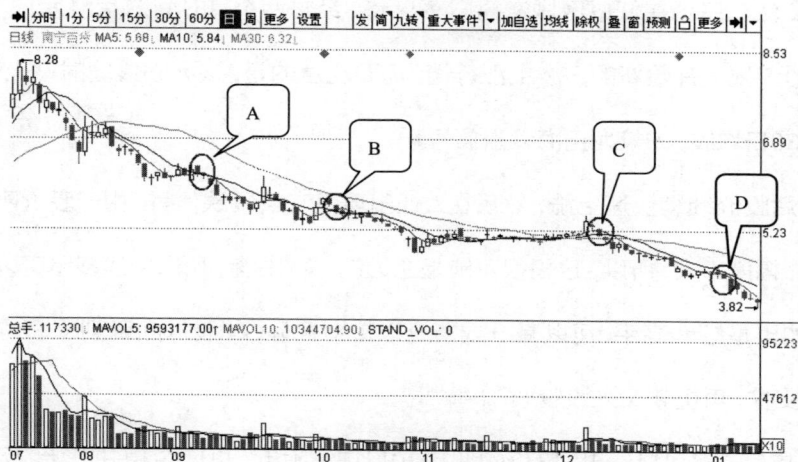

图6.12　南宁百货（600712）2020年7月29日至2021年1月13日的日K线图

股价经过长时间的大幅下跌之后，探明底部区域，然后震荡上涨，这时出现黑三兵看跌信号，短线可以减仓，然后逢低再补仓，中线则可以持仓不动。

图6.13显示的是文投控股（600712）2021年2月2日至2021年5月12日的日K线图。

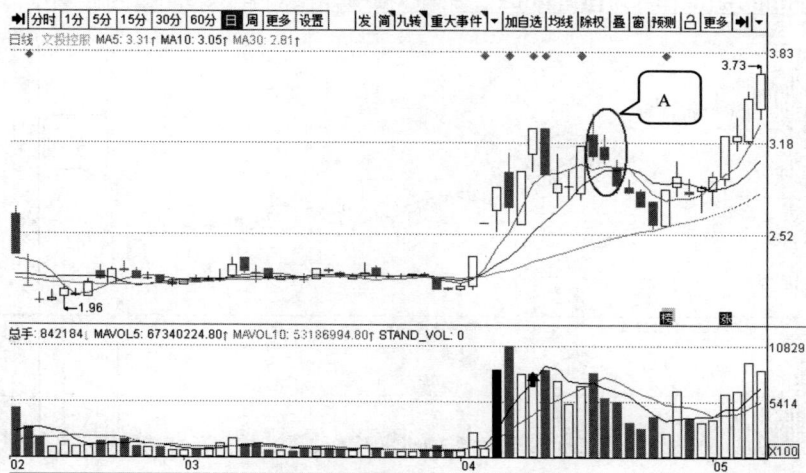

图6.13　文投控股（600712）2021年2月2日至2021年5月12日的日K线图

文投控股（600712）的股价经过较长时间、较大幅度的下跌之后，创出1.96元低点，然后股价在低位区域窄幅震荡盘整。经过两个月时间的盘整后，一根大阳线向上突破，开始新的一波上涨行情，需要注意的是，该大阳线同时站上5日、10日和30日均线，即蛟龙出海看涨信号。

随后股价继续快速上涨，然后在A处出现黑三兵看跌信号。由于股价刚刚上涨，上涨幅度不大，所以，这里很可能是主力的一次洗盘，所以中线多单可以继续持有；如果是短线高手，可以减仓或清仓以应对风险，等股价回调到30日均线附近得到支撑，再重新买入该股票。

从其后走势可以看出，股价回调到30日均线附近，再度企稳并开始上涨，所以无论短线单子或中线单子，都会有不错的盈利。

6.2.4　高位出逃形量化实战技巧

图6.14显示的是申达股份（600626）2020年7月8日至2021年2月4日的日K线图。

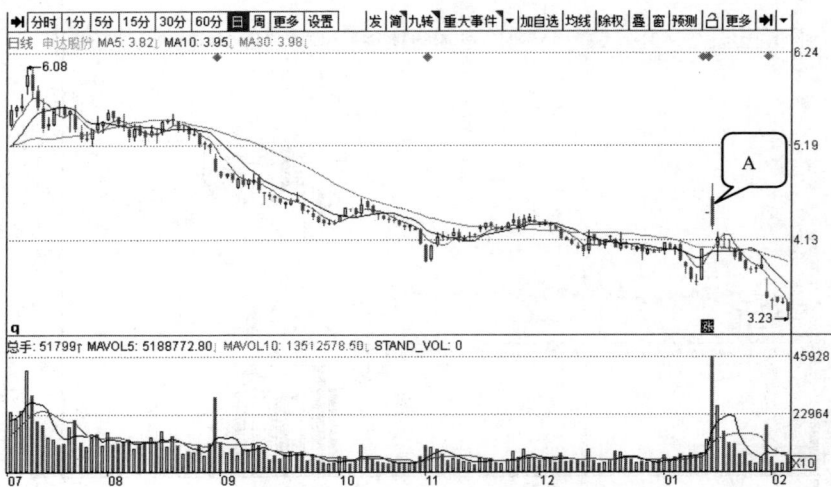

图6.14　申达股份（600626）2020年7月8日至2021年2月4日的日K线图

申达股份（600626）的股价经过一波反弹，创出6.08元高点，然后开始下跌。经过较长时间的下跌之后，股价出现反弹，股价连续两个涨停之后，第三天出现高位出逃形，即A处。这是主力利用利好消息来拉高出货，利好消息如下：

第一，申达股份公司是东方国际(集团)有限公司下属一家以汽车内饰和纺织新材料为主业的上市公司，其研发的"柔性涂层复合材料"等纺织新材料可应用于多个领域。

第二，当前公司汽车内饰在新能源领域已经开展与整车厂的合作。

一般投资者一看股价高开，往往会认为有什么利好消息呢？结果进场抢筹，从而被套在高位，所以在这里看到高开出逃形一定要及时出局。

图6.15显示的是厦门国贸（600755）2020年11月16日至2021年1月29日的日K线图。

厦门国贸（600755）的股价经过一波上涨，创出7.69元高点，然后就开始震荡下跌。在2020年12月3日，股价高开低走，出现一个高位出逃形，即A处。这是主力利用利好消息来拉高出货，利好消息如下：

2020年12月2日，中国证券监督管理委员会（以下简称"中国证监会"）上市公司并购重组审核委员会召开2020年第51次并购重组委工作会议，对厦门国贸集团股份有限公司（以下简称"公司"）发行股份购买资产暨关联交易事项（以下简称"本次重组"）进行了审核。根据会议审核结果，公司本次重组事项获得通过。

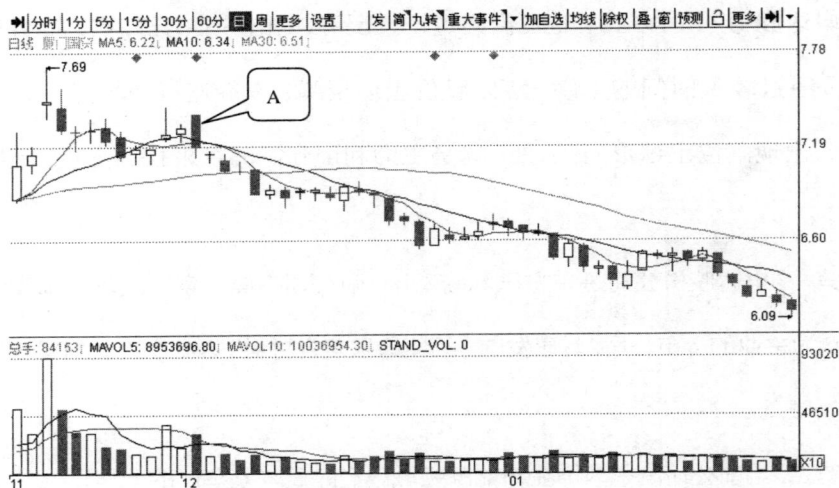

图6.15　厦门国贸（600755）2020年11月16日至2021年1月29日的日K线图

6.3　绵绵阴跌形和徐缓下跌形量化实战技巧

下面讲解一下绵绵阴跌形和徐缓下跌形的基础知识和量化实战应用技巧。

6.3.1　绵绵阴跌形

绵绵阴跌形常常在盘整后期出现，由若干根小K线组成，一般不少于八根，其中小阴线居多，中间也可夹着一些小阳线、十字线，但这些K线排列呈略微向下倾斜状。

绵绵阴跌形如图6.16所示。

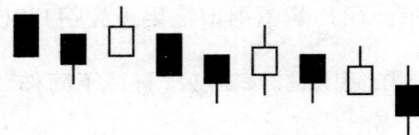

图6.16　绵绵阴跌形

绵绵阴跌虽然跌幅不大，但犹如黄梅天的阴雨下个不停，从而延长了下跌的时间和拓宽了下跌的空间，股价很可能长期走弱。股市中有一句俗语，"急跌不怕，最怕阴跌"。因为有经验的投资者知道，股价急跌后恢复得也快，但阴跌就不同了,往往下跌无期,对多方杀伤相当厉害。投资者见此K线组合,应及早做出停损离场的决断。

6.3.2　徐缓下跌形

徐缓下跌形的特征是:在下跌行情的初期,连续出现几根小阴线,随后出现一根或两根中阴线或大阴线。徐缓下跌形如图6.17所示。

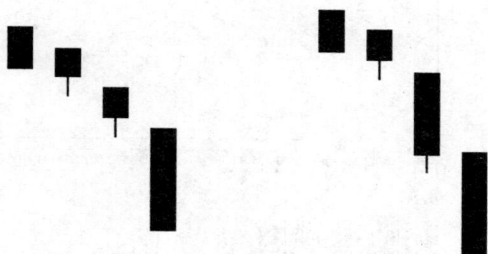

图6.17　徐缓下跌形

徐缓下跌形是一个明显的卖出信号,因为该K线组合中最后的大阴线表明空方力量正在逐步壮大,后市虽有波折,但总趋势向下的格局已经初步奠定。投资者见此K线组合,应以做空为主或持币观望。

6.3.3　绵绵阴跌形量化实战技巧

股价在明显的下降趋势中,出现反弹上涨,反弹结束后出现绵绵阴跌形看跌信号,要及时卖出股票出局观望。

图6.18显示的是云赛智联(600602)2020年7月6日至2020年12月24日的日K线图。

云赛智联(600602)的股价经过一波上涨,创出8.22元的高点,然后股价就开始震荡下跌,最后均线出现明显的空头排列。

在明显的空头行情中,如果出现绵绵阴跌形K线组合,投资者最好及时卖出手中的股票,否则会越套越深,最终往往会损失惨重,如A和B处。

股价经过长时间的大幅下跌之后,探明底部区域后开始震荡上涨,在上涨初期,出现绵绵阴跌形看跌信号,不要过分担心,短线可以减仓以应对风险,但中线耐心持股即可。

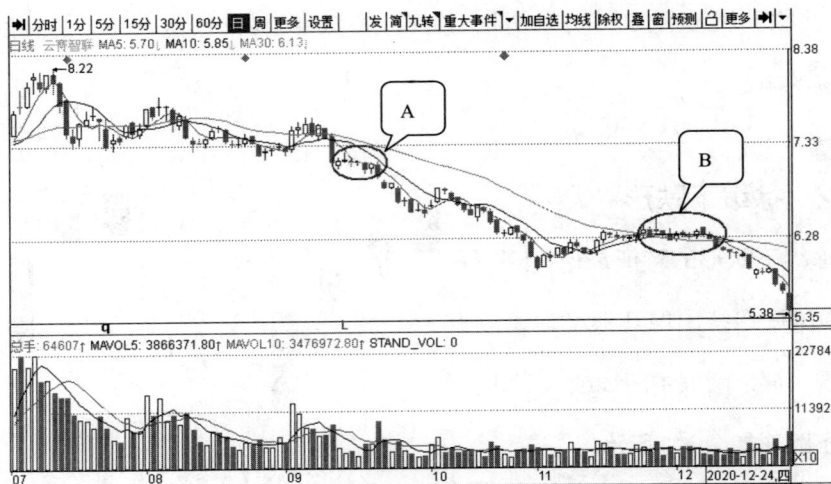

图6.18 云赛智联（600602）2020年7月6日至2020年12月24日的日K线图

图6.19显示的是福耀玻璃（600660）2020年3月20日至2020年9月17日的日

K线图。

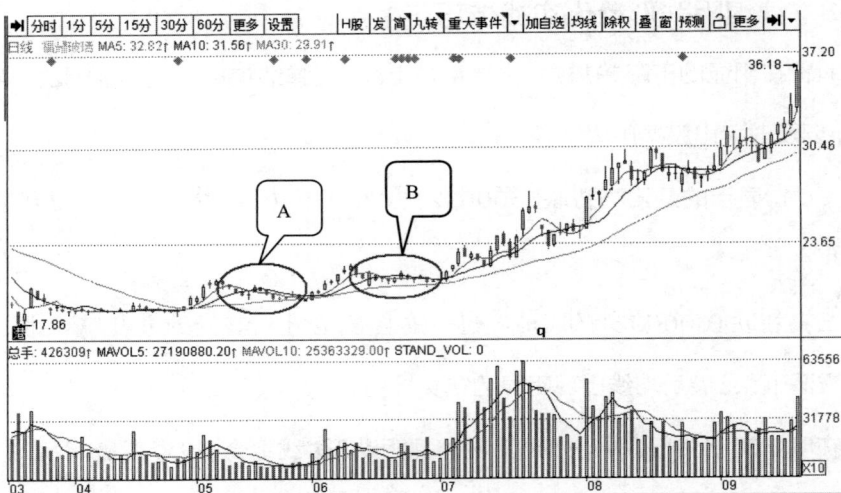

图6.19 福耀玻璃（600660）2020年3月20日至2020年9月17日的日K线图

福耀玻璃（600660）的股价经过较长时间、较大幅度的下跌之后，创出17.86

元低点，然后股价在低位区间窄幅震荡，经过近两个月时间的震荡之后，一根中阳线向上突破, 站上所有均线, 开始进入多头行情。

在震荡上涨过程中, A 和 B 处都出现绵绵阴跌形 K 线组合, 由于股价刚刚上涨, 并且上涨幅度不大, 短线高手可以减仓以应对风险, 看好其后走势的投资者可以中线持有。需要注意的是, 当股价回调到30日均线附近, 再度得到支撑时, 短线高手可以重新买入该股票。

6.3.4 徐缓下跌形量化实战技巧

股价经过长时间的大幅上涨之后, 然后出现徐缓下跌形看跌信号, 这表明多方力量已经衰竭, 空方力量开始聚集反攻, 所以, 这时要及时清仓出局观望, 否则会把获得的收益回吐, 甚至不及时出局还会被套。

图6.20显示的是葵花药业 (002737) 2020年8月28日至2021年2月4日的日K线图。

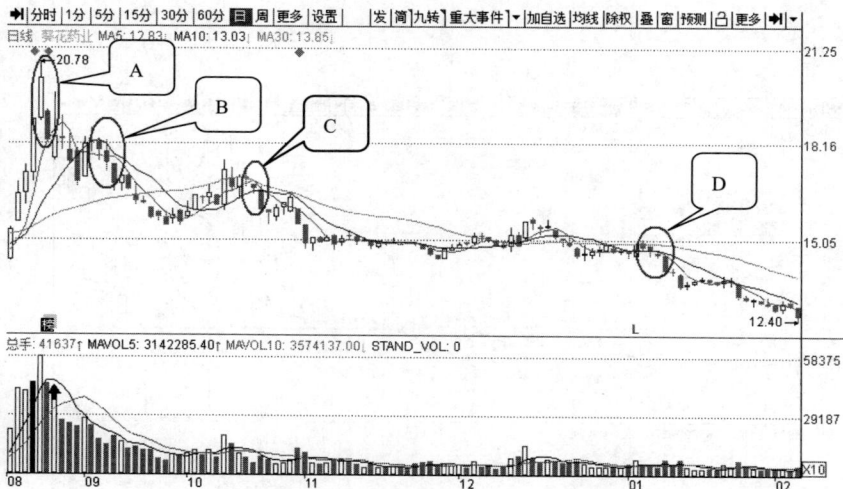

图6.20 葵花药业 (002737) 2020年8月28日至2021年2月4日的日K线图

葵花药业 (002737) 的股价经过连续快速上涨之后, 创出20.78元高点, 但第二天就来一根低开低走的中阴线，即在A处出现倾盆大雨见顶信号，所以投资者要注意减仓以应对风险。

随后价格继续下跌，在B处出现徐缓下跌形看跌信号，这意味着股价还会继续下跌，手中还有该股票的投资者应及时卖出。

股价跌破30日均线后，出现反弹，正好反弹到30日均线附近，股价再度下跌，在C处又出现徐缓下跌形看跌信号，有抄底买进的朋友，要注意果断卖出。

同理，在D处再度出现徐缓下跌形看跌信号，有抄底买进的投资者仍要果断卖出，否则会越套越深。

如果股价经过长时间、大幅度下跌并探明底部区域后开始震荡盘升，并且涨幅不大，这时出现徐缓下跌形看跌信号，短线可以减仓，然后再逢低把仓位补回来，中线可以持仓不动。

图6.21显示的是中视传媒（600088）2021年2月4日至2021年5月14日的日K线图。

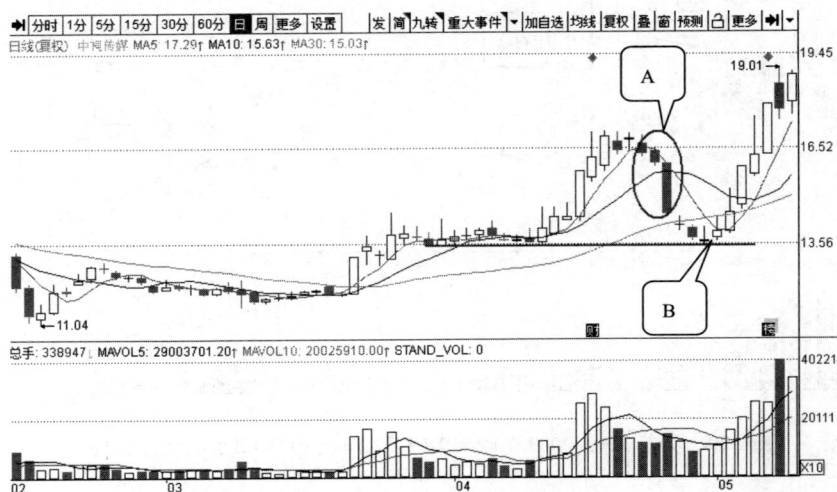

图6.21　中视传媒（600088）2021年2月4日至2021年5月14日的日K线图

中视传媒（600088）的股价经过较长时间、较大幅度的下跌之后，创出11.04元低点，然后开始震荡反弹，但反弹到30日均线附近再度受压下行，但需要注意的是，股价虽然在30日均线下方窄幅震荡，但没有再创新低。

经过一个月时间的窄幅震荡之后，一根大阳线向上突破，站上所有均线，这意味着股价要开始进入上涨行情。经过明显的两波上涨之后，出现回调，在A处出现徐缓下跌形看跌信号。由于这时上涨幅度不大，所以，看好其后走势的中线投资者可以持仓不动，短线高手则可以减仓以应对风险。

从其后走势来看，股价跌破30日均线，但正好回调到前期震荡平台的低点附近，股价出现一根带有上影线的倒锤头线，这是一个见底信号，即B处。所以B处是短线高手重新买进股票的位置。

6.4　下降抵抗形和下跌不止形量化实战技巧

下面讲解一下下降抵抗形和下跌不止形的基础知识和量化实战应用技巧。

6.4.1　下降抵抗形

下降抵抗形的特征是：在股价下降的过程中，连续跳空低开盘，并收出众多阴线，其中夹着少量阳线，但这些阳线收盘价均比前一根K线的收盘价要低。下降抵抗形如图6.22所示。

下降抵抗形K线组合，反映多方不

图6.22　下降抵抗形

甘心束手就擒，不时地组织力量进行反抗，但终因大势所趋，回天无力，在空方的打击下，股价又出现惯性下滑。投资者见此K线组合，应以做空为主，持币冷静观望，不要轻易去抢反弹。

6.4.2　下跌不止形

下跌不止形的特征是：在下跌过程中，众多阴线中夹着较少的小阳线，股价一路下滑。下跌不止形如图6.23所示。

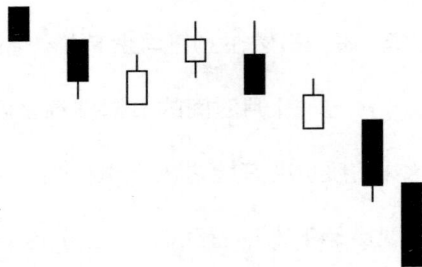

图6.23　下跌不止形

下跌不止形的出现，表明股价仍会继续下跌。投资者见此K线组合后，要认清方向，卖出股票，卖出越早损失越少。

下跌不止形和绵绵阴跌形、徐缓下跌形、下降抵抗形的区别是：下跌不止形形成于下跌过程中，虽然出现少量上涨的K线，但仍然止不住下跌的趋势，这表明空头的力量占据上风；绵绵阴跌形出现在股价经过一段盘整的后期，反映空方力量在悄悄地积累；徐缓下跌形是先小阴线下跌，然后拉出中、大阴线，反映空头势力日益强大；下降抵抗形是连续低开，说明盘中空头力量十分强大。

从推动股价下滑的短期作用来看，力量最强的是下降抵抗形，其次是徐缓下跌形，再次是下跌不止形，最后一位是绵绵阴跌形。但这只对短线操作有参考价值，对中长线操作而言，绵绵阴跌形走势最让人担心。

6.4.3　下降抵抗形量化实战技巧

股价经过长时间的大幅上涨之后，出现见顶信号，一定要减仓，但如果再出现下跌不止形看跌信号，一定要及时清仓出局观望。

图6.24显示的是爱尔眼科（300015）2021年12月16日至2021年3月9日的日K线图。

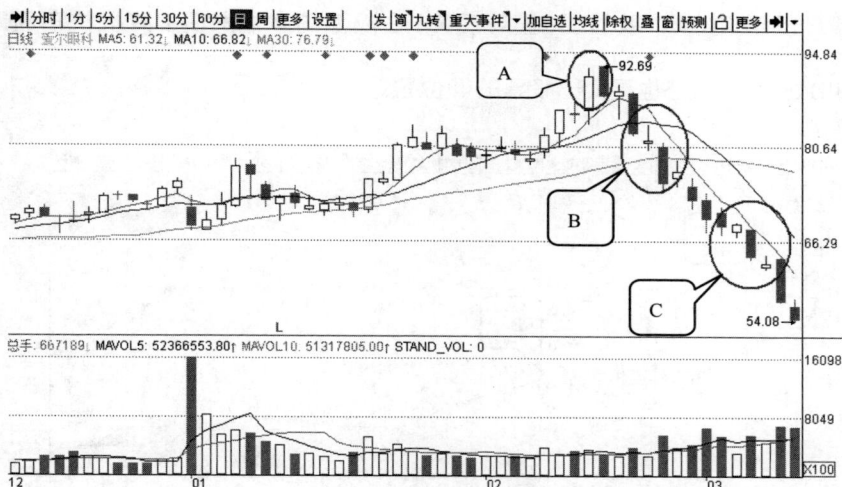

图6.24　爱尔眼科（300015）2021年12月16日至2021年3月9日的日K线图

爱尔眼科（300015）的股价经过较长时间、较大幅度的上涨之后，创出92.69元高点。但创出高点这一天，股价收出一根高开低走的中阴线，与前一天的中阳线组成乌云盖顶见顶信号，即A处。

出现见顶信号后，股价继续下跌，先是跌破5日均线、又跌破10日均线，最后跌破30日均线，即在B处出现下降抵抗形看跌信号，所以手中还有筹码的投资者，要及时卖出。同理，在C处也出现下降抵抗形看跌信号，所以后市继续看空。

股价在明显的下降趋势中，出现较大幅度的反弹，在反弹后期出现下降抵抗形看跌信号，要及时出局观望。

图6.25显示的是西藏药业（600211）2020年7月30日至2021年3月9日的日K线图。

西藏药业（600211）的股价经过长时间、大幅度上涨之后，创出182.07元高点。但创出高点这一天是高开低走的巨阴线。随后股价开始下跌，在A处出现下降抵抗形看跌信号，所以手中有该股的筹码要及时果断卖出。

股价经过连续下跌之后，出现反弹，在反弹的末端出现下降抵抗形看跌信号，即B处，所以B处也是卖出股票的好位置。

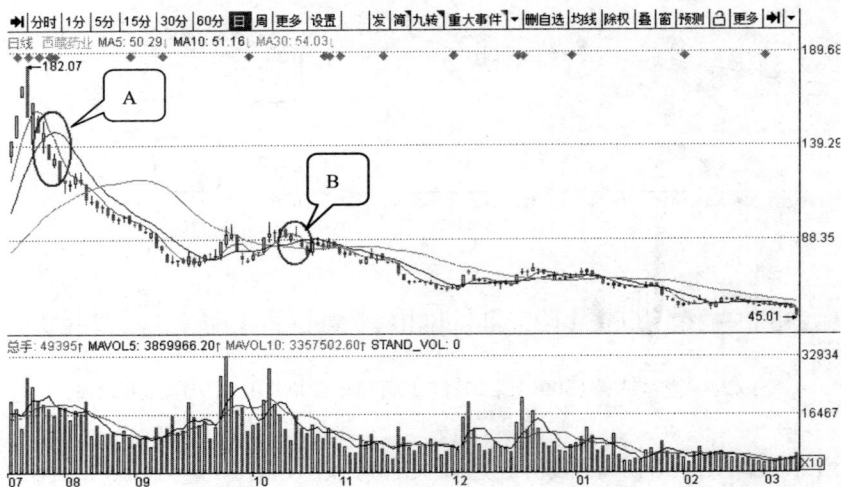

图6.25　西藏药业（600211）2020年7月30日至2021年3月9日的日K线图

股价经过较长时间、较大幅度的下跌之后，然后探明底部区域，开始震荡盘升，并且涨幅不大，这时出现下降抵抗形看跌信号，短线可以减仓，然后再逢低把仓位补回来，中线可以持仓不动。

图6.26显示的是浙江广厦（600052）2021年1月20日至2021年4月20日的日K线图。

浙江广厦（600052）的股价经过较长时间、较大幅度的下跌之后，创出2.34元低点，然后开始震荡上涨，先是站上5日均线，又站上10日均线，最后站上30日均线，这样均线呈多头排列，即股价进入多头行情之中。

股价在30日均线上方开始震荡盘整，然后在A处出现下降抵抗形看跌信号，但由于当前是低位区域，所以出现看跌信号也不要过分担心，中线看好该股走势的投资者，可以耐心持有，短线高手则可以减仓以应对风险。

从其后走势可以看到, 主力比较狡猾, 跌破30日均线, 但仍在前期支撑平台低点附近, 即B处。随后一根中阳线向上突破, 站上所有均线, 所以中线持有者往往能得到较大的盈利。

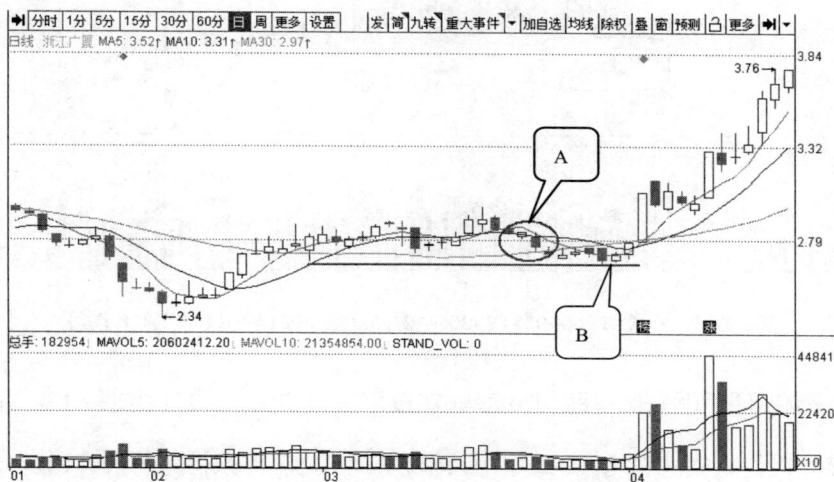

图6.26　浙江广厦 (600052) 2021年1月20日至2021年4月20日的日K线图

6.4.4　下跌不止形量化实战技巧

股价经过长时间的大幅上涨之后, 出现见顶信号, 一定要减仓, 但如果再出现下跌不止形看跌信号, 一定要及时清仓出局观望。

图6.27显示的是三一重工 (600031) 2020年12月22日至2021年5月13日的日K线图。

三一重工 (600031) 的股价经过较长时间、较大幅度的上涨之后, 创出50.3元高点。需要注意的是, 虽然这一天股价突破前期高点, 但最终收盘价却没有突破, 并且收出一根大阴线, 这表明是假突破, 即突破是诱多, 下跌才是真, 所以后市下跌概率很大, 投资者要及时减仓或清仓。另处, 在A处还是一个乌云盖顶见顶信号, 所以, 聪明的投资者往往会见到该信号就果断卖出手中的股票筹码来止盈。

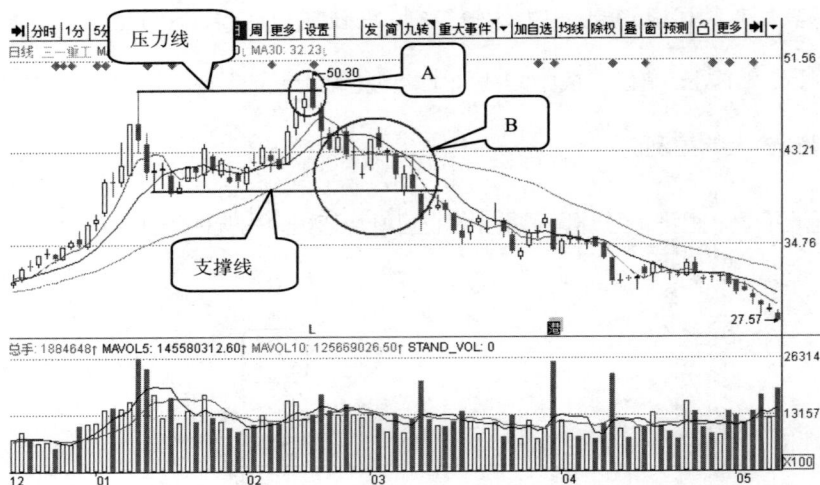

图6.27　三一重工（600031）2020年12月22日至2021年5月13日的日K线图

股价见顶后就开始下跌，连续跌破5日和10日均线，在30日均线附近出现震荡下跌，最终跌破30日均线，即在B处出现下跌不止形看跌信号，并且跌破下方支撑线，所以，如果这里投资者还有股票筹码要果断卖出。

股价在明显的下降趋势中出现较大幅度的反弹，在反弹后期出现下跌不止形看跌信号，要及时出局观望。

图6.28显示的是羚锐制药（600285）2020年7月30日至2021年1月28日的日K线图。

羚锐制药（600285）的股价经过一波反弹上涨，创出12.53元高点，然后开始下跌，下跌到30日均线附近再度震荡。在30日均线附近震荡后，再度跌破30日均线，这样均线呈空头排列，行情进入下跌趋势。

在明显的下跌行情中，如果反弹出现下跌不止形看跌信号，如果手中还有该股票筹码，一定要及时卖出，即A和B处是抄底多单卖出的位置。

股价经过长时间的大幅下跌之后，探明底部区域，然后震荡上升，这时出现下跌不止形看跌信号，短线可以减仓，然后逢低再补仓，中线则可以持仓不动。

图6.28 羚锐制药（600285）2020年7月30日至2021年1月28日的日K线图

图6.29显示的是宁沪高速（600377）2021年1月18日至2021年5月11日的日K线图。

宁沪高速（600377）的股价经过较长时间、较大幅度的下跌之后，创出8.60元低点，然后开始震荡上涨，先是站上5日和10日均线，然后一根大阳线站上30日均线，这样均线呈多头排列，即股价进入上涨趋势。

股价站上30日均线后，股价出现下跌不止形，即A处。虽然下跌不止形是看跌信号，但股价刚开始上涨，并且始终没有跌破30日均线，所以中线可以耐心持有，短线高手可以减仓，等股价回调到30日均线附近得到支撑时，再重新买进该股票。

在B处，股价也出现下跌不止形看跌信号，并且股价最后跌破30日均线，注意这是一个假突破，因为第二个交易日，就是一根中阳线重新站上所有均线。这样跌破30日是诱空，所以后面的中阳线上涨是真，这时可以继续做多。

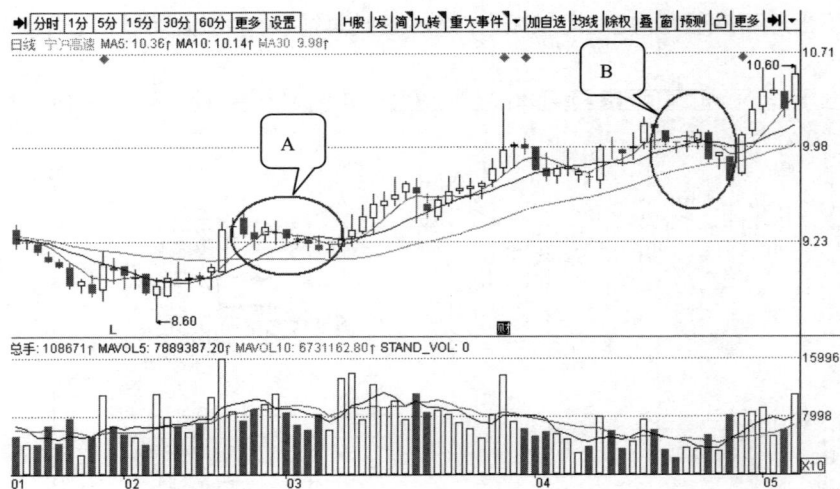

图6.29　宁沪高速（600377）2021年1月18日至2021年5月11日的日K线图

6.5　两黑夹一红和下跌三颗星量化实战技巧

下面讲解一下两黑夹一红和下跌三颗星的基础知识和量化实战应用技巧。

6.5.1　两黑夹一红

两黑夹一红的特征是：左右两边是阴线，中间是阳线，两根阴线的实体一般要比阳线实体长。两黑夹一红如图6.30所示。

图6.30　两黑夹一红

在下跌行情中，尤其是在下跌的初期阶段，出现两黑夹一红K线组合，表明股价经过短暂整理后，会继续下跌。在上涨行情中，出现两黑夹一红K线组合，表明股价升势已尽，很有可能见顶回落。投资者无论是在升势还是跌势中见此K线组合，都要保持高度警惕，应做好减仓或清仓离场准备。

6.5.2　下跌三颗星

下跌三颗星是在下跌行情的初期、中期出现，由一大三小四根K线组成。在下跌时，先出现一根中阴线或大阴线，随后就在这根阴线的下方出现了三根小K线，可以是小阳线，也可以是小阴线。下跌三颗星如图6.31所示。

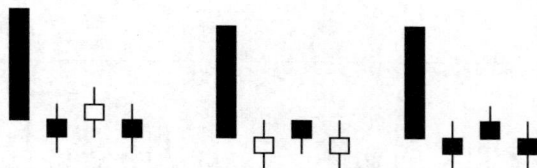

图6.31　下跌三颗星

下跌三颗星的出现，表明市场仍处于弱势之中，股价仍有继续下探的空间。投资者见到该K线组合，要做好离场的准备。

6.5.3　两黑夹一红量化实战技巧

股价经过长时间的大幅上涨之后，出现见顶信号，一定是在减仓，但如果再出现两黑夹一红看跌信号，一定要及时清仓出局观望。

图6.32显示的是上海机场（600009）2019年6月6日至2019年10月29日的日K线图。

上海机场（600009）的股价经过较长时间、较大幅度的上涨之后，开始在高位震荡。在高位震荡过程中，虽然又创出88.90元高点，但在创出高点这一天，股价即收出一根射击之星见顶信号，所以，投资者要注意减仓。

随后股价继续在30日均线上方震荡，但这时出现两黑夹一红看跌信号，即A处，这表明股价可能要下跌，所以，投资者可以进一步减仓。随后股价跌破30日均线，反弹没有站上30日均线，股价又出现两黑夹一红看跌信号，即B处，这里仍是减仓或清仓的较好位置。

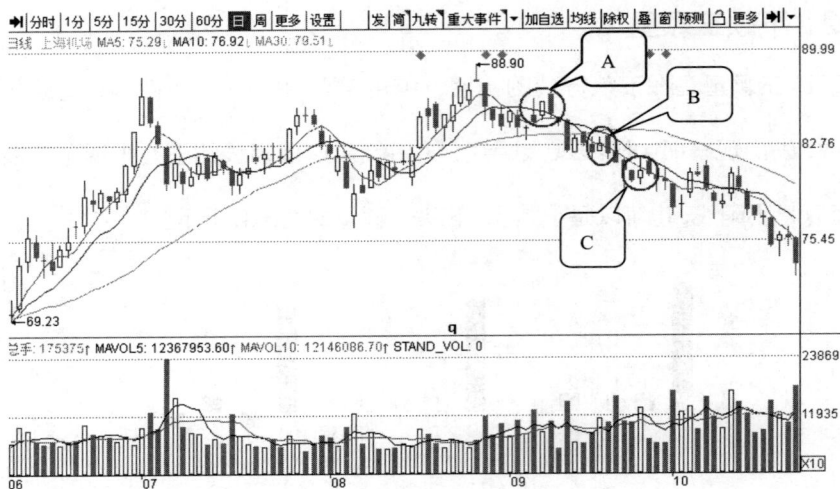

图6.32　上海机场（600009）2019年6月6日至2019年10月29日的日K线图

随后股价开始沿着均线下跌，然后又在C处出现两黑夹一红看跌信号。看跌信号反复出现，并且均线已呈空头排列，所以投资者如果手中还有该股筹码还是卖出为好。

股价在明显的下降趋势中，出现较大幅度的反弹，在反弹后期出现两黑夹一红看跌信号，要及时出局观望。

图6.33显示的是海正药业（600267）2020年7月31日至2021年3月30日的日K线图。

海正药业（600267）的股价经过一波上涨，创出21.97元高点，然后股价开始震荡下跌，先是跌破5日均线、10日均线，然后又跌破30日均线。跌破所有均线后又开始出现反弹，反弹到30日均线附近出现两黑夹一红K线组合，即A处。两黑夹一红是看跌信号，所以，如果这里手中还有该股筹码，就要及时果断卖出该股票。

股价经过三波下跌之后又开始震荡反弹。经过近三个月时间的震荡之后，在B处又出现两黑夹一红K线组合，所以B处也是卖出股票的较好位置。

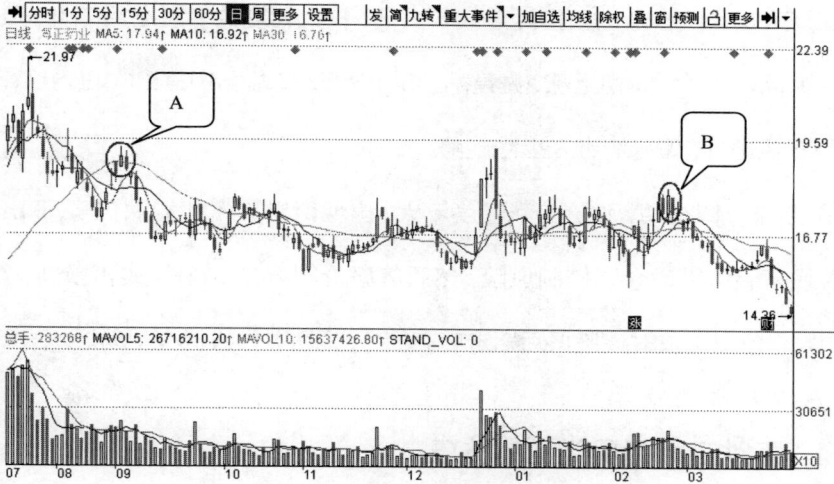

图6.33　海正药业（600267）2020年7月31日至2021年3月30日的日K线图

股价经过长时间的大幅下跌之后，探明底部区域，然后震荡上升，这时出现两黑夹一红看跌信号，短线可以减仓，然后逢低再补仓，中线则可以持仓不动。

图6.34显示的是云天化（600096）2020年9月11日至2021年2月24日的日K线图。

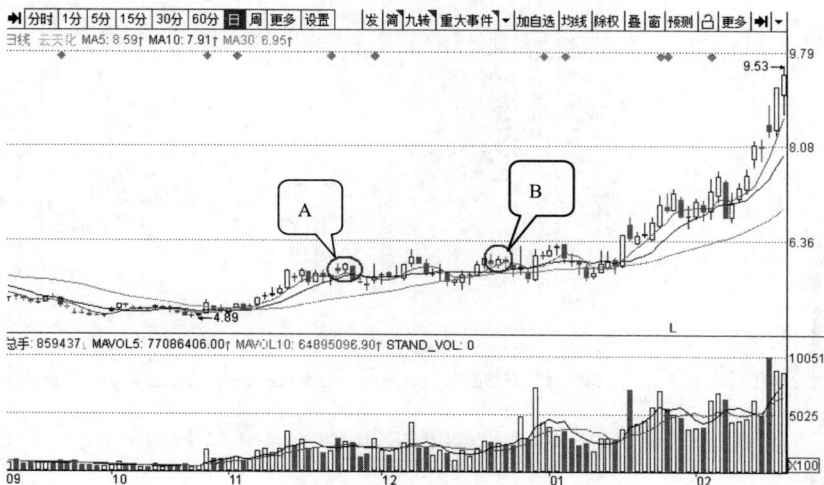

图6.34　云天化（600096）2020年9月11日至2021年2月24日的日K线图

云天化（600096）的股价经过较长时间、较大幅度的下跌之后，创出4.89元低点，然后股价开始震荡上涨，先是站上5日均线，又站上10日和30日均线，这样均线呈多头排列，即行情进入上涨趋势。

在上涨行情初期，股价上涨幅度不大，出现两黑夹一红看跌信号，即A和B处，短线高手可以减仓以控制风险，然后等股价回调到30日均线再重新买入股票。如果仓位不重或对该股票后期走势有信心，则可以中线持有不动。

6.5.4 下跌三颗星量化实战技巧

股价经过长时间的大幅上涨之后，出现见顶信号，一定是在减仓，但如果再出现下跌三颗星看跌信号，一定要及时清仓出局观望。

图6.35显示的是新世界（600628）2020年7月9日至2020年11月2日的日K线图。

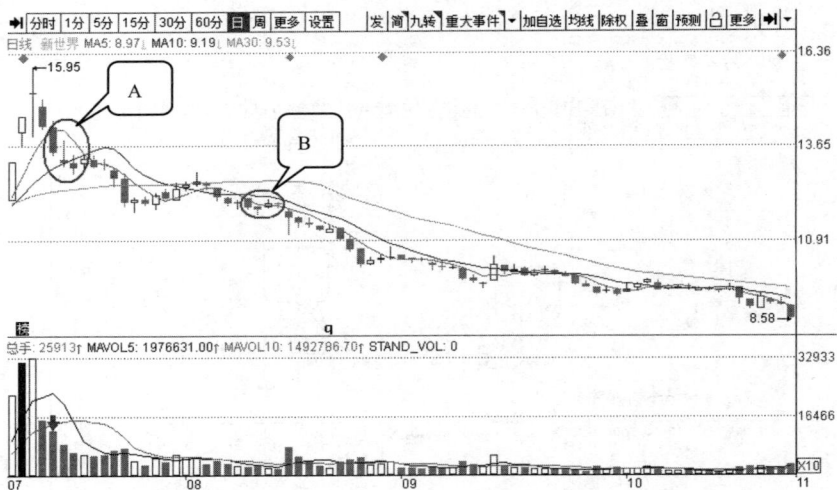

图6.35 新世界（600628）2020年7月9日至2020年11月2日的日K线图

新世界（600628）的股价经过较长时间、较大幅度的上涨之后，创出15.95元高点。但需要注意的是，在创出高点这一天，股价收盘收出一根长十字线，这是一个转势的K线，即股价很可能见顶，所以投资者要及时减仓或清仓。

随后股价开始继续中阴线杀跌，然后出现三根小K线，即在A处出现下跌三颗星看跌信号。所以A处如果投资者还有该股的筹码，最好及时卖出。

接着股价继续下跌，回调到30日均线附近，股价开始震荡，震荡后股价再度跌破所有均线，开始了空头行情，所以，B处出现的下跌三颗星是看跌信号，表明股价仍会继续下跌，所以手中还有该股筹码的投资者，要果断卖出。

股价在明显的下降趋势中出现较大幅度的反弹，在反弹后期出现下跌三颗星看跌信号，要及时出局观望。

图6.36显示的是国金证券（600109）2020年12月1日至2021年2月8日的日K线图。

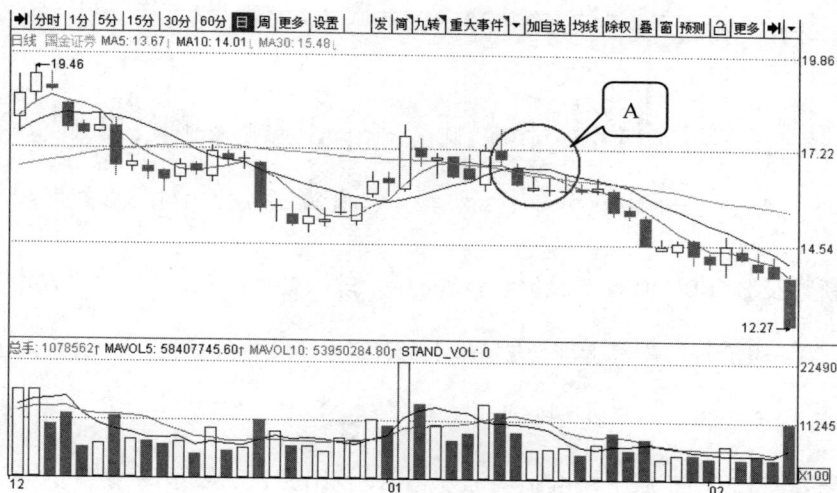

图6.36　国金证券（600109）2020年12月1日至2021年2月8日的日K线图

国金证券（600109）的股价经过一波上涨，创出19.46元高点，然后开始下跌，先是跌破5日和10日均线，又跌破30日均线。经过十几个交易日的下跌之后，股价又开始反弹，反弹到30日均线，在A处出现下跌三颗星看跌信号，所以A处也是卖出股票较好的位置。

如果股价已经过大幅下跌并且探明底部, 然后开始震荡上涨, 如果在上涨初期或上涨途中出现下跌三颗星K线组合, 投资者不必恐慌, 很可能是主力在诱空。

图6.37显示的是新奥股份 (600803) 2020年3月16日至2020年7月23日的日K线图。

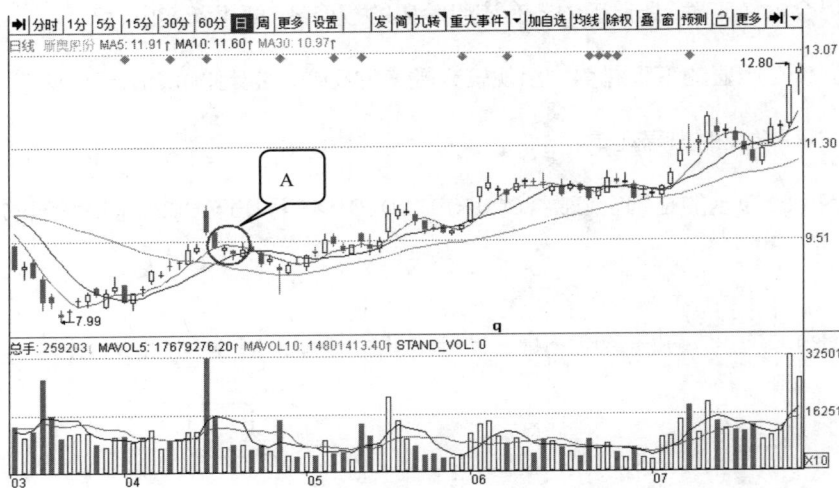

图6.37　新奥股份 (600803) 2020年3月16日至2020年7月23日的日K线图

新奥股份 (600803) 的股价经较长时间、较大幅度下跌之后, 创出7.99元的低点, 然后股价开始震荡上涨, 先是站上5日均线, 又站上10日均线, 最后站上30日均线, 这样均线开始呈多头排列。

需要注意的是, 股价刚刚出现上升趋势, 就出现大阴线杀跌, 然后又在A处出现下跌三颗星看跌信号。短线高手可以在A处减仓以应对风险, 看好该股票其后走势的投资者则可以耐心持有, 往往从中长期来看, 仍会有不错的投资收益。

从其后走势来看, 股价回调到30日均线附近出现带有长长下影线的锤头线, 这是见底K线, 所以, 短线高手可以在这里补回卖出股票的筹码。

6.6　断头铡刀量化实战技巧

下面讲解一下断头铡刀的基础知识和量化实战应用技巧。

6.6.1　断头铡刀

断头铡刀出现在上涨后期或高位盘整期，一根大阴线如一把刀，一下子把短期、中期和长期均线切断，收盘价已收到所有均线下方。断头铡刀如图6.38所示。

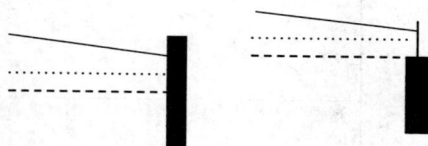

图6.38　断头铡刀

断头铡刀是一个明显的看跌信号，一般都会引起一轮大的跌势，对多方造成很大的伤害。所以短线投资者见此信号应抛空离场，中长线者密切关注60日均线和120日均线，如果这两个均线也走破，就应立即止损离场。

注意，用直线"————"表示短期移动平均线；用虚线"————"表示中期移动平均线；用点画线"----------"表示长期移动平均线。

提醒：当然，标准的断头铡刀也是很少见的，但变形的断头铡刀却不少，投资者要学会认真辨别。

6.6.2　断头铡刀量化实战案例

股价经过长时间的大幅上涨之后，出现见顶信号，一定要减仓，但如果再出现断头铡刀看跌信号，一定要及时清仓出局观望。

图6.39显示的是恩捷股份（002812）2020年12月3日至2021年2月25日的日K线图。

恩捷股份（002812）的股价经过较长时间、较大幅度的上涨之后，创出168.50元高点，但在创出高点这一天，股票收出一根带有长长下影线的吊颈线，这是转势K线。投资者在这里已盈利丰厚，应注意减仓保护盈利。

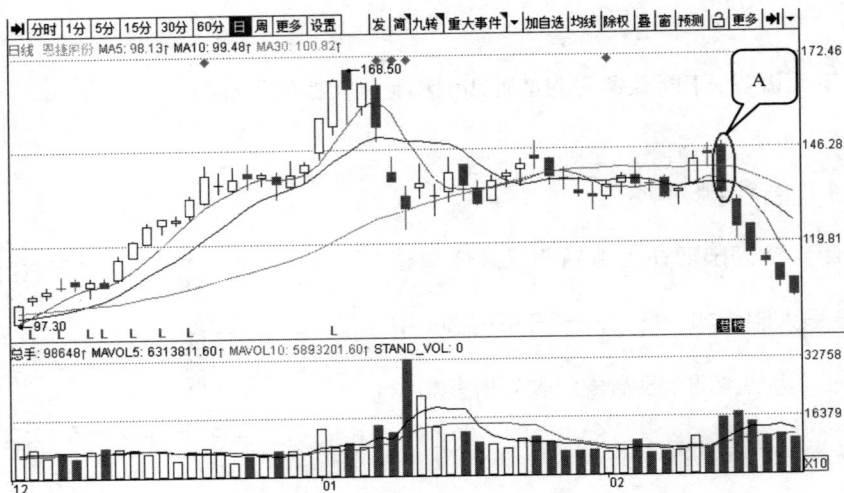

图6.39　恩捷股份（002812）2020年12月3日至2021年2月25日的日K线图

股价见顶后，又来一根中阳线诱多，随后就开始连续杀跌，仅仅三个交易日，股价就下跌到30日均线附近。接着股价开始震荡盘整，均线出现黏合，然后在A处出现断头铡头看跌信号，这表明股价又要开始下跌，所以手中还有该股筹码的投资者要果断卖出。

股价在明显的下降趋势中出现较大幅度的反弹，在反弹后期出现断头铡刀看跌信号，要及时出局观望。

图6.40显示的是万向德农（600371）2020年12月25日至2021年4月29日的日K线图。

万向德农（600371）的股价经过一波上涨之后，创出16.65元高点，然后在高位震荡5个交易日，开始快速下跌，连续跌破5日、10日和30日均线。股价快速下跌之后，出现窄幅横盘整理，然后又出现一波下跌。这一波下跌之后，股价开始反弹，反弹到30日均线附近，开始震荡，然后在A处出现断头铡刀看跌信号，这表明震荡反弹结束，又要开始下跌，所以，如果手中还有该股筹码的投资者就要果断及时卖出，否则会越套越深，损失越来越重大。

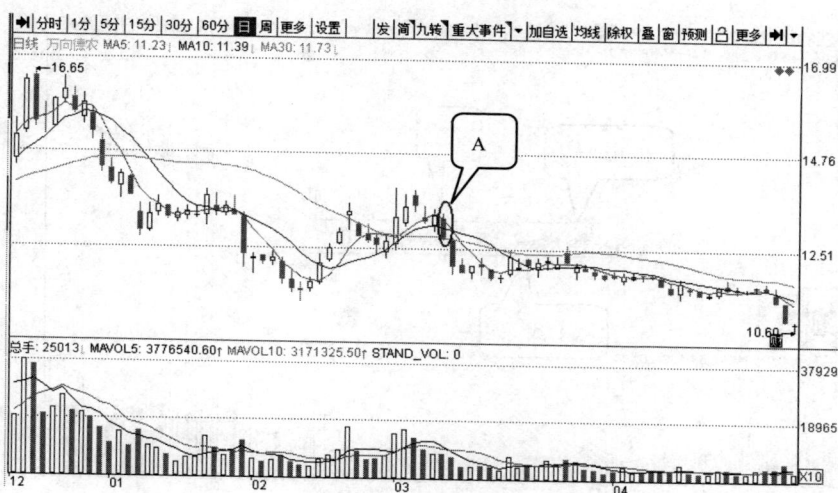

图6.40　万向德农（600371）2020年12月25日至2021年4月29日的日K线图

如果股价已经过大幅下跌并且探明底部，然后开始震荡上涨，如果在上涨初期或上涨途中出现断头铡刀看跌信号，投资者不必恐慌，很可能是主力在诱空。

图6.41显示的是瀚蓝环境（600323）2018年10月16日至2019年4月9日的日K线图。

瀚蓝环境（600323）的股价经过较长时间、较大幅度的下跌之后，创出11.04元低点。随后股价不断震荡上涨，先是站上5日均线，又站上10日均线，最后站上30日均线，这样均线就呈多头排列，即股价进入上升趋势。

需要注意的是，股价均线进入多头行情之后，股价并没有上涨，而是进行窄幅盘整，即上方有压力线，下方有支撑线。在反复震荡中，在A和B处出现断头铡刀看跌信号，这里不用过分害怕，毕竟下方有支撑线，所以，短线可以减仓，中线看好该股走势的可以耐心持有。

从其后走势可以看出，横盘整理之后，股价向上突破，开始了新的一波上涨行情，中线持有的投资者往往会得到丰厚的盈利。

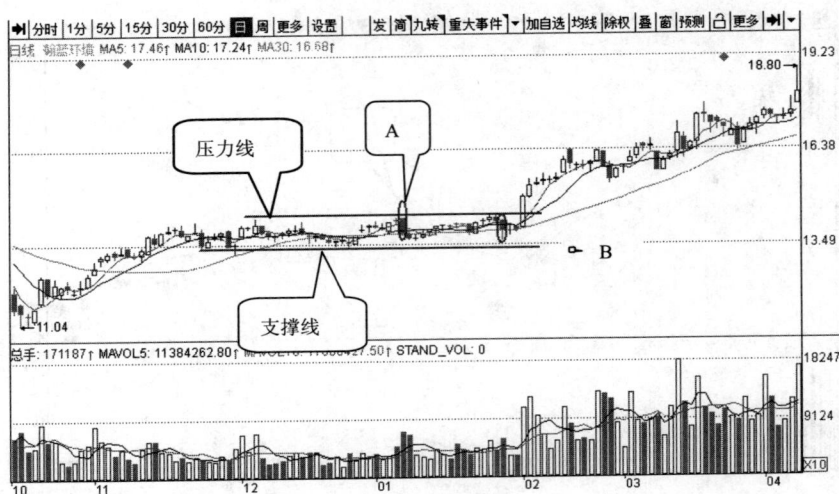

图6.41　瀚蓝环境（600323）2018年10月16日至2019年4月9日的日K线图

第 7 章

其他重要K线和K线组合量化
实战技巧

在学习K线时，要多站在主力的角度去思考K线背后的意义，即多空力量的对比情况。

本章主要内容包括：
- 大阴线量化实战技巧
- 长十字线量化实战技巧
- 螺旋桨量化实战技巧
- T字线量化实战技巧
- 倒T字线量化实战技巧
- 一字线量化实战技巧
- 身怀六甲量化实战技巧
- 穿头破脚量化实战技巧

7.1　大阴线量化实战技巧

按实体和影线特征, 大阴线一般可以分为光
头光脚大阴线、光头大阴线、光脚大阴线、穿头破
脚大阴线。大阴线如图7.1所示。

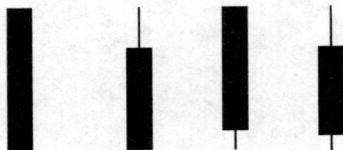

图7.1　大阴线

7.1.1　大阴线的图形概述

某个交易日股价大幅下跌, 收盘价明显低于开盘价, 就会收出一根大阴线。
通常单日大阴线的实体波动幅度在6%以上, 它的实体非常长, 而上下影线很短或
者根本没有。它的出现一般表示卖盘强劲, 空方始终占据着优势。

7.1.2　大阴线的技术意义

大阴线的力度大小与其实体长短成正比, 即阴线实体越长, 力度越大。大阴
线的出现, 对多方来说是一种不祥的预兆。但事情又不是那么简单, 我们不能把
所有的大阴线都看成是后市向淡的信号, 有时大阴线出现后, 股价不跌反涨。如
何对大阴线进行判断呢? 如果股价经过大幅拉升后出现大阴线, 表示股价回调或
做头部, 应该卖出股票。如果股价经过大幅下跌后出现大阴线, 暗示做空能量已
经释放得差不多了, 根据"物极必反"的原理, 此时要弃卖而买, 考虑做多。

7.1.3　大阴线的实战操作注意事项

大阴线的实战操作注意事项, 具体如下:

第一，股价经过长时间的大幅上涨之后，然后出现大阴线，表明多方力量已经衰竭，空方力量开始聚集反攻，所以应及时减仓或清仓出局观望为好。

第二，股价探明高点之后，然后开始震荡下跌，在下跌过程中出现反弹，在反弹过程中出现大阴线，表明市场主力出货完毕，要及时出局观望。

第三，股价经过长时间的大幅下跌之后，然后又开始加速下跌赶底，这时连续出现大阴线，表明主力在利用大阴线恐吓散户，这里不是卖点，反而是等待企稳的信号，然后开始进场做多。

第四，如果股价已经过长时间的大幅下跌，然后探明底部，开始震荡上升，在上升初期，如果出现大阴线，短线可以减仓回避风险，中线可以持仓不动。

7.1.4　大阴线量化实战案例

图7.2显示的是方正科技（600601）2020年6月30日至2020年11月3日的日K线图。

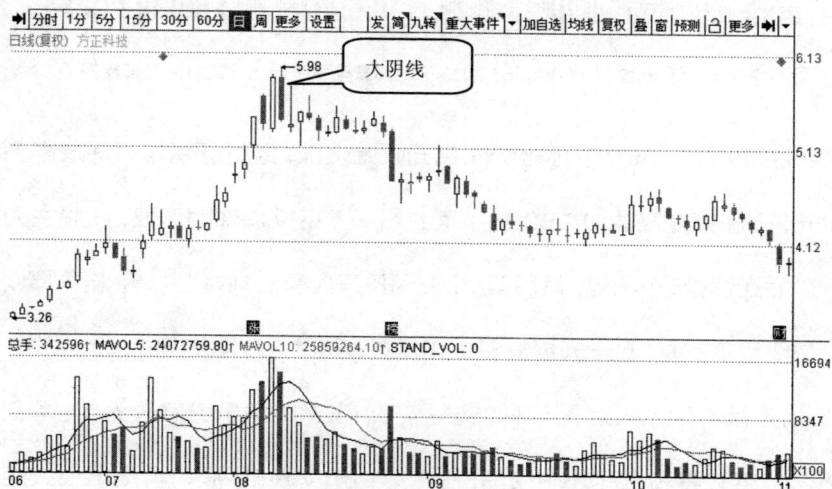

图7.2　方正科技（600601）2020年6月30日至2020年11月3日的日K线图

方正科技（600601）的股价经过从3.26元一路上涨到5.98元，仅用了两个多月，上涨幅度高达83.44%。需要注意的是，在创出最高点后，先是一根诱多大阳线，然后虽然创出最高点5.98元，但收盘却收出一根大阴线，表明股价要下跌。

从其后走势来看，大阴线之后，价格在高位震荡10个交易日，然后就开始出现下跌。

图7.3显示的是绿地控股（600606）2015年2月5日至2015年6月29日的日K线图。

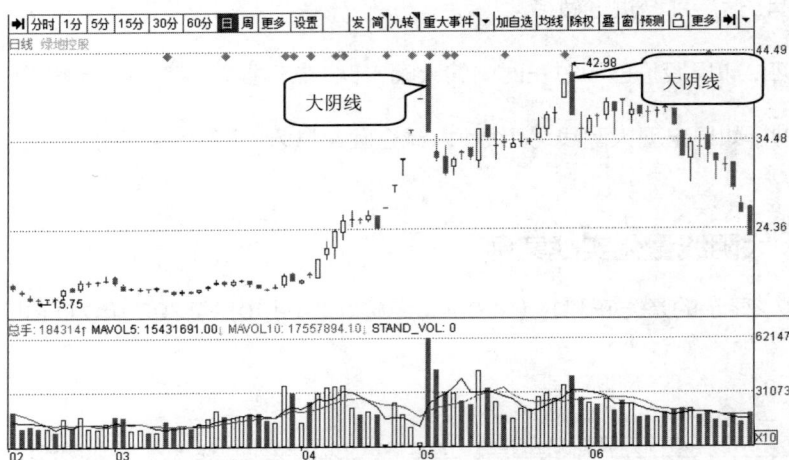

图7.3　绿地控股（600606）2015年2月5日至2015年6月29日的日K线图

绿地控股（600606）的股价从4.71元开始上涨，经过近两年时间最高上涨到42.98元，上涨幅度高达812.53%。下面来看一下高位顶部的形成，该股主力相当凶悍，最后连续拉5个涨停，然后第6个交易日开盘涨停，收盘跌停，震荡幅度高达20%。需要注意的是，这一天成交量放出巨量，表明主力是在出货。

价格连续下跌三天后，又开始震荡盘升，注意成交量仍然较大，这是主力在拉高出货。连续震荡上涨13个交易日后，第14个交易日，股价再度出现大阴线下跌，表明主力出货差不多了，要开始进入真正的下跌行情。

从其后走势可以看出，股价在高位震荡之后，就要开始快速下跌。如果手中有筹码的投资者不及时出局，可能会把前期的盈利吐回去很多，甚至由盈利变成亏损，最后甚至损失惨重。

图7.4显示的是广州浪奇（000523）2020年8月10日至2021年1月13日的日K线图。

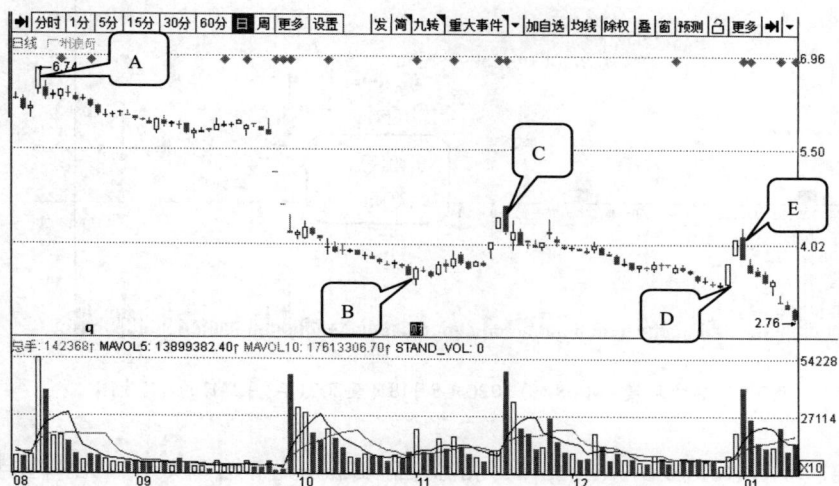

图7.4　广州浪奇（000523）2020年8月10日至2021年1月13日的日K线图

广州浪奇（000523）的股价经过一波反弹，创出6.74元高点，即A处，注意这里是一个诱多大阳线，如果不及时出局就会损失惨重。

随后股价开始震荡下跌，然后又连续跌停。连续跌停之后，价格仍继续下跌，最低跌至3.34元，即B处。价格在B处企稳后，就开始震荡反弹，先是小幅上涨，最后来了两根涨停大阳线，这两根大阳线可以看到是诱多大阳线。两根大阳线之后，就是一个大阴线，即C处，该大阴线高开低走，是反弹大阴线，所以，手中还有筹码的投资者要及时果断卖出。

随后价格继续震荡下跌，再次跌到前期低点附近，即D处，价格再度反弹，仍是大阳线反弹，然后大阴线杀跌，即E处，所以，E处大阴线也是比较好的卖出位置。

图7.5显示的是启迪环境（000826）2020年8月18日至2021年3月24日的日K线图。

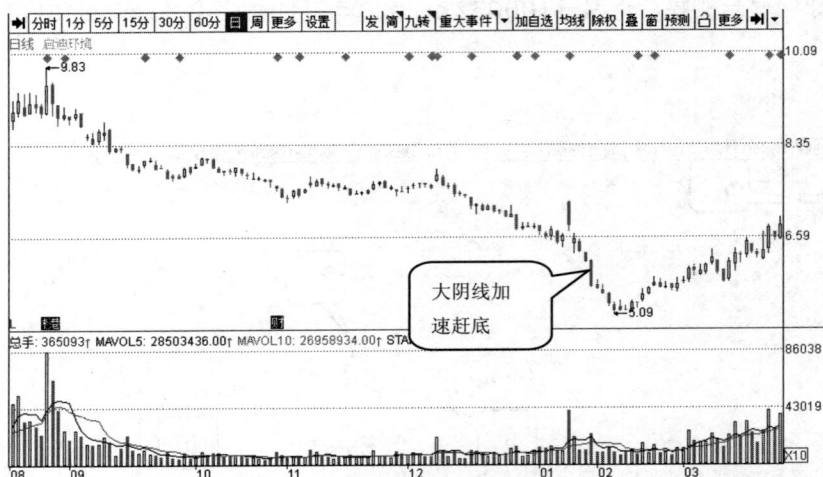

图7.5　启迪环境（000826）2020年8月18日至2021年3月24日的日K线图

启迪环境（000826）从2015年6月的最高点55.60元开始下跌，到2021年2月，最低跌到5.09元，下跌幅度高达90.85%。

下面来看一下最后一波下跌，2020年8月26日，股价反弹创出9.83元高点，然后开始震荡下跌。在震荡下跌过程中，虽有反弹，但总的来说反弹力度很小。反弹结束后继续下跌，最后连续9天阴线杀跌，从而创出5.09元低点。创出低点后，价格在底部震荡，就开始震荡上涨。所以，最后的大阴线杀跌，是市场主力在恐吓散户，让散户交出低廉的筹码。主力一旦吸货完毕，就会大幅拉升。

图7.6显示的是青岛啤酒（600600）2020年9月17日至2020年12月16日的日K线图。

青岛啤酒（600600）的股价经过一波调整之后，创出70.00元低点，然后开始震荡上涨，先是站上5日均线，又站上10日均线，最后站上30日均线，这样均线呈多头排列。表明股价已经处于上涨行情之中。

在明显的上涨行情中，如果出现大阴线，投资者不要恐慌，这是主力在洗盘，即清除短线获利筹码，中长线投资者可以不理会这种阴线。

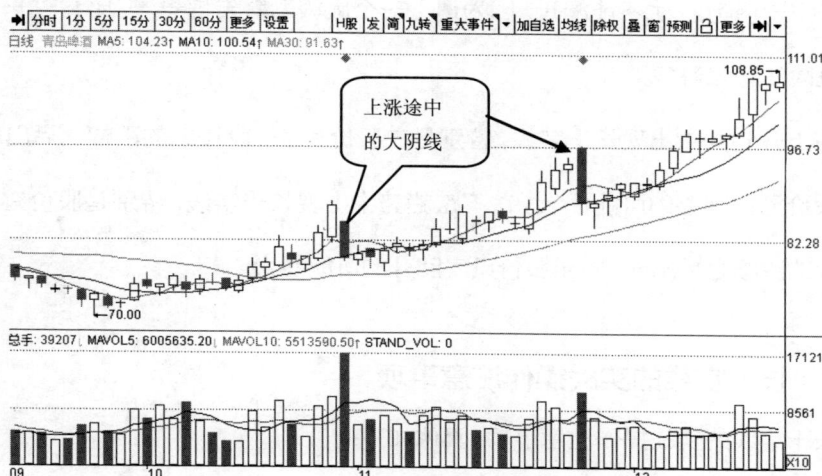

图7.6　青岛啤酒（600600）2020年9月17日至2020年12月16日的日 K 线图

7.2　长十字线量化实战技巧

长十字线的特征是：开盘价和收盘价相同或基本相同，而上影线和下影线特别长。长十字线如图7.7所示。

图7.7　长十字线

7.2.1　长十字线的技术意义

长十字线的开盘价和收盘价相同或几乎相同，但有很长的上下影线，表明该交易日多空双方进行了一场大激战。前期低位买进的人在向外卖，而看好该股的投资者在拼命地买，这样在开盘价上方就出现抛压，所以股价上不去，在开盘价下方又有人在买进，股价下不来，就打成一个平手。

长十字线是一种不同凡响的趋势反转信号，特别是当市场处在一个重要的转折点，或正处在牛市或熊市的晚期阶段，或当时已有其他技术信号出现警告信号，这时宁可错过，也不能漏过，因为遇上一个虚假的警告信号，总比漏过一个真正的危险信号强得多。

在上升趋势中出现长十字线，特别是在股价有了一段较大的涨幅之后出现，暗示股价见顶回落的可能性大。在下跌趋势中出现长十字线，特别是股价有了一段较大的跌幅之后出现，暗示股价见底回升的可能性大。

7.2.2 长十字线的实战操作注意事项

长十字线的实战操作注意事项，具体如下：

第一，股价经过长时间的大幅下跌之后，然后出现长十字线，这表明空方力量已经衰竭，多方力量开始聚集反攻，可以轻仓介入，然后再顺势加仓。

第二，股价探明底部区域之后，然后开始震荡上涨，在上涨过程中出现回调，在回调过程中出现长十字线，这表明短线获利筹码已被清洗完毕，主力重新入场做多，这里是重仓买进的最好时机。

第三，股价经过长时间的上涨之后，进入高位区域，然后又进行最后疯狂的拉升，在其末端出现长十字线，表明上涨行情很可能要结束，应及时获利出局观望。

第四，股价在高位震荡过程中出现长十字线，如果手中还有筹码，也要及时出局观望。

第五，股价在高位区域震荡后，开始下跌，特别是在下跌初期，出现长十字线，不要轻易进场抢反弹，最好的策略是观望。

7.2.3　长十字线量化实战案例

图7.8显示的是康欣新材（600076）2020年12月7日至2021年4月9日的日K
线图。

图7.8　康欣新材（600076）2020年12月7日至2021年4月9日的日K线图

康欣新材（600076）的股价在2015年6月为18.84元，经过较长时间的下跌之
后，在2021年2月，创出3.09元低点，下跌幅度高达83.6%。

无论是从时间上看，还是从下跌幅度上看，康欣新材（600076）的股价已接
近下跌尾端，所以这时出现长十字线，即A处，是进场买入股票的位置。

从其后走势来看，股价创出3.09元低点后，就开始震荡上涨。需要注意的是，
上涨行情的初期不会上涨太快，常常是三步一回头走势。

图7.9显示的是河钢股份（000709）2020年12月18日至2021年4月12日的日K
线图。

河钢股份（000709）的股价经过一波下跌，创出2.03元低点，然后价格开始
震荡上涨，先是站上5日均线，然后站上10日均线，最后站上30日均线。这样均线
呈多头排列，随后价格沿着10日均线震荡上涨，经过十几个交易日的上涨之后，在

A处出现长十字线，表明多空开始有较大的分歧，即多头力量不太强了，所以有回调要求，这里可以减仓，但也不用过分紧张，毕竟股价刚刚上涨，涨幅不大。

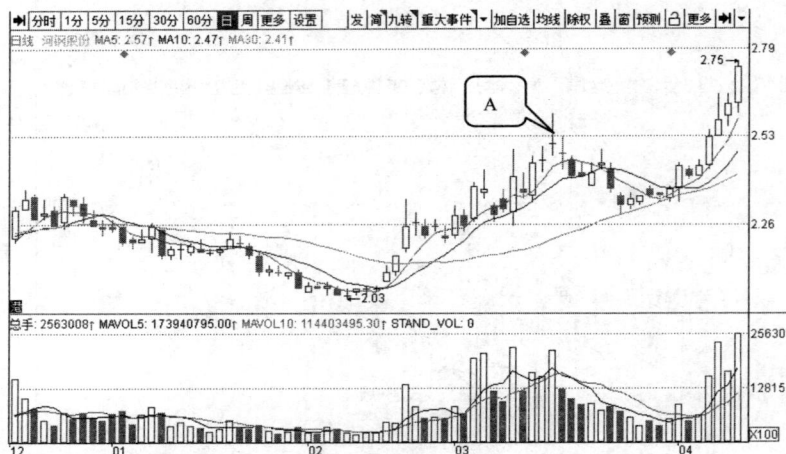

图7.9　河钢股份（000709）2020年12月18日至2021年4月12日的日K线图

随后价格出现回调，回调到30日均线附近，价格开始震荡，表明价格在这里得到支撑，所以这里可以重新把卖出的股票再买回来。

从其后的走势来看，价格在30日均线附近企稳后，又开始一波上涨行情，所以及时买进的投资者就会在短时间内有不错的盈利。

图7.10显示的是浙江广厦（600052）2015年1月29日至2015年9月2日的日K线图。

浙江广厦（600052）的股价在2013年6月，最低跌到2.76元，到2015年6月，最高上涨到14.98元，上涨幅度高达442.75%。

无论是从时间上看，还是从空间上看，股价已经上涨到高位。这样在高位出现长十字线，表明股价有反转的可能，所以在A处要及时卖出手中的股票。

从其后走势来看，又经过两年时间的震荡下跌，最后跌到2.50元，所以在高位一旦出现见顶信号，就要果断卖出股票。否则可能盈利的单子最后变成亏损的单子, 甚至还损失惨重, 如图7.11所示。

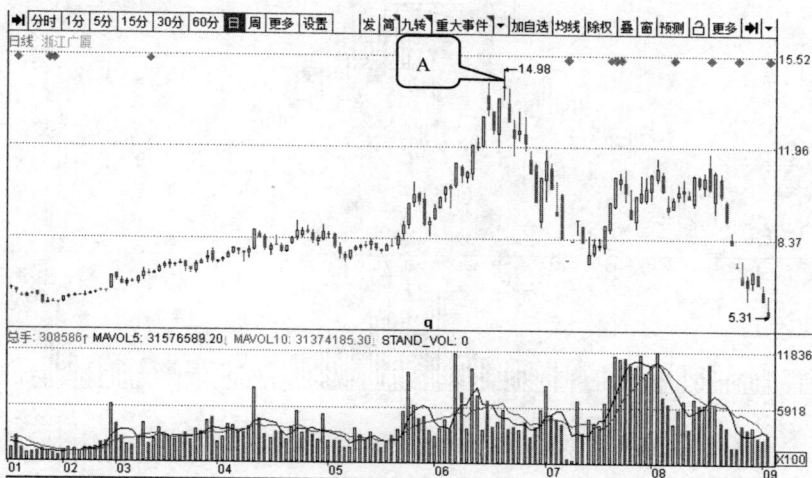

图7.10　浙江广厦 (600052) 2015年1月29日至2015年9月2日的日K线图

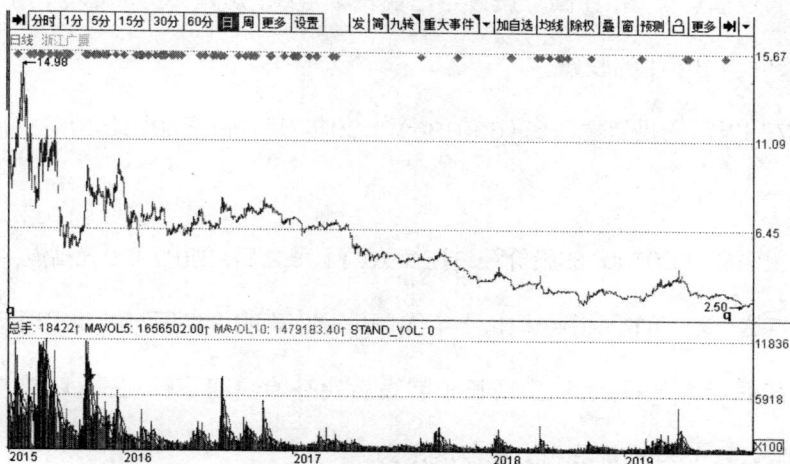

图7.11　浙江广厦 (600052) 的震荡下跌行情

图7.12显示的是天坛生物 (600161) 2020年4月21日至2020年10月28日的日 K线图。

天坛生物 (600161) 的股价在2018年9月创出16.80元低点, 到2020年8月, 最高上涨到53.49元, 上涨幅度高达218.39%。

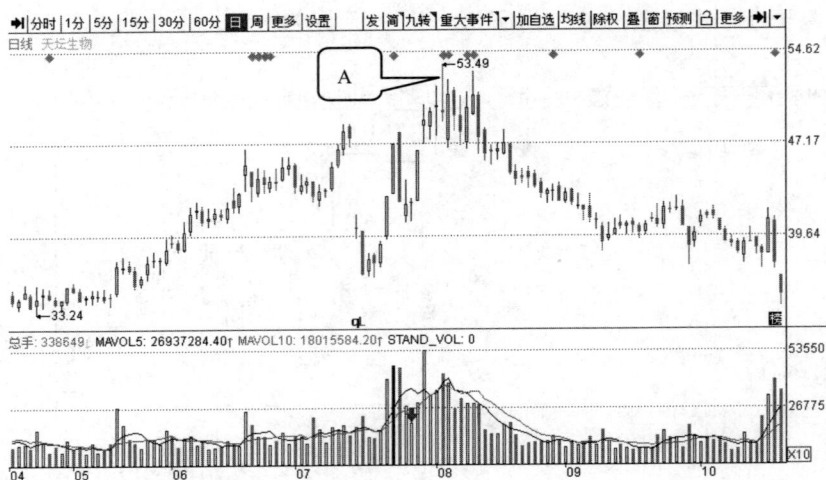

图7.12 天坛生物（600161）2020年4月21日至2020年10月28日的日K线图

无论是从时间上看，还是从空间上看，股价已经上涨到高位。需要注意的是，股价在高位出现震荡，在高位震荡中出现长十字线，这是转势的信号，所以在A处，要及时卖出手中的股票。

图7.13显示的是复星医药（600196）2020年7月17日至2021年3月11日的日K线图。

复星医药（600196）的股价经过连续大幅上涨之后，创出79.19元高点，并且在创出高点这一天，价格收出一根长十字线，即A处，表明价格很可能要出现反转。

从其后走势来看，价格出现长十字线后就开始快速下跌，先是跌破支撑线（64元附近），这样支撑线由支撑变成压力。

价格快速下跌到47元附近，价格得到支撑，然后开始震荡反弹。需要注意的是，价格虽然反弹时间很长，但始终在压力线之下，并且反弹到压力线附近，就出现长十字线，即B和C处，表明压力很大，多方力量很难突破上方压力，所以B和C处的长十字线是卖出股票的位置。

需要注意盘久必跌，所以长时间盘整后，股价再度下跌。

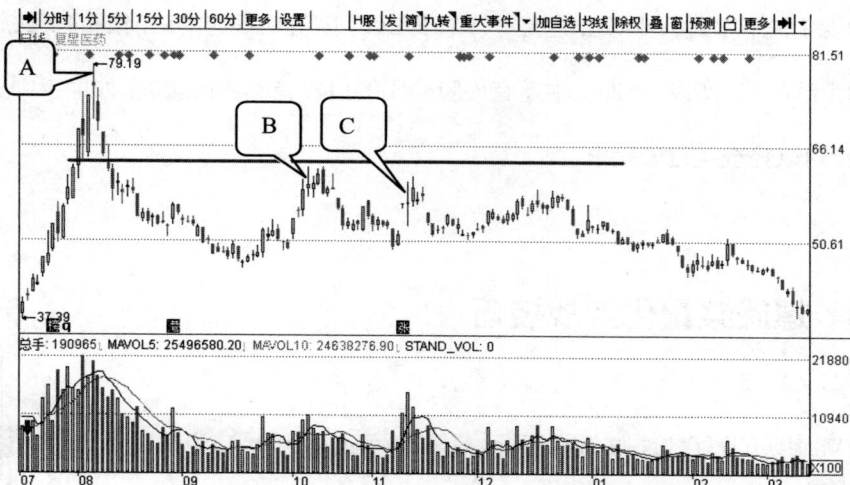

图7.13 复星医药（600196）2020年7月17日至2021年3月11日的日K线图

图7.14显示的是冠农股份（600251）2020年8月17日至2021年3月4日的日K线图。

图7.14 冠农股份（600251）2020年8月17日至2021年3月4日的日K线图

冠农股份（600251）的股价经过一波上涨之后，创出9.77元高点，然后开始震荡下跌，经过近半年时间的下跌，最低跌到5.20元。需要注意的是，在跌到5.20元时出现了长十字线，即A处，这是一个转势K线，即价格很可能由前期的下跌趋势转为上涨行情，所以，A处手中还有该股筹码的投资者不要再卖出，如果手中还有资金，可以轻仓买进该股票。

7.3 螺旋桨量化实战技巧

螺旋桨的开盘价、收盘价相近，其实体可以为小阳线，也可以为小阴线。螺旋桨的上影线和下影线都很长，看起来就像飞机的螺旋桨，故命名"螺旋桨"，如图7.15所示。

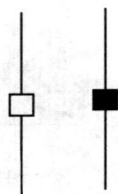

图7.15 螺旋桨

7.3.1 螺旋桨的技术意义

螺旋桨是一种转势信号。它在上升行情中，特别是股价有了一段较大涨幅之后，螺旋桨所起的作用是领跌。反之，在下跌行情中，特别是股价有了一段较大跌幅之后，螺旋桨所起的作用是领涨。螺旋桨的实体是阳线或是阴线，实质上没有本质区别，但在上涨行情中，阳线比阴线力的量要大；在下跌行情中，情形正好相反。

7.3.2 螺旋桨的实战操作注意事项

螺旋桨的实战操作注意事项，具体如下：

第一，股价经过长时间的大幅下跌之后，然后出现螺旋桨，表明空方力量已经衰竭，多方力量开始聚集反攻，可以轻仓介入，然后再顺势加仓。

第二，股价探明底部区域之后，然后开始震荡上升，在上涨过程中出现回调，在回调过程中出现螺旋桨，表明短线获利筹码已经被清洗完毕，主力重新入场做多,这里是重仓买进的最好时机。

第三,股价经过长时间的上涨之后,进入高位区域,然后又进行最后疯狂的拉升,在其末端出现螺旋桨,表明上涨行情很可能将要结束,要及时获利出局观望。

第四,股价在高位震荡过程中出现螺旋桨,如果手中还有筹码,也要及时出局观望。

第五,股价在高位区域震荡后,开始下跌,特别是在下跌初期,出现螺旋桨,不要轻易进场抢反弹,最好的策略是观望。

7.3.3 螺旋桨量化实战案例

图7.16显示的是中视传媒(600088)2018年9月21日至2019年5月7日的日K线图。

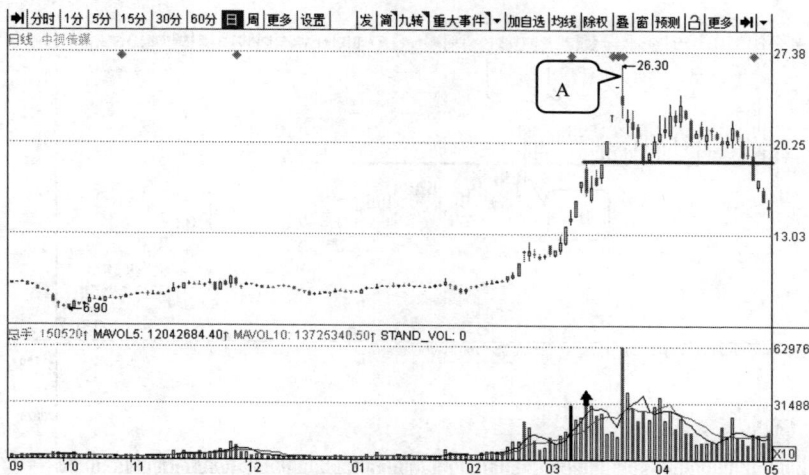

图7.16 中视传媒(600088)2018年9月21日至2019年5月7日的日K线图

中视传媒(600088)的股价在2018年10月创出6.90元低点,在2019年3月,创出26.30元高点,涨幅高达281.16%。

需要注意的是，股价在创出26.30元高点时，收出一根螺旋桨K线，这是一根见顶K线，是转势信号，所以，手中还有该股筹码的投资者要及时卖出该股票。

从其后走势来看，股价见顶后，在高位震荡，震荡结束后，跌破下方支撑线开始快速下跌，所以，不及时出局的投资者可能盈利会大减，甚至由盈利变成亏损。

图7.17显示的是浪莎股份（600137）2020年7月2日至2021年1月14日的日K线图。

浪莎股份（600137）的股价经过较长时间、较大幅度的上涨之后，创出20.35元的高点，但需要注意的是，创出高点这一天，收出一根螺旋桨转势K线。需要注意的是，价格随后并没有直接下跌，而是在高位震荡，在震荡过程中出现螺旋桨K线，即A处，所以这里要注意减仓或清仓。

从其后走势来看，股价在高位震荡近两个月之后，一根大阴线跌破支撑线，即B处，然后价格开始进入震荡下跌行情。

图7.17　浪莎股份（600137）2020年7月2日至2021年1月14日的日K线图

图7.18显示的是国药现代（600420）2020年11月13日至2021年2月4日的日K线图。

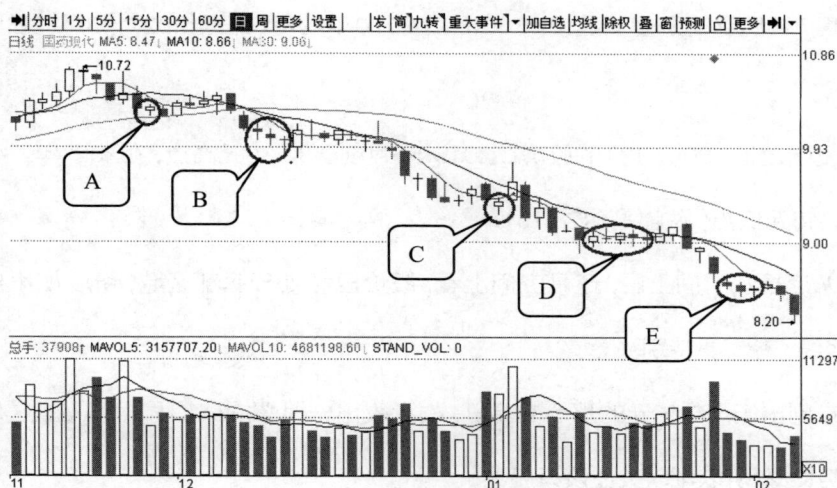

图7.18　国药现代（600420）2020年11月13日至2021年2月4日的日K线图

国药现代（600420）的股价经过一波上涨，创出10.72元的高点，需要注意的是，股价在创出高点这一天，收出一根十字线，表明多空双方有较大分歧。随后三天价格震荡下跌，先是跌破5日均线，然后跌破10日均线，并且价格继续下跌。

下跌到30日均线附近，价格出现一个螺旋桨K线，即A处，表明价格有反弹的可能，但反弹很弱。从走势可以看出，反弹6个交易日，也没有突破前面那根中阴线，随后股价跌破30日均线，开始沿着5日均线下跌，所以，这里出现十字线或螺旋桨K线，不能轻易进场做多，否则很容易被套，即B处。

在C处，价格再度出现螺旋桨K线，但一定要明白，当前在空头行情中，即明显的下跌趋势，最好不要乱动，否则很容易被套。若你在C处抄底买进股票，如果第二个交易日不出局，就被套进去了。

同理，D和E处也不能进场做多。

总之，在明显的下跌趋势之中，不要轻易进场做多，否则很容易被套，如果不及时止损，损失会越来越重，甚至绝望。

图7.19显示的是爱国建设（600643）2020年12月29日至2021年3月22日的日K线图。

爱国建设（600643）的股价在2015年6月创出30.36元高点,在2021年2月8日创出6.45元低点,跌幅高达78.75%。

无论是从时间上看,还是空间上看,股价已经处于底部区域,所以如果出现转势K线,就需要特别注意。

在创出低点6.45元的那个交易日,收盘收出一根螺旋桨K线,即A处,这是一根转势K线,所以可以关注该只股票。

股价随后震荡上涨,先是站上5日均线,然后站上10日均线,最后一根大阳线站上30日均线,表明股价要开始上涨,所以可以进场做多。

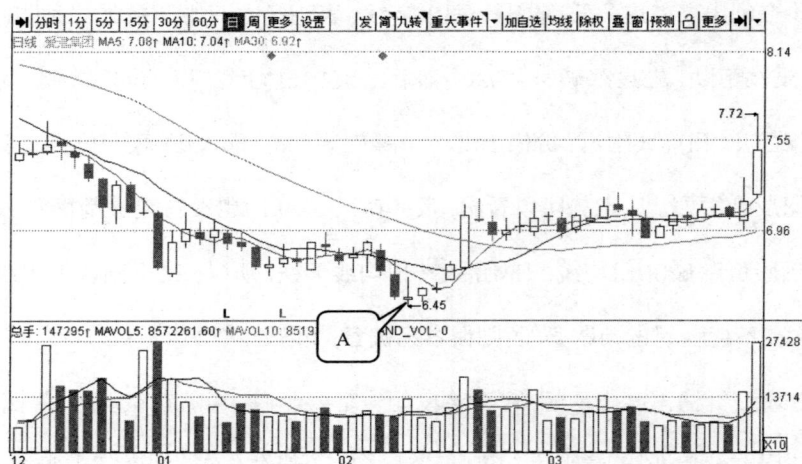

图7.19　爱国建设（600643）2020年12月29日至2021年3月22日的日K线图

图7.20显示的是盛屯矿业（600711）2020年5月8日至2020年8月26日的日K线图。

盛屯矿业（600711）的股价经过一波下跌,创出3.56元低点,然后价格小阳线上涨,先是站上5日均线,然后站上10日均线,接后站上30日均线,这样均线就形成多头排列,即上涨趋势。

在上涨趋势中,股价连续三根阳线上涨后,最后一根阳线为螺旋桨K线,即A处。短线高手可以减仓,然后等待股价回调到支撑位再把仓位补回来,即在B处10日均线附近补回仓位。

股价在B处企稳后就开始上涨,先是连续两根中阳线上涨,然后沿着5日均线震荡上涨,经过12个交易日的上涨之后,再度出现螺旋桨K线,即C处,所以这里可以减仓。

随后股价下跌,下跌到30日均线附近,股价收出一根十字线,即D处,所以这里是补回仓位的位置。

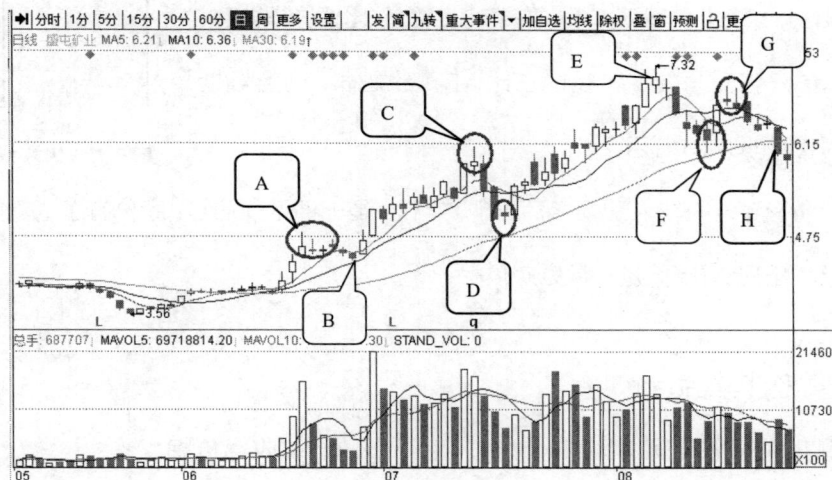

图7.20 盛屯矿业(600711)2020年5月8日至2020年8月26日的日K线图

随后股价继续上涨,最高上涨到7.32元,注意这里又出现螺旋桨K线,即E处,所以这里要注意减仓。接着价格出现快速下跌,下跌到30日均线附近,再度出现螺旋桨K线,即F处,所以这里可以把仓位补回来。

需要注意的是,股价仍上涨一天,再度出现十字线,表明上方压力较大,即G

处。随后价格开始震荡下跌，下跌三个交易日后，第四个交易日大阴线跌破30日均线，即H处，表明上涨行情结束，所以，手中的股票筹码要全部卖出，即清仓。

7.4　T字线、倒T字线和一字线量化实战技巧

下面讲解一下T字线、倒T字线和一字线的基础知识和量化实战应用技巧。

7.4.1　T　字　线

T字线，又称蜻蜓线，其开盘价、最高价、收盘价相同或基本相同，K线上只留下影线，如果有上影线，也是非常短。T字线信号强弱与其下影线成正比，下影线越长，则信号越强，T字线如图7.21所示。

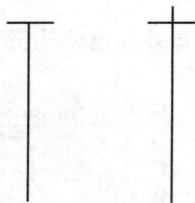

图 7.21　T 字 线

股价有了一段较大涨幅之后出现T字线，是一种见顶信号；股价有了一段较大跌幅之后出现T字线，是一种见底信号。

7.4.2　倒T字线

倒T字线，在上升趋势中，出现开盘价、最低价、收盘价相同或基本相同，K线上只留有上影线，如果有下影线，也是非常短。倒T字线如图7.22所示。

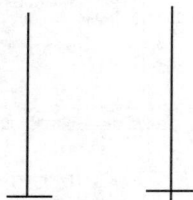

图7.22　倒T字线

倒T字线的技术含义是：在上涨趋势末端出现，为卖出信号；在下跌趋势末端出现，为买入信号；在上涨途中出现，继续看涨；在下跌途中出现，继续看跌。倒T字线的上影线越长，力度就越大，信号就越可靠。在上涨趋势中出现的倒T字线，称为"上档倒T字线"，又称下跌转折线。

7.4.3 一 字 线

一字线的特征是：开盘价、收盘价、最高价、最低价连在一起成一字形状，这就是我们平时所说的涨停板或跌停板开盘，全天基本上都以涨停板或跌停板价格成交，一直到收盘为止。一字线如图7.23所示。

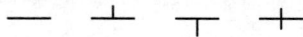

图7.23 一字线

在涨势中，特别是在股价上涨初期出现的一字线，往往反映该股有重大利好被一些先知先觉者捷足先登。因此，在涨势初期出现一字线，投资者可采取积极的做多策略。如果股价一连出现几个一字线，从规避短期风险出发，不宜再看多。在跌势中，特别是在股价下跌初期出现的一字线，往往反映该股有重大利空或是股价炒过了头，庄家率先出逃。因此，在下跌初期出现的一字线，投资者要果断平仓出局。如果股价连续出现多个下跌一字线，这时就不宜再继续杀跌，而是等其反弹后再出货。

7.4.4 T字线量化实战技巧

如果股价经过较大幅度、较长时间的下跌之后，出现T字线，投资者就可以逢低跟进，止损位设在T字线的最低点即可。

图7.24显示的是建艺集团（002789）2021年5月26日至2021年8月31日的日K线图。

建艺集团（002789）的股价经过较长时间、较大幅度的下跌之后，创出10.21元低点。在创出低点这一天，股价收出一根T字线，表明股价已经见底，可以以10.21元为止损，逢低买进该股。

从其后走势来看，及时买进的投资者，短时间内就有不断的投资收益。

如果股价处在上涨行情的初期或上涨途中，这时出现T字线，投资者可以持筹待涨或继续逢低买进，往往也会有不断的投资收益。

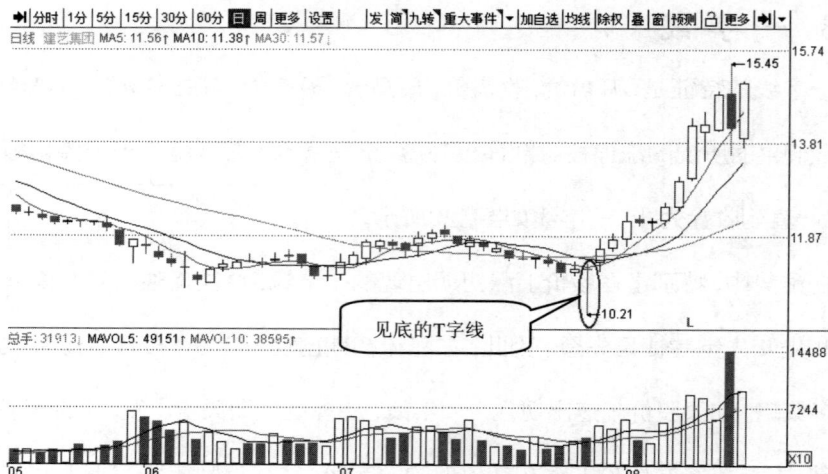

图7.24　建艺集团（002789）2021年5月26日至2021年8月31日的日K线图

图7.25显示的是安阳钢铁（600569）2021年2月3日至2021年4月13日的日K

线图。

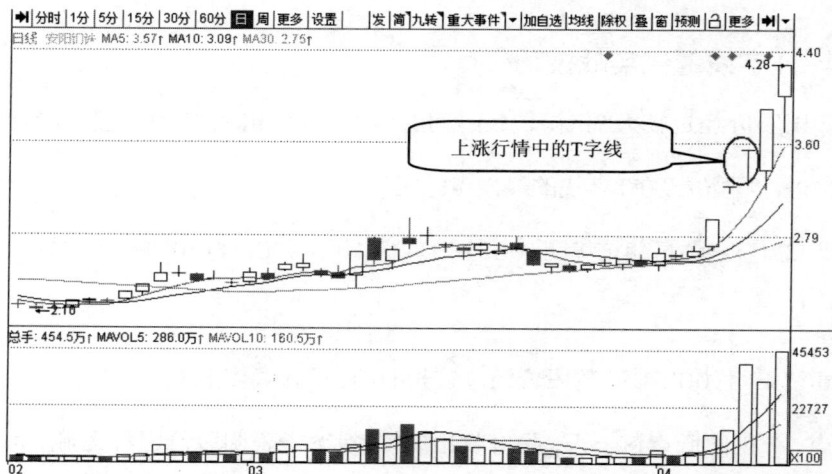

图7.25　安阳钢铁（600569）2021年2月3日至2021年4月13日的日K线图

安阳钢铁（600569）的股价经过一波下跌回调之后，创出2.10元低点。随后

股价开始震荡上涨，先是站上5日均线，然后站上10日均线，最后站上30日均线，

这样均线就呈多头排列, 股价重新进入多头行情。

股价经过一波震荡上涨之后, 开始快速拉升, 在快速拉升的过程中, 出现T字线, 表明股价仍有上涨动力, 多单可以继续持有, 仓位轻的, 仍可以短线买进, 往往短时间内就会有较大的投资收益。

股价经过连续拉涨之后, 在高位出现T字线, 很可能是主力在诱多出货, 所以投资者要注意减仓或清仓, 以应对下跌风险。

图7.26显示的是兆新股份(002256)2021年1月8日至2021年7月28日的日K线图。

兆新股份(002256)的股价经过长时间的上涨之后, 在高位继续快速拉涨, 然后出现T字线, 这时投资者要注意主力在最后疯狂中诱多, 把投资者套在高位。所以高位出现T字线, 投资者应以减仓或清仓应对风险为主。

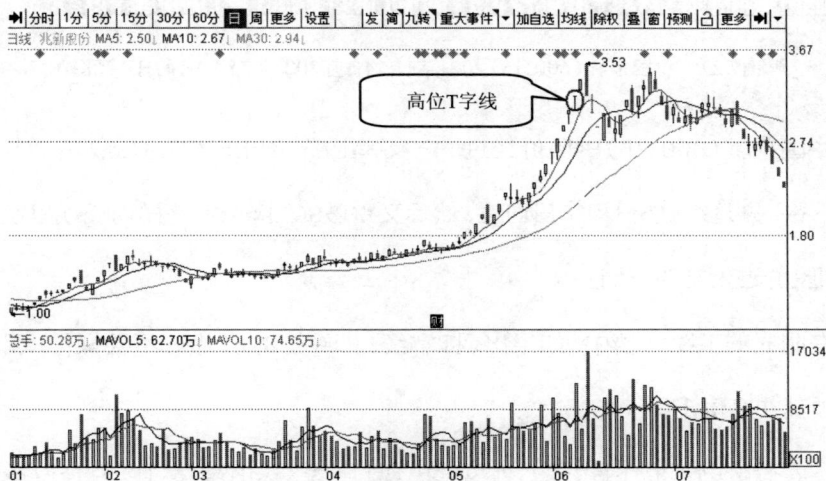

图7.26　兆新股份(002256)2021年1月8日至2021年7月28日的日K线图

如果股价已经进入明显的下跌行情, 特别是下跌行情的初期或下跌途中, 出现T字线, 投资者最好以观望为主。如果投资者是短线高手, 又对要操作的股票特别熟悉，可以短线轻仓操作，做反弹，需要注意的是，一旦有不好信号，就要先卖出股票，否则很容易被套在半山腰上。

图7.27显示的是中国东航（600115）2021年5月14日至2021年7月30日的日K线图。

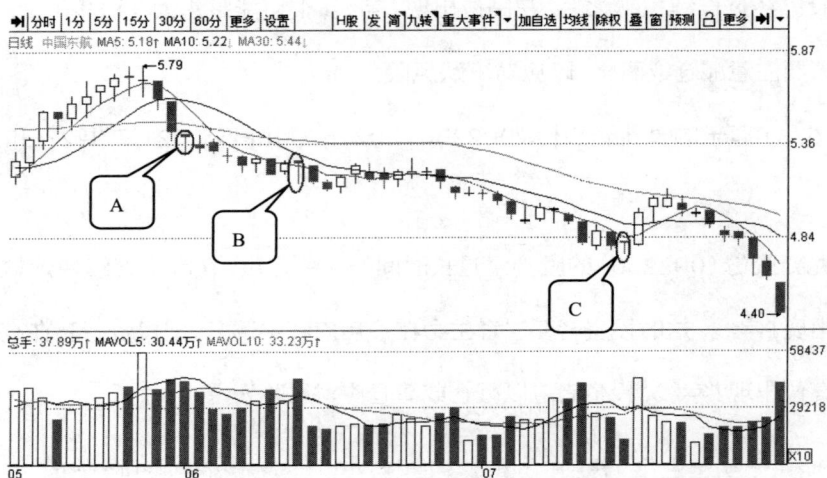

图7.27　中国东航（600115）2021年5月14日至2021年7月30日的日K线图

中国东航（600115）的股价经过一波反弹上涨，创出5.79元高点。随后股价就开始下跌，先是跌破5日和10日均线，然后又跌破30日均线，这样均线就呈空头排列，即股价进入空头行情。

在明显的下跌行情中，如果出现T字线，即A和B处，最好不要操作，因为很容易被套在高位上。

随着股价的不断下跌，在C处再度出现T字线，这时虽然可以轻仓做多搏反弹，但如果不及时卖出也会被套，所以，在明显的下跌行情中，最好不要乱操作，应以观望为主。

7.4.5　倒T字线量化实战技巧

股价经过较长时间、较大幅度的上涨之后，在高位出现倒T字线，往往是主力出货的一种表现，如果手中还有筹码要及时卖出。

图7.28显示的是明微电子（688699）2021年3月17日至2021年8月13日的日K线图。

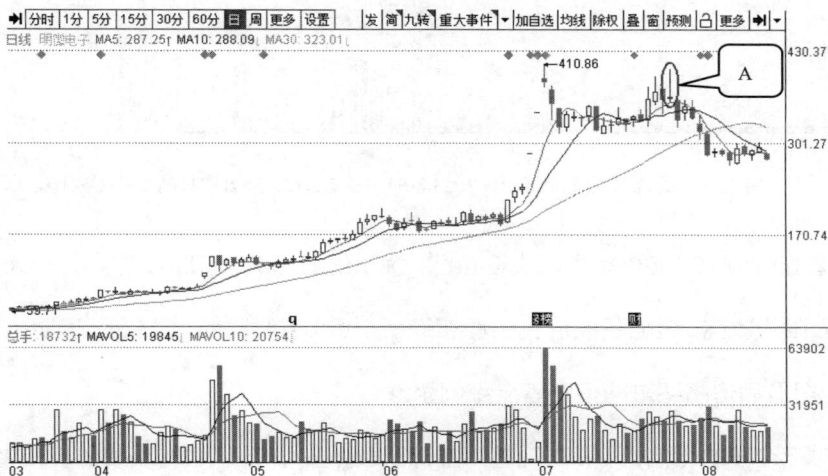

图7.28　明微电子（688699）2021年3月17日至2021年8月13日的日K线图

明微电子（688699）的股价先是震荡上涨，最后出现快速拉升，即连续一字线涨停，然后创出410.86元高点。需要注意的是，股价创出高点这一天，股价收出一根转势螺旋桨K线，这表明股价很可能已经见顶，多单要注意减仓以应对下跌风险。

股价见顶后，并没有快速下跌，而是在高位震荡，在高位震荡过程中出现倒T字线，即A处，这又是一个见顶信号，投资者要注意清仓。

股价快速拉涨见顶后，出现快速倒T字线下跌，千万不要在下跌过程中接尖刀。

图7.29显示的是道森股份（603800）2021年5月6日至2021年8月13日的日K线图。

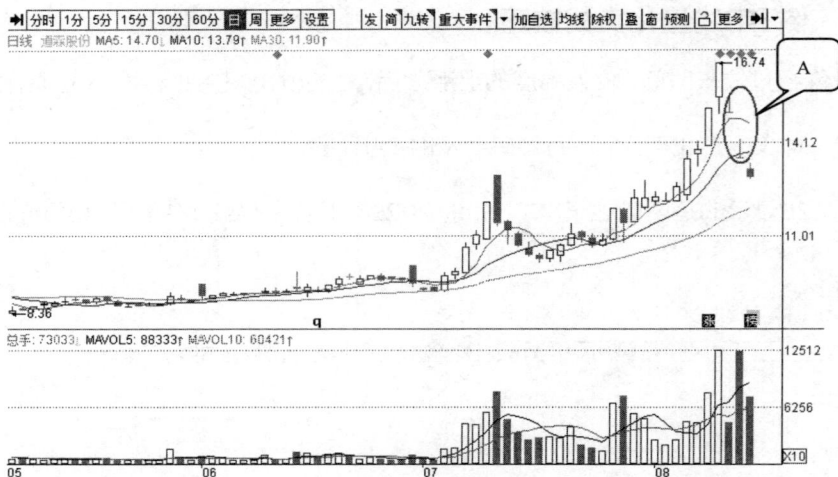

图7.29　道森股份（603800）2021年5月6日至2021年8月13日的日K线图

　　道森股份（603800）经过快速拉涨之后，创出16.74元高点，注意这一天是以涨停大阳线收盘，但随后股价就出现连续两个倒T字线跌停，即A处，表明主力很凶狠，把最后追高买进的投资者全部闷杀。

　　对于这样的行情，最好以观望为主，不要轻仓入场。手中有该股的投资者，最好及时卖出观望。

　　如果股价经过较长时间、较大幅度的下跌之后，出现倒T字线，这往往是见底信号，可以以倒T字线最低点为止损做多。

　　图7.30显示的是安集科技（688019）2021年4月29日至2021年7月29日的日K线图。

　　安集科技（688019）的股价经过较长时间、较大幅度的下跌之后，创出167.14元低点。但在创出低点这一天，股价收出一根带有下影线的小阴线，随后股价就收出一根倒T字线，即A处，这是一个见底信号，所以这时可以买进股票，止损可以放在倒T字线的最低点，也可以放在167.14元处。

随后股价开始上涨，先是站上5日和10日均线，然后站上30日均线，这样均线出现多头行情，即股价进入震荡上涨行情。

从其后走势可以看出，股价先是沿着5日均线上涨，经过一波上涨之后，出现回调，但股价始终在30日均线上方，所以介入的多单可以耐心持有，直到股价跌破30日均线，这样就可以实现盈利的最大化。

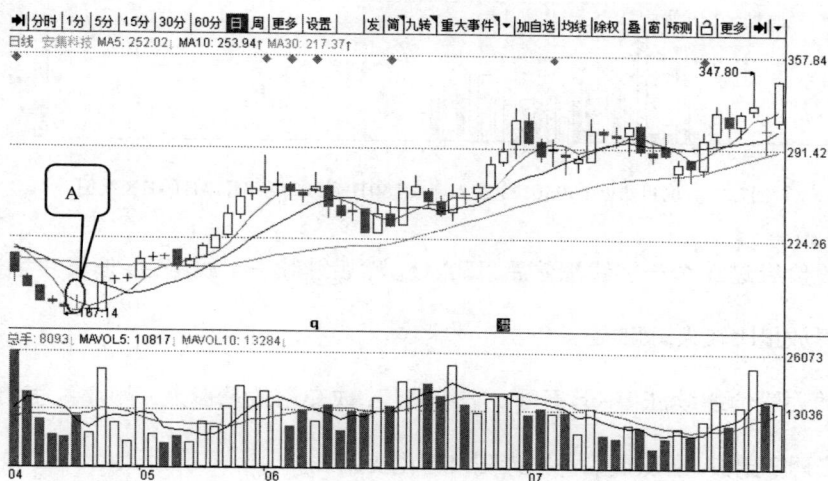

图7.30　安集科技（688019）2021年4月29日至2021年7月29日的日K线图

7.4.6　一字线量化实战技巧

刚上市交易的新股，只要股价一字线没有打开或没有出现放大量，都可以耐心持有，从而实现盈利最大化。

图7.31显示的是杭州热电（605011）2021年6月30日至2021年8月13日的日K线图。

杭州热电（605011）刚上市交易，连续一字线涨停，投资者可以耐心持有，从而实现收益的快速升值。

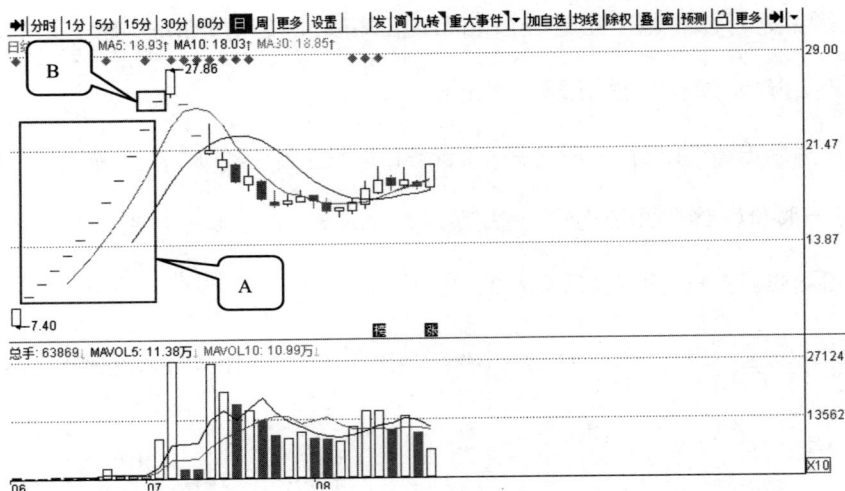

图7.31 杭州热电（605011）2021年6月30日至2021年8月13日的日K线图

股价经过10个一字线涨停后，即A处。然后继续一字线涨停，但要注意这里成交量放量比较大，即B处。

随后股价继续涨停，但不是一字线涨停，成交量放量很大，表明主力利用大阳线在诱多出货，所以最后一根大阳线是出货阳线。

大阳线后，股价就是连续两个一字线跌停，说明主力很凶狠，所以一旦开板，就要及时卖出股票观望。

如果股价处在下跌行情之中，出现一字线跌停，不要轻仓进场抄底，否则很容被套在半山腰上。

图7.32显示的是ST北方（000802）2021年2月8日至2021年5月19日的日K线图。

ST北方（000802）的股价经过一波反弹上涨，创出6.88元高点，然后股价开始下跌，下跌到30日均线附近，出现横盘整理。

经过较长时间的横盘整理后，股价出现下跌，并且出现连续一字线跌停，即

A处。投资者千万不能想着股价低了就想抄底，一定要等出现明显的信号才可以操作。

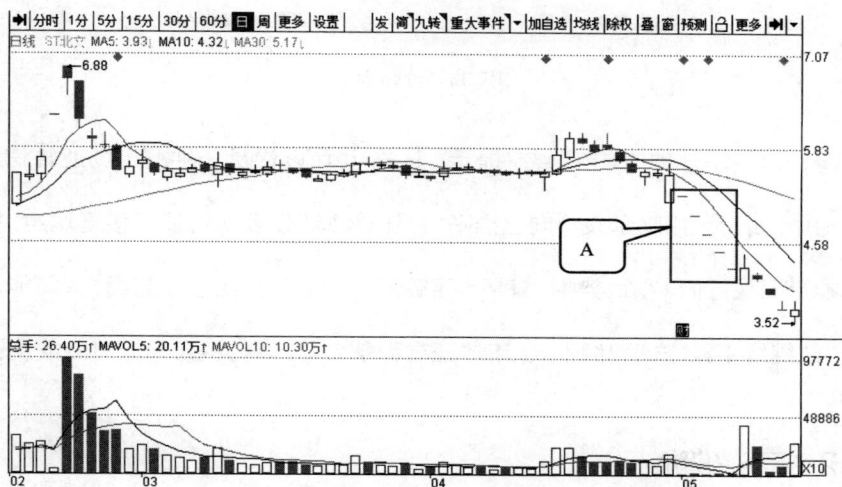

图7.32　ST北方（000802）2021年2月8日至2021年5月19日的日K线图

7.5　身怀六甲和穿头破脚量化实战技巧

下面讲解一下身怀六甲和穿头破脚的基础知识和量化实战应用技巧。

7.5.1　身怀六甲

身怀六甲，又称母子线、孕线，其特征是：它必须由一根较长的K线的实体部分完全包住后面的那根较短的K线。如果身怀六甲中较短的K线是一根十字线，就可以称为十字胎。之所以起名"身怀六甲"，是因为其K线形态像一个怀着小宝宝的孕妇。身怀六甲如图7.33所示。

（a）涨势中的身怀六甲　　　　　　（b）跌势中的身怀六甲

图7.33　身怀六甲

身怀六甲是一种"警告"或"提示"信号，也可以说是一种准市场逆转信号。在升势中，身怀六甲暗示股价向上推高力量已经减弱，多头行情已接近尾声，接下来可能是下跌行情。在跌势中，身怀六甲暗示股价下跌势头已经趋缓，很可能见底回升，或继续下跌空间已经不大，市场正在积蓄力量，等待机会向上突破或反转。

7.5.2　穿头破脚

穿头破脚就是第二根K线将第一根K线从头到脚穿在里面。穿头破脚有两种形态，一种在底部出现，另一种在顶部出现。

底部穿头破脚的特征是：在下跌趋势中，第二根阳线的长度吞吃掉第一根阴线的全部，注意上下影线不算。

顶部穿头破脚的特征是：在上涨行情中，第二根阴线的长度吞吃掉第一根阳线的全部，注意上下影线不算。穿头破脚如图7.34所示。

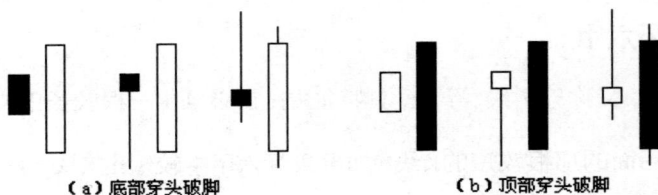

（a）底部穿头破脚　　　　　　　（b）顶部穿头破脚

图7.34　穿头破脚

从技术上来说，底部穿头破脚是股价止跌回升的信号；顶部穿头破脚是股价见顶回落的信号。

7.5.3 身怀六甲量化实战技巧

如果股价经过较大幅度、较长时间的下跌之后，出现身怀六甲，这意味着行情可能走到头，投资者要果断卖出手中的股票，离场观望。

图7.35显示的是福建水泥（600802）2020年4月17日至2020年10月30日的日K线图。

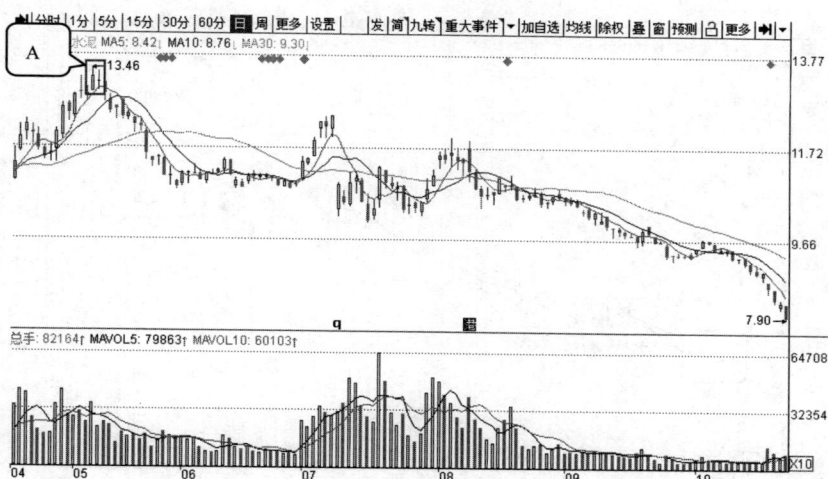

图7.35 福建水泥（600802）2020年4月17日至2020年10月30日的日K线图

福建水泥（600802）的股价经过长时间上涨之后，创出13.46元高点。在创出高点这一天是一个中阳线，但在第二个交易日，股价就收出一根十字线，并且该十字线包容在前面那根中阳线之中，即在A处出现身怀六甲。身怀六甲往往意味着行情可能走到头，所以投资者要特别小心，应注意减仓以应对风险。

从其后走势可以看出，股价随后跌破5日、10日和30日均线，然后在高位震荡后，就开始出现一波趋势性的下跌行情，不及时卖出的投资者就会被越套越深，最终损失惨重。

如果股价经过较长时间、较大幅度的下跌之后,在低位出现身怀六甲,往往意味着下跌势头已经趋缓,很可能见底回升,或继续下跌空间已经不大,市场正在积蓄力量,等待机会向上突破或反转。

图7.36显示的是东方证券(600958)2021年3月25日至2021年7月22日的日K线图。

图7.36 东方证券(600958)2021年3月25日至2021年7月22日的日K线图

东方证券(600958)的股价经过较长时间、较大幅度的下跌之后,创出8.52元低点。需要注意的是,在创下低点这一天,与前一天的中阴线组合,是一个身怀六甲形态。在低位出现身怀六甲,往往意味着下跌行情已经趋缓,很可能要见底回升,所以,这时可以以8.52元为止损位置,逢低做多。

从其后走势可以看出,股价先是站上5日和10日均线,又站上30日均线,这样均线呈多头排列,从而开始一波震荡上涨行情,及时买进的投资者就会有不错的投资收益。

7.5.4　穿头破脚量化实战技巧

如果股价经过较大幅度、较长时间的下跌之后，出现穿头破脚，往往意味着行情已经见顶，投资者要果断卖出手中的股票，离场观望。

图7.37显示的是西藏药业（600211）2020年7月19日至2020年9月9日的日K线图。

西藏药业（600211）的股价经过连续大涨之后，在A处出现穿头破脚。这是一个明显的见顶信号，投资者要第一时间卖出手中的股票筹码，否则很可能由盈利变亏损。

需要注意的是，在A处出现穿头破脚后，随后就是一个低开高走大阳线诱多，不及时卖出的投资者就会损失惨重。

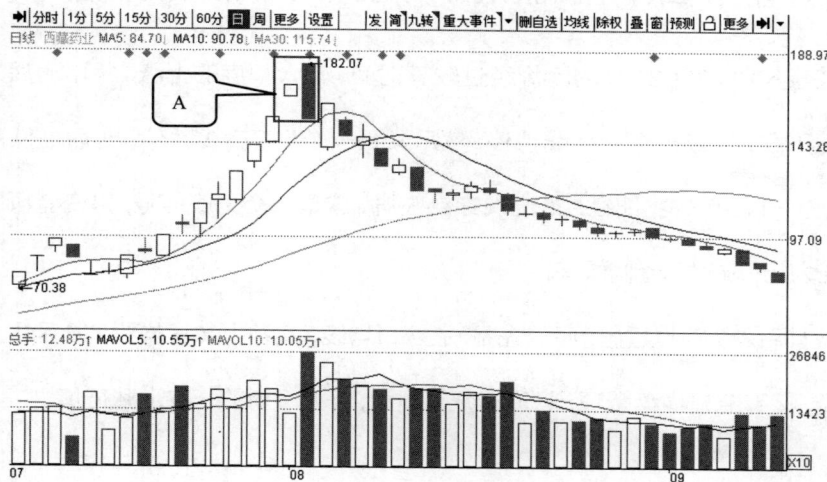

图7.37　西藏药业（600211）2020年7月19日至2020年9月9日的日K线图

如果股价经过较长时间、较大幅度的下跌之后，在低位出现穿头破脚，往往意味着行情已经见底，可以以穿头破脚的最低点为止损点，进场做多。

图7.38显示的是江泉实业（600212）2020年4月15日至2020年6月12日的日K

线图。

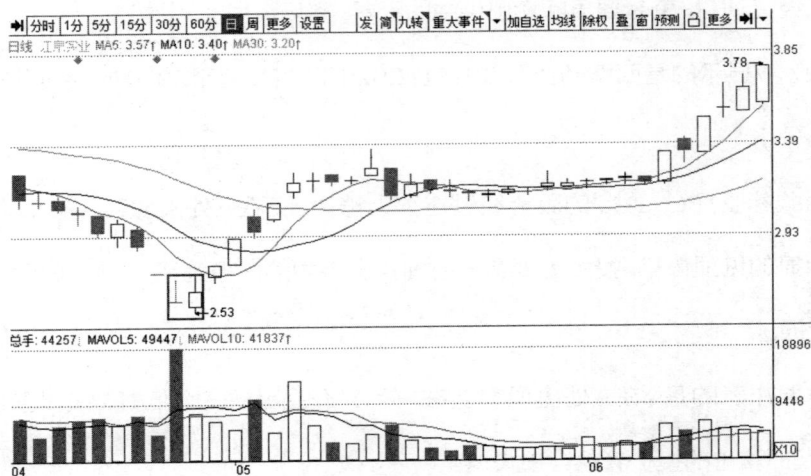

图7.38　江泉实业（600212）2020年4月15日至2020年6月12日的日K线图

江泉实业（600212）的股价经过较长时间、较大幅度的上涨之后，随后又出

现快速下跌，先是一个一字线跌停，然后又是一个倒T字线跌停，随后是低开高

走，收出一根中阳线，即在A处出现穿头破脚，这是一个见底信号，投资者可以以

2.53元为止损点位，逢低做多。

从其后走势可以看出，股价先是站上5日均线，又站上10日均线，最后站上30

日均线，接着窄幅横盘整理，股价充分整理后，开始了新的一波上涨行情。

第 8 章

K线缺口量化实战技巧

一般情况下，K线的运行是连贯的，缺口的出现使K线运行有了中断，这种当日K线与前日K线之间的中断就是跳空缺口。

本章主要内容包括：

- 向上跳空缺口和向下跳空缺口
- 缺口的作用及量化实战要注意的事项
- 普通缺口和突破缺口
- 持续缺口和衰竭缺口
- 普通缺口必回补量化实战案例
- 除权除息缺口量化实战案例
- 顶部反转阶段缺口量化实战技巧
- 下跌阶段缺口量化实战技巧

8.1 初识K线缺口

缺口是指股价在快速大幅变动中有一段价格没有发生交易，显示在K线图上是一个真空区域，即缺口就是盘面交易的真空地带。

8.1.1 向上跳空缺口和向下跳空缺口

股价在明显的上升趋势中，某一交易日的最低价高于前一个交易日的最高价，就会在K线图上留下一段当时价格不能覆盖的缺口或空白，这就是向上跳空缺口，如图8.1所示。

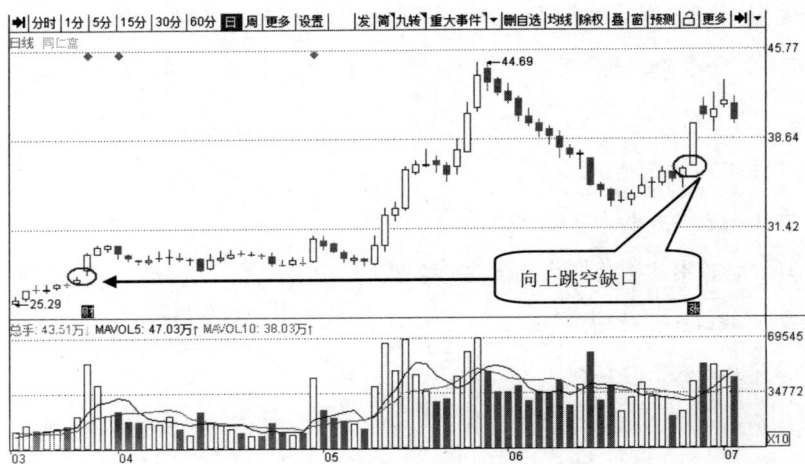

图8.1 向上跳空缺口

股价在明显的下跌趋势中，某一交易日的最高价低于前一个交易日的最低价，这样也会在K线图上留下一段当时价格不能覆盖的缺口或空白，这就是向下跳空缺口，如图8.2所示。

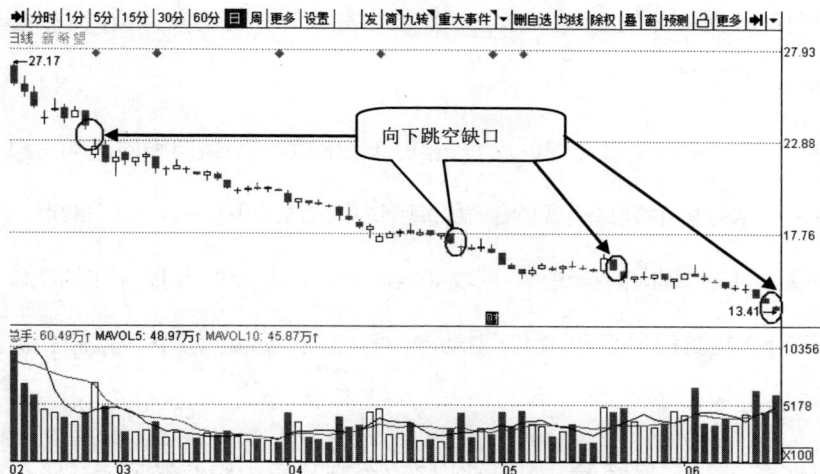

图8.2 向下跳空缺口

提醒：向上跳空缺口表明市场趋势大步向上；向下跳空缺口表明市场趋势大步向下。为什么会形成交易的真空地带呢？这就是多空双方其中一方以较大优势压倒对方造成的盘面状况，常常发生在开盘交易、信息突然刺激、力量突然失衡时，但根据原因来看，就是多空双方的情绪发生较大变化。缺口在实战中具有相当重要的作用，通过分析缺口，可以更好地感知主力的一些动向，再结合大势采取相应的策略。

8.1.2 缺口的作用

缺口如同多、空双方挖的战壕，争斗双方会在这里对峙一段时间；但一方一旦发力突破并稳住了阵脚，就会乘胜追击，而败者或且战且退，或兵败如山倒；但胜利的一方若追击过远，则往往会面临严重的补给问题，要么主动后退，要么在前线防御，但防御反而更易被对方攻破；当曾经的胜方退至战壕（缺口）时，往往又会建立据点，严防死守，期望重新夺回阵地。

所以，跳空缺口往往是曾经的胜方回撤时的重要支撑位，一旦被对方突破，这个支撑位就会变成阻力位，使曾经的胜方难以逾越，这就是跳空缺口处为什么常常会出现激烈争夺的原因。可见，一个缺口在成为一方的支撑位时，就必然是另一方的阻力位。

每发生一个缺口，都会使进攻方雀跃，但每回填一个缺口则使退回方恐惧，即缺口是技术分析中极其重要的部位。短期内缺口被封闭，表示原先取胜的一方缺乏后劲，未能继续向前推进，则进攻变成防守，处境不利；长期存在的缺口被封闭，表示价格趋势已经反转，原先主动的一方已经变成被动的一方，原先被动的一方则控制住了大局。

根据多年的实战经验，如果缺口在3个交易日内没有被回补，那么在随后的13个交易日内，市场有力量向缺口产生的方向发展。说明缺口不一定会被立即回补，即没有被小级别的回调封闭，但很可能被其后的中级回调封闭；如果仍然没有，则极可能被更远一些的反转大趋势封闭，即涨有多高、跌有多深。

一般说到的缺口是在日K线图上的缺口，但缺口更频繁的是出现在分钟K线图上，当然也会出现在周K线图和月K线图上，只是随着时间的周期越长，缺口就越不容易表现出来。但在周期长的K线图上一旦出现缺口，其意义就更加重大，也越有利于对长期趋势的判断。

有些时候，日内分钟K线图上的缺口往往比日间缺口更重要，如30分钟或60分钟K线图中的缺口，因为它们的出现，才带动日内重要趋势线的突破，形成重要的价格形态，并造成中期趋势的持续或反转。所以，投资者对日内分钟K线图中的缺口也要重点关注。

提醒：过于频繁出现缺口，会降低缺口的有效性。

8.1.3　缺口量化实战中的注意事项

在利用缺口判断股市行情时，要注意以下四个方面，分别是成交量、时间、阶段性和形态。

1. 成交量

普通缺口处往往没有什么成交量；突破缺口处往往会有较大的成交量；持续缺口处会有适当的成交量；衰竭缺口产生的当天或次日也往往会有较大的成交量。

2. 时间

普通缺口经常产生，也最易被封闭；衰竭缺口的封闭需要一点儿时间；持续缺口的封闭会需要更多的时间；突破缺口则往往等到衰竭缺口和持续缺口都被封闭后才会被封闭。

3. 阶段性

突破缺口意味着价格终于突破整理形态而开始移动；持续缺口是价格快速移动至行情中点的信号；衰竭缺口则是行情趋势将至终点的信号。

4. 形态

普通缺口往往是在整理形态内发生；突破缺口则是在要超越形态特定部位时发生；持续缺口是在超越形态特定部位之后、持续拉升的行情中发生；衰竭缺口是在行情趋势末端发生。

当价格以猛烈的方式向上跳空突破原有盘整区域、并在第二个交易日没有回调时，投资者可以建仓，当价格回调到缺口附近没有突破缺口，然后又开始震荡攀升时加仓，直至衰竭缺口来临或市场出现回撤迹象时离场。一般来说，在连续出现三个缺口后，投资者就要准备减仓，但在最近一个缺口没有回补之前，中线投资者不适合卖出所有股票。

在分析缺口时，还要注意缺口的大小。缺口有大有小，越大则说明其中一方占据的优势越大，能量越充足。例如个股开盘时就以一字形开盘并封死涨停形成的跳空向上缺口，毫无疑问，这个向上跳空缺口背后的多方能量是极其足的；相反，如果仅仅是跳空高开不到几个点，说明多方能量虽然占据优势，但并不明显，缺口随时都可能封闭。

提醒： *有些缺口是主力为欺骗中小散户故意制造出来的，对于这一点，投资者也应注意。*

在分析缺口时，对于个股因送股、转股、配股、分红等原因形成的缺口，要忽略不计，因为这些缺口不是真正意义上的缺口，是由于技术原因带来的缺口，而不是市场博弈过程中出现的缺口；另外，对于新股或新上市的权证等，由于市场机制导致上市后连续涨停，这些缺口也要忽略不计。

提醒： *面对缺口，投资者要学会区别对待，看清楚是什么原因造成的缺口。只有真正的市场博弈形成的缺口才是投资者需要重点关注的，也才是真正有价值的缺口；对于其他因历史遗留问题、计划原因导致的缺口，要忽略不计。*

8.2　缺口的分类

按缺口对趋势的影响来分，也是经典的缺口分类方法，缺口共有四种类型，分别是普通缺口、突破缺口、持续缺口和衰竭缺口。

8.2.1　普通缺口

普通缺口经常发生在股票交易量很小的市场情况下，或者是股价做横向整理运动的中间阶段，或者是在诸多价格形态的内部。发生原因往往是市场投资者毫无兴趣，市场交易清淡，相对较小的成交量便足以导致价格跳空。一般情况下，普通缺口会在极短的时间内给予回补，即可忽略不计。普通缺口如图8.3所示。

图8.3　普通缺口

8.2.2　突破缺口

突破缺口通常发生在重要的价格区间，例如，在股价横向整理到需要一举突破支撑线的时候，或者是在头肩顶（底）形成之后股价需要对颈线进行突破时，或者在股价对重要均线进行跨越式突破的时候，就常常会出现跳空缺口。它反映市场投资者的一致思维和意愿，也预示着后市的价格运动会更大、更快。

由于突破缺口是在突破重要价格区域发生的，所以此处不看好突破的抛盘将被完全吃掉，而看好突破的抛盘则高价待售，因此，买盘不得不高价成交，在此形成向上跳空缺口，所以，这里常常伴有较大的成交量。这种重要区域价格突破一旦成功，其跳空缺口往往不易被完全封闭。

提醒：如果缺口很快被封闭，价格重新回到缺口下方，说明突破是假突破。

总之，突破缺口具有强烈的方向性选择意义，一旦出现，往往在短时间内市场不会回补缺口。向上突破缺口如图8.4所示。

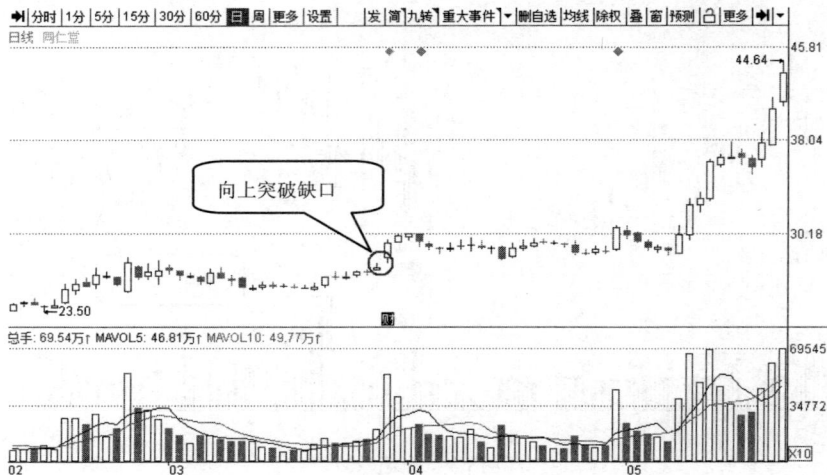

图8.4　向上突破缺口

8.2.3　持续缺口

在突破缺口发生之后，如果市场前进的趋势依然明显，一方推动热情高涨，那么价格会再度跳跃前进，即再次形成一个跳空缺口或一系列跳空缺口，这种缺口称之为持续缺口。持续缺口常常伴随着中等的成交量，表明对趋势发展有利。在上升趋势中，持续缺口的出现表明市场坚挺；在下降趋势中，则显示市场疲软。注意：持续缺口一般也不会很快被封闭，如果价格重新回到持续缺口之下，对原趋势不利。

一般而言，在突破缺口发生之后，第二个明显的缺口往往是持续缺口，而不是衰竭缺口。持续缺口的出现，意味着行情将会突飞猛进，其运动空间至少为第一个跳空缺口到这个缺口之间的距离。如果出现多个持续缺口，则价格运动空间的预测将变得比较困难，但也意味着衰竭缺口将随时来临，或者最后一个"持续缺口"就是衰竭缺口。持续缺口如图8.5所示。

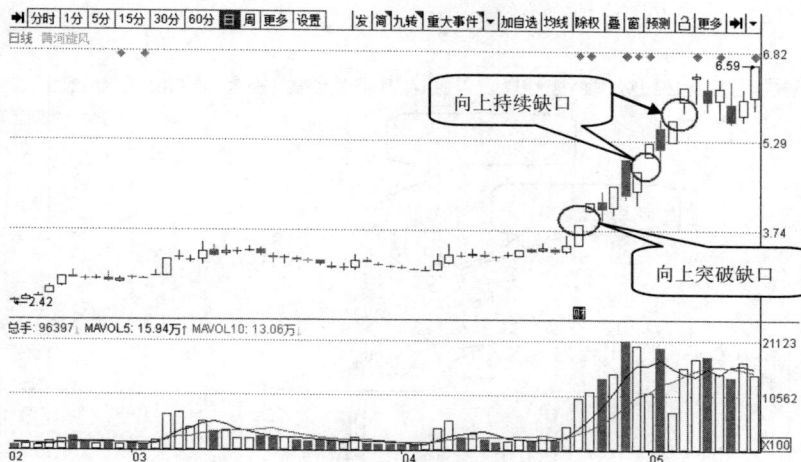

图8.5　持续缺口

8.2.4　衰竭缺口

衰竭缺口常常出现在行情趋势将要结束的末端。在突破缺口和持续缺口均已清晰可辨，同时测量的价格目标已经到达后，很多投资者就开始预测衰竭缺口的降临。在上升趋势的最后阶段，股价往往会随着盲从者的疯狂进入快速拉升行情，但清醒的投资者则开始平仓了结。随着主力的平仓动作，衰竭缺口出现后往往会有一段时间的价格滑落，并伴随着巨大的成交量。当后续的价格低于最后一个缺口时，意味着衰竭缺口形成，后市多方开始回撤。衰竭缺口如图8.6所示。

提醒：衰竭缺口出现后，价格可能还会继续走高，但它预示着价格在最近一段时间内要回撤，最后的疯狂要结束。

当缺口达到三个或三个以上时，在没有出现价格回撤并对前一缺口进行封闭前，很难知道哪一个缺口是衰竭缺口，只可能从测量目标中获得一点答案。即如果在第二个缺口来临后，价格运动空间没有达到从第一个缺口到这个缺口之间的距离，那么，在此阶段出现的第三个缺口就可能是持续缺口，直到所测量的价格目标达到为止。

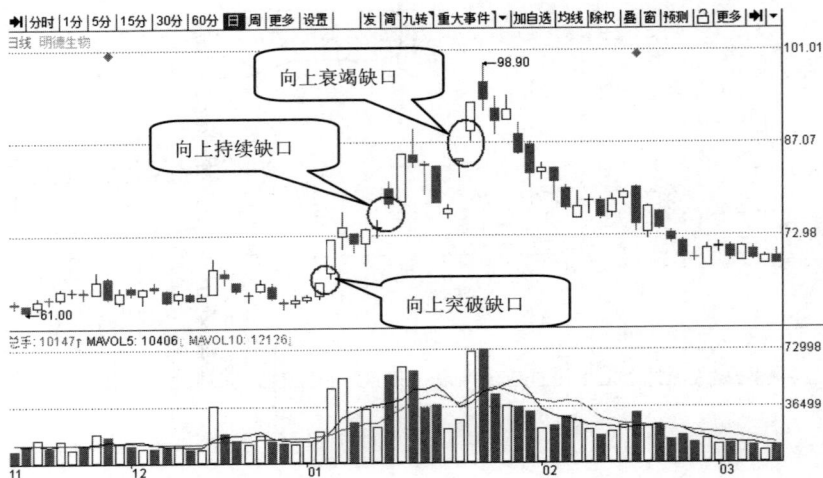

图8.6　衰竭缺口

8.3　底部反转阶段缺口量化实战技巧

股价经过大幅下跌并探明底部区域，在这里股价就开始震荡盘升，如果在这一期间产生缺口，一般都为普通缺口，只有最后一个突破重要阻力线（如底部反转形态的颈线）形成的缺口才是突破缺口。

股价在底部反转阶段，经常会出现很多普通缺口，投资者要认真识别，特别是对于看似不起眼的小缺口，千万不要粗枝大叶，错过可以让你获利的缺口。即使只有一分钱的跳空缺口，也是一种缺口，并且具有意义，即可以反映多空双方的一些蛛丝马迹。通过小小的缺口，可以揭示深层次的博弈，可以预测其后的行情，即暴风雨或艳阳天。

8.3.1　普通缺口必回补量化实战案例

在底部反转阶段形成的过程中, 无论缺口有多少, 投资者都要清楚, 缺口最终大多都会回补。

图8.7显示的是ST德威（300325）2021年1月25日至2021年7月5日的日K线图。

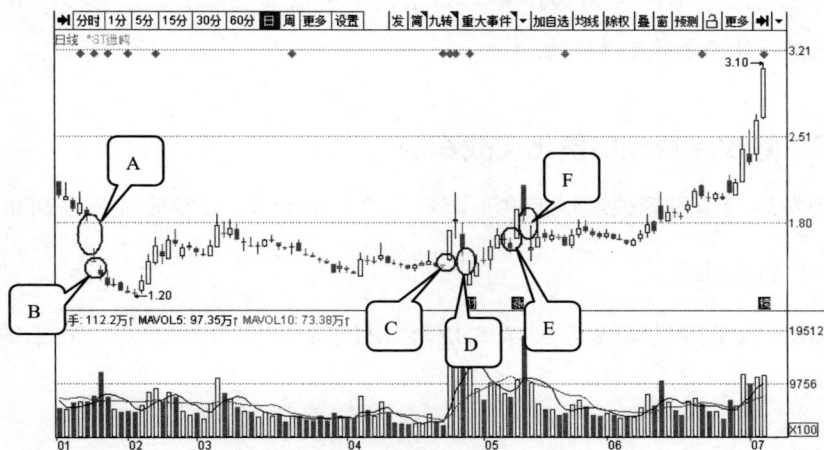

图8.7　ST德威（300325）2021年1月25日至2021年7月5日的日K线图

在A和B处, 股价在下跌过程中出现向下跳空缺口, 首先确认这里是底部区, 所以这个向下跳空缺口不是向下突破缺口, 而是普通向下跳空缺口, 根据缺口要回补的理论, 在该次回调后, 要抓住反弹行情, 即要回补A和B处的缺口。

提醒: 可以根据K线技术及时跟进, 至少看到把A处缺口回补。

由图8.7可以看到, 股价快速下跌后, 然后开始反弹上涨, 回补了A和B处缺口。股价回补缺口后, 再度回调, 但没有再创新低, 然后又继续震荡盘整。

在C处, 股价出现一个向上跳空缺口, 这里是普通缺口, 往往会回补, 所以这一波反弹上涨出现长十字线后, 就会卖出。

随后股价开始下跌，在D处出现向下跳空缺口，这也是普通缺口，也会回补，所以股价企稳后，就可以继续做多，看缺口回补。

同理，在E和F处也出现跳空缺口，可以根据缺口回补理论，进行短线操作，也会有不错的投资收益。

提醒：在底部反转阶段的左边出现向上跳空缺口，基本上是一种普通缺口，这里要回避这次反弹，耐心等待回补缺口。在震荡下行中，出现向下跳空缺口，一般都要考虑把握补缺带来的反弹行情。

8.3.2 除权除息缺口量化实战案例

因发放股票股利或现增而向下调整股价就是除权，因发放现金股利而向下调整股价就是除息。

图8.8显示的是英飞特（300582）2021年2月4日至2021年7月5日的日K线图。

图8.8 英飞特（300582）2021年2月4日至2021年7月5日的日K线图

投资者要注意A处的缺口太大，不可能是市场博弈产生的缺口，因为涨跌停为20%的交易规则下不可能出现这么大缺口，所以这里的缺口可以忽略不计。实际上A处的缺口是除权除息缺口，仅仅是技术缺口。

单击该缺口下方的"q"，就可以看到该股的权息资料信息，即可以看到最近几年配股分红的信息，如图8.9所示。

单击"财务分析"选项卡，就可以看到该股最近几年的季报、中报、年报的时间及标题信息，如图8.10所示。

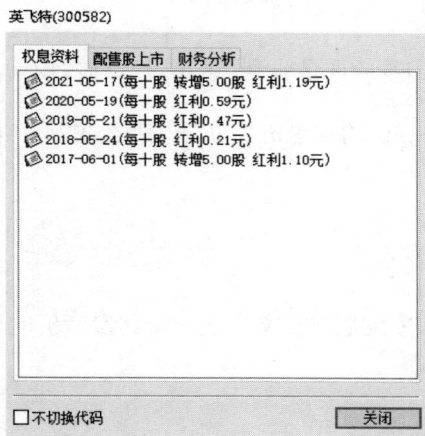

图8.9　权息资料信息　　　　　　　　　图8.10　财务分析

除权除息的产生是因为投资者在除权或除息日之前与当天购买者，两者买到的是同一家公司的股票，但是内含的权益不同，显然相当不公平。因此，必须在除权或除息日当天向下调整股价，称为除权或除息参考价。

（1）除权参考价的计算

当公司发放股票股利时，流通在外的股数增多，发放股票前后，公司整体价值不变，但股数增多，所以在除权后，每股价值就会下降，称为除权参考价。

除权参考价=前一交易日该股票收盘价÷(1+配股率)

例如：某上市公司决定在2021年7月15日发放股票股利，每10股转增5股，这样配股率为（5÷10＝0.5）。7月14日的收盘价为36元。那么在7月15日除权当天的参考价为36÷（1+0.5）＝24（元）。

（2）除息参考价的计算

为使除息前(含现金股利)与除息后所买到的价格一致，公司在发放现金股利时，将股票的价格，按照现金股利予以同等金额的下降，此为除息参考价。

除息日申报参考价 = 前一交易日收盘价 – 现金股利金额

例如：某上市公司决定在2021年7月15日发放现金股利，每10股红利为12元，那么现金股利金额为12÷10＝1.2（元）。7月14日的收盘价为36元。那么在7月15日除息当天的参考价将为36–1.2＝34.8（元）。

（3）既除权又除息的参考价计算

现在很多上市公司在发放股利时，会采取配股加配息的方式。其参考价的计算方法为：

除权又除息参考价=(前一交易日该股票收盘价−现金股利金额)÷(1+配股率)

下面来计算一下英飞特（300582）2021年5月14日（星期五）这一次配股的参考价。5月14日，英飞特（300582）的收盘价为17.96元，配股信息为每10股转增5股，红利为1.19元。

除权又除息参考价=(前一交易日该股票收盘价−现金股利金额)÷(1+配股率)＝（17.96−1.19÷10）÷(1+5÷10)＝17.848÷1.5＝11.89（元）。

为了更好地查看股票的趋势，需要对股票进行复权。所谓复权就是对股价和成交量进行权息修复，按照股票的实际涨跌绘制股价走势图。复权又分两种，分别是向前复权和向后复权。

（1）向前复权

向前复权，就是保持现有价位不变，将以前的价格缩减，将除权前的K线向下平移, 使图形吻合, 保持股价走势的连续性。在日K线图的空白处, 单击右键, 在弹出的菜单中单击"复权/向前复权"命令, 如图8.11所示。

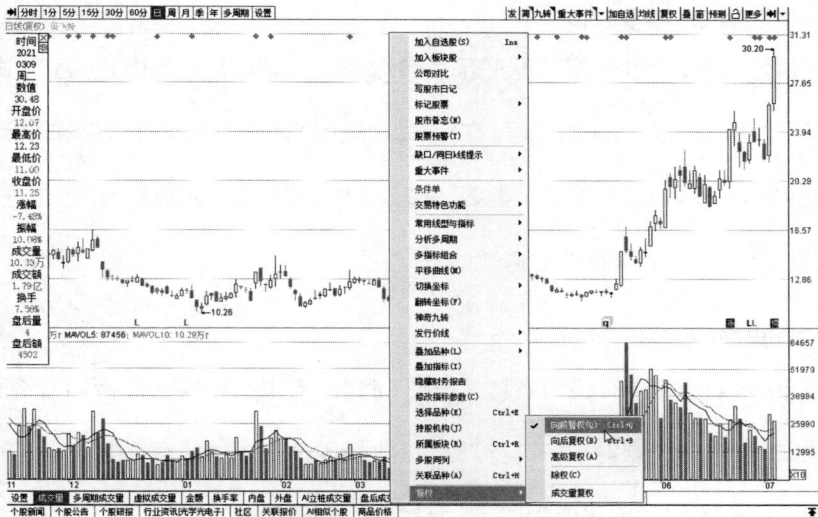

图8.11　向前复权

（2）向后复权

向后复权, 就是保持先前的价格不变, 而将以后的价格增加。

在股市中, 除权除息多半被看成偏多, 常有所谓除权行情, 其实这是股数增多造成的错觉。若要参加除权除息, 要选择股本小, 产业前景好, 而且获利丰富的公司, 采取中长期投资策略, 填权的可能性较大, 能将参加除权除息的风险降到最低。

8.4　上涨阶段缺口量化实战技巧

股价在底部反复盘整后, 然后形成底部反转形态, 股价突破底部形成的颈线后就开始进行上涨阶段, 下面来看一下该阶段缺口的特点及实战技巧。

8.4.1　上涨阶段缺口的特点

上涨阶段缺口的特点有五项，具体如下：

1. 关注第二个重要缺口

一般情况下，上涨阶段是从底部反转形态的突破缺口开始的，一直到最后衰竭缺口出现作为进入结尾的信号。在突破缺口和衰竭缺口之间必然存在着持续缺口，特别是突破缺口后的第二个重要缺口。所谓重要缺口，就是持续缺口，但不是指在上涨过程中很快回补的普通缺口。

2. 利用周K线图识别缺口

对于小的上涨行情，投资者易于把握。但是，对于一波较大的行情，常常出现很多缺口，投资者很难对缺口进行判断，这时可以利用周K线图来观察，即利用时间跨度比较长的波动来化繁为简，从而找到大行情中的缺口，通过这些缺口找出一些规律和信号。

3. 重要缺口不会轻易回补

面对上涨阶段的缺口，有一点必须记住，那就是对于这个阶段出现的重要缺口，市场不会轻易回补。毕竟，在上升趋势前面，重要的向上跳空缺口带来的更多是打开阶段性的上升空间，是更多的机会，其所蕴含的风险只有在市场完全转势时才有可能发生。

4. 认清向下跳空缺口的本质

在上涨阶段，多空双方有时候在关键的位置博弈是相当激烈的，或者说多空双方在特定的环境下博弈比较反复，特别是当空方占据一定优势的时候，向下跳空缺口可能随时产生。此时，投资者要认清其产生的区域及是否会对大的上升趋势带来质的改变，如果仅仅是震荡洗盘，对大的上升趋势没有威胁，那么，面对这样的缺口，更多的是机会，短期回补继续向上的概率很大。

5. 衰竭缺口

由于上涨阶段的尾声是由于加速后的再加速的反转，这个过程很多时候都意味着时间跨度短，因此，在周K线上，衰竭缺口未必能体现出来。所以，衰竭缺口经常需要在日K线图中寻找，所以，在上升阶段的尾声，要学会化简为繁，要把重点放在日K线图上。

总之，上涨阶段是个重要的环节，对于中小散户而言，是一个黄金时期，关键在于如何充分把握和利用缺口进行操作。

8.4.2　上涨阶段缺口量化实战案例

图8.12显示的是比亚迪（002594）2020年6月23日至2021年1月4日的日K线图。

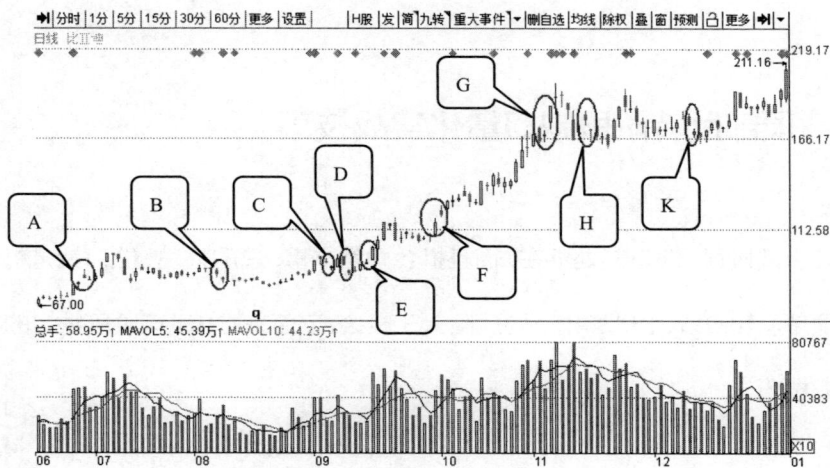

图8.12　比亚迪（002594）2020年6月23日至2021年1月4日的日K线图

在A处，股价在上涨过程中跳空高开，形成一个向上跳空缺口，根据其后走势可以看出，该缺口在上涨过程被回补，所以这是一个普通缺口。

在B处，股价在回调的过程中出现向下跳空缺口，这是一个送钱行情，投资者只要能看懂，应该可以跟进获利。

在C和D处，都是回调过程中出现向下跳空缺口，是送钱行情，投资者只要能看懂，应该可以跟进获利。

在E处，股价在上涨过程中跳空高开，形成一个向上跳空缺口，根据其后走势可以看出，该缺口在上涨过程中没有被回补，所以这是一个重要的持续缺口。

同理，F处也是一个重要的持续缺口，因为在上涨过程中没有回补。

在G处，股价在上涨过程中跳空高开，形成一个向上跳空缺口，根据其后走势可以看出，该缺口在上涨过程被回补，所以这是一个普通缺口。

在H处，股价在回调过程中出现向下跳空缺口，这是一个送钱行情，投资者只要能看懂，应该可以跟进获利。

同理，在K处也是一个下跳空缺口，是一个送钱行情。

8.5　顶部反转阶段缺口量化实战技巧

在上涨阶段，缺口无处不在，而且机会异常丰富，总的来说，缺口就是机会。但在顶部反转阶段，出现缺口，则风险大于机会，下面来看一下该阶段缺口的特点及实战技巧。

8.5.1　顶部反转阶段缺口的特点

顶部反转阶段缺口的特点，有四项，具体如下：

1. 要用日K线分析顶部反转阶段缺口

顶部反转阶段是大起大落四个阶段中最为短暂的一个阶段，道理也简单，顶部往往都是疯狂状态下形成的，疯狂状态在市场的具体表现形式就是剧烈、快速，所以，顶部一般都比较短暂。因此，不能利用大周期来分析顶部，因为大周期中的顶部很少出现缺口。

2. 两个重要的缺口

在日K线图中，要重点关注顶部反转阶段中的两个重要缺口，第一是疯狂顶部小形态的向下突破缺口；第二是顶部大形态形成的向下突破缺口，即向下突破顶部形态颈线的缺口。小形态中的缺口告诉投资者形势有些不妙，需引起警惕；大形态中的缺口告诉投资者股价开始大幅下跌，前期没有逃的，这里快逃。这两个缺口都是方向性非常明确的缺口，投资者要相当关注其存在的巨大风险。

3. 普通缺口多看少动

在顶部反转阶段，股价来回反复是难免的，在这个过程中就可以出现缺口，但要记住的是，这些缺口的出现是在顶部小形态的突破缺口与最后大形态确认的突破缺口之间出现的，所以这些缺口投资者最好多看少动，不能进行实战操作，如果投资者是短线高手，可以利用少量资金进行小区域内的操作。

提醒：在顶部反转阶段的缺口显示的是风险，而不是机会，最好不要参与。

4. 缺口必补

在上涨阶段，积累了大量的向上跳空缺口没有回补，一旦大势走坏，这些上涨阶段形成的缺口就具有相当大的牵引力，一般情况下都会被回补。即当市场异常疯狂或个股异常疯狂时，这个阶段出现的缺口如果短期没有回补的话，那么中期是必须回补的。对于这一点在实战中具有相当重要的实用价值。

顶部反转阶段一旦有形成的雏形，就要看看那些在上涨阶段接近尾声时形成的向上跳空缺口离现在的股价有多远，如果还很远，则意味着调整还有相当一段时间；如果比较近，则意味着调整即将结束。

8.5.2　顶部反转阶段缺口的实战案例

图8.13显示的是比亚迪（002594）2020年1月4日至2021年5月7日的日K线图。比亚迪（002594）的股价经过较长时间、较大幅度的上涨之后，进入高位震荡区。在A处是一个向上跳空缺口，但很快回补，所以是一个普通缺口。

在B处是这一波最后一个向上跳空缺口，可以认为是衰竭缺口，缺口也很快被回补。股价在高位震荡之后，在C处出现一个向下跳空缺口，这是一个向下突破跳空缺口，也表示股价要开始下跌。注意，C处的缺口短时间内是不会回补的。

在D处，股价又出现一个向下跳空缺口，这是一个普通缺口，很快被回补。但需要注意的是，在明显的下跌行情中或下跌初期，最好不要抢反弹，因为很容易被套在高位上。

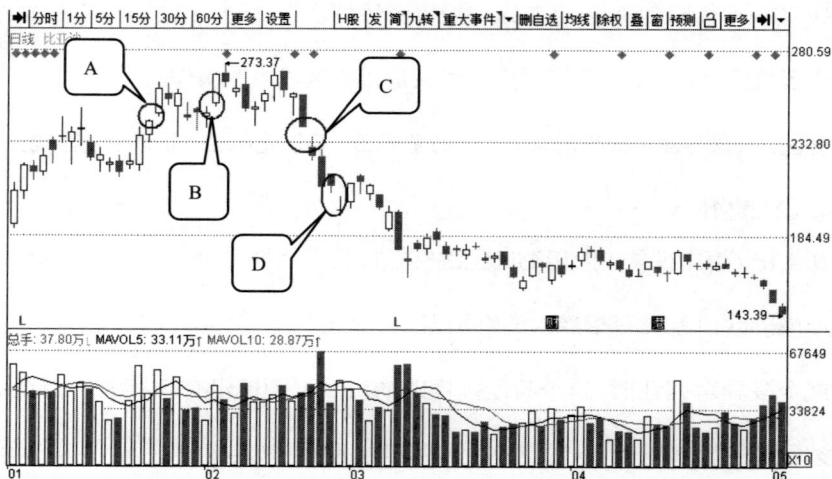

图8.13　比亚迪（002594）2020年1月4日至2021年5月7日的日K线图

8.6　下跌阶段缺口量化实战技巧

一旦进入下跌阶段，投资者就会发现原来那些在上涨阶段积累的未回补缺口，一下子就从原来的"低低在下"开始变得"逐渐触手可及"，下面来具体看一下下跌阶段缺口的特点及实战技巧。

8.6.1　下跌阶段缺口的特点

下跌阶段缺口的特点有三项，具体如下：

1. 利用周K线图识别下跌阶段缺口

下跌阶段是一个较为漫长的过程，不可能一步到位，此时可以利用周K线进行分析。在整个下跌阶段，投资者要耐得住寂寞，轻易不要去抢反弹，只有探明底部再进行操作。要重点关注关键性的缺口是否已经被回补，如果没有回补，只能进行短线的快进快出操作。

2. 周线缺口显示下跌容易上涨难

下跌阶段在周K线上的缺口往往会明显少于上涨阶段，关键是少了一些普通缺口，这样会极大地加强对市场走势的准确判断。

3. 周线缺口明思路，日线缺口找战机

通过周K线的视野，可以指导投资者在大方向上的具体策略，但具体的短期实战策略，必须站在日K线的视野上来剖析。日K线图比起周K线图，无疑会复杂得多，但正是因为复杂，才有可能发现一些阶段性的机会。

8.6.2　下跌阶段缺口的操作原则

下跌阶段缺口的操作原则有四点，具体如下：

1. 机会在明显向上跳空缺口后

在下跌过程中，一旦出现明显的向上跳空缺口，也就意味着短期多方能量达到相对优势，要进行宣泄。而在该过程中，多方能量往往不会很快消失，会有一定的反复，而这正是最好的作战机会。当向上跳空缺口出现后，很容易激发那些伤痕累累的投资者的希望，有希望就会折腾，虽然这最后的结果依然是下跌，但这短暂的折腾对于短线机会而言往往是足够的。

2. 下跌初期不参与

下跌过程可以细分为三个部分，分别是初期下跌、继续下跌和最后一跌。这三部分往往都会伴随着一定的反弹，道理很简单，多空双方都是在博弈中前行的，有空方就有多方。

"初期下跌"后对于多方而言，幻想必然是存在的，一旦空方能量阶段性变弱，多方就会抓住机会进行反攻，不过在大趋势面前，最终往往都是回天无力，只能稍微挣扎一下而已，因此，其反弹的时间相当短暂，所以，这里参与的风险太多。

3. 继续下跌在明显向上跳空缺口参与

继续下跌部分属于空方力量已消耗一部分，市场短期机会就会多一些，在出现明显向上跳空缺口后，投资者可以采取快进快出策略，用优势兵力迅速获取收益，然后获利出局，再耐心等待新的缺口机会。

4. 最后一跌不参与

最后一跌往往发生在继续下跌之后，市场进入彻底绝望状态，此时下跌是非理性的，因此有时跌起来不知会跌到哪里才会止跌，因此，在这个过程中最好不要参与。

8.6.3 下跌阶段缺口量化实战案例

图8.14显示的是新希望（000876）2020年2月1日至2021年6月17日的日K线图。

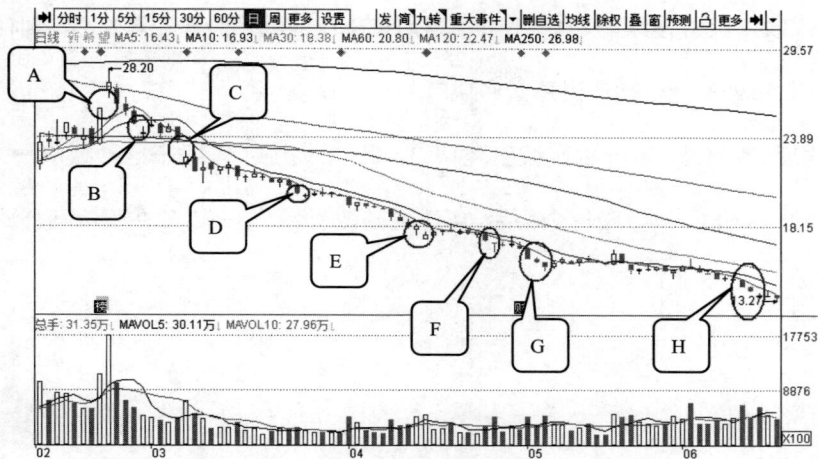

图8.14 新希望（000876）2020年2月1日至2021年6月17日的日K线图

新希望（000876）的股价在明显的下跌行情中出现反弹，这一波反弹正好反弹到120日均线附近，创出28.20元反弹高点。

在A处，出现一个向上跳空缺口，注意：这是下跌行情中的反弹行情，所以抄底多单注意止盈。

反弹结束之后股价就开始下跌，把A处的缺口补上，表明A处的缺口是普通缺口。

在B处，出现一个向下跳空缺口，但很快就反弹补上该缺口，表明B处的缺口也是普通缺口。

股价在30日均线上方反弹震荡后，然后在C处，一个向下跳空缺口跌破30日均线，这是一个向下突破缺口，意味着反弹结束，开始新的下跌行情。注意：C处的缺口短时间内是不会被回补的。

在D处，出现一个向下跳空缺口，但很快就反弹补上该缺口，表明D处的缺口也是普通缺口。

同理，E和F处的缺口，都是普通缺口，因为很快回补。

在G处，股价连续出现缺口，即有两个缺口，但随后股价出现反弹，回补了缺口，所以，G处的两个缺口也是普通缺口。

同理，在H处，股价也连续出现缺口，即有两个缺口。对于这种缺口，由于股价已经处于下跌后期，股价企稳后，可以进场做反弹，但一定要在股价回补缺口后卖出。

第 9 章

K线底部形态量化实战技巧

K线底部形态的出现，意味着下跌趋势的结束，新的一波上涨趋势的开始，所以，中长线资金这时介入风险较小，收益最大。

本章主要内容包括：

- 股市的大底
- 股市的中期底部和短期底部
- 初识K线形态
- 头肩底量化实战技巧
- 双底量化实战技巧
- V形底量化实战技巧
- 圆底量化实战技巧
- 潜伏底量化实战技巧

9.1 初识K线底部

无论是大盘指数还是个股,一旦走熊,最终的底部是很难预测的。但底部区域来临时,具有丰富实战经验的理性投资者可以凭借知识和经验做出正确的判断。股市底部可以分为三大类,分别是大底(长期底部)、中期底部和短期底部。

9.1.1 股市的大底

大底,又称长期底部,是熊市和牛市的临界点。长期底部的形成有两个重要的前提,具体如下:

第一:导致长期弱势的宏观基本面利空因素正在改变过程当中,无论利空因素消除速度的快慢,最终结果必须消除;

第二:在一个极低股价水平的基础上,投资者的信心开始恢复。

大底最终形成可能是利用某种利好题材促成的,但利好题材只是一个开头,绝不是反转的全部原因。只有市场存在空翻多的内在因素,才有走大牛势的可能性。

图9.1显示的是深证成指(399001)大幅下跌后出现的大底。

大底的特征共有九点,具体如下:

1. 投资者普遍亏损

绝大多数投资者出现亏损,并且亏损幅度在50%以上,即使是主力机构也未能幸免。

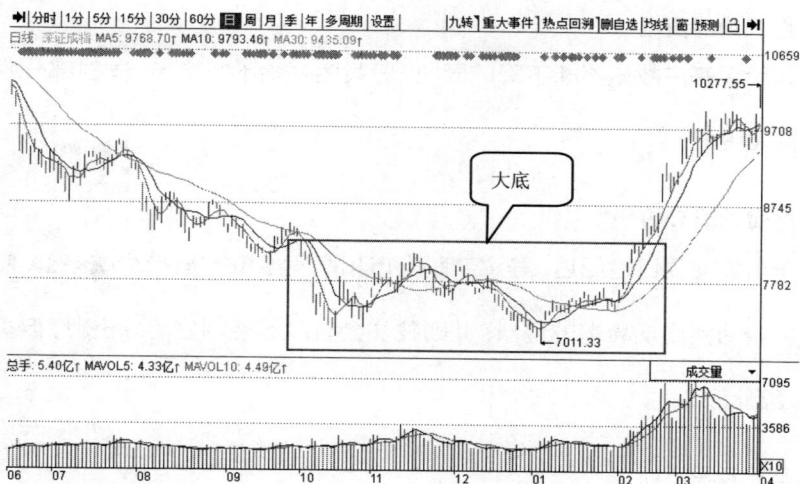

图9.1　深证成指（399001）大幅下跌后出现的大底

2. 股指快速下跌

当股指走势形成顶部后，一旦趋势反转的迹象出现，即使股指连续下跌20%也不会出现反弹的行情；同时，在跌势途中出现连续数日的巨幅阴线，促使股指快速下滑。

3. 市场大面积跌停

在市场需要释放空头卖压时，由于无人愿意进场承接，往往会出现大面积跌停的现象，有时跌停的个股会达到沪深两市股票总数的70%以上。

4. 抗跌股补跌

当绝大多数股票都已经深幅下跌后，前期一些较为抗跌的强势股也开始出现补跌行情，无论是大盘蓝筹股、绩优股，还是基金重仓扎堆股，纷纷开始破位下行。

5. 股指连续破位

一些具有历史意义的、曾经被认为牢不可破的重要支撑位往往会被轻易击穿，而股指的某些整数关口也常常接连丢失，市场形成"熊市不言底"的状态。

6. 股民纷纷离场

在新股民开户数量不断下降的同时，旧股民开始不断离场，同时部分股民发誓再不进入股市。

7. 融资功能衰竭

由于市场交易日趋低迷，导致新股上市和增发融资被迫减少或停止，使证券市场的融资功能出现衰竭的现象；此时往往会有政策性利好消息出现，但投资者却普遍逢高减磅。

8. 舆论反思不断

熊市思维畅通无阻，股民对各种利好消息充耳不闻，同时怨声载道；而新闻舆论则不断对股市现象进行反思或抨击，促使政策改良。

9. 末期成交量增加

在股市持续下跌时间超过一年且下跌幅度超过50%以后，如果市场上的成交量开始持续增加，说明有新资金开始进场，等想卖股票的几乎都卖光后，市场底部就会出现。即只有等到中长线筹码和严重套牢盘不计成本地抛售，且市场出现巨大承接力量时，才说明市场已经临近长期的重要底部。

9.1.2 股市的中期底部

中期底部一般是在跌势持续时间较长，跌幅在50%以上，之后才会出现的中级反弹。中期底部的出现不需要宏观基本面因素的改变，但往往需要消息面的配合，即先利用重大利空使股价加速下跌，然后再利用利好消息配合市场形成触底反弹走势。

图9.2是上证指数（000001）大幅下跌后出现的中期底部。

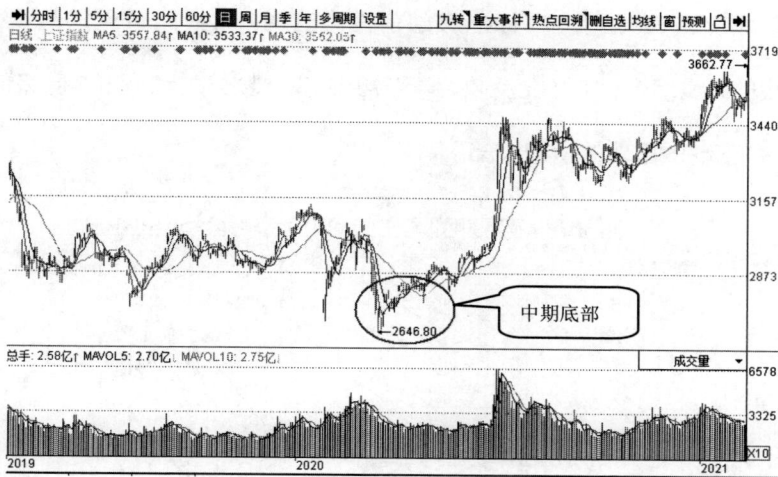

图9.2　上证指数（000001）大幅下跌后出现的中期底部

中期底部的特征共有五点，具体如下：

（1）个股往往通过半个月至两个月的周期，形成头肩底、W底、V形底、圆弧底等形态。

（2）股价常常运行在45日均线之上，即使出现回调，也往往不会有效跌破90日均线。

（3）股价回调的幅度往往会比较深，但通常不超过前面上涨幅度的50%。

（4）股价回调的时间往往不会太长，通常不超过两个月。

（5）个股往往呈现出上涨有量而回调无量的现象，说明市场抛压较轻，主力没有出局。

9.1.3　股市的短期底部

短期底部是指股价经过一段时间的连续下跌之后，因为导致短期技术指标超卖，从而出现股价反弹的转折点。

短期底部以V形居多,在探出底部前常常出现2~3根比较大的阴线,然后出现见底的K线组合,如好友反攻、曙光初现、早晨之星等。图9.3是深证成指（399001）下跌时出现的短期底部。

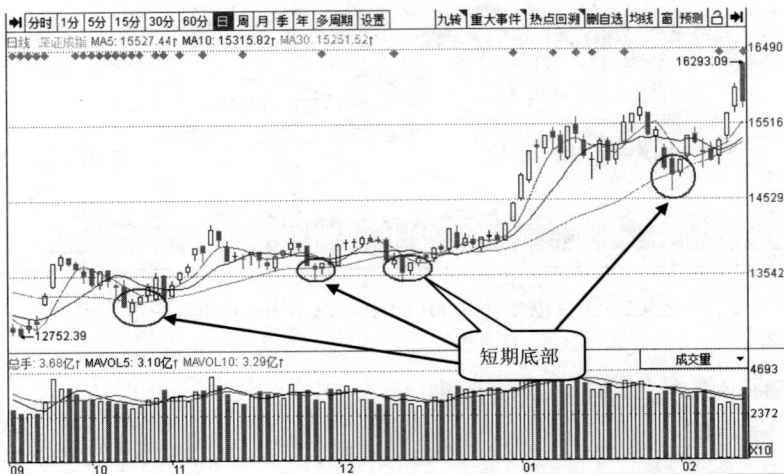

图9.3　深证成指（399001）下跌时出现的短期底部

短期底部的特征共有五点,具体如下:

（1）个股日K线图上常常会出现长下影线或锤子线等带有触底反弹意义的K线。

（2）股价回落到5日、10日、30日均线时经常获得支撑,或快速上穿5日、10日等均线。

（3）股价的回落幅度往往很小,回落时间以天来计算。

（4）由于时间太短,成交量可能放大也可能不放大,但基本上不会改变股价上升的趋势。

（5）市场人气比较旺盛,热点持续不断,人们仍然积极看多。

9.2　初识K线形态

K线图是记录股票价格的一种方式，在股价起起落落的时候，它们都会在图表中留下一些投资者购买或抛售的预兆。K线形态分析就是根据K线图表中过去所形成的特定价格形态，预测股价未来发展趋势的一种方法。当然，这是一种纯粹的经验性统计，因为在股票购买或抛售的过程中，K线图常常会表现出一些可以理解的、重复的价格形态，如M头、W底等。

股价的运行总伴着上涨和下跌，如果在某一时期趋势向上，虽然有时出现下跌，但却不影响升势，即股价不断创出新高，使投资者看好后市；如果在某一时期，趋势向下，虽然有时出现上涨，但却不影响跌势，即股价不断创出新低，使投资者看淡后市。从一种趋势向另一种趋势转换，通常需要一段酝酿时间，在这段时间内，趋势如果转换成功，就是反转形态，如果转换不成功，即还按原来的趋势运行，就是整理形态。

反转形态的形成起因于多空双方力量对比失去平衡，变化的趋势中一方的能量逐渐被耗尽，另一方转为相对优势。它预示着趋势方向的反转，股价在多空双方力量平衡被打破之后探寻新的平衡。在股市中，反转形态是重要的买入或卖出信号，所以，投资者要掌握并灵活运用反转形态。

反转形态可以分为两类，分别是底部反转形态和顶部反转形态。底部反转形态，共五种，分别是头肩底、双底、V形底、圆底、潜伏底。顶部反转形态共四种，分别是双顶、头肩顶、尖顶、圆顶。

9.3　头肩底量化实战技巧

头肩底是常见的、经典的底部反转形态,当大盘或个股中出现这种K线形态时,上涨的概率很大。

9.3.1　头肩底的特点

头肩底的特点共有四项,具体如下:

第一,急速下跌,随后止跌反弹,形成第一个波谷,就是通常所说的"左肩"。

第二,从左肩底回升受阻,股价再次下跌,并跌破左肩低点,随后止跌反弹,就是通常所说的"头部"。

第三,从头部底回升,并在左肩顶受阻,然后第三次回落,并且左肩底相同或相近的位置止跌,就是通常所说的"右肩"。

第四,左肩高点和右肩高点用直线连接起来,就是一根阻碍股价上涨的颈线,但右肩反弹时,会在成交量放大的同时,冲破该颈线,并且股价站上颈线上方。

头肩底如图9.4所示。

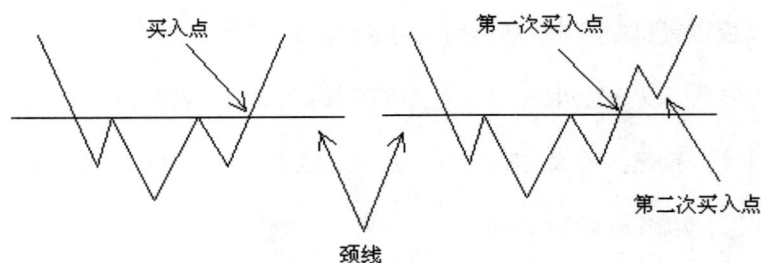

图9.4　头肩底

提醒: 头肩底是很常见的底部形态,投资者要认真学习和分析,并能灵活应用。

还要注意，若股价向上突破颈线时，成交量没有显著增加，很可能是一个"假突破"，这时投资者应逢高卖出。

9.3.2　头肩底形态的注意事项

在形成头肩底形态的"左肩部分"时，成交量在下跌过程中出现放大迹象，在左肩最低点出现见底K线组合，从最低点回升时成交量有减少倾向，表明主力开始吃货。

在形成头肩底形态的"头部部分"时，成交量会有所增加，表明主力为得到更多的廉价筹码，借利空消息和先以向下破位的方式，制造市场恐慌情绪，让一些长期深套者觉得极度失望后，向外大量出逃，这样主力就可以乘机把投资者低位割肉的筹码照单全收。

在形成头肩底形态的"右肩部分"时，成交量在下跌过程中极度萎缩，而在反弹时成交量明显增加。表明在下跌时已经很少有人抛货，而在上升时，主力在抢筹。

提醒：判断形态，重点看形态的图形，成交量可以配合，也可以不配合，成交量配合表示主力操作成功，以后升幅可能较大。

头肩底的底部转势信号要比双底强，因为双底形态只经过两次探底，对盘面的清理不如头肩底那么彻底、干净，这也是双底冲破颈线后，一般要回调确认的原因。

9.3.3　头肩底形成过程中的操作要点

投资者一定要明白，前面讲解的头肩底是一个标准图形，而在实战中标准的头肩底图形几乎是不存在的，在具体操作中，投资者要注意技术含义的相似，而不能死套图形。

头肩底与双底反转形态相同，必须有一个重要条件，即股价在下跌趋势中，如果股价已经过大幅下跌，并且头肩底形成的时间较长，一般会带来一轮幅度较大的上涨行情；如果股价下跌幅度很小或只是在震荡整理，并且头肩底形成的时间较短，一般只能带来一轮幅度较小的上涨行情，当然也可能是主力在反技术操作，在进行诱多散户，这一点投资者要注意。

头肩底操作的要点共有三项，具体如下：

1. 有依据的入场点

在头肩底走势中，最有依据的买入机会在向上突破颈线后，以及突破颈线后的回抽确认机会，是否能够入场或者说是否能按照头肩底来入场，需要更多局部走势与指标的配合来进一步判断。

2. 合理的止损位置

作为最有依据的止损价位，应该是头肩底形态的头部，只有头部被向下突破才能确认头肩底形态的失败；而在实际走势中，可能头肩底的幅度较大，而导致直接以下破最低位作为止损设置的幅度偏大，盈亏比并不合适，所以一般都以颈线为止损位置，即有效向下突破颈线就止损出局。

3. 理论最小目标的计算

理论最小目标为头肩底形态幅度向上直接翻一倍的距离，但这只是最小距离，实际走势中的幅度计算应该不止于此，应该更多地参考大形态上的走势，主要看股价所处的大形态运行阶段和节奏。

9.3.4 头肩底量化实战案例

图9.5显示的是西藏药业（600211）2021年1月25日至2021年5月19日的日K线图。

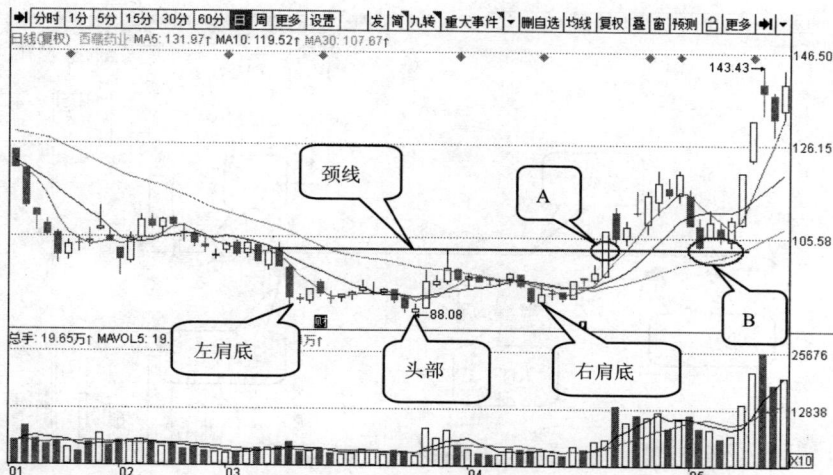

图9.5 西藏药业（600211）2021年1月25日至2021年5月19日的日K线图

西藏药业（600211）的股价经过大幅下跌后，在左肩处，主力开始建仓吃货；主力为得到更多的廉价筹码，就借利空消息和先以向下破位的方式，制造市场恐慌情绪，让一些长期深套者觉得极度失望后，向外大量出逃，这样主力就可以乘机把投资者低位割肉的筹码照单全收，即头部形成；然后为了清除短线投资者的浮动筹码，又向开成下跌，即形成右肩，注意形成右肩时，成交量很小，因为主力怕筹码砸出去后买不回来，然后放量突破颈线，即A处；最后回调确认，即B处，然后就一路上扬。投资者可以在颈线突破然后回落确认时买入，即B处。

在周K线图中，股价已经过大幅下跌后出现头肩底，由于跨度时间长，所以这个头肩底如果及时跟进，可以获得不错的收益。

图9.6显示的是黄河旋风（600172）2020年12月4日至2021年5月21日的周K线图。

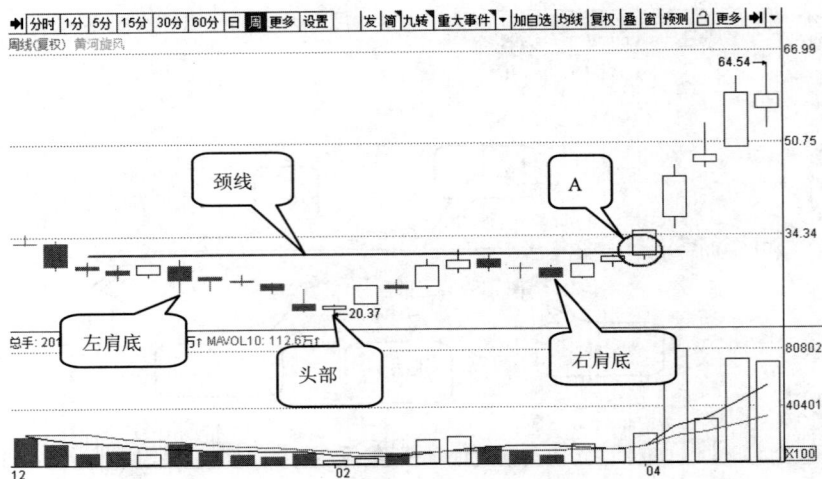

图9.6 黄河旋风（600172）2020年12月4日至2021年5月21日的周K线图

黄河旋风（600172）的股价在周K线图出现头肩底形态，然后在A处突破颈线，所以A处是最佳的买入位置。需要注意的是，这时的头肩底形态没有二次回踩，不能及时买进的投资者会错过机会。

下面再来看一下最小涨幅，从颈线到头部低点的距离为：31.54-20.37=11.17（元），那么理论最小涨幅是：31.54 + 11.17 = 42.71（元）。通过图9.6可以看出涨幅可不仅仅是这么一点儿，所以，这里只要及时跟进，就可以获利丰厚。

在下跌行情的初期或下跌的过程中，股价出现反弹，反弹出现假头肩底形态，对于这一点，投资者也要特别注意。

图9.7显示的是空港股份（600463）2020年8月27日至2021年1月13日的日K线图。

空港股份（600463）的股价经过一波上涨，创出9.55元高点。随后股价开始下跌，先是跌破5日均线，然后一根大阴线跌破30日均线，这样股价就进入空头行情。

股价经过连续下跌之后，出现反弹，反弹出现假的头肩底形态，所以投资者一定要看清楚，不要上主力的当，否则就会损失惨重。

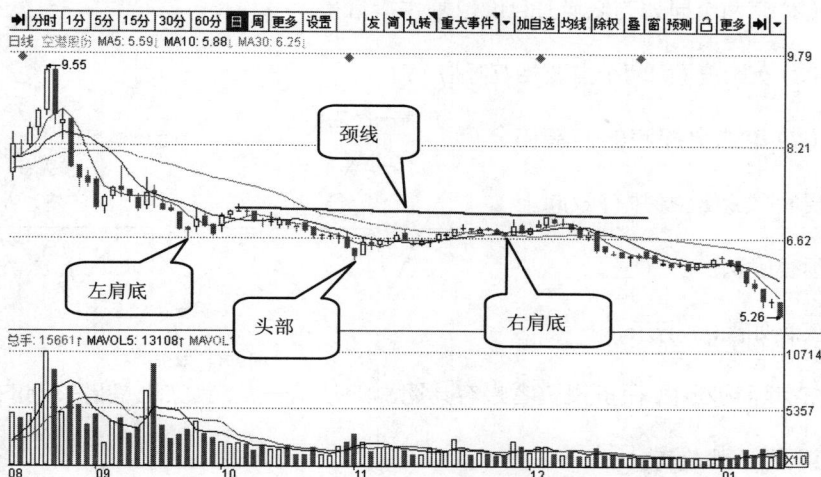

图9.7　空港股份（600463）2020年8月27日至2021年1月13日的日K线图

　　提醒： 在股市中，不要去猜底、猜顶，而是要学会根据情况去分析，站在主力的角度进行K线分析，实现与主力的对话，从而早一步了解主力动向，获利较好的收益。另外，股市中没有绝对的事，主力有时也要根据情况改变作战计划，散户要灵活应变。

9.4　双底量化实战技巧

　　双底，因其形状像英文字线"W"，所以又称"W底"，是很多投资者熟知的底部反转形态之一，但往往由于了解尚浅，只要见到W形状的都认为是双底，而按照双底的操作方法入场，最终的结果可想而知。

9.4.1　双底的特点

　　双底在构成前后有四个显著的要素，可以作为投资者判定某股在某阶段走势

是否为双底的依据, 具体如下:

(1) 原有趋势为下跌趋势;

(2) 有两个显著的低点并且价位基本接近;

(3) 有跨度 (即两个点要相互呼应);

(4) 第二次探底的节奏和力度要有放缓迹象并有效向上突破颈线确认。

双底如图9.8所示。

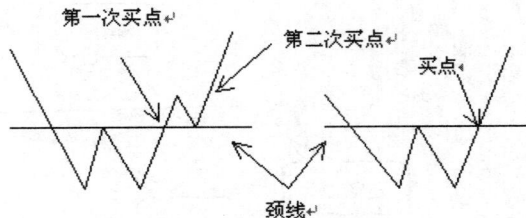

图9.8 双底

在实际判断中, 很多投资者最容易遗漏的是第一点, 其实也是最关键的一个点: 原来为下跌趋势。

9.4.2 双底形态的注意事项

在形成双底第一个底部后的反弹, 幅度一般在10%左右, 而在第二个底形成时, 成交量经常较少, 且市况沉闷, 因此, 很容易形成圆形的形态, 而上破颈线之时, 成交量必须迅速放大, 双底突破后常常有回抽, 在颈线附近自然止跌回升, 从而确认向上突破有效。

在双底形态中, 第二个低点一般比第一个低点高, 但也可能比第一个低点低, 因为对于主力而言, 探底必须要彻底, 必须要跌到空头恐慌、害怕, 不去持股, 这样才能达到低位建仓的目的。第一个低点与第二个低点之间的时间跨度不应少于1个月, 如果时间太短, 形成的双底可靠性就不强, 很可能是主力在诱多, 投资者要注意。

另外, 突破颈线的成交量必须放大, 但也不是越大越好, 即要有明显放量, 这是因为在关键阻力位, 多空双方都有大战, 即空方认为不能突破颈线, 而多方认为可以突破颈线, 双方在这里大战就必须放量, 但放量太大, 很可能是主力利用对倒进行诱多，即自己拉高出货，让看多的散户接盘。

在回抽时，成交量不能放大，要缩量，但成交量也不能太小。因为回抽是主力在清洗短线获利筹码，不是主力在出货，所以，成交量不能放大，而是缩量，但也不能没有成交量，没有成交量表明主力清洗获利筹码不成功，主力还有可能进一步洗盘。

提醒： 在股市中，主力想放大成交量很容易，因为只需对倒就行，即自己卖给自己；但要想缩量就办不到了，缩量是一种自然交易现象。在双底的第一买点买入股票，风险很大，一旦双底失败，就会被牢牢套住。

9.4.3　双底形态形成过程中的操作要点

投资者首先要明白，前面讲解的双底是一个标准图形，而在实战中标准的双底图形几乎是不存在的，在具体操作中，投资者要注意技术含义的相似，而不能死套图形。

双底反转形态形成必须有一个重要条件，即股价在下跌趋势中，如果股价已经过大幅下跌，并且双底形成的时间较长，一般会带来一轮幅度较大的上涨行情；如果股价下跌幅度很小或只是在震荡整理，并且双底形成的时间较短，一般只能带来一轮幅度较小的上涨行情，当然也可能是主力在反技术操作，在进行诱多散户，这一点投资者要注意。

双底操作要点共有三项，具体如下：

1. 有依据的入场点

在双底走势中，最有依据的买入机会在向上突破颈线后，以及突破颈线后的回抽确认机会，是否能够入场或者说是否能按照双底来入场，需要更多局部走势与指标的配合来进一步判断。

2. 合理的止损位置

作为最有依据的止损价位，应该是双底形态的底部，只有底部被向下突破才能确认双底形态的失败；而在实际走势中，可能双底的幅度较大，而导致直接以下破最低位作为止损设置的幅度偏宽，盈亏比并不合适，所以，一般都以颈线为止损位置，即有效向下突破颈线就止损出局。

3. 理论最小目标的计算

理论最小目标为双底形态幅度向上直接翻一倍的距离，但这只是最小距离，实际走势中的幅度计算应该不止于此，应该更多地参考大形态上的走势，主要看股价所处的大形态运行阶段和节奏。

提醒： 在某些大型双底形态中，由于整个双底的运行时间很长，如果我们简单地按照小型双底的操作方式等候突破，可能需要等候很长时间，这个时候要求投资者通过局部走势对接下来的行情有一个预判。

9.4.4　双底量化实战案例

图9.9显示的是华能国际（600011）2020年2月21日至2020年8月21日的日K线图。

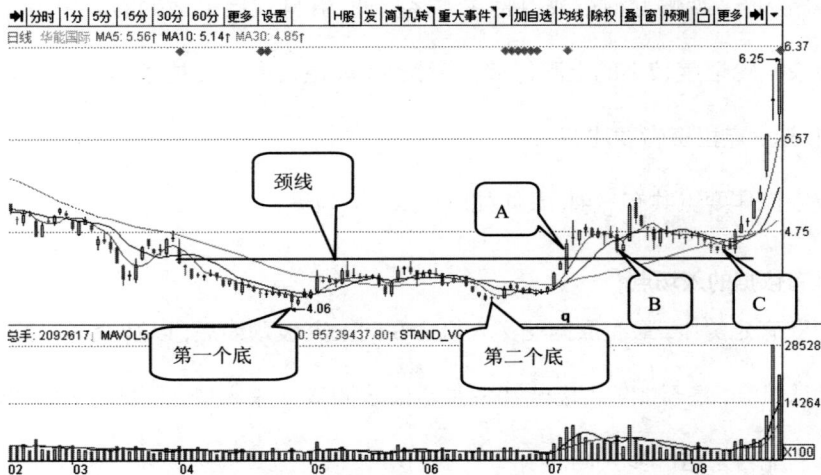

图9.9　华能国际（600011）2020年2月21日至2020年8月21日的日K线图

华能国际（600011）的股价经过较大幅度、较长时间的下跌之后，在2020年

4月28日创出4.06元低点，需要注意这时成交量很小。

随后股价开始震荡上涨，先是站上5日均线，然后站上10日均线，接着站上30日均线，需要注意这一波上涨，成交量是略有放大的。

接着股价就开始震荡，震荡之后又开始下跌，注意这一波下跌成交量也较小，出现了第二个底，第二个底比第一个底价格高。

随后价格开始震荡上涨，然后在A处放量向上突破，即突破双底颈线，这是第一个买点。

提醒：如果突破颈线时，没有放量，则很可能是假突破，投资者如果买进，就会被套。

接着股价在双底颈线上方震荡盘整，出现两个买点，即B和C处。注意：震荡盘整后出现一波明显的上涨行情。

在周K线图中，股价已经过大幅下跌后出现W底，由于跨度时间长，所以这个W底如果及时跟进，则可以获得不错的收益。

图9.10显示的是天坛生物（600161）2018年6月15日至2020年7月31日的周K线图。

天坛生物（600161）的股价在周K线图中出现双底形态，A处突破是一个买点，回调不跌破颈线又是新的买点，即B和C处。

下面再来看一下最小涨幅，从颈线到底部的距离为：23.20−16.80 = 6.40（元），那么理论最小涨幅是：23.20 + 6.40 =29.60（元）。通过图9.10可以看出涨幅可不仅仅是这么一点儿，所以这里及时跟进，就可以获利丰厚。

如果在月K线图中，股价经过大幅下跌出现W底，更应该及时跟进，因为一般涨幅会比较大。

图9.11显示的是生益科技（600183）2018年4月至2020年2月的月K线图。

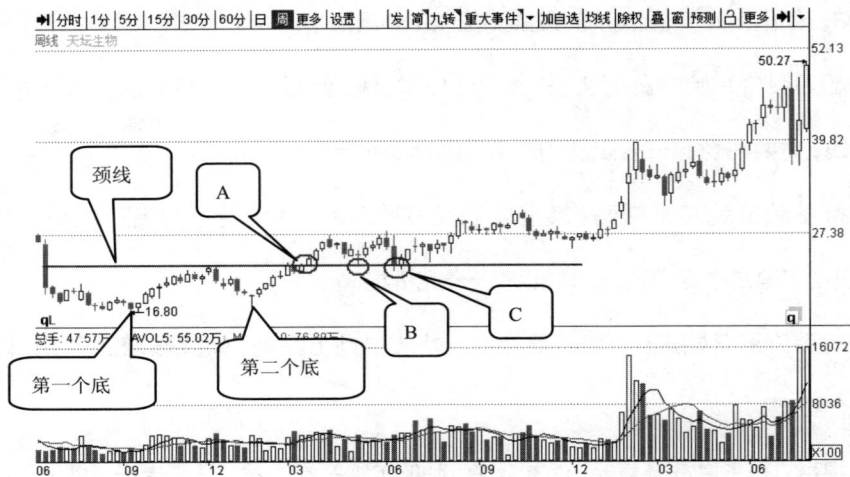

图9.10　天坛生物（600161）2018年6月15日至2020年7月31日的周K线图

生益科技（600183）的股价在月K线图中出现双底形态，A处突破是一个买点，回调不跌破颈线又是新的买点，即B处。

提醒：底部形态相对顶部形态形成的时间长，股价波动幅度小，但形成时间长，因为底部需要人气、需要时间，所以，投资者可以利用周K线图或月K线图来识别底部形态。

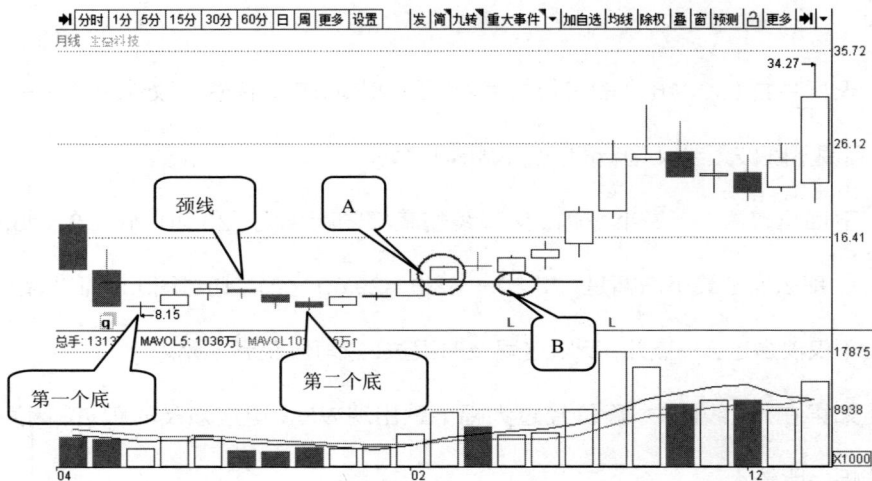

图9.11　生益科技（600183）2018年4月至2020年2月的月K线图

当然有些有主力为了欺骗中小散户，常常在周 K 线图的顶部区域形成假的 W 底，对于这一点投资者要高度警惕。

图 9.12 显示的是太龙药业（600222）2020 年 1 月 17 日至 2021 年 2 月 5 日的周 K 线图。

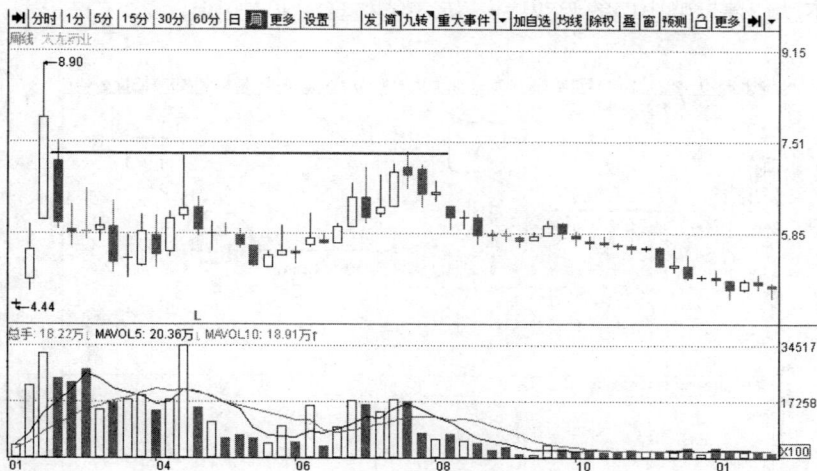

图 9.12　太龙药业（600222）2020 年 1 月 17 日至 2021 年 2 月 5 日的周 K 线图

太龙药业（600222）的股价经过一波上涨，创出 9.90 元高点，然后出现下跌，在震荡下跌行情中出现周 K 线双底形态。需要注意这是一个假的双底，没有突破颈线，最后又出现新的一波下跌。

在下跌行情的初期或下跌过程中，股价出现反弹，反弹出现假双底形态，对于这一点投资者也要特别注意。

图 9.13 显示的是冠农股份（600251）2020 年 8 月 17 日至 2021 年 2 月 4 日的日 K 线图。冠农股份（600251）的股价经过一波上涨，创出 9.77 元高点，但在收出高点这一天，股价收出一根螺旋桨 K 线，即一根转势 K 线，所以，投资者要注意减仓或清仓，以应对风险。

随后股价开始震荡下跌，先是跌破5日和10日均线，然后跌破30日均线。跌破30日均线后，出现反弹，反弹出现双底形态，并且在A处有一个假突破，这是一个诱多双底，所以投资者一定要看清楚，不要上主力的当，否则就会损失惨重。

同理，在B处也出现双底假突破，但最后还是跌了下去，所以，投资者一定要注意下跌行情反弹出现的假双底，千万不能被套在半山腰上。

图9.13　冠农股份（600251）2020年8月17日至2021年2月4日的日K线图

提醒： 每个投资者都会有这样的经历，被套就不动了，即所谓的长期投资，其实这里可以卖出，可以在更低价位再买进，那样就可以买进更多的股票，这要比你所谓的长期投资好得多。其实股市场中的每个投资者都有可能被套，被套不可怕，怕的是你什么也不懂，愣要长期投资，可到股价已跌得不能再跌时，受够了，割肉走人，这就是散户损失的最主要原因。

9.5　V形底量化实战技巧

V形底是常见的底部反转形态，当个股中出现这种K线形态时，上涨的概率很大。

9.5.1 V形底的特点

V形底的特点是：股价在下跌趋势中，下挫的速度越来越快，最后在股价下跌最猛烈的时候，出现了戏剧性的变化，股价触底反弹，然后一路上扬。其走势像英文字母"V"，故命名"V形底"。V形底如图9.14所示。

图9.14 V形底

V形底要满足三点，具体如下：

第一，呈现加速下跌状态；

第二，突然出现戏剧性拉出大阳线；

第三，转势时成交量特别大。

V形底比较难以把握，但投资者要明白，股价在连续急跌时，特别是急跌的后期，不要轻易卖出手中的股票，有急跌，必有反弹，然后根据反弹力度，决定进一步操作。所以，面对V形底，持股者应拿好手中的筹码，不轻易相信他人，特别不要涨了一点就逢高派发；激进型投资者，可以在拉出第一根大阳线并放出巨量的时候，先少量参与，几日后，V形走势明朗后，再继续追加买进；而稳健型投资者，可以在V形走势形成后买入，这样获益少一些，但风险也小一些。

9.5.2 V形底量化实战案例

图9.15显示的是浦东建设（600284）2021年1月20日至2021年5月11日的日K线图。

浦东建设（600284）的股价经过震荡下跌之后，股价又开始快速下跌，并且最后跌幅越来越快，股价触底后，放量上涨。这是标准的V形走势。投资者一般很难参与，只有激进型的投资者利用K线图技术（早晨十字星见底K线组合），少量参与做反弹。

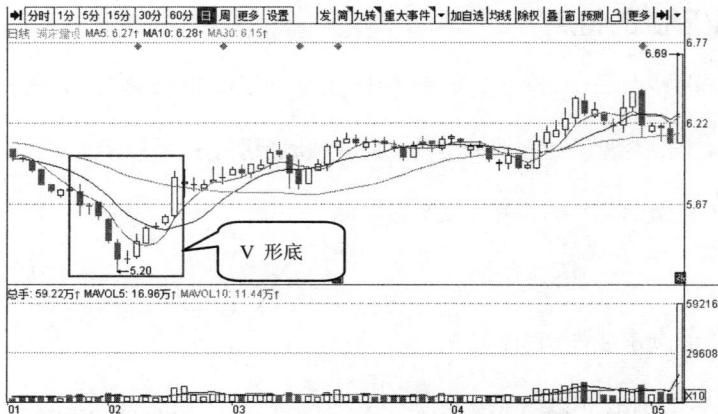

图9.15　浦东建设（600284）2021年1月20日至2021年5月11日的日K线图

在周K线图中常常也会出现V形底，但投资者要分清是快速上涨后的快速回调底；还是下跌过程中快速下跌后的快速反弹底。

图9.16显示的是南京熊猫（600775）2018年10月26日至2021年2月5日的周K线图。

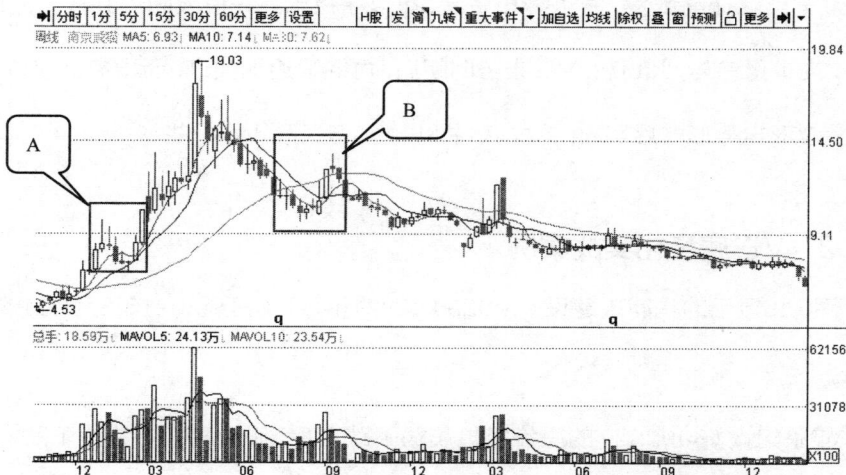

图9.16　南京熊猫（600775）2018年10月26日至2021年2月5日的周K线图

其中A处是股价快速上升后快速回落形成的V形底，而B处是股价快速下跌后快速反弹形成的V形底,注意:它们的操作方法是不同的,因为一个是上升趋势,一个是下跌趋势。

提醒:对于底部反转形态,投资者要熟记这些经典图形,然后了解它们的技术含义,再根据股价所在的位置,即高位、中位或低位进行详细分析,通过K线与主力进行对话,从而了解主力的意图及下一步的动向,从而提前防范,这样就可以在股市中做到小输而大赢,从而成为股市中真正的赢家。

9.6　圆底量化实战技巧

圆底,又称浅蝶形,也是常见的、经典的底部反转形态,当个股中出现这种K线形态时,上涨的概率很大。

9.6.1　圆底的特点

圆底的特点是:股价先是在成交量逐渐减少的情况下,下跌速度越来越缓慢,直到成交量出现极度萎缩,股价才停止下跌,然后在多方主力有计划地推动下,成交量温和放大,股价由缓慢上升逐渐转为加速上升,从而形成圆弧形态。在圆弧形成过程中,成交量也常常是圆弧形的。圆底如图9.17所示。

图9.17　圆底

提醒:股市中标准的圆底很少见到,大多数是不太标准的圆底。

圆底形成的时间比较漫长,这样在底部换手极为充分,所以一旦突破,常常会有一轮可观的上涨行情。但圆底没有明显的买入信号,入市过早,则陷入漫长的筑底行情中,这时股价不涨而略有下挫,几个星期甚至几个月都看不到希望,投资者很可能受不了这种折磨,在股价向上攻击之前一抛了之,这样就错过了一段大好的行情。投资者在具体操作时，要多观察成交量，因为它们都是圆弧形，当股价上冲时，并且成交量也在放大，要敢于买进。如果成交量萎缩，股价上冲也能不能参与。

判断圆底形态是否完成的标准：是看股价是否带量突破右边的碗沿，从而与碗柄彻底脱离。通常圆弧底形成的时间越长，其后股价上涨的空间越大。

提醒：圆底的判断是能从其形成的时间和前面趋势的大小来判断股价未来的上涨空间，没有什么方法可以用来测量其最终价格目标。

9.6.2 圆底量化实战案例

图9.18显示的是中国卫星（600118）2019年9月26日至2020年2月21日的日K线图。

中国卫星（600118）的股价经过较长时间、较大幅度的下跌之后，成交量越来越少，股价下跌越来越慢，最后在成交量萎缩的情况下，创出19.93元的新低，然后慢慢放量向上，最后成交量放大，股价加速上升，这就是圆底反转形态。

圆底形成之时，是进场的最佳时机，即A处，因为这时进场，往往会在短时间内就会有丰厚的投资收益。

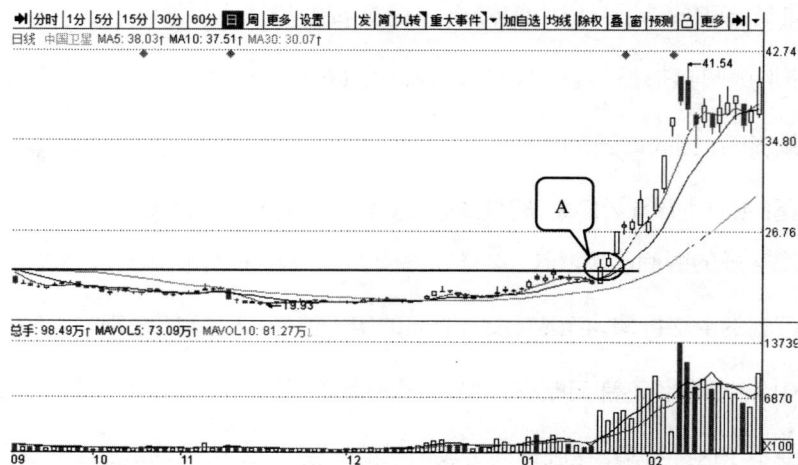

图9.18　中国卫星（600118）2019年9月26日至2020年2月21日的日K线图

在周 K 线图中, 股价已经过大幅下跌后出现圆底, 由于跨度时间长, 如果及时跟进, 则可以获得不错的收益。

图9.19显示的是中国巨石 (600176) 2020年1月23日至2021年2月10日的周 K线图。

图9.19　中国巨石 (600176) 2020年1月23日至2021年2月10日的周K线图

中国巨石 (600176) 的股价在周K线图中出现圆底形态, 当股价向上突破圆底右边的碗沿时, 是较好的进场机会, 即A处。

从其后走势可以看到, 大胆重仓介入的投资者在较短的时间内就会有较丰厚的投资盈利。

如果在月K线图中, 股价经过大幅下跌出现圆底, 更应该及时跟进, 因为一般涨幅会比较大。

图9.20显示的是金发科技 (600143) 2015年6月至2021年2月的月K线图。

金发科技 (600143) 的股价经过较长时间、较大幅度的下跌之后, 开始在底部区域震荡, 在震荡过程中出现圆底。月K线图中出现圆底, 往往意味着后市涨幅巨大，所以在A处，股价突破圆底碗沿时，要敢于重仓介入该股。

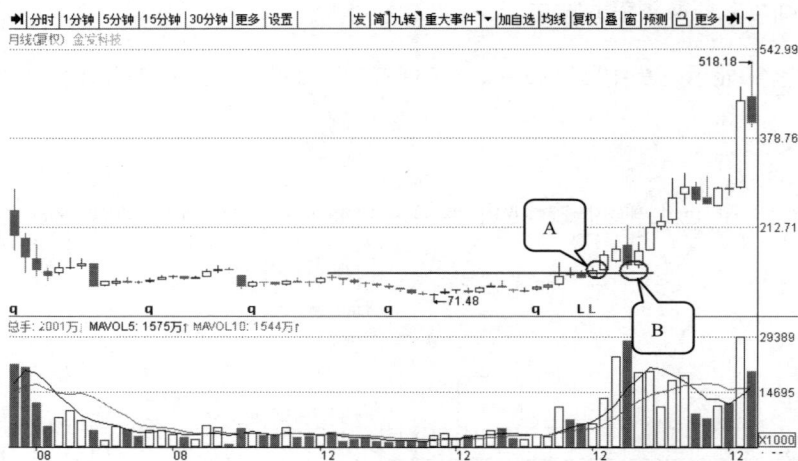

图9.20　金发科技（600143）2015年6月至2021年2月的月K线图

另外，该股主力比较好，还有一个回踩过程，即B处是最佳的加仓该股票的位置。从其后走势可以看出，果断及时重仓介入该股，就会有巨大的投资收益。

在下跌行情的初期或下跌过程中，股价出现反弹，反弹出现假圆底形态，对于这一点投资者也要特别注意。

图9.21显示的是旭光电子（600353）2020年7月8日至2021年2月4日的日K线图。

旭光电子（600353）的股价经过一波上涨，创出7.18元高点，但在创出高点这一天股价收出一根带有上影线的中阳线，这表明上方有压力。但随后股价没有继续上涨，而是出现大阴线杀跌，表明股价要开始下跌了。

股价连续下跌之后，出现反弹，并且在A处出现圆底形态，需要注意这是高位震荡出现的圆底，是主力在诱多，投资者注意不要上当。

随后股价继续下跌，然后又在B处出现圆底形态，又是一个诱多。

同理，在C和D处，分别出现圆底形态，并且这里还有假突破，很容易把投资者引诱进去。总之在下跌的过程中,一定要小心主力的诱多。

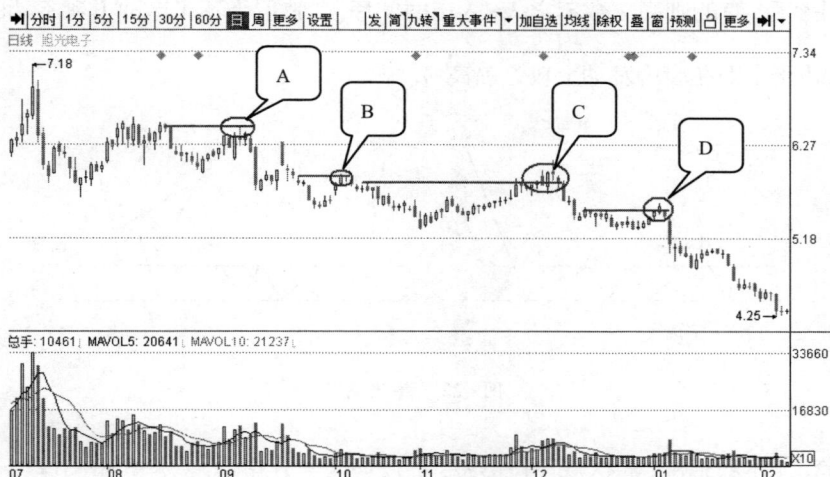

图9.21　旭光电子(600353)2020年7月8日至2021年2月4日的日K线图

9.7　潜伏底量化实战技巧

潜伏底是常见的底部反转形态,当个股中出现这种K线形态时,上涨的概率很大。

9.7.1　潜伏底的特点

潜伏底就是股价经过一段跌势后,长期在一个狭窄的区间内波动,交易十分清淡,股价和成交量都形成一条带状。潜伏底如图9.22所示。

潜伏底一般横盘时间很长,换手相当充分,一旦突破,股价会一路向上,很少出现回调,并且涨幅巨大。但真正抄到潜伏底,享受到股价上飚带来的丰厚投资回报的人却很少,原因有两点,具体如下:

第一，入市时间不当，因为潜伏底成交量几乎处于停滞状态，而且历时很长，有的几个月，有的则高达数年之久，入市时间早了，就忍受不了这种不死不活的长时间的折磨，即在股价发动上攻之前离开。

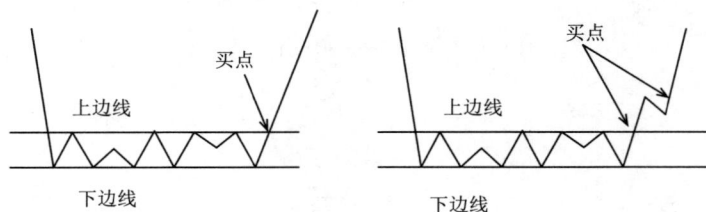

图9.22　潜伏底

第二，不敢追涨，潜伏底一旦爆发，上攻势头十分猛烈，常常会走出连续逼空的行情，投资者看到一个个大阳线，就是不调整，所以不敢买进。

潜伏底有个特点：即在上涨时往往拉出大阳线后再拉大阳线，超涨后再超涨，升幅高达十几倍。

提醒：潜伏底向上发动时，只要股价不超过50%的涨幅，成交量保持价升量增，就可以追涨；超过50%，回调可以逢低吸纳。

9.7.2　潜伏底量化实战案例

图9.23显示的是三星医疗（601567）2020年9月16日至2021年5月27日的日K线图。

三星医疗（601567）的股价在6~7元反复震荡，竟然潜伏了将近八个月，从而形成潜伏底，然后就开始放量大涨，从7元涨到17.99元，涨幅高达两倍多。所以，潜伏底的爆发力很强，投资者以后要多加留意。

在周K线图中，股价已经过大幅下跌后出现潜伏底，如果及时跟进，则可以获得不错的收益。

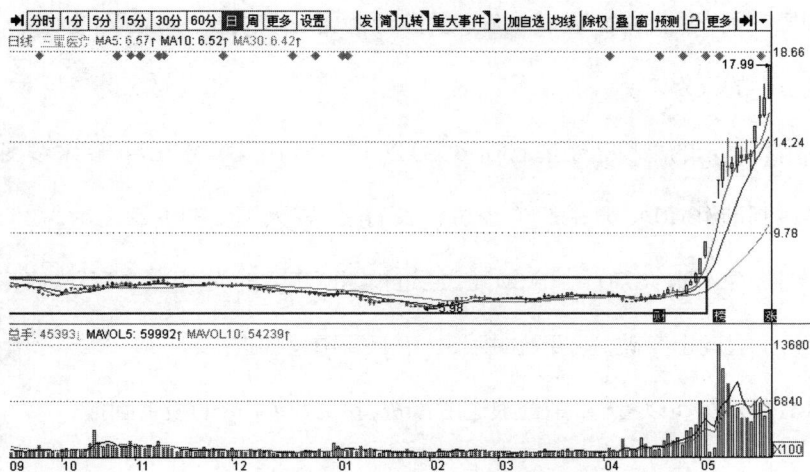

图9.23　三星医疗（601567）2021年1月27日至2021年5月27日的日K线图

图9.24显示的是郑州煤电（600121）2020年1月23日至2020年12月31日的周K线图。

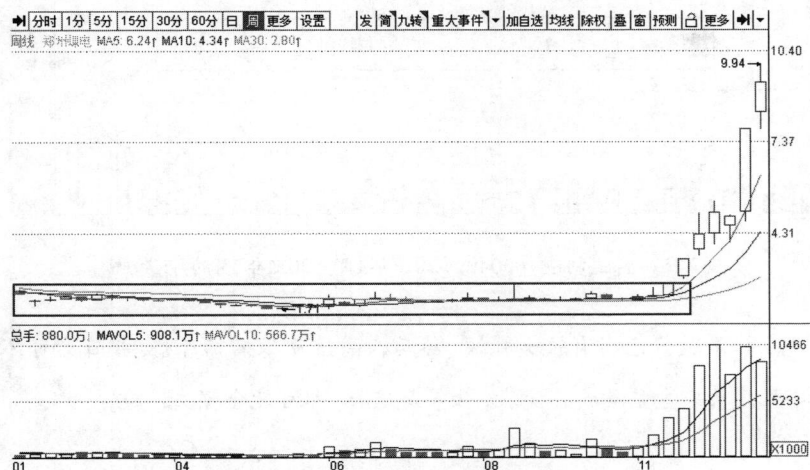

图9.24　郑州煤电（600121）2020年1月23日至2020年12月31日的周K线图

郑州煤电（600121）的股价经过较长时间、较大幅度的下跌之后，然后在低位开始窄幅震荡，盘整区间为1.70元~2.3元。经过七个多月时间的窄幅震荡，形成潜伏底形态，一旦股价放量向上突破，就是极好的盈利机会。

如果在月K线图中出现潜伏底，投资者就更应该关注，如果及时跟进，就能成为股市中的大赢家。

图9.25显示的是科达制造（600499）2018年4月至2021年5月的月K线图。

科达制造（600499）的股价经过较长时间、较大幅度的下跌之后，在低位震荡。股价震荡区间为3.70元~5.30元，经过长达两年多的震荡，形成潜伏底形态，这样股价一旦向上突破，就要及时跟进，并且要重仓跟进。

从其后走势可以看出，重仓跟进的投资者都会有丰厚的投资回报。

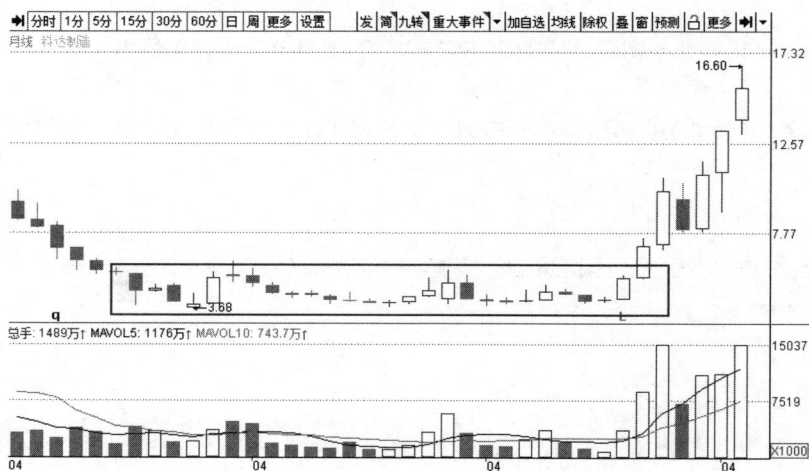

图9.25　科达制造（600499）2018年4月至2021年5月的月K线图

提醒：如果股价已经有较大升幅，然后在高位反复震荡盘整，投资者可不能把高位的小幅度长期盘整看成潜伏底，如果是这样，很可能会损失惨重。

第 10 章

K线顶部形态量化实战技巧

在如战场的股市中，K线形态又是一种重要的技术分析方法，利用它，可以知道股市中的阴晴、风雨，即买进或卖出。

本章主要内容包括：

- 股市的大顶
- 股市的中期顶部
- 股市的短期顶部
- 双顶量化实战技巧
- 头肩顶量化实战技巧
- 尖顶量化实战技巧
- 圆顶量化实战技巧

10.1 初识K线顶部

投资者都喜欢逃顶,因为它是保证投资者账面盈利转化为实际盈利的手段,如果投资者只会买不会卖,其结果跟不入市没有什么区别,甚至还降低了自己的资金使用效率。如果投资者了解了顶部的各项特点,然后采取长多短空的滚动操作方法(利用一部分筹码进行短线操作),就可以使自己的盈利实现最大化。股市顶部可分为三大类,分别是大顶(长期顶部)、中期顶部和短期顶部。

10.1.1 股市的大顶

个股长期顶部的形成往往同步于大盘走势,下面来讲解一下大盘顶部形成时的特点。

1. 新股民纷纷涌入

越来越多的新股民不断涌入市场,每月开户数量持续上升,同时银行存款不断下滑。

2. 交易持续疯狂

在大盘即将到达顶部的时候,绝大多数股民处于盈利状态,人们进入股市的意愿空前高涨,大量资金前赴后继地涌入股市,造成股价不断翻番、人们争相竞购的状况。

3. 垃圾股获利也翻番

当绩优股、蓝筹股、中低价股的价格接连翻番后,连一直被市场冷落的ST类股票也普遍出现价格翻番的现象；至此，所有的股票都已经"鸡犬升天"，市场整体的市盈率高居不下。

4. 舆论一片看涨

80%的舆论继续看涨股市，但也有20%的舆论开始看跌股市，只是此时的利空消息和反对舆论早已被市场疯狂的热情淹没，只有少数职业选手和机构投资者开始减仓离场。

5. 融资功能强大

由于入市资金日益庞大和投机氛围日趋热烈，监管机构不断提高上市公司融资的规模与速度，期望通过扩大市场容量来给市场"降温"，于是一些"航母级"的股票也开始招摇入市。

6. 出现头部形态

随着先知先觉资金的减仓行为，市场顶部形态开始渐行渐显，但长期顶部的形成不是几天就可以完成的，即使当时出现大幅下跌现象，由于股市上涨的惯性作用，往往也会出现反复的行情，导致M顶、头肩顶、圆顶形态的出现。

7. 末期成交量递减

相对于前期巨大的成交量而言，此时的成交量往往开始减少。原因是：前期多、空双方意见发生分歧之后，主力抛售而散户抢入，导致成交量激增；而后期成交量的减少，则说明市场购买力已经开始下降，仅仅只是散户的购买行为是难以承接机构的减仓量的。

图10.1显示的是上证指数（000001）大幅上涨后出现的长期顶部，即2007年10月的6124.04点和2015年6月的5178.19点。

图10.1　上证指数（000001）大幅上涨后出现的长期顶部

10.1.2　股市的中期顶部

中期顶部形成时的特点共有五项，具体如下：

1. 主流热点开始退潮

曾经对大盘起到主导作用的龙头板块开始出现整理状态，非主流热点则处于散乱的活跃状态，一些冷门板块开始出现补涨行情，这些都意味着主流资金开始减仓或换股。

2. 部分庄股大肆减仓

对于一些前期涨幅巨大的庄股，主力开始大肆减仓以减轻资金供应的压力，同时也为高抛低吸、滚动获利做好准备；但有些庄股的主力也会错误地估计形势，因此见好就收，匆匆离场。

3. 市场交易依然活跃

由于大盘大势向好，所以，市场投资者不敢轻易看空，人气依然旺盛，即使舆论认为阶段性调整应该来临，人们也无所畏惧，反而逢低补仓。

4. 政策面依旧偏暖

此时的市场能不断消化利空消息，同时积极追捧利好消息，而宏观经济面和政策面依然偏暖，能够支撑股市继续向上发展。

5. 股价回调到45日或90日均线附近

当出现中期顶部的时候，股指或股价往往会在回落到45日均线附近时获得支撑，如果股指或股价被打压得过狠，也往往会在90日均线附近获得支撑，然后开始反转向上。

图10.2显示的是上证指数（000001）上涨后的中期顶部，即2009年7月的3454.02点和2018年1月的3587.03点。

图10.2　上证指数（000001）上涨后的中期顶部

10.1.3　股市的短期顶部

短期顶部形成时的特点共有五项，具体如下：

（1）个股常常会出现射击之星、吊颈线、螺旋桨等带有触顶回落意义的K线及单日反转K线。

（2）个股常常出现穿头破脚、黄昏之星、淡友反攻、乌云盖顶和倾盆大雨等看跌K线组合。

（3）此前，股价往往已经远离5日均线，呈75°以上角度快速向上拉升，而现在则开始回落。

（4）在股价顶部形成前，成交量会放大；而在股价回调时，成交量会萎缩。

（5）由于市场人气比较旺盛，热点持续不断，人们仍然积极看多。

投资者在交易中有三种风格，分别是长线交易、中线交易和短线交易。长线交易投资者不在乎股价短期顶部的形成，但是往往会在股价中期顶部来临时做高抛低吸的动作，从而在同一品种上增加盈利的空间；中线交易投资者会在乎股价短期顶部的形成，往往会在股价短期顶部来临时进行高抛低吸的操作；短线交易投资者则会对每个股价的短期顶部都不放过，力求在每个短期顶部来临时及时出局。

10.2 双顶量化实战技巧

双顶，因其形状像英文的"M"，所以又称"M头"，是很多投资者熟知的顶部反转形态之一，但往往由于了解尚浅，只要见到M形状的都认为是双顶，而按照双顶的操作方法出逃，结果可想而知。

10.2.1 双顶的特点

双顶的特点是：在上升趋势中出现两个比较明显的峰，并且两个峰顶的价位也大致相同，当股价在第二次触顶回落时跌破前次回落的低位，即颈线突破有效，有可能跌破颈线后回抽，但回抽时成交量明显萎缩并受阻于颈线，这时就正式宣告双顶成立。双顶如图10.3所示。

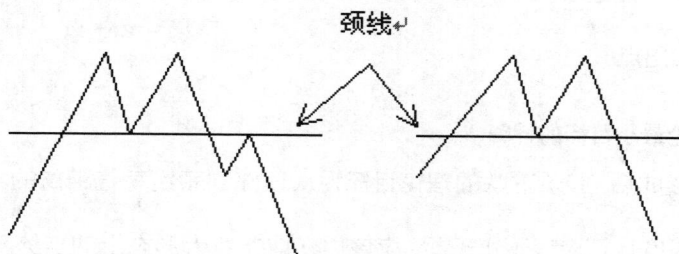

图10.3　双顶

在双顶的形成过程中，股价第一次上冲到峰顶时成交量比较大，第二次上冲到峰顶时成交量略小一些。双顶是一个明显的见顶转势信号，清醒的投资者在双顶成立后，要第一时间清仓出局。

10.2.2　双顶形成过程中的操作要点

投资者首先要明白，前面讲解的双顶是一个标准图形，而在实战中标准的双顶图形几乎是不存在的，在具体操作中，投资者要注意技术含义的相似，而不能死套图形。

如果股价已经过大幅上涨，然后在高位形成双顶，那么投资者一定要小心，接下来很可能是一轮漫长的下跌；如果股价上涨幅度较小或只是在震荡整理，然后形成双顶，一般只能带来一轮幅度较小的下跌行情，当然也可能是主力在反技术操作，在进行诱空散户，这一点投资者要注意。

双顶操作要点共有两项，具体如下：

1. 有依据的出场点

股价在上涨过程中，当两次上涨到几乎同一高度而回调时，投资者就可以感到那里有较强的卖压；而股价一旦回到前一次回调低点以下时，即向下突破颈线，就基本上可以确定双顶的成立，这里果断卖出是较好的选择。有些股票的价格在向下突破颈线后还会回抽，但一般不会突破颈线，在回抽到颈线附近时，是一个比较好的卖出点。

2. 理论最小目标的计算

双顶形成后，股价下跌的理论目标为从顶部到颈线垂直距离的1~3倍。实际走势中的幅度计算应该不止于此，应该更多地参考大形态上的走势，主要看股价所处的大形态运行阶段和节奏。

投资者还要注意，双顶反转形态出现后，并不一定意味着股价趋势必定反转，股价如果在回落到颈线附近获利支撑，则有可能再创新高，继续上涨或形成三重顶、多重顶等多种形态。判断双顶是否成立有三个标准，具体如下：

第一，是否有效突破颈线；

第二，看双顶之间的时间间隔，如果双顶形成的时间较长，如一个月，那么反转的可能性较大，这是因为消耗了大量的多头热情而股价却得不到迅速上升，即主力在出货；

第三，双顶的高度，一般是前一上涨幅度的20%~30%。

提醒： 双顶形态的两个峰之间的距离越远，形成双顶的可能性越大。

10.2.3　双顶量化实战案例

图10.4显示的是青岛啤酒（600600）2020年11月4日至2021年3月4日的日K线图。

青岛啤酒（600600）经过较长时间、较大幅度的上涨之后，在高位出现双顶，即股价创出110.97元高点后，股价先是跌破5日均线，然后跌破10日均线，又大阴线跌破30日均线，接着又跌破双顶的颈线，即A处。

　　股价跌破双顶的颈线，往往意味着股价又开始走入下跌趋势，所以，手中还持有该股的投资者要注意及时卖出手中的股票。

　　股价跌破颈线之后，又连续下跌几天，接着股价开始反弹，当股价反弹到双顶的颈线附近时，是最佳的卖出股票机会，即B和C处。

　　从其后走势可以看出，如果不及卖出手中的股票，很可能会回吐大部分盈利，甚至由盈利变成亏损。

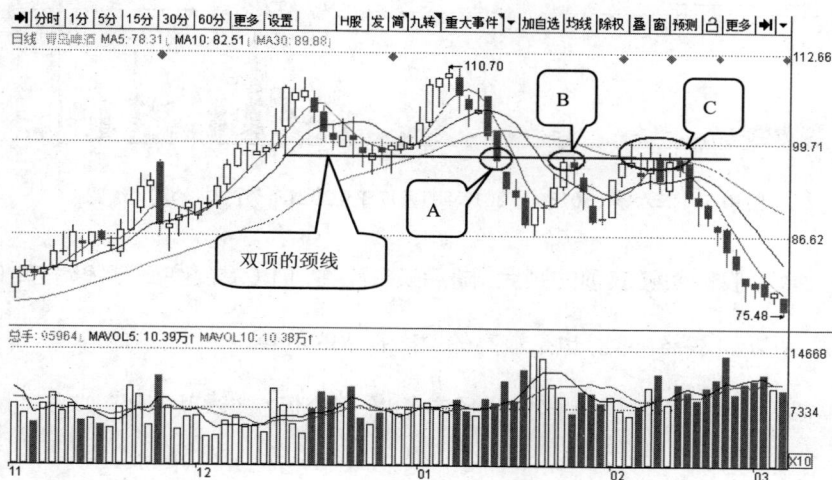

图10.4　青岛啤酒（600600）2020年11月4日至2021年3月4日的日K线图

　　提醒： 双顶也是一个明显的见顶转势信号，突破其颈线后就开始大幅下跌，投资者一定要及时清仓，选择离场观望。

　　如果股价经过大幅上涨后，在周K线图中形成双顶形态，这是相当可怕的，投资者要在相当长的时间内不要碰该股。

　　图10.5显示的是三六零（601360）2017年11月17日至2021年5月14日的周K线图。

　　三六零（601360）的股价经过连续大阳线上涨之后，然后在高位震荡。在震荡过程中形成双顶，这是一个非常可怕的双顶，因为股价上涨幅度太大，所以一且跌破双顶的颈线，要及时卖出，否则后果相当可怕。

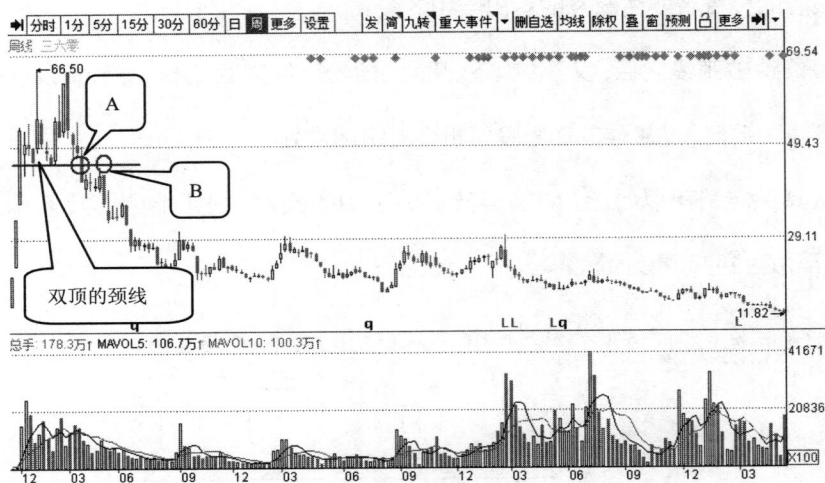

图10.5　三六零（601360）2017年11月17日至2021年5月14日的周K线图

在A处，股价跌破双顶的颈线，随后虽有反弹，但没有反弹到颈线附近，便再度下跌，所以，反弹到B处，也是较高的卖出股票的机会。

从其后走势可以看出，直到2021年5月份，股价仍在"跌跌不休"。

10.3　头肩顶量化实战技巧

头肩顶是常见的、经典的顶部反转形态，当个股中出现这种K线形态时，下跌的概率很大。

10.3.1　头肩顶的特点

头肩顶的特点是：在上升趋势中出现三个峰顶，这三个峰顶分别是左肩、头部和右肩，左肩和右肩的最高点基本相同，而头部最高点比左右两个肩的最高点都要高。另外，股价在上冲失败向下回落时形成的两个低点又基本上处在同一水平线上，这个水平线就叫作颈线。当股价第三次上冲失败回落后，颈线被有效突破，这时就正式宣告头肩顶成立。头肩顶如图10.6所示。

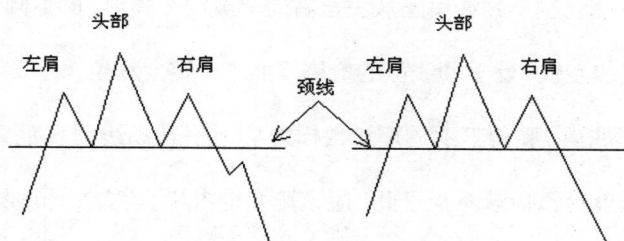

图10.6　头肩顶

在头肩顶形成的过程中，左肩的成交量最大，头部成交量略小一些，右肩成交量最小。成交量呈递减现象，说明股价上升时追涨力量越来越弱，股价就已经涨到头了。所以，头肩顶是一种明显的见顶信号。一旦头肩顶形成，股价下跌已成定局，投资者应抛出所有筹码，离场观望。

10.3.2　头肩顶的操作要点

投资者首先要明白，前面讲解的头肩顶是一个标准图形，而在实战中标准的头肩顶图形几乎是不存在的，在具体操作中，投资者要注意技术含义的相似，而不能死套图形。

另外，头肩顶与头肩底形态相反，它们的区别具体如下：

（1）头肩底形成的时间较长，形态较为平缓，不像头肩顶那样剧烈。因为底部需要聚集人气，而顶部处于疯狂状态。

（2）头肩底形态的总成交量比头肩顶的总成交量要少，因为底部供货不足，而顶部恐慌抛售手中股票所致。

（3）头肩底形态突破颈线时必须要有大成交量才算有效，而头肩顶形态突破颈线时可以是无量下跌的。

在实战操作中，还要注意头肩顶的颈线的倾斜方向，一般情况下，颈线是水平的，但在很多情况下，颈线可能从左至右向上或向下倾斜。向下倾斜的颈线往往意味着行情更加疲软，处于颈线位的价格反抽不一定会发生。

头肩顶形成后，股价下跌的理论目标为从顶部到颈线垂直距离的1~3倍。实际走势中的幅度计算应该不止于此，应该更多地参考大形态上的走势，主要看股价所处的大形态运行阶段和节奏。

提醒： *头肩顶的左肩的成交量最大，头部次之，右肩成交量明显减少，突破颈线时成交量增加，价格反抽时成交量减少，反抽结束后成交量再度放大，股价加速下跌。*

10.3.3　头肩顶量化实战案例

图10.7显示的是华建集团（600629）2020年6月12日至2021年1月13日的日K线图。

华建集团（600629）的股价经过连续上涨之后，然后在高位震荡，在震荡过程中出现头肩顶。

左肩高点是一个十字线，与前一天的大阳线及后一天的大阴线组成早晨十字星见顶K线。股价短线见顶后就开始大幅回调，正好回调到30日均线附近，再度震荡上涨，最高上涨到14.36元。注意在创出最高点这一天，股价收出一根大阳线，但第二天股价没有上涨，却收出一根低开低走的大阴线，随后价格就开始下跌，下跌到左肩回调的低点附近，价格再度上涨。注意这一波上涨就是右肩上涨，成交量明显减少，也没有创出新高。随后股价开始震荡下跌，跌破头肩顶的颈线，即A处，所以，A处是卖出手中股票最佳的技术位置。

　　股价跌破颈线后, 出现反弹, 注意正好反弹到颈线附近, 即B处, 这时最后卖出股票的较好位置。随后股价就开始沿着均线震荡下跌, 不及时卖出的投资者会损失惨重。

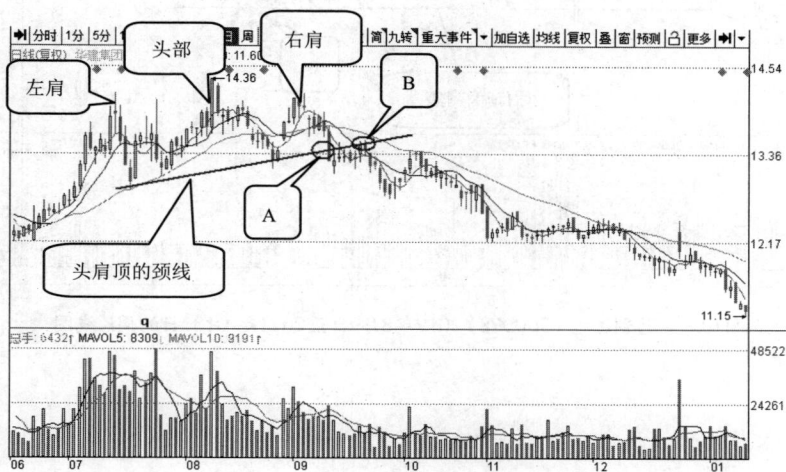

图10.7　华建集团 (600629) 2020年6月12日至2021年1月13日的日K线图

　　提醒: 头肩顶是一个明显的见顶转势信号, 突破其颈线后就开始大幅下跌, 投资者一定要及时清仓, 选择离场观望。

　　如果股价经过大幅上涨后, 在周K线图中形成头肩顶形态, 这是相当可怕的, 投资者要在相当长的时间内不要触碰该股。

　　图10.8显示的是思创医惠 (300078) 2019年8月9日至2021年4月30日的周K线图。

　　思创医惠 (300078) 经过一波上涨之后, 然后在高位震荡, 震荡过程中出现头肩顶。左肩是一个射击之星见顶K线; 头部最高点为211.48元, 也是一个射击之星见顶K线; 右肩是一个大阴线杀跌见顶。

　　在A处, 股价跌破头肩顶的颈线, 这意味着头肩顶形成, 所以, 手中还有该股筹码的投资者要注意清仓观望。如果没有及时卖出的投资者, 在股价反弹到颈线附近时, 即B处, 是最后的卖出机会。

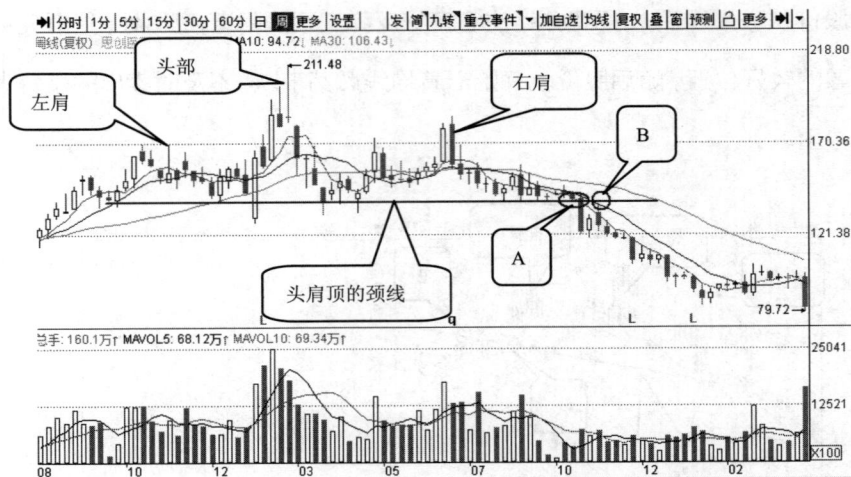

图10.8　思创医惠（300078）2019年8月9日至2021年4月30日的周K线图

10.4　尖顶量化实战技巧

尖顶是常见的顶部反转形态，当个股中出现这种K线形态时，下跌的概率很大。

10.4.1　尖顶的特点

尖顶，又称倒V形顶，其特点是：先是股价快速上扬，随后股价快速下跌，头部为尖顶，就像倒写的英文字母"V"。尖顶如图10.9所示。

尖顶的走势十分尖锐，经常在几个交易日内形成，而且在转势时有较大的成交量。投资者见此形态，要在第一时间止损出局。

图10.9　尖顶

提醒：尖顶形态的涨势很凶猛，往往会出现多次的价格跳空缺口，当局势突破不利时，股价就会猛烈地下跌，所以，尖顶体现了大幅上涨、大幅下跌的特点。

10.4.2　尖顶量化实战案例

图10.10显示的是西藏药业（600211）2020年7月21日至2020年2月8日的日K
线图。

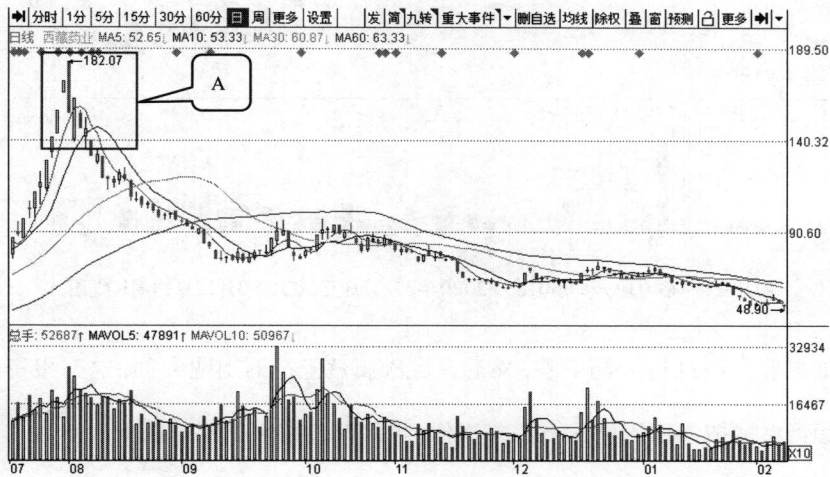

图10.10　西藏药业（600211）2020年7月21日至2020年2月8日的日K线图

西藏药业（600211）的股价经过连续大幅度上涨之后，最后创出182.07元高
点。需要注意的是，股价在创出最高点这一天，股价收出一根高开低走的大阴线，
这表明股价要走坏了，随后又是一根低开走高的大阳线，进行诱多，接着股价又开
始一路下跌，在A处出现尖顶。投资者见此形态，要第一时间止损出局。

如果股价经过大幅上涨后，在周K线图中形成尖顶形态，这是相当可怕的，投
资者要在相当长的时间内不要触碰该股。

图10.11显示的是格力地产（600185）2020年3月27日至2021年3月12日的周
K线图。

格力地产（600185）的股价经过快速上涨之后，在高位出现尖顶，即A处，投

资者见到尖顶形态，要在第一时间卖出手中的筹码，否则就会损失惨重。

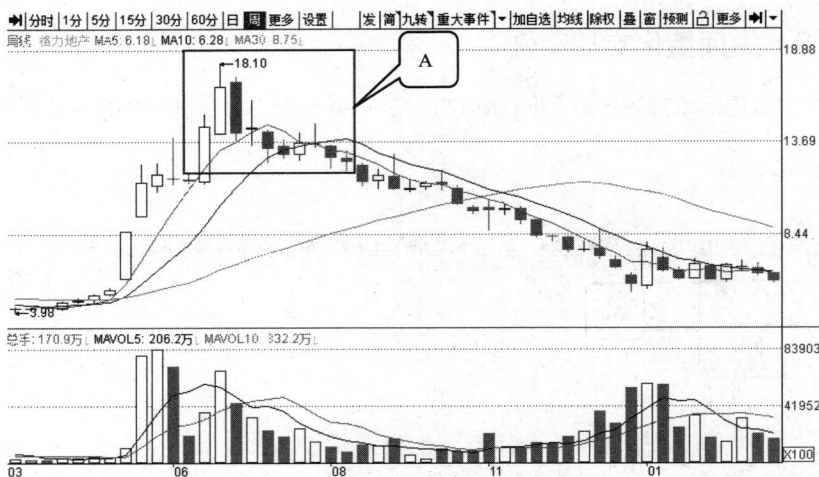

图10.11　格力地产（600185）2020年3月27日至2021年3月12日的周K线图

如果股价已经过大幅下跌，然后在底部震荡上行时出现尖顶，这时投资者可不能想当然地按尖顶的操作方法来操作，否则就会将肉割到地板上。

图10.12显示的是江苏吴中（600200）2021年1月4日至2021年5月26日的日K线图。

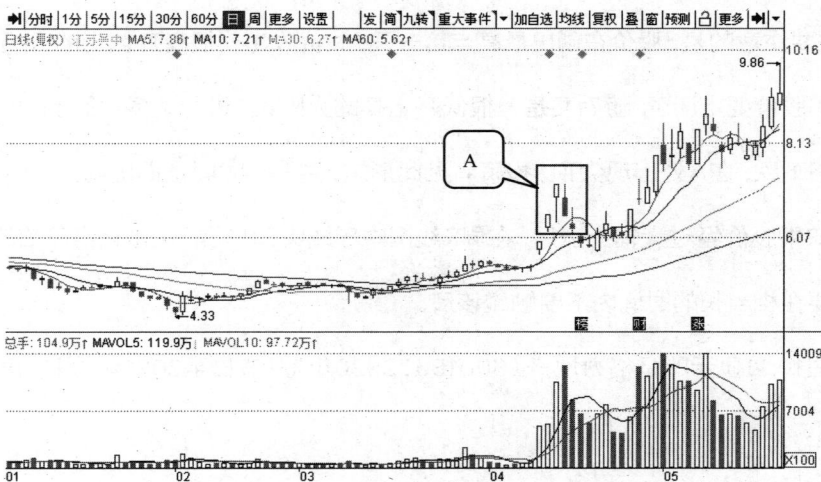

图10.12　江苏吴中（600200）2021年1月4日至2021年5月26日的日K线图

江苏吴中（600200）的股价经过较长时间、较大幅度的下跌之后，创出4.33元的低点，随后股价开始震荡上涨，先是站上5日均线，然后站上10日均线，最后站上30日和60日均线，这样均线呈多头排列，即股价进入震荡上涨行情。

股价震荡小幅上涨之后，出现快速上涨，即连续三天大阳线上涨，但三天大阳线上涨之后，就是连续快速下跌，即在A处出现尖顶。

这里需要注意的是，当前涨幅不大，并且均线在多头行情之中，所以，这时出现尖顶不要过分害怕，要认识到这很可能是主力在洗盘，是主力在利用反技术操作，恐吓投资者，所以，短线高手可以减仓或清仓以应对风险，看好该股后面走势的投资者则可以耐心持有。

从其后走势来看，股价在30日均线上方企稳，然后又开始新的一波上涨行情，所以，投资者一定要识别主力的意图，否则很容易被主力骗出手中的股票筹码。

10.5　圆顶量化实战技巧

圆顶是常见的顶部反转形态，当个股中出现这种K线形态时，下跌的概率很大。

10.5.1　圆顶的特点

圆顶的特点是：股价经过一段时间的上涨后，虽然升势仍然维持，但上升势头已经放慢，直至停滞状态，后来在不知不觉中，股价又呈现缓慢下滑的态势，当发现势头不对时，头部就出现一个明显的圆弧状，这就是圆顶。圆顶如图10.13所示。

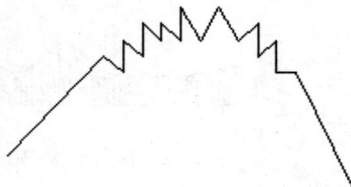

图10.13　圆顶

在形成圆顶的过程中，成交量可以是圆顶状，但大多数情况下是无明显特征的。圆顶是一个明显的见顶信号，其形成的时间越长，则下跌的力度越大。投资者见到圆顶成立后，要第一时间清仓出逃，否则就会受深套之苦。

提醒：股市中标准的圆顶很少见到，大多数是不太标准的圆顶。

10.5.2 圆顶量化实战案例

图10.14显示的是我武生物（300357）2020年8月25日至2021年3月24日的日K线图。

我武生物（300357）的股价经过较长时间、较大幅度上的涨之后，创出97.90元高点，但在创出高点这一天，股价收出一根带有长长上影线的十字线。随后股价开始在高位震荡，并形成圆顶，即A处。

圆顶是一个明显的见顶信号，一旦形成并开始下跌，则下跌力量就会很强。投资者见到圆顶成立后，要在第一时间清仓出逃，否则就会受深套之苦。

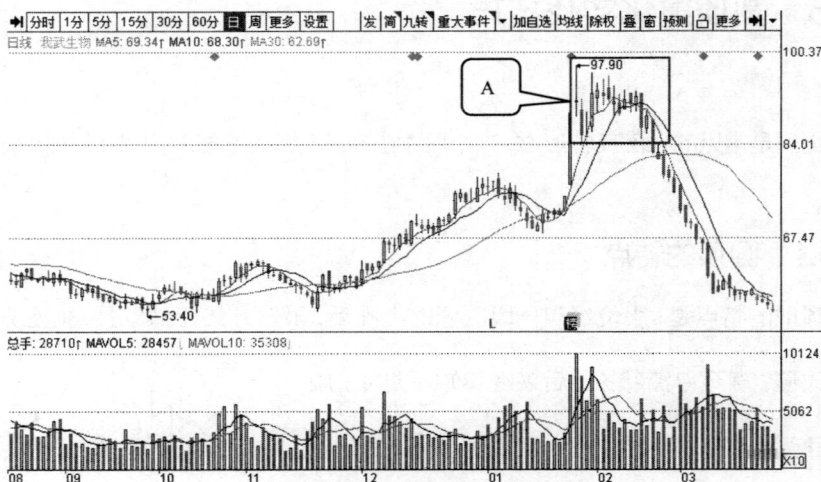

图10.14　我武生物（300357）2020年8月25日至2021年3月24日的日K线图

如果股价经过大幅上涨后，在周K线图中形成圆顶形态，这是相当可怕的，投资者要在相当长的时间内不要触碰该股。

图10.15显示的是天士力（600535）2018年2月14日至2020年3月20日的周K线图。

图10.15　天士力（600535）2018年2月14日至2020年3月20日的周K线图

天士力（600535）经过一波上涨之后，在周K线图中出现圆顶，即A处，当圆顶形成时，投资者要在第一时间卖出手中的股票。

股价经过较大幅度的下跌之后，再度反弹，在反弹末端再度出现圆顶，即B处，所以，B处也是卖出抄底多单的位置。

如果股价已经过大幅下跌，然后在底部震荡上行时出现圆顶，这时投资者可不能想当然地按圆顶的操作方法来操作，否则就会将肉割到地板上。

图10.16显示的是北方稀土（600111）2020年2月3日至2020年8月7日的日K线图。

北方稀土（600111）的股价经过较长时间、较大幅度的下跌之后，创出8.28元低点，注意在最低点这一天，股价收出一根低开高走的大阳线，这意味着股价要开始反弹了。

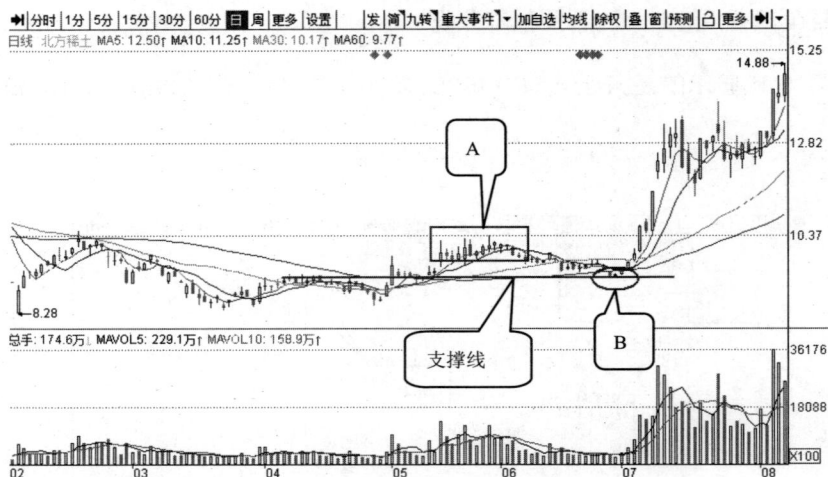

图10.16　北方稀土（600111）2020年2月3日至2020年8月7日的日K线图

　　随后股价开始反弹上涨，先是站上5日均线，然后站上10日均线，接着上攻30日和60日均线，注意这里没有突破压力，所以抄底多单要在这里卖出。

　　随后股价开始在低位震荡，在震荡过程中，在A处出现圆顶，对于短线投资者来讲，这里要减仓或清仓，但对于看好该股后期走势的投资者，则可以耐心持有该股，因为当前毕竟在低位震荡，只要不有效再创新低，就可以耐心持有。

　　从其后走势可以看出，股价回调到前期平台高点附近，即B处，股价得到支撑，然后股价开始新的一波上涨，所以，B处是新的买入位置。

　　提醒： 如果股价经过大幅下跌后，然后进行震荡上涨，如果涨幅不大，出现圆顶形态，投资者就要认真识别主力的意图，看看主力是否是在进行反技术操作。

第 11 章

K线整理形态量化实战技巧

K线整理形态的完成时间一般比较短，不会超过三个月。原因是：整理经不起太多的时间消耗，士气一旦疲软，则继续原有趋势就会产生较大的阻力。我们要反复练习股价形态，加深认识和理解，真正在股市中做到领先一步，成为股市大赢家。

本章主要内容包括：
- 整理形态的市场含义
- 整理形态应用的注意事项
- 上升三角形
- 上升旗形
- 下降楔形
- 下降三角形
- 喇叭形
- 下降旗形
- 上升楔形
- 矩形
- 收敛三角形

11.1 初识K线整理形态

所谓整理形态，是指股价维持原有的运动轨迹。市场事先确有趋势存在，是整理形态成立的前提。

11.1.1 整理形态的市场含义

市场经过一段趋势运动后，积累了大量的获利筹码，随着获利盘纷纷套现，价格出现回落，但同时对后市继续看好的投资者大量入场，对市场价格构成支撑，因而价格在高价区小幅震荡，市场采用横向运动的方式消化获利筹码，重新积聚了能量，然后又恢复原先的趋势。整理形态即为市场的横向运动，它是市场原有趋势的暂时休止。

与反转形态相比，整理形态形成的时间较短，这可能是市场惯性的作用，保持原有趋势比扭转趋势更容易。整理形态形成的过程中，价格震荡幅度应当逐步收敛，同时，成交量也应逐步萎缩。最后在价格顺着原趋势方向突破时。应当伴随大的成交量。

11.1.2 整理形态应用的注意事项

对于整理形态，如果你是中长线投资者，在整个整理形态中可以不进行操作，只有形势明朗后才去具体操作。但对于短线投资者来说，不可以长达三个月不进行操作，而会以K线的逐日观察为主。也就是说，当股价在这些形态中来回折返的时候，也会产生很多次短线交易机会。因此，短线投资者对长期价格形态并不在意，而仅仅是对某些重要的突破位比较在意。

K线整理形态主要有九种，分别是上升三角形、上升旗形、下降楔形、下降三角形、喇叭形、下降旗形、上升楔形、矩形、收敛三角形。

11.2　上升三角形量化实战技巧

上升三角形是常见的K线整理形态，当个股中出现这种K线形态时，继续上涨的概率很大，下面就来具体讲解一下该形态的形状、特点及技术含义。

11.2.1　上升三角形的特点

上升三角形出现在涨势中，每次上涨的高点基本处于同一水平位置，回落低点却不断上移，这样将每次上涨的高点和回落低点分别用直线连接起来，就构成一个向上倾的三角形，即上升三角形。上升三角形如图11.1所示。

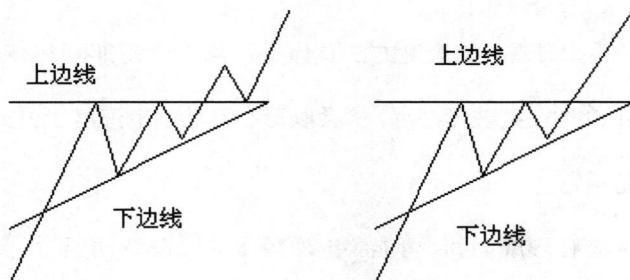

图11.1　上升三角形

上升三角形在形成过程中，成交量不断萎缩，向上突破压力线时要放大量，并且突破后一般会有回抽，在原来高点连接处止跌回升，从而确认突破有效。上升三角形是买进信号，为了安全，最好在股价突破压力线后小幅回调再创新高时买进。

提醒： 上升三角形一般都会向上突破，但少数情况下也有向下突破的，这时投资者应及时清仓出局。

11.2.2 上升三角形的市场含义

上升三角形显示多、空双方在该范围内的较量，在较量中多方稍占上风，空方在其特定的股价水平不断沽售，但并不急于出货，也不看好后市，于是股价每升到理想水平便立即沽出，这样在同一价格的沽售形成一条水平的供给线。不过市场的购买力很强，它们不待股价回落到上次的低点，便迫不及待地买进，因此会形成一条向右上方倾斜的需求线。

11.2.3 上升三角形的操作注意事项

上升三角形的操作注意事项有以下七项，具体如下：

第一，大部分的"上升三角"都在上升的过程中出现，且暗示有向上突破的倾向。

第二，在向上突破"上升三角"顶部水平的供给阻力时（并有成交激增的配合），就是一个短期买入信号。

第三，其"最少升幅"的量度方法具体是从第一个短期回升高点开始，画出一条和底部平行的线，突破形态后，将会以形态开始前的速度上升到这条线的位置处，甚至是超越它。

第四，当形态在形成期间，可能会出现轻微的错误变动，稍微突破形态之后又重新回到形态之内，这时候我们应根据第三或第四个短期性低点重新修正"上升三角形"形态。有时候形态可能会出现变异，形成另外一些形态。

第五，虽然"上升三角形"暗示向上突破的机会较多，但也有向下跌的可能存在，所以，我们在形态明显突破后才采取相应的买卖决策。倘若往下跌破3%（收市价计算），投资者宜暂时沽出。

第六，上升三角形向上突破阻力，如果没有成交激增的支持，信号可能出错，投资者应放弃这一指示信号，继续观望市场走势进一步的发展。倘若该形态往下跌破，则不必成交量的增加。

第七，上升三角形越早突破，越少错误发生。假如价格反复走到形态的尖端后跌出形态之外，这样的突破信号不足为信。

11.2.4　上升三角形量化实战案例

如果股价经过几次下跌之后，开始震荡盘升，在盘升的过程中出现上升三角形形态，当股价放量突破上升三角形上边线时，要果断加仓做多。

图11.2显示的是金花股份（600080）2020年5月13日至2020年9月9日的日K线图。

图11.2　金花股份（600080）2020年5月13日至2020年9月9日的日K线图

金花股份（600080）的股价，经过较长时间、较大幅度的下跌之后，最后又来一波连续跌停，创出3.70元低点。需要注意的是，在创出低点这一天，股价却收出一根大阳线，表明股价已经见底。随后股价开始震荡上涨，经过一个多月时间上涨之后，股价开始震荡整理，在整理过程中出现上升三角形。

在A处，股价放量突破上升三角形的上边线，表明股价要开始新的一波上涨，所以A处是一个买进机会。

股价突破上升三角形上边线，略有回调，但始终在上边线上方，所以回调是最佳的买入位置，即B处。

从其后的走势可以看出，在股价向上突破时，及时买进该股，短时间内就会不错的投资收益。

如果股价在上升过程中，出现回调，在回调过程中出现上升三角形形态，这时股价突破上边线是不错的买入时机。

图11.3显示的是恒立液压（601100）2020年10月26日至2021年1月7日的日K线图。

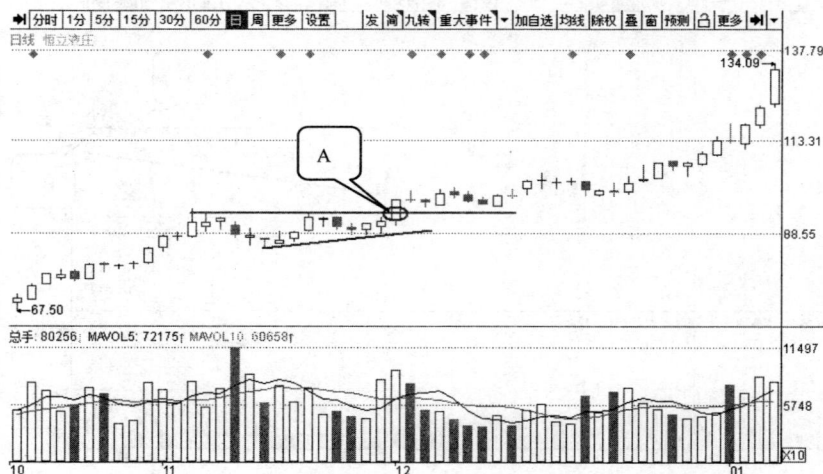

图11.3　恒立液压（601100）2020年10月26日至2021年1月7日的日K线图

恒立液压（601100）的股价在明显的上涨行情中，出现回调整理，在回调整理过程中出现上升三角形，然后在A处突破上升三角形的上边线，是一个好的买点。

需要注意的是，这里向上突破，并没有放量，这意味着股价不会快速上涨，所以不要追涨。从其后的走势可以看出，股价仍是震荡上涨，但股价始终在上升三角形的上边线上方，所以多单可以持有，并且仍可以逢低介入多单。耐心持有的多单，往往会带来丰厚的投资收益。

如果股价已经过大幅上涨，在高位震荡盘整，这时出现上升三角形，投资者要注意这很可能是主力在诱多。

图11.4显示的是英科医疗（300677）2020年12月10日至2021年6月7日的日K线图。

图11.4　英科医疗（300677）2020年12月10日至2021年6月7日的日K线图

英科医疗（300677）的股价经过较长时间、较大幅度的上涨之后，创出299.99元高点，随后股价就开始下跌，形成一个尖顶。接着股价在高位震荡盘整，在盘整过程中出现上升三角形。

需要注意的是，这里是高位震荡盘整，如果向上突破，仍然可以轻仓买进股票，但如果是向下突破，即向下跌破支撑，那么就意味着股价要开始新的一波下跌行情，所以在A处，投资者要在第一时间内卖出手中的股票。

如果在明显的下跌趋势中出现上升三角形，这时要万分小心，因为很可能是主力在诱多，所以在这里出现不好的信号，也要果断出局观望。

图11.5显示的是华夏幸福（600340）2020年8月20日至2021年1月12日的日K线图。

图11.5　华夏幸福（600340）2020年8月20日至2021年1月12日的日K线图

华夏幸福（600340）的股价在明显的震荡下跌行情中，出现反弹，在反弹过程中出现上升三角形。需要注意的是，当前是下跌行情，反弹到压力位就要减仓或清仓。如果没有来得及逢高卖出，那么当股价跌破下方支撑时，即A处，要果断坚决卖出，否则后面会损失惨重。

11.3　上升旗形量化实战技巧

上升旗形是常见的K线整理形态，当个股中出现这种K线形态时，继续上涨的概率很大，下面就来具体讲解一下该形态的形状、特点及技术含义。

11.3.1　上升旗形的特点

股价经过一段时间的上涨后，出现回调，如果将其反弹的高点用直线连接起来，再将回调中的低点也用直接连接起来，就可以发现其图形像一面挂在旗杆上迎风飘扬的旗子，这就是上升旗形，如图11.6所示。

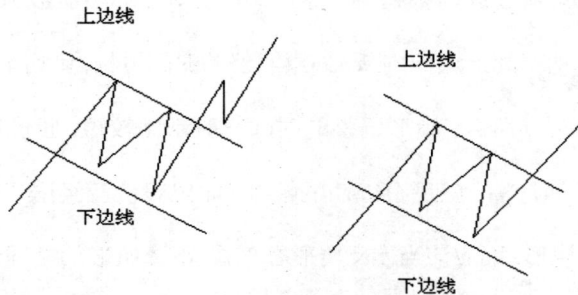

图11.6　上升旗形

上升旗形在向上突破压力线时要放大量，并且突破后一般会有回抽，在原来高点连接处止跌回升，从而确认突破有效。上升旗形是诱空陷阱，是一个买进信号，为了安全，最好在股价突破压力线后，小幅回调再创出新高时买进。注意：投资者不要被股价下移迷惑，要警惕主力的诱空行为，持筹者可以静观其变。

11.3.2　上升旗形的市场含义

在上升旗形的形成过程中，成交量逐渐递减，投资者对后市看好普遍存有惜售心理，市场的抛压减轻，新的买盘不断介入，直到形成新的向上突破，完成上升旗形的走势。

成交量伴随着旗形向上突破逐渐放大，与前一波行情一样再度拉出一根旗杆，开始了新的多头行情。所以说上升旗形是强势的特点，投资者在调整的末期可以大胆地介入，享受新的飙升行情。

11.3.3　上升旗形的操作注意事项

上升旗形的操作注意事项有两点，具体如下：

第一，上升旗形很容易被误解为头部反转。投资者一是可以从量价配合上进行判断，股价经过大幅上扬出现调整，形成类似旗形整理的形态，如果在调整过程中，下跌的成交量是逐渐萎缩的，而上涨的成交量却明显放大，这种走势很可能是旗形；二是从时间上进行判断，如果调整的时间过长，就可能形成顶部。由于旗形是强势的特点，所以，旗形调整的时间一般都比较短，股价很快便突破先前的高点，展开新的行情。三是看行情的幅度，如果股价已经涨了很多或者跌了很多，就不能看作旗形，而应该当作反转形态来看。下降旗形的道理也是如此。

第二，牛市中的上升旗形一般出现在行情的第一阶段和第二阶段，用波浪理论来说，即第一浪和第三浪，如果在第三阶段即第五浪中出现剧烈的下跌就不能看作旗形调整，也许股价可能还会上涨，但是，走势往往创出新高后便立刻反转，变成其他顶部形态。

11.3.4　上升旗形量化实战案例

如果股价经过几次下跌之后，然后开始震荡盘升，在盘升过程中出现上升旗形形态，当股价放量突破上升旗形的上边线时，要果断加仓做多。

图11.7显示的是北方稀土（600111）2020年10月14日至2021年3月3日的日K线图。

北方稀土（600111）经过几次下跌之后，创出9.94元低点，然后股价开始上涨，经过一波上涨之后，股价出现回调，在回调过程中出现上升旗形，然后在A处向上突破，所以，A处是新的买入位置。

提醒： 怎样才能避免上主力的当呢？首先我们一定要认识到，股价已经大幅下跌了，现在仅仅是上升趋势的开始，主力不可能就拉出这么多就结束行情了。所以，从短线上来说，见到不好的K线，可以减仓，但不要清仓，因为这样可以保证心态平和。另外，当股价在回调的过程中，我们一定要清醒地认识到，主力是在洗盘，是为了以后更好地拉升，所以每次回调到一定的位置时，可以分批建仓，然后耐心持有，如果能坚持这样，就能成为股市中的赢家。

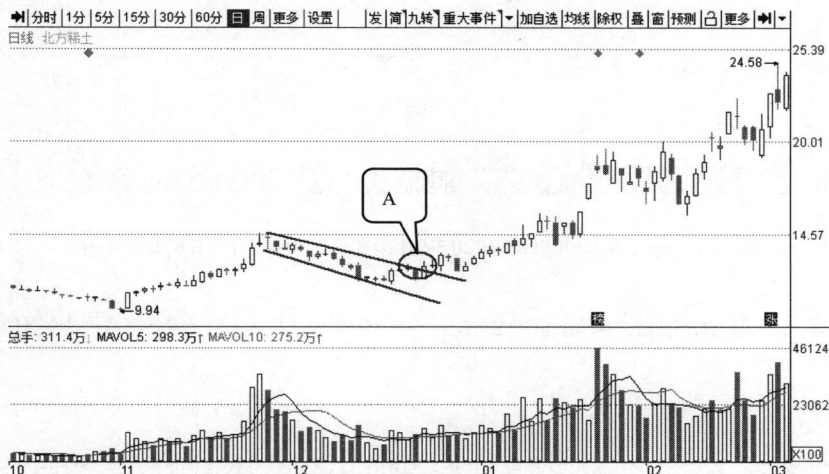

图11.7　北方稀土（600111）2020年10月14日至2021年3月3日的日K线图

如果股价已经上涨一段时间，并且有一定的涨幅，但如果经过调整，并且调整中出现上升旗形，当股价有效突破上边线时，也可以顺势做多。

图11.8显示的是爱美客（300896）2020年9月29日至2021年2月10日的日K线图。

爱美客（300896）的股价在明显的上涨行情中出现多次调整，每次调整都出现上升旗形，所以，当股价突破上升旗形的上边线时，都是不错的买入机会，所以A、B、C和D处，都可以买入该股票。

如果股价已经过大幅上涨，在高位震荡盘整，这时出现上升旗形，投资者要注意这很可能是主力在诱多。

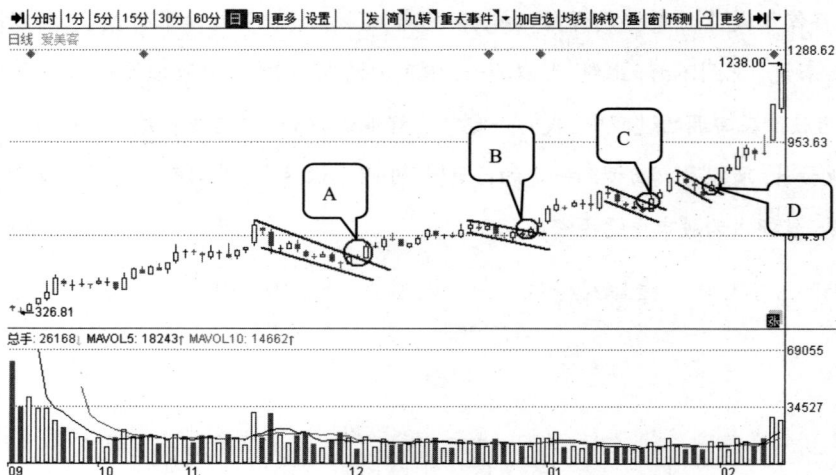

图11.8　爱美客（300896）2020年9月29日至2021年2月10日的日K线图

图11.9显示的是珀莱雅（603605）2020年5月6日至2020年9月14日的日K线图。

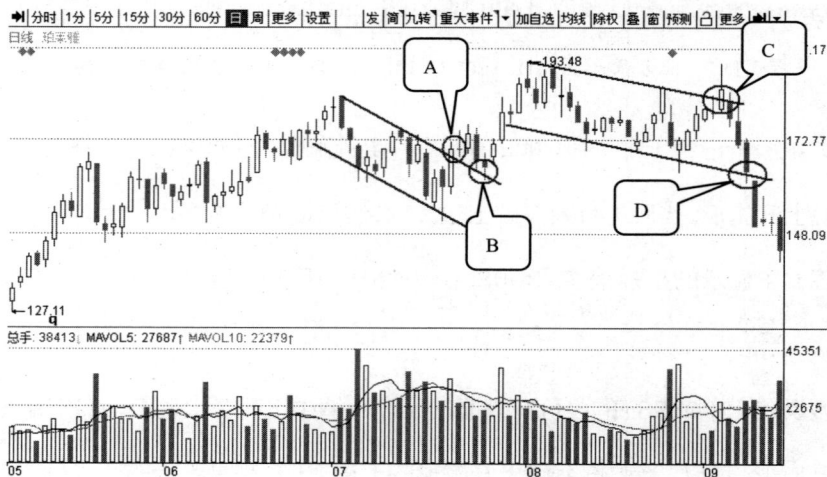

图11.9　珀莱雅（603605）2020年5月6日至2020年9月14日的日K线图

珀莱雅（603605）的股价经过较长时间、较大幅度的上涨之后，股价开始在高位震荡。在高位震荡的过程中，出现上升旗形，然后在A处突破上边线，所以A

处可以短线买入该股，随后股价出现回调，没有跌破上边线，所以，B处也是不错的短线买入点。

随后股价震荡上涨，创出193.48元高点，然后股价继续在高位震荡，再度出现上升旗形，在C处，股价再度突破上边线，但在第二个交易日股价却低开低走，这意味着突破为假，所以，在C处要注意减仓或清仓。

随后股价继续中阴线下跌，然后在D处跌破下边的支撑线，这意味着股价要开始下跌，所以，在D处投资者一定要卖出手中所有的股票筹码。

11.4　下降楔形量化实战技巧

下降楔形是常见的K线整理形态，当个股中出现这种K线形态时，继续上涨的概率很大，下面就来具体讲解一下该形态的形状、特点及技术含义。

11.4.1　下降楔形的特点

下降楔形出现在涨势中，每次上涨的高点连线与每次回落低点的连线相交于右下方，其形状构成一个向下倾斜的楔形图。最后股价突破压力线，并收于其上方。下降楔形如图11.10所示。

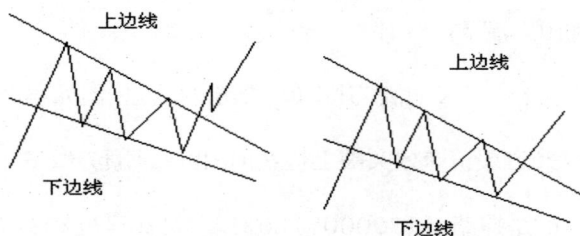

图11.10　下降楔形

11.4.2　下降楔形的市场含义

下降楔形在形成过程中，成交量不断减少，向上突破压力线时要放大量，并且突破后一般会有回抽，在原来高点连接处止跌回升，从而确认突破有效。下降楔形是诱空陷阱，是一个买进信号，为了安全，最好在股价突破压力线后小幅回调再创新高时买进。

11.4.3　下降楔形量化实战案例

如果股价经过几波下跌之后，然后开始震荡盘升，在盘升的过程中出现下降楔形，当股价放量突破下降楔形的上边线时，要果断加仓做多。

图11.11显示的是马应龙（600993）2021年1月25日至2021年7月1日的日K线图。

马应龙（600993）的股价从2020年7月22日的28.19元，一路震荡下跌至2021年2月4日的17.40元，随后股价开始长时间的震荡筑底。震荡筑底成功后，股价开始沿着10日均线上涨，经过两波上涨之后，股价出现回调，这时出现一个下降楔形，即反弹未创出新高，下跌创出新低，很多投资者在这里就认为下跌行情又开始了，纷纷止损离场观望，这恰恰中了主力的诱空之计。因为主力是在低位利用技术形态来诱空，骗取投资者手中廉价的筹码。

从其后走势上看，股价在A处，突破下降楔形的上边线之后，就开始新的波段上涨，并且不断创出新高。

如果股价已经上涨一段时间，并且有了一定的涨幅，但如果经过调整，并且调整中出现下降楔形，当股价有效突破上边线时，也可以顺势做多。

图11.12显示的是探路者（300005）2021年3月25日至2021年6月30日的日K线图。

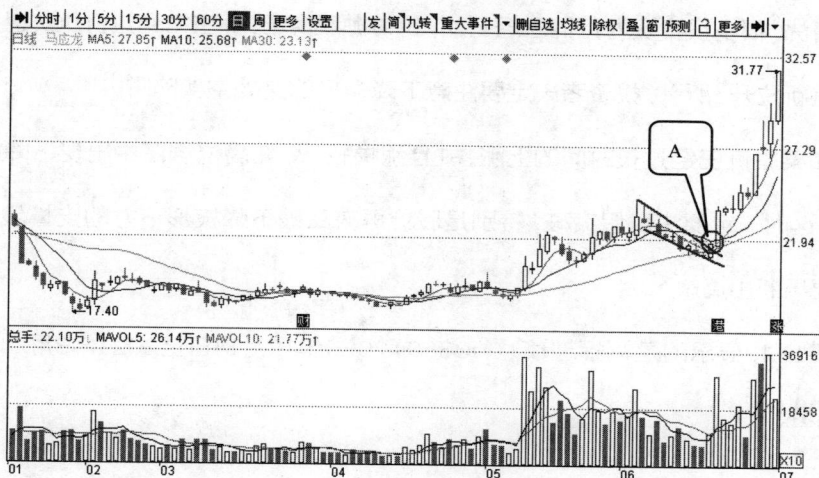

图11.11　马应龙（600993）2021年1月25日至2021年7月1日的日K线图

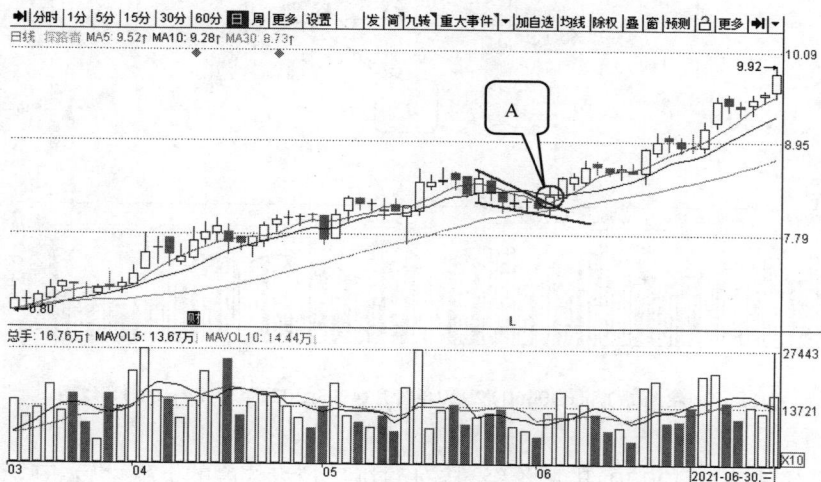

图11.12　探路者（300005）2021年3月25日至2021年6月30日的日K线图

探路者（300005）的股价在明显的上涨行情中，出现调整，在调整过程中出现下降楔形，正好回调到30日均线附近，股价企稳，然后一根中阳线突破下降楔形的上边线，即A处，所以，在A处可以顺势加仓做多。

另外，需要注意的是，底部买入的投资者常常在上升震荡中被主力淘汰出局，原因是：当股价连续拉升后，已经获得不错的收益，这时来个下降楔形或上升

337

旗形清洗，很多投资认为行情已经到顶，纷纷抛股离场，而主力通过打压洗盘后，开始重新拉升。所以，投资者一定要注意下降楔形的这处空头陷阱。

如果股价已经过长时间的上涨，并且涨幅较大，在高位震荡中出现下降楔形形态，这时一定要注意假突破，特别是股价再次跌破下降楔形下方的支撑线时，一定要果断出局。

图11.13显示的是福耀玻璃（600660）2020年12月14日至2021年3月24日的日K线图。

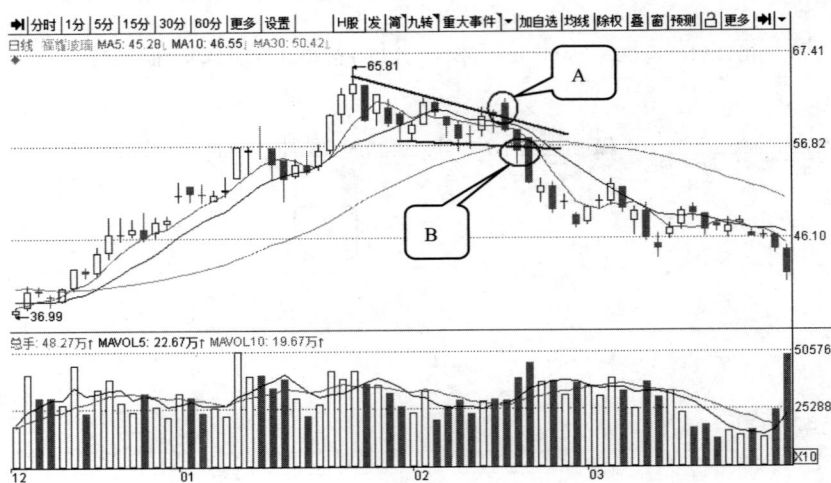

图11.13　福耀玻璃（600660）2020年12月14日至2021年3月24日的日K线图

福耀玻璃（600660）的股价经过较长时间、较大幅度的上涨之后，开始在高位震荡。在高位震荡过程中出现一个下降楔形，在这里一定要明白，这是在高位震荡，主力很可能会利用技术来诱多，所以我们想当然地去按技术做多，只会把自己套在高高的山顶上。

在A处，股价盘中高开站上下降楔形的上边线，但收盘却收出一根大阴线，这表明向上突破是假，下跌是真，所以，投资者在A处要减仓或清仓。

　　随后股价继续下跌,并且跌破30日均线,然后又继续下跌,跌破下降楔形的
下边线,即B处。这意味着股价要开始新的一波下跌了,所以,手中还有筹码的投
资者要及时卖出。

11.5　下降三角形量化实战技巧

　　下降三角形是常见的K线整理形态,当个股中出现这种K线形态时,继续下
跌的概率很大,下面就来具体讲解一下该形态的形状、特点及技术含义。

11.5.1　下降三角形的特点

　　下降三角形一般出现在跌势中,每次上涨的高点不断下移,但回落的低点基
本处于同一水平位置上,这样将每次上涨的高点和回落低点分别用直线连接起
来,就构成一个向下倾的三角形,即下降三角形。下降三角形如图11.14所示。

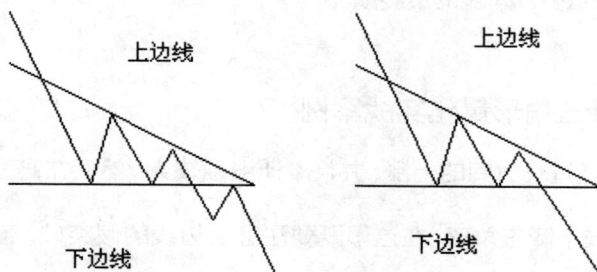

图11.14　下降三角形

　　下降三角形在形成的过程中成交量不断放大,向下突破压力线时可以放量也
可以不放量,并且突破后一般会有回抽,在原来支撑线附近受阻,从而确认向下
突破有效。下降三角形是卖出信号,投资者可以在跌破支撑线后,止损离场。

11.5.2　下降三角形的市场含义

下降三角形是多、空双方在某价格区域内的较量表现，然而多、空力量却与上升三角形所显示的情形相反。看淡的一方不断地增强沽售压力，股价还没回升到上次高点便再沽出，而看好的一方坚守着某一价格的防线，使股价每次回落到该水平便获得支持。

从这个角度来看，此形态的形成也可能是主力在托价出货，直到货源沽清为止。目前市场中有许多投资者往往持有股价多次触底不破且交投缩小为较佳买股时机的观点，其实在空头市场中，这种观点相当可怕，雪上加霜的下降三角形正是说明这一点。

事实上，下降三角形在多空较量中形成构成买方股票需求的支撑带，即一旦股价回落到这一价位便会产生反弹，而股价反弹后便又遇卖盘打压，再度回落到买方支撑带，再次反弹高点不会超过前一高点，卖方的抛压一次比一次快地压向买方阵地。这种打压-反弹-再打压的向下蓄势姿态，逐渐瓦解多方斗志，产生多杀多的情况，预示多方阵线的最终崩溃。

11.5.3　下降三角形量化实战案例

如果股价经过长时间的上涨，并且累计涨幅较大，然后在高位宽度震荡，在震荡过程中形成下降三角形。在这里既要注意上边线的假突破，还要注意下边线的支撑是否有效突破，一旦有效突破，一定要果断出局观望，否则会损失惨重。

图11.15显示的是鹏鼎控股（002938）2020年9月9日至2021年5月10日的日K线图。

鹏鼎控股（002938）的股价经过较长时间、较大幅度的上涨之后，创出61.57元高点，但在创出高点这一天，股价却收出一根转势长十字线。

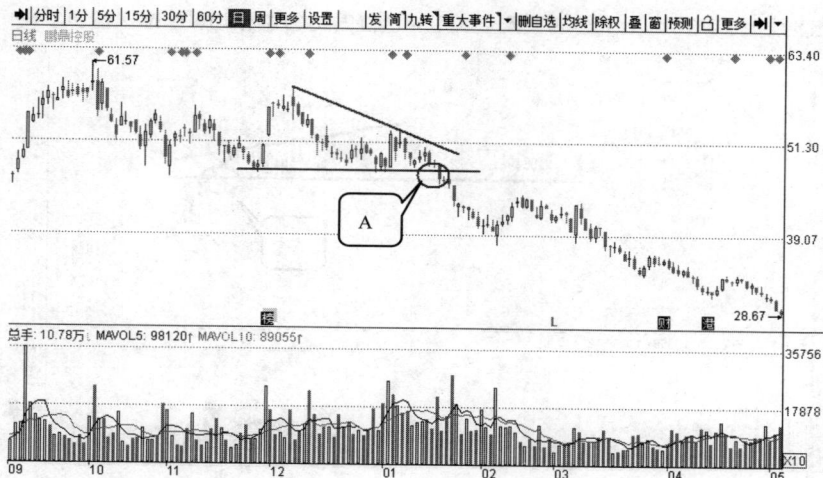

图11.15 鹏鼎控股（002938）2020年9月9日至2021年5月10日的日K线图

随后股价开始在高位震荡盘整，在震荡整理过程中出现下降三角形，股价在A处跌破下方支撑线，这意味着新的一波下跌行情开始，所以，手中还有该股筹码的投资者一定要果断卖出，否则只能被深套，从而损失惨重。

在明显的下跌趋势中，如果股价出现反弹，在反弹过程中出现下降三角形，如果跌破下边支撑线就要果断出局，否则是相当危险的。

图11.16显示的是哈空调（600202）2020年9月9日至2021年2月4日的日K线图。

哈空调（600202）的股价在明显的下跌行情中，出现反弹上涨，然后开始震荡，在震荡过程中出现下降三角形，然后又在A处跌破下方支撑线，这意味着新的下跌开始，所以，一定要及时卖出手中所有股票筹码。

如果股价经过长时间的大幅下跌之后，开始震荡上升，并且涨幅不大，这时出现下降三角形形态，投资者不要恐慌，这很可能是主力在上升过程中来骗取散户手中的廉价筹码。

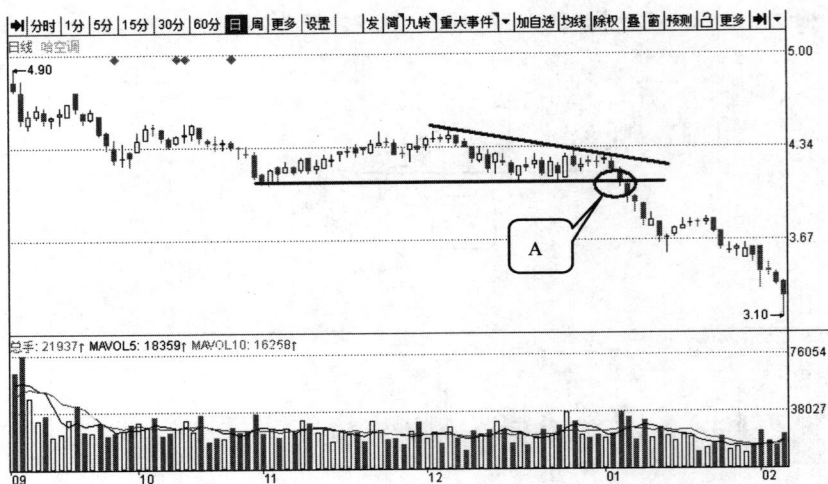

图11.16　哈空调（600202）2020年9月9日至2021年2月4日的日K线图

图11.17显示的是酒钢宏兴（600307）2020年12月22日至2021年5月12日的

日K线图。

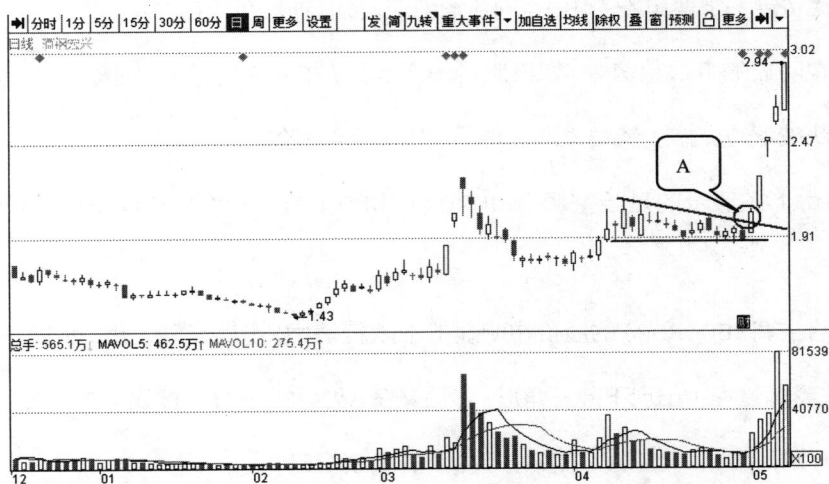

图11.17　酒钢宏兴（600307）2020年12月22日至2021年5月12日的日K线图

酒钢宏兴（600307）的股价经过较长时间、较大幅度的下跌之后，创出1.43

元低点，然后股价开始震荡上涨。在震荡上涨初期，股价出现回调，回调出现下降

三角形。投资者需要注意的是，当前股价已经见底，所以，看到该股后期走势的可

以耐心持有，短线高手可以减仓以应对风险。但当股价放量向上突破上方压力线时，即A处，投资者要及时买进，这样短时间内就会有较大的收益。

11.6　喇叭形量化实战技巧

喇叭形的正确名称应该是扩大形或增大形，因为这种形态酷似一个喇叭，故得名。喇叭形是常见的K线整理形态，当个股中出现这种K线形态时，继续下跌的概率很大，下面就来具体讲解一下该形态的形状、特征及技术含义。

11.6.1　喇叭形的特点

喇叭形出现在上涨趋势中，上升的高点越来越高，而下跌的低点越来越低，如将两个高点连成直线，再将两个低点连成直线，就像一个喇叭。喇叭形如图11.18所示。

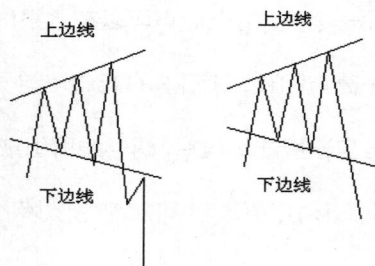

图11.18　喇叭形

喇叭形常常出现在投机性很强的个股上，当股价上涨时，投资者受到市场中炽热的投机气氛或流言的"感染"，疯狂地追涨，成交量急剧放大；而下跌时则盲目地杀跌，所以，造成股价大起大落。喇叭形是大跌的前兆，所以投资者见到此形态后，要及时止损退出，否则会损失惨重。

11.6.2　喇叭形的市场含义

由于股价波动的幅度越来越大，形成越来越高的三个高点，以及越来越低的两个低点。说明当时的交易异常地活跃，成交量日益放大，市场已经失去控制，完全由参与交易的公众的情绪决定。

在目前这个混乱的时候进入股市是很危险的，进行交易也将十分困难。在经过剧烈的动荡之后，人们的热情会渐渐散去，远离这个市场，股价将逐步地向下运行。

三个高点和两个低点是喇叭形已经完成的标志。投资者应该在第三峰掉头向下时就抛出手中的股票，这在大多数的情况下是正确的。如果股价进一步跌破第二个低谷，则喇叭形完成得到确认，抛出股票更成为必然。

11.6.3　喇叭形的操作注意事项

喇叭形的操作注意事项有四种，具体如下：

第一，标准的喇叭形至少包含三个转折高点，两个转折低点。这三个高点一个比一个高，两个低点可以在水平位置，或者右边低点低于左边低点；当股价从第三个高点回跌，其回落的低点较前一个低点低时，可以假设形态成立。将高点与低点各自连接成颈线后，两条线所组成的区域，外观就像一个喇叭，由于其属于"五点转向"形态，故较平缓的喇叭形也可视之为一个有较高右肩和下倾颈线的头肩顶。

第二，喇叭形在整个形态形成的过程中，成交量保持着高而且不规则的波动。喇叭形是投资者冲动和非理性的情绪造成的，很少在跌市的底部出现，因为股价经过一段时间的下跌之后，市场毫无人气，在低沉的市场氛围中，不可能形成这种形态。而不规则的成交波动，反映出投资者激动且不稳定的买卖情绪，这也是大跌市来临前的征兆。因此，喇叭形为下跌形态，暗示升势即将走到尽头。

第三，喇叭形下跌的幅度无法测量，也就是说，并没有跌幅的计算公式估计未来跌势，但一般来说，跌幅都将极深。同时喇叭形右肩的上涨速度虽快，但右肩破位下行的速度更快，在形态上却没有明确指出跌市出现的时间。只有当下限跌破时形态便可确定，投资者应该马上止盈或止损出局。在喇叭形构筑后出现快速暴挫。

第四，喇叭形也有可能会失败，即会向上突破，特别在喇叭形的顶部是由两个同一水平的高点连接而成，如果股价以高成交量向上突破，那么显示前面上升的趋势仍会持续。但对于稳健保守的投资者而言，"宁可错过，不能做错"，不必过于迷恋于这种风险大于收益的行情，毕竟喇叭形的构筑头部的概率十分大。

11.6.4　喇叭形量化实战案例

如果股价经过长时间的上涨，并且累计涨幅较大，然后在高位宽度震荡，形成喇叭形，这很可能是大跌的前兆，所以，投资者见到此形态后，要及时止损出局，否则就会损失惨重。

图11.19显示的是隆基股份（601012）2020年12月18日至2021年3月24日的日K线图。

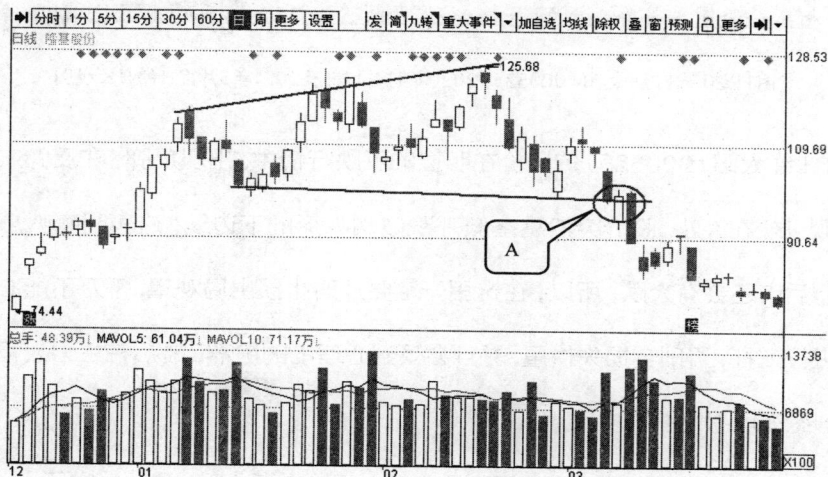

图11.19　隆基股份（601012）2020年12月18日至2021年3月24日的日K线图

隆基股份（601012）的股价经过较长时间、较大幅度的上涨之后，在高位震荡。在高位震荡盘整过程中出现喇叭形，然后在A处跌破下方支撑线，并且反弹也没有站上支撑线，所以在A处，投资者要及时卖出手中的股票筹码，否则会越套越深。

在明显的下跌趋势中，如果股价出现反弹，在反弹过程中出现喇叭形，如果跌破下边支撑线就要果断出局，否则是相当危险的。

图11.20显示的是ST红太阳（000525）2020年11月19日至2021年5月17日的日K线图。

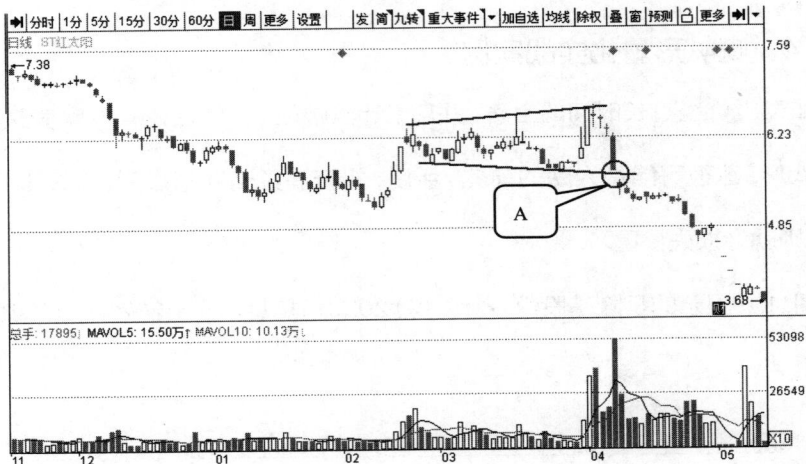

图11.20　ST红太阳（000525）2020年11月19日至2021年5月17日的日K线图

ST红太阳（000525）的股价在明显的下跌行情中，出现反弹，在反弹末期出现喇叭形。在A处，股价突然跳空低开跌破喇叭形的下边线，这表明喇叭形已经完成，后市还会有大跌，所以，在这里一定要及时止损出局观望，千万不能心存幻想，进行死扛，否则会损失惨重，并且会受到心理上的煎熬，最后在主力大幅杀跌时，到忍无可忍时割肉出局。

如果股价经过长时间的大幅下跌之后，开始震荡上升，并且涨幅不大，这时出现喇叭形，投资者不要恐慌，这很可能是主力在上升过程中骗取散户手中的廉价筹码。

图11.21显示的是渝三峡A（000565）2020年12月8日至2021年3月31日的日K线图。

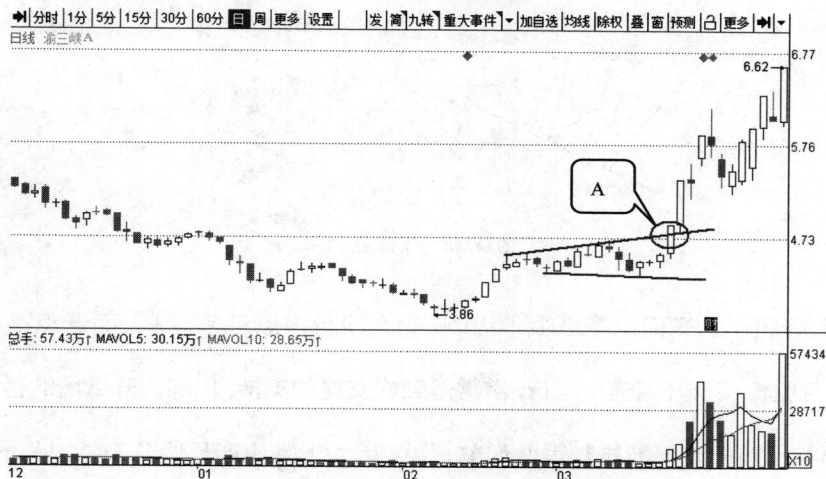

图11.21　渝三峡A（000565）2020年12月8日至2021年3月31日的日K线图

渝三峡A（000565）的股价经过较长时间、较大幅度的下跌之后，创出3.86元低点，然后开始震荡上涨。在震荡上涨的初期出现喇叭形，这很可能是主力来诱空，骗取散户手中的筹码。在A处，股价突破上边线，表明股价要开始新的一波上涨，所以在A处，要敢于加仓做多。

11.7　下降旗形量化实战技巧

下降旗形是常见的K线整理形态，当个股中出现这种K线形态时，继续下跌的概率很大，下面就来具体讲解一下该形态的形状、特征及技术含义。

11.7.1　下降旗形的特点

下降旗形一般出现在跌势中，每次反弹的高点连线平行于每次下跌低点的连线，并且向上倾斜，看上去就像迎风飘扬的一面旗子。下降旗形如图11.22所示。

图11.22　下降旗形

下降旗形从表面上看是很不错的,因为股价高点越来越高,而低点不断抬升,并且股价在上升通道中运行,常常得到成交量的支持,出现价升量增的喜人表现。但投资者一定不能被其表面现象迷惑。因为下降旗形是诱多陷阱,是一个卖出信号,投资者应果断止损离场。注意:投资者不要被股价上行迷惑,要警惕主力的诱多行为,应以持币观望为主。

11.7.2　下降旗形的市场含义

在下跌过程中,成交量达到高峰,抛售的力量逐渐减少,在一定的位置有强力支撑,于是形成第一次比较强劲的反弹,然后再次下跌,然后再反弹,经过数次反弹,形成一个类似于上升通道的图形,但是每次反弹的力度随着买盘的减少而下降,这个倒置的旗形往往会被视作看涨,但是经验丰富的投资者根据成交量和形态来判断,排除了反转的可能性,所以,每次反弹都是做空的机会。经过一段时间的调整,某天股价突然跌破旗形的下边沿,新的跌势终于形成。

11.7.3　下降旗形的操作注意事项

下降旗形的操作注意事项有两种,具体如下:

第一,下降旗形一般出现在熊市初期,投资者看到这种形态时可以大胆沽空,后面有猛烈的跌势,甚至出现崩盘式的大幅下跌。因此,在这阶段中形成的旗形形态大都比较小，时间可能只有在 5~6 个交易日，由于下跌的量能充足，反弹无力，下跌时的成交量无须很大，惯性的作用很快将股价打下去。

第二，如果在熊市的末期出现下降旗形走势，突破的成交量放大，可是价格下跌的幅度却不大，投资者就要当心了。一般情况下，熊市末期出现的下降旗形时间比较长，下跌的幅度未能达到目标位，很可能形成空头陷阱。

11.7.4　下降旗形量化实战案例

如果股价已经过大幅上涨，并且累计涨幅较大，然后在高位震荡，在震荡中出现下降旗形形态。如果跌破下边支撑线就要果断出局，否则是相当危险的。

图 11.23 显示的是比亚迪（002594）2020 年 12 月 14 日至 2021 年 5 月 7 日的日 K线图。

图 11.23　比亚迪（002594）2020 年 12 月 14 日至 2021 年 5 月 7 日的日 K 线图

比亚迪（002594）经过较长时间、较大幅度的上涨之后，在高位震荡。需要注意的是，股价在高位震荡的过程中，出现下降旗形，即低点不断抬高，高点之后还有高点，从表面上看，是一个相当明显的上升通道。但要明白，股价已经大幅上涨后，主力进场的目的是赚钱，所以股价在高位，只要形态完好，可以看涨，并且持股不动，让利润自己向前奔跑。但我们心中一定要清楚，现在是高位，一旦出现什么风吹草动，股价可能就会大跌，所以，在这里一定要关注不好的K线信号，一旦出现，先减仓或清仓出局再说。

在A股，股价一根中阴线跌破下方支撑线，表明上涨形态出现明显的走坏，投资者要及时减仓或清仓观望。

从其后的走势来看，如果不及时卖出，后市股价会一路下跌，并且没有出现反弹行情，所以一旦有不好的信号出现，及时卖出是最佳选择。

如果股价在下跌初期或下跌途中的反弹行情中出现下降旗形形态，当股价有效突破下方支撑线时，也要果断止损出局，否则很容易被套在半山腰上。

图11.24显示的是洪都航空（600316）2020年12月24日至2021年4月30日的日K线图。

洪都航空（600316）的股价从63.18元开始下跌，一路震荡下跌到37.98元，然后开始反弹。在反弹过程中出现下降旗形，这里具有一定的迷惑性，因为股价刚下跌后就出现反弹，如果认为股价回调后还会大幅上涨就会大错特错。但如果投资者对"下降旗形"比较了解的话，就会发现这里有很多问题。首先股价已经过大幅拉升，从5元左右一直上涨到63.18元，涨幅之大让人吃惊，并且这里刚刚回调。投资者在这里要警惕，这里可能上升，但也可能下降，如果下跌则跌幅巨大。通过后面的图形走势可以看到，这里是主力为散户精心布置的一个诱多陷阱，如果投资者对技术一知半解，则很可能买进股票，那后果可能就会被深深套牢。

所以，在A处，股价跌破下降旗形的下边线，一定要及时出局，否则后果相当严重。

图 11.24　洪都航空（600316）2020 年 12 月 24 日至 2021 年 4 月 30 日的日 K 线图

如果股价经过大幅下跌已经探明底部区域，然后震荡上升，在震荡过程中出现下降旗形，即使股价跌破下方支撑线，也不要恐慌，毕竟只是回调，而不是新的下跌行情，所以，短线投资者可以减仓以应对风险，而中、长线投资者可以持仓不动。

图 11.25 显示的是金花股份（600080）2020 年 5 月 5 日至 2020 年 9 月 9 日的日 K 线图。

金花股份（600080）的股价经过较长时间、较大幅度的下跌之后，创出 3.70 元低点，注意在创出低点这一天，股价收出一根低开高走的大阳线，意味着股价要开始上涨了。

随后股价开始震荡上涨，经过十几个交易日的上涨之后，出现回调，然后继续上涨，这时出现下降旗形。

在震荡上涨的初期出现下降旗形，在 A 处，股价跌破下降旗形的下边线，短线投资者可以减仓，然后逢低再买进来，而中长线投资者可以持仓不动。原因是股价才刚刚转势，下跌是为了清洗短线获利筹码，是为了骗取散户手中的低廉筹码，不要轻易上了主力的当。

股价跌破下降旗形的下边线之后，并没有跌多深，而是跌到前期下跌的低点附近就又开始震荡上涨，需要注意的是，在震荡上涨的过程中，又出现收敛三角形，然后在B处，突破收敛三角形上边线压力，开始新的一波上涨。

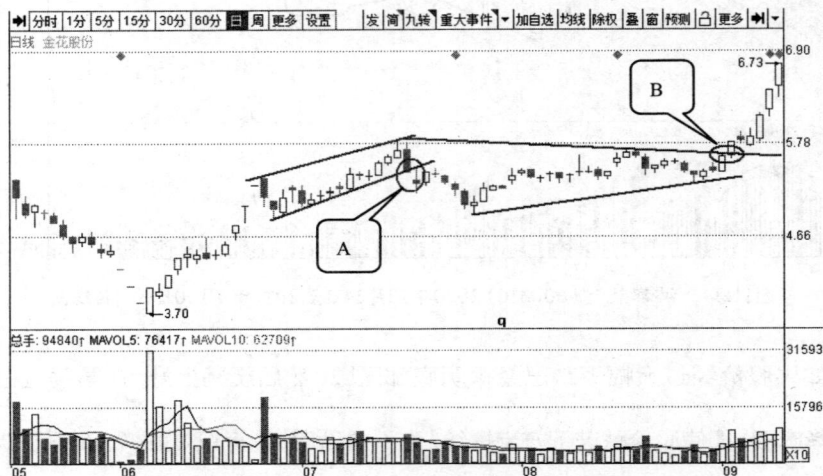

图11.25　金花股份（600080）2020年5月5日至2020年9月9日的日K线图

11.8　上升楔形量化实战技巧

上升楔形是常见的K线整理形态，当个股中出现这种K线形态时，继续上涨的概率很大，下面就来具体讲解一下该形态的形状、特征及技术含义。

11.8.1　上升楔形的特点

上升楔形出现在跌势中，反弹高点的连线与下跌低点的连线相交于右上方，其形状构成一个向上倾斜的楔形图。最后股价跌破支撑线向下滑落。上升楔形如图11.26所示。

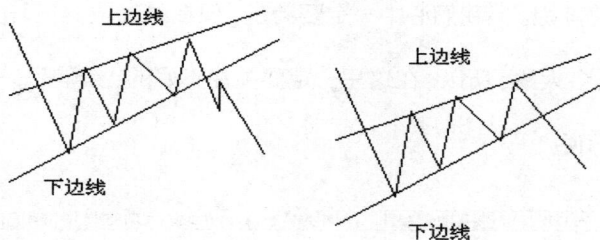

图11.26　上升楔形

11.8.2　上升楔形的市场含义

上升楔形在形成过程中, 成交量不断减少, 呈现价升量减的反弹特征。上升楔形是诱多陷阱, 表示升势已尽, 是一个卖出信号。投资者不要被低点上移迷惑, 要保持警惕, 还是以持币观望为妙。

另外, 上升楔形上下两条线收敛于一点, 而股价理想的跌破点是由第一个低点开始, 直到上升楔形尖端之间距离的三分之二处。有时候, 股价可能会一直移动到楔形的尖端, 出了尖端后还会稍做上升, 然后才大幅下跌。

11.8.3　上升楔形量化实战案例

如果股价已经过大幅上涨, 并且累计涨幅较大, 然后在高位震荡, 在震荡中出现上升楔形形态。如果跌破下边支撑线就要果断出局, 否则是相当危险的。

图11.27显示的是迈瑞医疗 (300760) 2020年11月27日至2021年3月9日的日 K 线图。

迈瑞医疗 (300760) 的股价经过较长时间、较大幅度的上涨之后, 在高位震荡。在高位震荡过程中出现上升楔形, 即低点不断抬高, 高点之后还有高点, 从表面上看, 是一个相当明显的上升通道。但要明白的是, 股价已经大幅上涨后, 主力进场的目的是赚钱, 所以股价在高位, 只要形态完好, 可以看涨, 并且持股不动,让利润自己向前奔跑。但我们心中一定要清楚，现在是高位，一旦出现什么风吹草动，股价可能就会大跌，所以，在这里一定要关注不好的K线信号，一旦出现，先减仓或清仓出局再说。

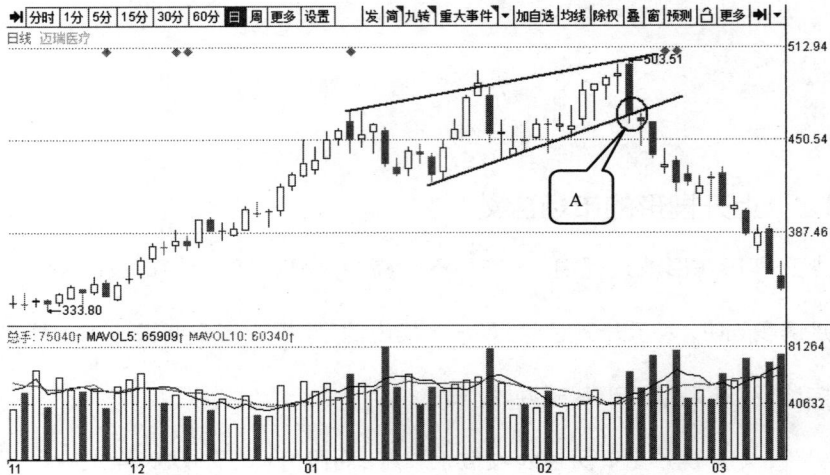

图11.27　迈瑞医疗（300760）2020年11月27日至2021年3月9日的日K线图

在A处，股价跌破上升楔形的下边线，所以在这里最好及时出局观望。从其后的走势可以看到，股价跌破下边支撑线之后就开始连续下跌行情，不及时出局就会造成盈利回吐，甚至由盈利变成亏损。

如果股价在下跌初期或下跌途中出现上升楔形形态，很多投资者都会认为到阶段性底部或要大力反弹，所以很多散户开始买进，并且反弹一波高于一波，但投资者一定要清醒，这是下跌趋势，并且要知道这有可能是上升楔形形态，可能是主力在诱多，即抛售手中没有发完的货，所以投资者要警惕。

图11.28显示的是凯利泰（300326）2020年7月7日至2021年2月1日的日K线图。

凯利泰（300326）的股价经过较长时间、较大幅度的上涨之后，创出31.38元高点，然后股价开始震荡下跌。在震荡下跌的初期和过程中，不断出现上升楔形，当股价跌破下边线支撑时，有抄底的多单要及时卖出，否则就会被套在半山腰上，将会损失惨重，所以 A、B、C 和 D 处，都要果断卖出手中的股票筹码。

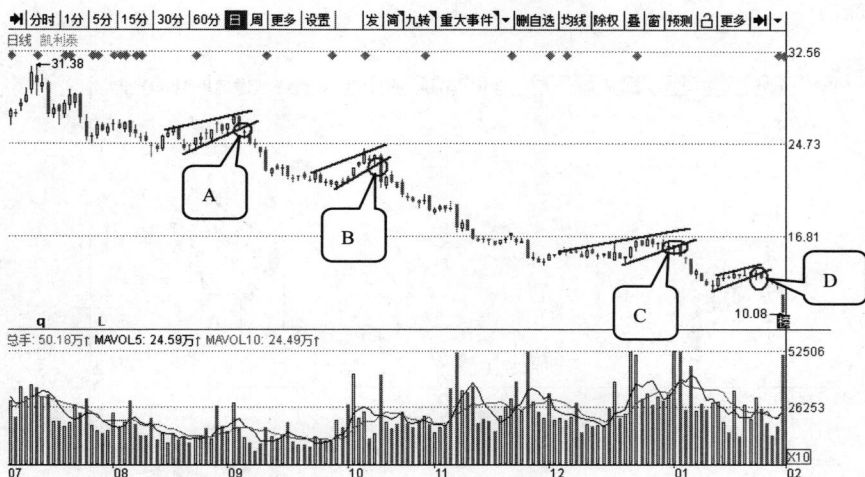

图11.28　凯利泰（300326）2020年7月7日至2021年2月1日的日K线图

如果股价经过大幅下跌已经探明底部区域，然后震荡上升，在震荡过程中出现上升楔形，即使股价跌破下方支撑线，也不要恐慌，毕竟只是回调，而不是新的下跌行情，所以，短线投资者可以减仓以应对风险，而中长线投资者可以持仓不动。

图11.29显示的是西藏药业（600211）2021年2月2日至2021年5月14日的日K线图。

西藏药业（600211）的股价经过较长时间、较大幅度的下跌之后，从182.07元一路下跌到44.40元，然后开始在低位震荡。在低位震荡后出现一波上涨，即在上涨初期出现上升楔形，在A处，股价跌破上升楔形的下边线，短线投资者可以减仓，然后逢低再买进来，而中长线投资者可以持仓不动。原因是股价才刚刚转势，下跌是为了清洗短线获利筹码，是为了骗取散户手中的廉价筹码，不要轻易上了主力的当。

从其后走势可以看出，股价跌破上升楔形的下边线后，连续大阴线杀跌，但在前期震荡平台的高点附近企稳，再度上涨，所以，中线持有者，往往会获得较大的收益。

图11.29　西藏药业（600211）2021年2月2日至2021年5月14日的日K线图

11.9　矩形量化实战技巧

矩形既可以出现在跌势中，也可以出现在涨势中，是常见的K线整理形态，下面就来具体讲解一下该形态的形状、特征及技术含义。

11.9.1　矩形的特点

矩形是股价由一连串在两条水平的上下界线之间变动而形成的形态。股价在其范围之内反复运动，股价上升到某水平线时遇阻力回落，但很快又获得支撑并反弹，但回升到上次同一高点时再次受阻，而在回调到上次低点时又获得支撑。

如果将股价的最高点和最低点分别用直线连接起来，就会形成一个长方形，最后寻求向下或向上突破。矩形如图11.30所示。

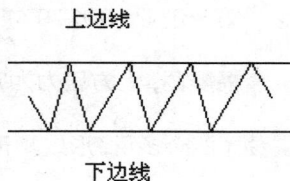

图11.30　矩形

11.9.2　矩形的市场含义

在矩形形成的过程中，成交量不断减少，在上下反反复复运行，直到一方力量耗尽，出现突破方向为止。在矩形盘整的过程中，投资者不介入为好，如果向上突破，可以采取做多策略；如果向下突破，则可以采取做空策略。

11.9.3　矩形量化实战案例

股价已经过大幅下跌，然后在底部震荡盘整，在这个过程中出现矩形形态，当股价突破矩形上边线时，及时跟进，会有不错的收益。

图11.31显示的是第一创业（002797）2020年3月11日至2020年7月9日的日K线图。

图11.31　第一创业（002797）2020年3月11日至2020年7月9日的日K线图

第一创业（002797）的股价经过较大幅度、较长时间的下跌之后，然后在低位窄幅震荡，上方压力为7.40元附近，下方支撑为6.80元附近。在这个窄幅区域中震荡了四个多月，形成矩形形态。

如果我们长期关注该股，在我们的潜意识中要明白，低位横有多长，将来竖有多高，所以，耐心关注何时向上突破。在A处，股价突破矩形的上边线，在这里要敢于加仓做多。

提醒：为了防止是假突破，如果害怕错过行情，可以分批建仓，可以先建三分之一仓位，然后再根据行情走势不断加仓。

如果股价已经大幅上涨，然后在高位进行横盘整理，这时出现矩形形态，投资者就要小心了，特别是突破矩形的下边支撑线后，要果断清仓出局，否则被深套没商量。

图11.32显示的是宁波联合（600051）2020年6月30日至2021年2月4日的日K线图。

图11.32　宁波联合（600051）2020年6月30日至2021年2月4日的日K线图

宁波联合（600051）的股价经过较长时间、较大幅度的上涨之后，创出14.50元高点。需要注意的是，在创出高点这一天，股价收出一根带有长长上影线的中阴线（螺旋线），这表明股价有转势的可能。

随后股价在高位震荡，形成矩形形态。投资者一定要明白，股价已经大幅度上涨，在高位震荡，如果不能向上突破，一旦向下跌，就可能是大跌，所以，当股价跌破矩形的下边线时，要第一时间果断、坚决卖出所有的股票筹码，否则就会损失惨重。

在A处，股价跌破矩形下边线，意味着震荡结束，要进入下跌行情，所以要果断卖出手中所有的筹码。从其后走势可以看出，如果不卖出筹码，就会由盈利亏损，甚至被深套。

11.10　收敛三角形量化实战技巧

收敛三角形既可以出现在跌势中，也可以出现在涨势中，是常见的K线整理形态，下面就来具体讲解一下该形态的形状、特征及技术含义。

11.10.1　收敛三角形的特点

收敛三角形每次上涨的高点连线与每次回落的低点连线相交于右方，呈收敛状，其形状像一把三角形尖刀。收敛三角形如图11.33所示。

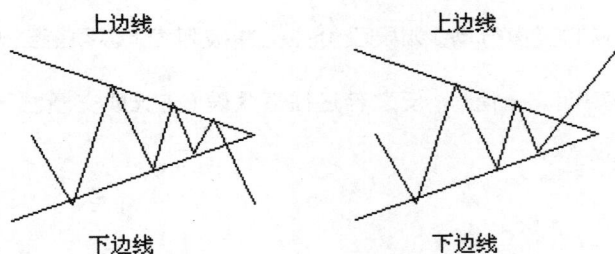

图11.33　收敛三角形

收敛三角形与扩散三角形的形状正好相反，扩散三角形最终向下概率较大，而收敛三角形整理后可能向上，也可能向下，是一个观望信号。在涨势中，如果放量收于压力线上方，可以追加筹码；如果向下突破，要看空、做空。在跌势中，放量收于压力线上方，也不要着急买进，而是当回探压力线后再创新高时，可以适量买进，其他情况下都要做空。

11.10.2　收敛三角形的市场含义

收敛三角形是因为买卖双方的力量在该段价格区间内势均力敌，暂时达到平衡状态所形成。

股价从第一个短期性高点回落，很快便被买方消化，推动价格回升；但购买的力量对后市没有太大的信心，又或是对前景感到有点犹疑，因此，股价未能回升至上次高点已告掉头，便再一次下跌。

在下跌的阶段中，那些沽售的投资者不愿意太低价贱售或对前景仍存有希冀，所以，回落的压力不强，股价未低跌到上次的低点便已告回升，买卖双方的观望性使股价的上下小波动日渐缩窄，形成此形态。

成交量在收敛三角形成的过程中不断减少，正反映出看淡力量对后市犹疑不决的观望态度，使得市场暂时沉寂。

由于收敛三角形属于整理形态，所以，只有在股价朝其中一方明显突破后，才可以采取相应的买卖行动。如果股价往上冲破阻力（必须得到大成交量的配合），就是一个短期买入信号；反之若是往下跌破（在低成交量之下跌破），便是一个短期沽出信号。

11.10.3　收敛三角形量化实战案例

如果股价已经过长时间的大幅下跌，探明底部区域，开始震荡上涨，在上涨初期如果出现收敛三角形，当股价放量突破收敛三角形的上边线时，是相当不错的买点。

图11.34显示的是海天精工（601882）2020年1月23日至2020年8月12日的日K线图。

图11.34　海天精工（601882）2020年1月23日至2020年8月12日的日K线图

海天精工（601882）的股价经过较长时间、较大幅度的下跌之后，创出6.31元低点。随后股价开始震荡上涨，在上涨的初期，出现收敛三角形。需要注意的是，最后股价是跳空高开突破上方压力线，这表明股价要开始新的上涨行情，所以在A处可以买进股票。

如果股价处于明显的上升趋势之中，并且上涨幅度并不太大，这时出现收敛三角形整理形态，当股价突破其上边线时，也要敢于加仓做多。

图11.35显示的是比亚迪（002594）2020年9月11日至2021年2月2日的日K线图。

比亚迪（002594）的股价在明显的上升行情之中，出现震荡整理。在震荡整理的过程中出现收敛三角形，然后在A处，股价向上突破上边线，这意味着股价又要开始上涨所以在A处可以买进该股票。

需要注意的是，股价突破上边线后，股价没有直接上涨，而是继续震荡回调，但股价始终在上边线上方，所以，当股价回调到上边线时，即B处，又是一次买进该股票的机会。

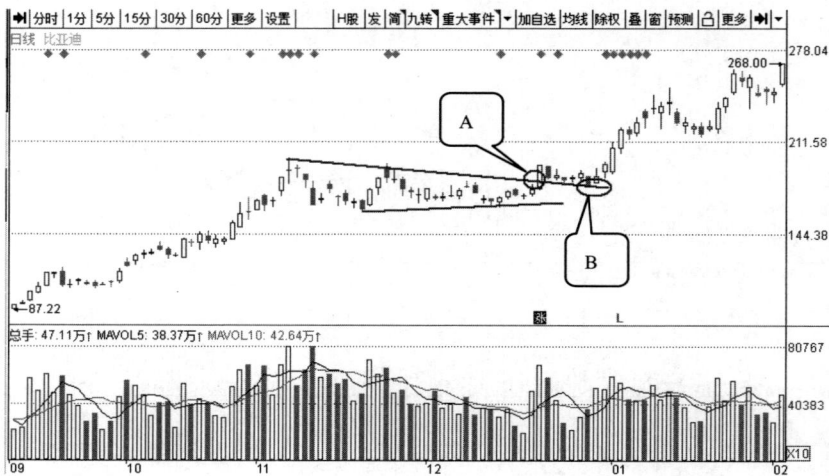

图11.35　比亚迪（002594）2020年9月11日至2021年2月2日的日K线图

如果股价已经过长时间的大幅上涨，然后在高位反复震荡，在震荡过程中出现收敛三角形，这时最好轻仓操作，毕竟风险大于收益，所以还是小心为好。

图11.36显示的是英科医疗（300677）2021年1月6日至2021年6月10日的日K线图。

英科医疗（300677）的股价经过较长时间、较大幅度的上涨之后，创出299.99元高点，然后股价开始震荡下跌，在震荡下跌的初期出现反弹整理。在反弹整理过程中出现收敛三角形，然后在A处，股价跌破下边线支撑，意味着震荡盘整结束，要开始新的一波下跌行情，所以，在A处要果断卖出手中的股票。

图11.36　英科医疗（300677）2021年1月6日至2021年6月10日的日K线图

在明显的下跌趋势中，如果股价出现反弹，在反弹过程中出现收敛三角形，如果跌破下边支撑线就要果断出局，否则是相当危险的。

图11.37显示的是海特生物（300683）2020年7月27日至2021年2月4日的日K线图。

图11.37　海特生物（300683）2020年7月27日至2021年2月4日的日K线图

海特生物（300683）的股价创出69.38元高点之后，在高位略做震荡之后就开始震荡下跌，先是跌破5日均线，然后跌破10日均线，接着跌破30日均线，这样均线呈空头排列，股价进入震荡下跌阶段。

股价经过一大波下跌之后，出现反弹，注意：反弹的力量并不强，并且出现收敛三角形，在A处跌破下方支撑线，这意味着反弹结束，又要开始新的一波下跌，所以，手中还有该股票的投资者一定要及时卖出，否则只能越套越深。

第 12 章

K线与趋势量化实战技巧

　　股市行情有起有伏，股价有涨有跌，趋势是行情的方向，把握趋势就等于把握行情的主线；节奏是趋势的韵律，把握节奏就等于把握趋势的脉搏。抓住趋势、把握节奏是每个投资者在股市征程中不得不面对的技术关题，这是股市投资战斗力的源泉。

本章主要内容包括:

- 什么是趋势
- 上升趋势、水平趋势和下降趋势
- 利用上升趋势线买入案例
- 利用下降趋势线买入案例
- 利用上升趋势线卖出案例
- 利用下降趋势线卖出案例
- 支撑和压力量化实战案例
- K线与通道线量化实战技巧
- K线与黄金分割线实战分析

12.1　初识K线的趋势

在实战操作中，顺势而为是散户操作的灵魂。追随市场大的趋势，而不能看不到趋势，更不能逆势操作；同时在趋势的运行过程中，要根据行情的发展，注意把握趋势的节奏，既要"权死生之机"，又要"辨动静之理"。

提醒：对于趋势和节奏准确而敏锐的感觉和把握，必须来自殚精竭虑的思考，必须来自千万次的实战经验。

12.1.1　什么是趋势

趋势是指股市何去何从的方向，更确切地说，趋就是未来股价运动的方向，势就是未来股价在运动方向上的力量。

趋势的形成是由于股票市场中参与的人和资金都是大规模的数据，一旦上升趋势或下降趋势形成，就将延续，直到被新的趋势代替。

任何一种股票在不同的时期都会沿着一定的趋势持续运行，所以，通过趋势分析，可以预测和判断未来股价的走势，投资者可以根据具体情况采取适宜的、高效的投资策略，从而把握一些大机会，少犯一些原则性的错误，成为股市中的大赢家。

12.1.2　趋势的方向

趋势具有三种方向，分别是上升、下降和横向盘整。很多投资者习惯地认为股市只有两种趋势方向，要么上升，要么下降。但实际上，还有一种横向盘整，据统计至少有三分之一的时间，股价处于横向盘整之中，对于这一点投资者一定要注意。

1. 上升趋势

如果随着时间的推移，K线图中的每个价格高点依次上升，每个价格低点也依次上升，那么这种价格运动趋势就是上升趋势，即每当价格回调时，还没有等到跌到前一次的低点时，买家就迫不及待地涌入，推动价格继续上涨；而当价格临近前一次的高位时，买家又毫不犹豫地持续买入，使价格再创新高。如此来回几次，便形成一系列依次上升的波峰和波谷，这是牛市的特征。

2. 水平趋势

水平趋势，又称横向整理趋势，即随着时间的推移，K线图中的股价没有创出新高，也没有创出明显的新低，基本上就是在两条水平线之间做折返运动。这种趋势不适合判断未来的股价运动方向，股价只有突破上面的水平压力线或下面的水平支撑线时，才能使我们看到市场上真正的运动方向，这就是"牛皮市特征"。

3. 降趋势

如果随着时间的推移，K线图中的每个价格高点依次下降，每个价格低点也依次下降，那么这种价格运动趋势就是下降趋势，即每当价格反弹时，还没有等到涨到前一次的高点时，卖家就迫不及待地抛售，促使价格回落；而当价格临近前一次低点时，卖家又毫不犹豫地卖出，使价格再创新低。如此来回几次，便形成一系列依次下降的波峰和波谷，这是熊市的特征。

图12.1显示的是上证指数（000001）2018年2月2日至2019年12月27日的周K线图，在这里可以看到上升趋势、水平趋势和下降趋势。

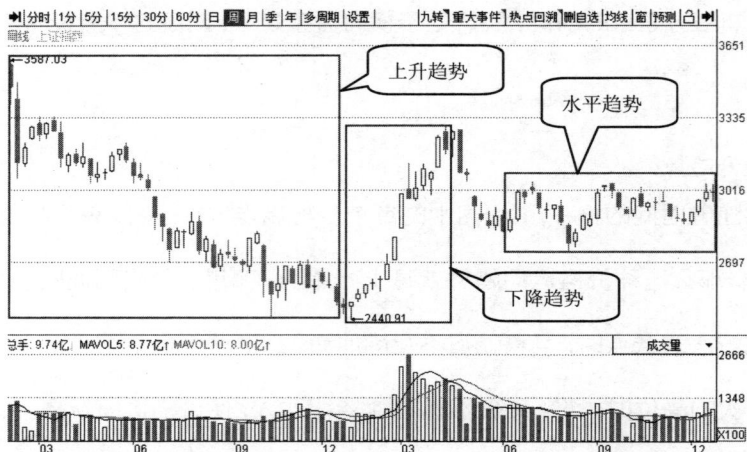

图12.1　上证指数（000001）2018年2月2日至2019年12月27日的周K线图

12.2　K线与趋势线买入量化实战技巧

在分析趋势时，常常通过绘制趋势线来进行分析。画趋势线是衡量趋势发展的方法，趋势线的方向可以明确地看到股票价格的发展方向。

12.2.1　趋　势　线

趋势线的绘制方法很简单，在上升趋势中，将两个明显的反转低点连成一条直线，可以得到上升趋势线，上升趋势线起支撑作用；在下降趋势中，将两个明显的反转高点连成一条直线，就可以得到下降趋势线，下降趋势线起阻力作用，图12.2显示的是上证指数的上升趋势线和下降趋势线。

从方向上来说，趋势线可以分为上升趋势线和下降趋势线。上升趋势线预示股价或指数的趋势是向上的；下降趋势线预示股价或指数的趋势是向下的。

从时间上来说，趋势线可以分为长期趋势线、中期趋势线和短期趋势线。

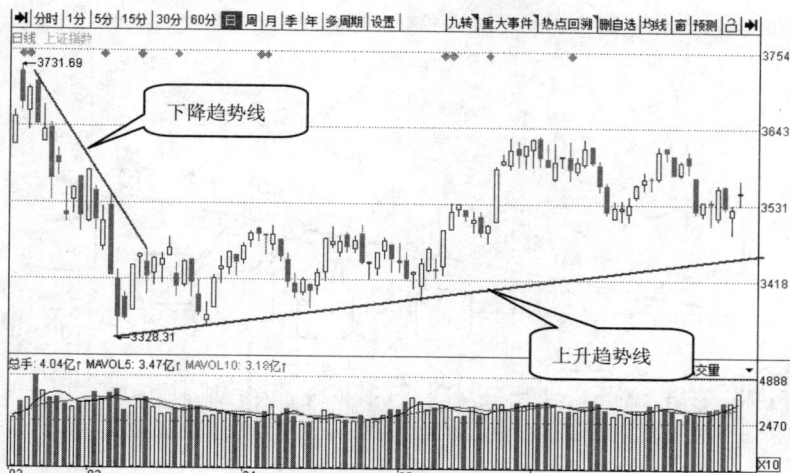

图12.2　上证指数的上升趋势线和下降趋势线

（1）长期趋势线是连接两大浪的谷底或峰顶的斜线，跨度时间一般为几年，它对股市的长期走势将产生很大的影响。

（2）中期趋势线是连接两中浪的谷底或峰顶的斜线，跨度时间一般为几个月，甚至一年以上，它对股市的中期走势将产生很大的影响。

（3）短期趋势线是连接两小浪的谷底或峰顶的斜线，跨度时间不超过两个月，通常只有几个星期，甚至几天时间，它对股市的走势只起短暂的影响作用。

12.2.2　利用上升趋势线买入案例

上升趋势形成后，股价将沿着上升趋势线向上运行，在运行过程中，股价可能会有短时的回调，很多时候会回落至趋势线附近，这时投资者可以利用少量资金及时跟进，然后再顺势加仓，常常会有相当不错的收益。

图12.3显示的是宏发股份（600885）2021年2月22日至2021年7月12日的日K线图。

宏发股份（600885）的股价经过一波快速下跌之后，创出45.00元低点，然后开始震荡盘升。

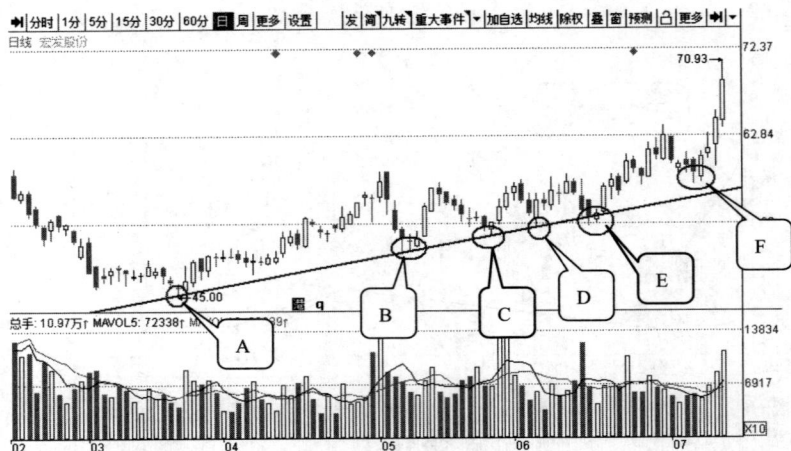

图12.3　宏发股份（600885）2021年2月22日至2021年7月12日的日K线图

利用A和B处的两个低点绘制一条上升趋势线。在C处，股价连续小幅回调八个交易日，正好回调到上升趋势线，所以，C处是不错的买点。

股价在C处企稳后，连续上涨三个交易日，正好上涨到前期的高点附近，短线高手可以止盈。

随后股价再度回调到上升趋势线附近企稳，即D处，所以，D处又是一个新的买入位置。

股价在D处企稳后，再度上涨，上涨到前期的高点附近，短线高手仍然可以止盈。

随后股价再度回调到上升趋势线附近，即E处，所以，E处也是一个不错的买点。

随后股价开始震荡上涨，突破前期高点附近的压力，但随后再度回调，注意：这一波没有回调到上升趋势线，而是在其上方止跌，这就要根据K线技术来进行操作了，所以，F处是一个买点，从其后的走势可以看出，F处企稳后来了一波快速上涨，也是盈利最丰厚的一段走势。

12.2.3　利用下降趋势线买入案例

如果股价处在明显的下降趋势中，即股价一直在长期下降趋势线的下方运行，最好的操作策略是不要碰这只股票，耐心观察这只股票什么时候能有效突破长期下降趋势线，一旦突破，则需要重点关注，然后逢低买进，则可以轻松实现盈利。

图12.4显示的是川恒股份（002895）2021年2月9日至2021年7月12日的日K线图。

川恒股份（002895）的股价从43.00元开始下跌，用了四年多的时间下跌到9.60元，下跌幅度高达77.67%。

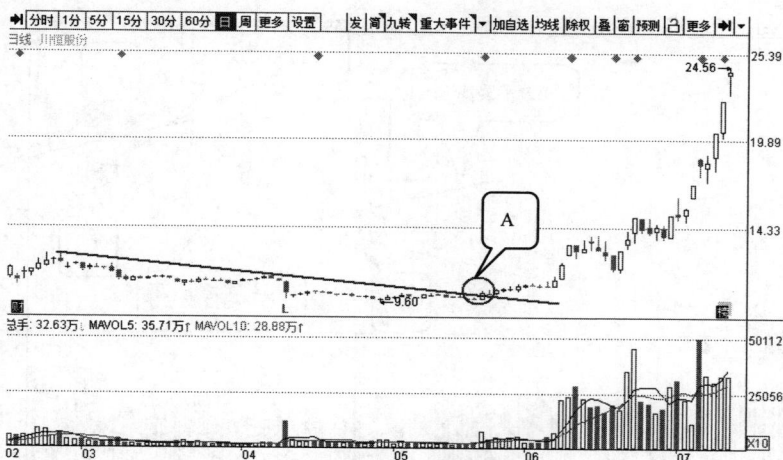

图12.4　川恒股份（002895）2021年2月9日至2021年7月12日的日K线图

川恒股份（002895）的股价创出9.60元低点之后，在低位又盘整十几个交易日，然后一根中阳线向上突破，突破下降趋势线，即A处，这意味着下跌行情要结束了，新的上涨行情要开始了。

A处突破下降趋势线，所以，A处就是一个比较好的买点。随后股价开始震荡盘升，虽然刚开始上涨得很慢，但主力在低位吸筹完毕后就开始快速拉升。所以，在A处买进的投资者，一定要拿住手中的筹码，往往都会有巨大的投资收益。

如果股价已经处于明显的上升趋势之中,然后出现回调,回调后股价又突破中期下降趋势线,那么这也是相当不错的加仓点。

图12.5显示的是通威股份(600438)2020年4月28日至2020年12月25日的日K线图。

通威股份(600438)的股价在明显的上涨行情之中,如果出现回调,正好回调到上升趋势附近,就是新的买点,所以,A和C处都是不错的买点。

股价回调可以绘制出下降趋势线,当股价突破下降趋势线时,也是不错的买点,所以,B和D处也是较好的买点。

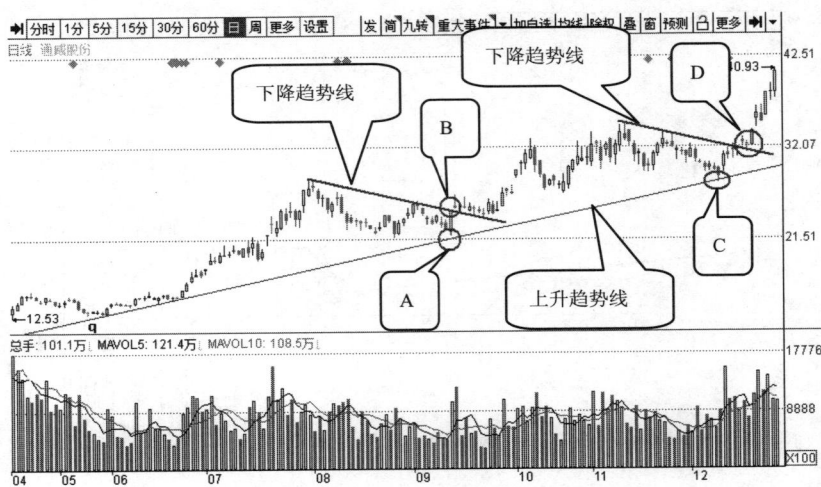

图12.5　通威股份(600438)2020年4月28日至2020年12月25日的日K线图

12.3　K线与趋势线卖出量化实战技巧

前面讲解了如何利用K线和趋势线来买入股票,下面来讲解一下如何利用K线与趋势线卖出股票。

12.3.1　利用上升趋势线卖出案例

如果股价已经过长时间的大幅上涨，然后在高位震荡，如果在震荡中跌破上升趋势线的支撑，一定要及时出局观望，否则损失惨重。

图12.6显示的是恒立液压（601100）2020年11月27日至2021年5月10日的日K线图。

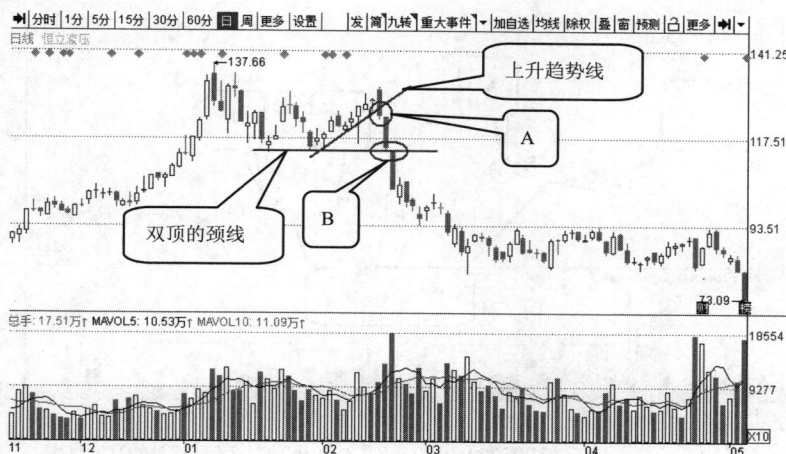

图12.6　恒立液压（601100）2020年11月27日至2021年5月10日的日K线图

恒立液压（601100）的股价经过较长时间、较大幅度的上涨之后，创出137.66元高点，然后在高位震荡。

在高位震荡的末端，又开始拉高，投资者一定要明白，这是在高位拉升，很可能是主力在诱多。但为了不错过行情，在这里可以轻仓参与，但投资者心中要明白，一有不好信号，就要出局，即短线思维。

股价上涨到前期高点附近，股价收出一根大阴线，并且跌破上升趋势线，即A处，意味着这一波反弹结束，所以，高位买进的筹码要及时卖出。

随后股价继续大跌，并且在B处跌破双顶的颈线，意味着股价双顶形成，要开始新的大跌行情，所以，要果断卖出手中的所有筹码，否则就会被深套。

如果股价处在明显的下降趋势中，出现反弹，如果参与反弹行情，一旦股价跌破上升趋势线要及时出局观望。

图12.7显示的是安车检测（300572）2020年8月21日至2021年5月13日的日K线图。

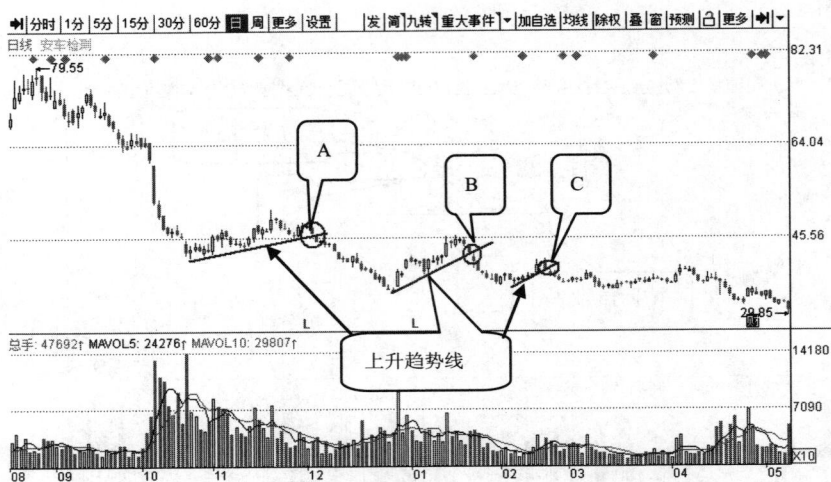

图12.7　安车检测（300572）2020年8月21日至2021年5月13日的日K线图

安车检测（300572）的股价经过较长时间、较大幅度的上涨之后，创出79.55元高点，然后高位略做震荡就开始下跌。

股价经过一大波下跌之后，股价开始震荡反弹。在明显的下跌行情中，股价出现反弹，可以轻仓参与，但股价一旦跌破上升趋势线，就要果断卖出手中的筹码，即A、B、C处都要坚决卖出手中的筹码。

12.3.2　利用下降趋势线卖出案例

股价经过大幅上涨，然后在高位震荡出局后就开始快速下跌，再反弹但反弹高点一次比一次低，形成下降趋势。连续两个关键高点就可以绘制一条下降趋势线。

图12.8显示的是凯利泰（300326）2020年10月12日至2021年2月1日的日K线图。

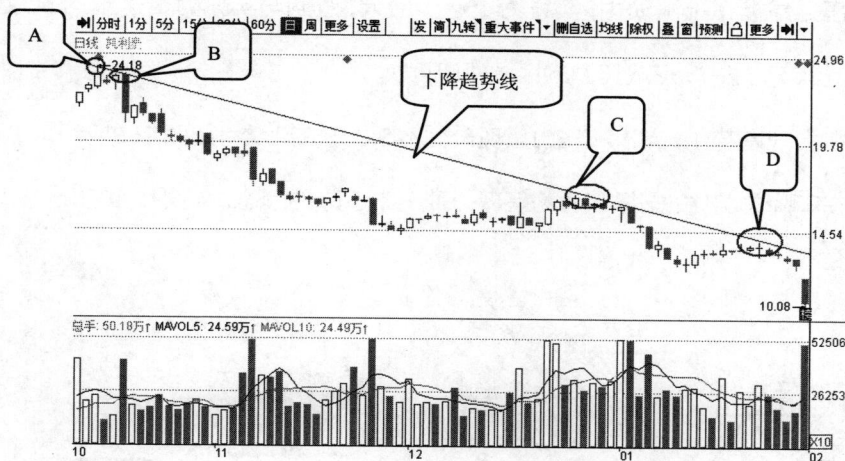

图12.8　凯利泰（300326）2020年10月12日至2021年2月1日的日K线图

凯利泰（300326）的股价经过一波反弹，创出24.18元高点，然后开始下跌。利用A和B两个高点绘制下降趋势线。

在C和D处，股价在反弹中、高点都受到下降趋势线的压制，即股价没有突破下降趋势线，所以，在C和D处都是不错的卖出时机。

12.4　K线的支撑和压力量化实战技巧

在股市中，支撑和压力是非常重要的。当股价遇到支撑，就可以进场做多，即买入；当股价遇到压力，就可以清空手中的筹码，即卖出。

12.4.1　什么是支撑和压力

下面利用买卖双方的力量来描述支撑和压力。

支撑是指在下跌途中,买方力量逐渐累积,直到与卖方力量能够抗衡,这样股价就跌不下去了,从而形成支撑的区域,即支撑。

压力是指在上涨途中,卖方力量逐步增大,直到与买方力量达到均衡,这样股价就涨不上去了,形成压力的区域,即压力。

在上升趋势中,支撑和压力呈现一种不断上升的形态,如图12.9所示。

在下降趋势中,支撑和压力呈现一种不断下降的形态,如图12.10所示。

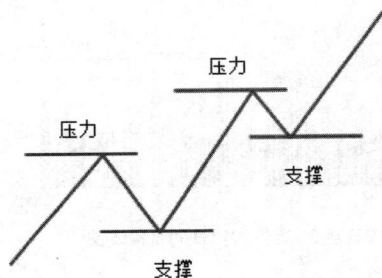

图12.9　上升趋势中的支撑和压力　　　图12.10　下降趋势中的支撑和压力

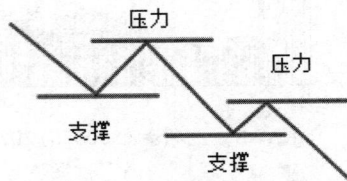

需要注意的是,在上升趋势中,压力代表上升过程中的停顿,通常在充分调整后会冲破该压力,继续向更高点前进。在下降趋势中,支撑代表下跌过程中的停顿,通常经过小幅反弹之后,价格会跌破支撑,继续向更低点前进。

12.4.2　支撑是怎么形成的

股市的价格在支撑区域震荡盘整一段时间,积累了较大的成交量,当股价由上向下向支撑线靠近时,空方获利筹码已清,手中已无打压抛空筹码;这时多方趁低吸纳买进,形成需求。另外,部分被套者套牢已久,手中的筹码锁定,不会轻易卖出,故在这一价格区间需求大于供给,自然形成强有力的支撑,如图12.11所示。

长城汽车(601633)的股价经过一波上涨之后开始横盘整理。在盘整的过程中，每当价格回调到25元附近时，价格就开始止跌上行，但价格上行到28.5元附近时，价格就又开始下行，就这样来回震荡。表明价格在25元附近，空方力量已小于多方力量；而当价格上涨到28.5元附近时，多方力量又小于空方力量。就这样在25元附近形成支撑，在28.5元附近形成压力，所以，在25元附近时可以进场做多，当价格上涨到28.5附近时卖出。

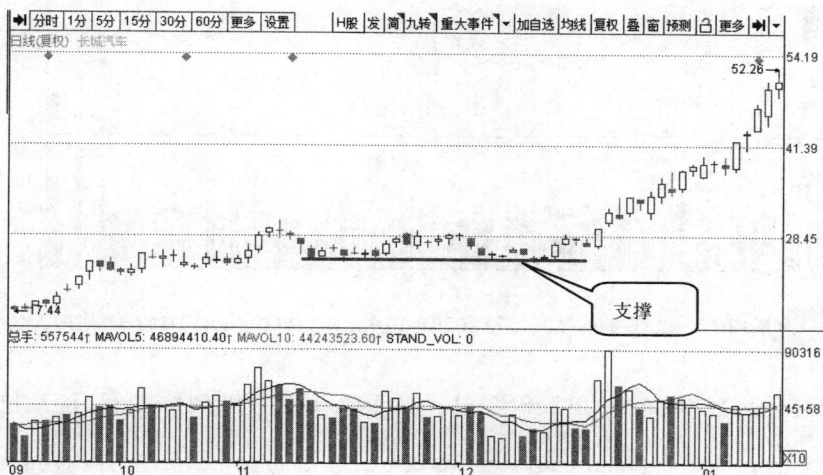

图12.11　长城汽车（601633）2020年9月24日至2021年1月13日的日K线图

需要注意的是，当前是上升趋势，价格向上突破的概率很大，所以，当价格向上突破时，筹码可以继续持有。如果手中没有筹码或者筹码太少，可以在突破时继续买入该股票。

12.4.3　压力是怎么形成的

和支撑一样，压力通常也出现在成交密集区，这个区间积累了较多的成交量，当股票价格在该密集区以下时，股票有大量套牢者。所以，每当股价上涨到该区间时，特别是接近压力线时，套牢者就会急于解套而卖出手中的股票，这样就会有大量抛盘出现，股票供给大于需求，所以，这时股价很容易就会下跌。当价格下跌到支撑时，对后市看好的投资者又会买进，价格再度回升，这样反复多次，上方压力就形成了，如图12.12所示。

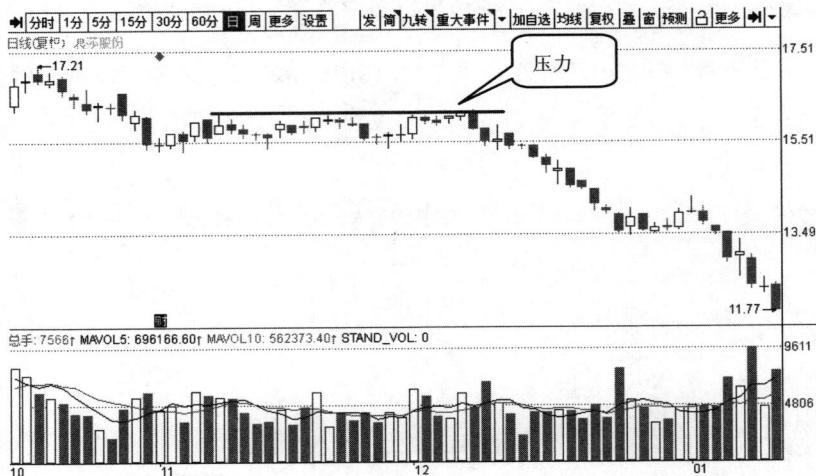

图12.12　浪莎股份（600137）2020年10月15日至2021年1月13日的日K线图

浪莎股份（600137）的股价经过一波反弹，最高反弹到17.21元，随后价格开始震荡下跌。经过两周的下跌之后，价格又开始横盘整理，每当价格反弹上涨到16元附近，价格就会受压下行，但每当价格下跌到12.50元附近，价格又开始反弹上行。就这样反反复复震荡了一个多月。在16元附近形成压力，而在12.50元附近形成支撑。需要注意的是，当前是下跌行情，投资者可以在12.5元~16元做短线，一旦价格跌破12.50元，投资者要及时卖出手中的筹码，否则会被越套越深。

12.4.4　支撑和压力量化实战案例

在上升趋势中，支撑与压力是逐步上移的。每当价格回调到支撑位附近时，可以买入股票，当股价上涨到压力位附近时，可以卖出股票。但需要注意的是，一旦价格突破压力位，手中的筹码就不要再卖出，而是持有。当然，如果投资者手中还有资金，还可以继续加仓买进。

图12.13显示的是金发科技（600143）2020年6月23日至2021年1月26日的日K线图。

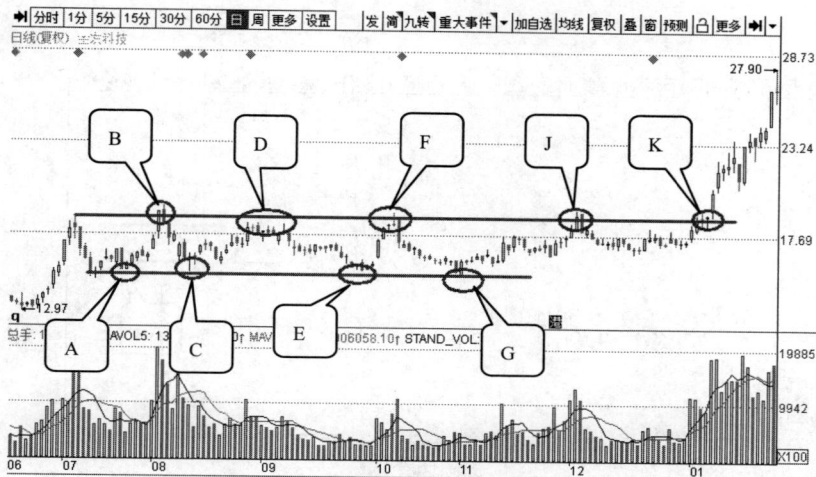

图12.13 金发科技（600143）2020年6月23日至2021年1月26日的日K线图

金发科技（600143）创出12.97元低点后，开始上涨，经过半个月的上涨，最高上涨到18.69元，然后出现横盘整理走势。在横盘震荡过程中，每当价格回调到12.5元附近，价格就得到支撑，开始上涨，但每当上涨到18.5元附近，价格就会再度受到压力而下行。所以12.5元附近就是支撑，也就是买入点，即A、C、E、G点都可以买入该股票。18.5元附近就是压力，就是卖出点，即B、D、F、J点都可以卖出手中的股票。但需要注意的是，在K点，股价突破压力，意味着横盘整理行情结束，又开始一波上涨行情，所以，手中的筹码继续持有即可，如果手中还有资金，还要果断地加仓买进该股票，因为趋势行情才是真正赚钱的好机会。

上涨行情也不会一直涨下去，总有一天会反转向下。所以，当股价经过较大幅度的上涨之后，再度出现横盘整理就要小心了。一旦价格跌破支撑，就可能开始真正的下跌行情了，这时手中还有筹码的投资者要及时卖出该股票。

图12.14显示的是中科曙光（603019）2020年4月28日至2020年9月11日的日K线图。

图12.14　中科曙光（603019）2020年4月28日至2020年9月11日的日K线图

中科曙光（603019）的股价经过几波上涨之后创出212.85元的高点，随后价格开始快速下跌。经过半个月的快速下跌之后，价格出现反弹，需要注意的是，价格反弹没有再创新高，并且反弹的高点一次比一次低，意味着上升趋势有可能已经结束。在这时可以看到，价格经过一段时间的窄幅震荡之后，在A处跌破支撑，意味着价格要开始快速下跌，所以，手中有筹码的投资者要及时果断地卖出，否则会越套越深，最终损失惨重。

在下跌趋势中，支撑与压力是逐步下移的。每当价格下跌到支撑位附近时，短线高手可以轻仓买入股票，当股价上涨到压力位附近时，可以卖出股票。当然，如果投资者没有时间盯盘或者不是短线高手，最好不要碰下跌初期的股票，因为投资者一旦买进后不能及时出来，往往会损失惨重。总之，在下跌趋势中不要轻易买进，空仓是最好的策略。

提醒: 如果投资者买进一只下跌趋势的股票,特别是该股票是下跌初期,一旦价格跌破支撑,就不要心存幻想,及时果断止损才是最重要的。

图12.15显示的是金杯汽车(600609)2020年8月6日至2021年1月14日的日K线图。

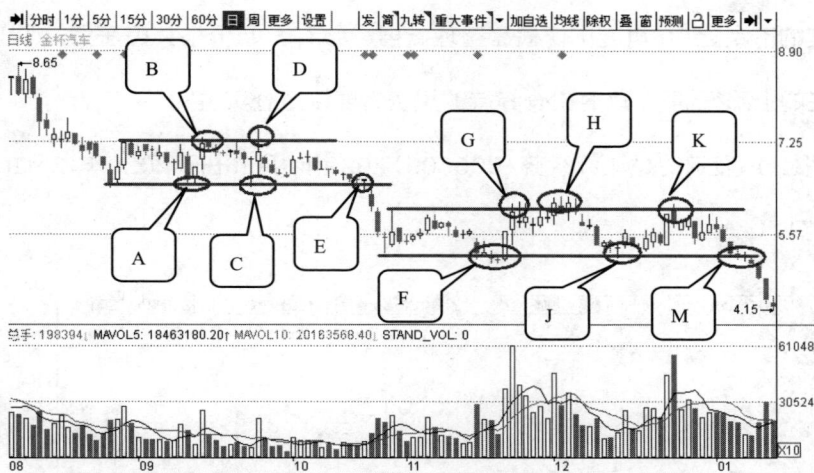

图12.15　金杯汽车(600609)2020年8月6日至2020年1月14日的日K线图

金杯汽车(600609)的股价经过一波反弹创出8.65元高点,然后开始快下跌。经过半个月的快速下跌之后开始横盘整理,每当价格下跌到6.50元附近,股价就开始反弹,但反弹到7.20元附近,股价就开始再度下跌,这样反反复复多次。所以,6.50元附近就是支撑,可以买进,但需要注意的是,当前是下跌趋势,所以一定要见好就收;7.20元附近就是压力,所以,手中有筹码的投资者要及时卖出。所以,A、C点是轻仓买入点,而B、D点是较高的卖出股票的位置。需要注意的是,在E点如果您买进股票,但第二天价格就快速下跌,所以这里要及时止损。

股价跌破6.50元附近支撑后,又开始快速下跌。下跌到5.20元价格再度反弹,反弹到6.20元附近价格再度下跌,这样反反复复形成横盘整理走势。5.20元附近就是支撑,所以,在支撑处可以轻仓买进,即F、J点。由于仍是下跌趋势,所以，有盈利就要及时止盈。6.20元附近就是压力，即G、H和K点是卖出手中股票的位置。需要注意的是，在M点，价格再度跌破支撑，所以，手中仍有筹码的投资者要果断卖出，否则短时间内就会出现较大的亏损。

下跌行情也不会一直下跌下去，总有一天会反转向上。所以，当股价经过较大幅度的下跌之后，再度出现横盘整理就要小心了。一旦价格突破压力，就可能开始真正的上涨行情了，这时空仓等待的投资者要以重仓买进。

图12.16显示的是江苏索普（600609）2020年8月26日至2020年12月10日的日K线图。

图12.16　江苏索普（600609）2020年8月26日至2020年12月10日的日K线图

江苏索普（600609）的股价经过几年的震荡下跌，从最高点的20.41元一路下跌到6元左右。由于下跌时间很长，并且下跌幅度较大，所以，当股价再度震荡盘整时，就要注意是否有反转的可能，即由长期的下跌趋势转为上升趋势。

股价每次下跌到5.90元附近就开始反弹上涨，但每上涨到6.25元附近又开始震荡下跌。所以，5.90元附近就是支撑，可以轻仓买进该股票。当价格上涨到6.25元附近，不能向上突破，就可以卖出该股票。需要注意的是，一旦股价向上放量突破6.25元附近时,意味着价格又要开始一波上涨,所以,手中的筹码可以继续持有。如果手中还有资金,要果断加仓做多,这样短时间内就会有不错的盈利。

得到支撑是指股价下跌到前期高点或低点附近时就止跌。该支撑位是买进股票的理想位置,空仓的投资者可以在支撑价位附近买入股票。

图12.17显示的是赛轮轮胎(601058)2019年2月22日至2021年1月15日的日K线图。

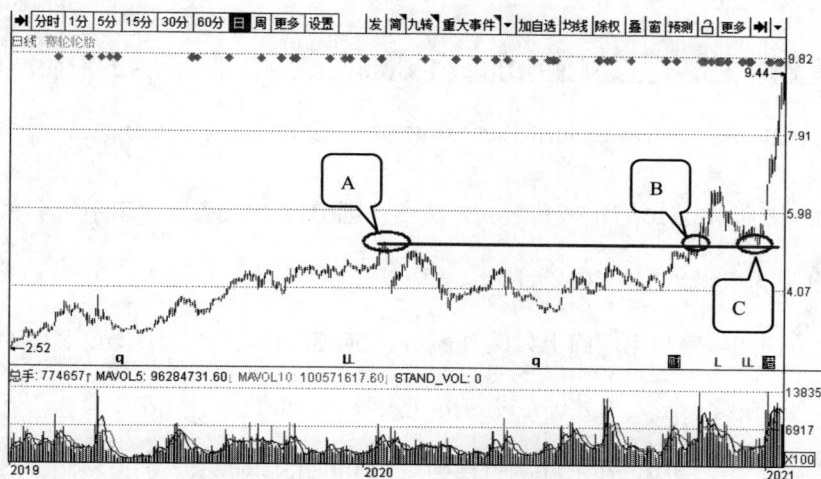

图12.17　赛轮轮胎(601058)2019年2月22日至2021年1月15日的日K线图

赛轮轮胎(601058)创出2.52元低点后开始震荡上涨,经过较长时间的上涨之后,创出5.19元高点,即A处。随后价格出现较长时间宽幅横盘整理走势,然后在B处价格突破5.19元高点,出现一波上涨行情。

这一波上涨行情结束后,又出现深度回调,并回调到前期高点附近,即5.19元附近,价格再度受到支撑,即C点,所以,C处是较为理想的做多股票的位置。

图12.18显示的是西部矿业(601168)2020年10月27日至2021年2月19日的日K线图。

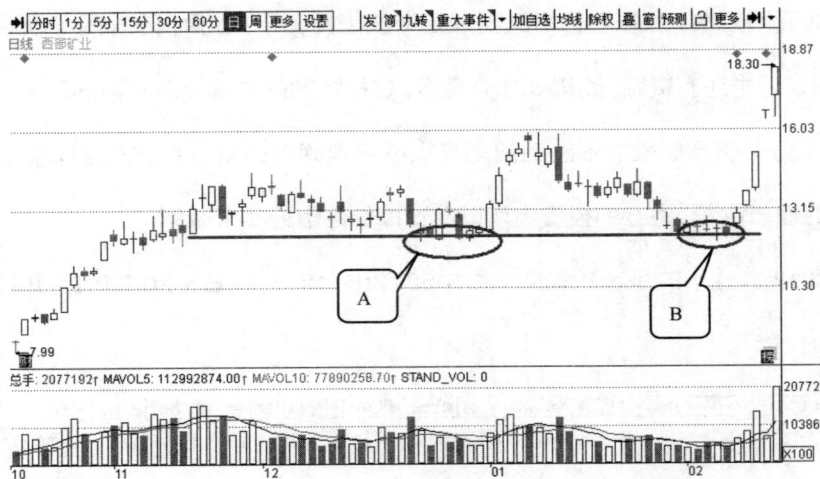

图12.18　西部矿业（601168）2020年10月27日至2021年2月19日的日K线图

西部矿业（601168）的股价经过一波上涨创出14.49元高点，随后价格开始震荡盘整，回调的低点支撑在12元附近，即A处。

股价横向盘整后出现向上突破，随后再度调整，再度回调到12元，即B处，价格再度得到支撑，所以，B处仍是较好的买入股票的位置。

遇到压力是指股价在上涨的过程中，遇到前期高点或低点时反转向下，这时投资者如果手中还有股票筹码，就要及时果断卖出。

图12.19显示的是中铝国际（601068）2020年6月24日至2020年9月28日的日K线图。

中铝国际（601068）的股价经过一波上涨，最高上涨到4.77元，即A处。随后开始震荡盘整，需要注意的是，当股价上涨到4.77元附近时，不能有效突破，就会承受压力而下行，所以，在B处要及时果断卖出手中的股票筹码。

图12.20显示的是四川成渝（601107）2020年2月22日至2020年8月6日的日K线图。

四川成渝（601107）的股价经过一波上涨之后创出4.93元的高点，然后快速回调。回调到4.30元附近，价格再度企稳，即在A处得到支撑。接着价格再度上涨，并创出5.18元高点，随后价格就开始快速下跌，并跌破4.30元附近的支撑，这样4.30元附近的支撑就变成压力位。

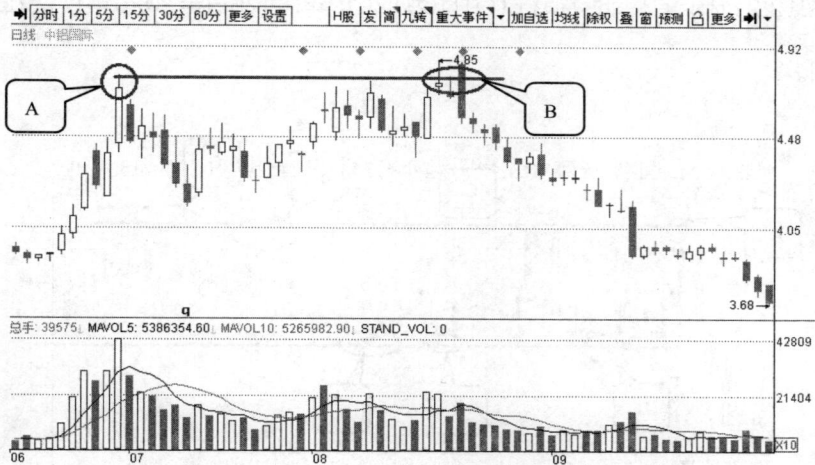

图12.19　中铝国际（601068）2020年6月24日至2020年9月28日的日K线图

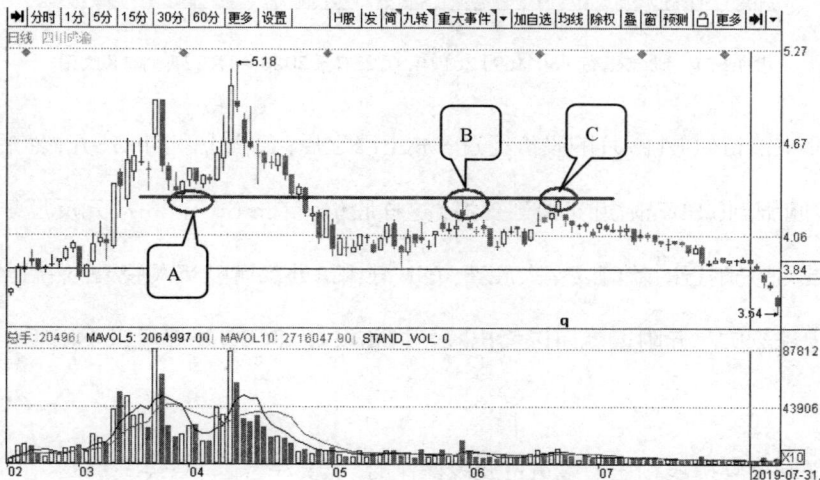

图12.20　四川成渝（601107）2020年2月22日至2020年8月6日的日K线图

价格快速下跌到3.90元附近，股票价格再度反弹。注意：当股价反弹到4.30元附近时，要及时卖出手中的股票筹码，即B和C处是较好的卖出位置。

支撑线和压力线组成的平行区间可以看作是股价运行的箱体，比较适合波段操作，其操作方法相当简单：当股价运行到支撑线附近止跌回升时，可以买进股票；当股价运行到压力线附近受压回落时，可以卖出手中的股票。

图12.21显示的是北京银行（601169）2019年9月25日至2020年1月22日的日K线图。

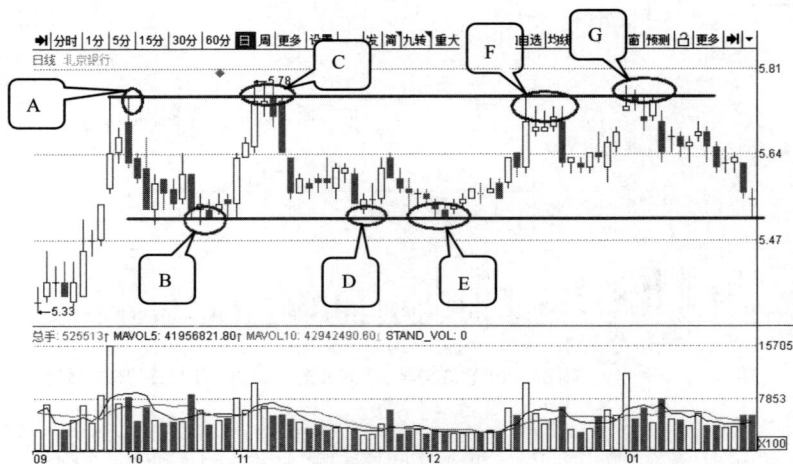

图12.21　北京银行（601169）2019年9月25日至2020年1月22日的日K线图

北京银行（601169）的股价经过一波上涨之后，最高上涨到5.75元，然后出现回调，回调到5.55元附近又得到支撑，这样股价就在5.55元~5.75元反反复复运行。在5.55元附近时就可以买入股票，即B、D和E处都可以买入股票；然后当股价反弹上涨到5.75元附近就可以卖出股票，即A、C、F和G处都可以卖出手中的股票筹码。

在利用支撑线和压力线进行波段操作时，需要注意以下三点：

第一，支撑线和压力线的平行区间运行的时间短，则缺乏稳定性。

第二，支撑线和压力线之间的间距如果过小，则缺乏必要的获利空间。

第三，当成交量过大时，股价往往会突破原有的平行区间。

12.4.5　支撑与压力的转换

支撑与压力是可以相互转换的。当股价从上向下跌破支撑，原来的支撑就会变成压力，如图12.22所示。

图12.23显示的是第一创业（002797）2020年10月12日至2021年1月15日的日K线图。

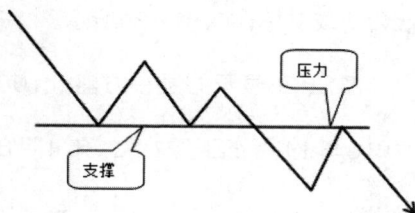

图12.22　原来的支撑就会变成压力

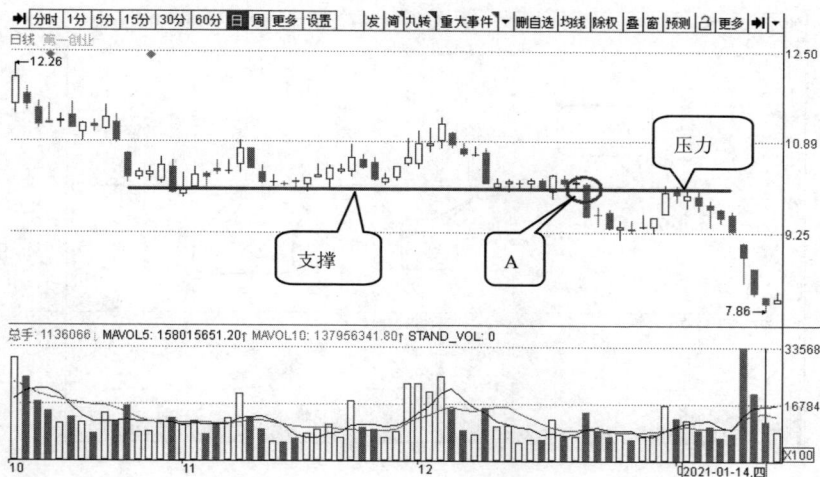

图12.23　第一创业（002797）2020年10月12日至2021年1月15日的日K线图

第一创业（002797）的股价经过一波上涨创出12.26元高点，然后开始震荡下跌，在10元股价止跌。接着股价开始反弹，然后行情反反复复，但在10元附近的支撑没有跌破。

横向盘整近两个月的时间后，在A处跌破10元支撑，这样10元附近就由支撑变成压力，所以，当价格再度反弹到10元附近时，是卖出手中股票筹码最好的位置。

当股价从下向上突破压力，原来的压力就会变成支撑，如图12.24所示。

图12.25显示的是东方盛虹（000301）2020年11月4日至2021年4月8日的日K线图。

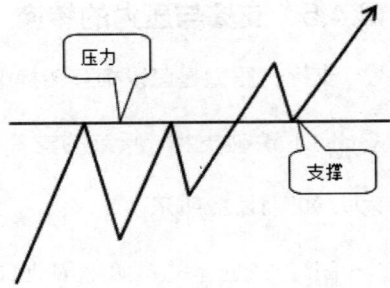

图12.24　原来的压力就会变成支撑

东方盛虹（000301）的股价经过一波上涨之后创出11.59元高点，然后价格开始回调，这样在11.59元附近就形成压力。

图12.25　东方盛虹（000301）2020年11月4日至2021年4月8日的日K线图

在A处，股价放量突破11.59元附近的压力，这样该压力就变成支撑。即11.59元附近为支撑。

支撑与压力转换的可能性取决于三个因素，具体如下：

第一，原先支撑或压力位的成交量。成交量越大，在这个点位发生作用转换的可能性越大。

第二，原先股价在支撑或压力位进行交易的时间。交易的时间越长，在这个点位发生作用转换的可能性越大。

第三，近一段时间内在这个价位的交易次数。交易次数越多，这个价位在投资者的头脑中就越清晰，也就越容易发生转换。

12.5 K线与通道线量化实战技巧

通道线，又称管道线，是在趋势线的反方向画一根与趋势线平行的直线，使该直线穿越近期价格的最高点或最低点。这两条线将价格夹在中间运行，形成明显的管道或通道形状。

图12.26显示的是上证指数（000001）2020年10月28日至2021年3月15日的日K线图。

图12.26 上证指数（000001）2020年10月28日至2021年3月15日的日K线图

通道的主要作用是限制价格的变动范围，让它不能变得太离谱。通道一旦得到确认，那么价格将在这个通道里变动。如果通道线一旦被价格有效突破，往往意味着趋势将有一个较大的变化。当通道线被价格突破后，趋势上升的速度或下降的速度会加快，会出现新的价格高点或低点，原有的趋势线就会失去作用，要重新依据价格新高或新低画出趋势线和管道线。

在明显的上升趋势中，价格上涨到通道线的上边压力线时，可以减仓，然后等回调到通道线的下边支撑线时再加仓。

图12.27显示的是歌力思（603808）2020年12月9日至2021年7月13日的日K线图。

歌力思（603808）经过较长时间、较大幅度的下跌之后，创出12.19元低点，随后股价开始震荡上涨，这样可以利用A和B两点来绘制通道线的下边线，利用D和F两点来绘制通道线的上边线。

这样，C、E、G、H、K、N处都是较好的加仓点，而J、L、M和X处都是较好的减仓点。

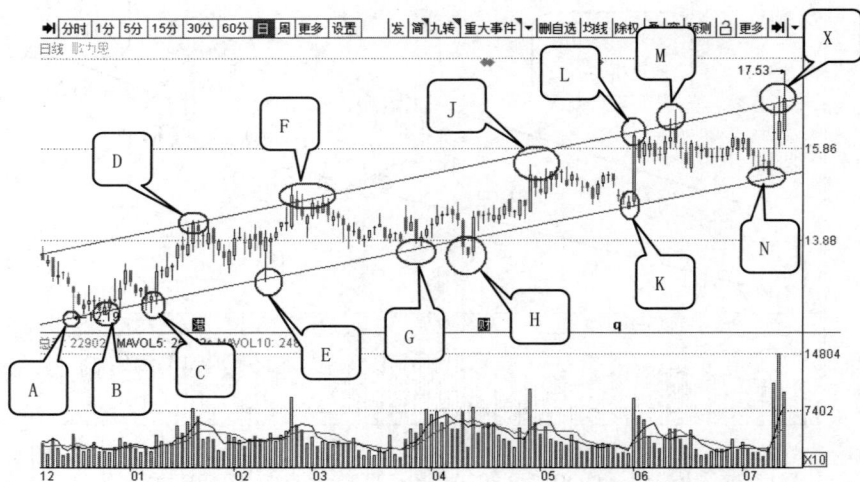

图12.27　歌力思（603808）2020年12月9日至2021年7月13日的日K线图

其中A、B和C处都是较好的加仓点，而D、E、F处都是较好的减仓点。

通道线被价格突破后，往往不会发生价格反抽现象，即通道线不起到支持回抽动运的作用。当价格突破通道线后，要么一飞冲天，要么会迅速跌回趋势通道中，而不会在通道线附近做任何停留。图12.27中的F和M点都是突破管道线后，迅速跌回趋势通道之中。

图12.28显示的是同仁堂（600085）2020年12月18日至2021年5月28日的日K线图，其股价突破管道线后一飞冲天。

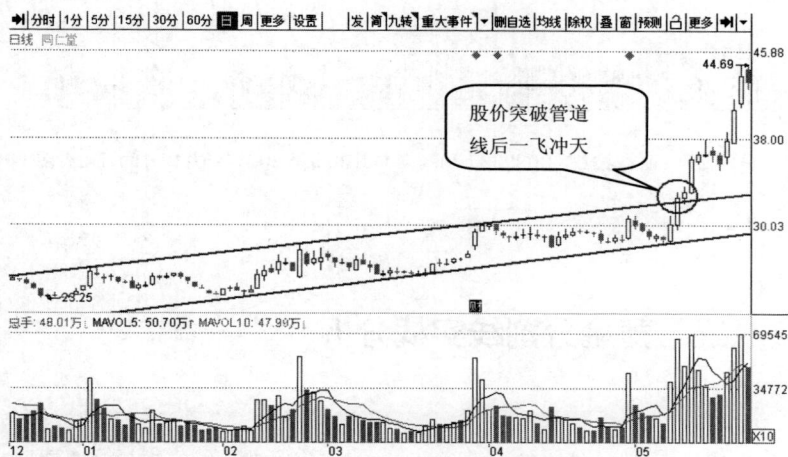

图12.28　同仁堂（600085）2020年12月18日至2021年5月28日的日K线图

在下降趋势中，价格上涨到通道线的上边压力线时要果断出局，然后等回调到通道线的下边支撑线时尽量不加仓，如果是快速下跌，可以利用少量资金搏反弹。

图12.29显示的是鹏鼎控股（002938）2020年11月20日至2021年5月10日的日K线图。

在A、C、D和G处，即在股价的反弹高点是卖出的好时机，而在B、E和F处，原则上是不要参与，如果投资者已成为短线高手，则可以利用少量资金做快进快出的反弹行情，不过风险很大，因为下降趋势中的通道线往往起不到支撑作用，常常被价格迅速跌破。

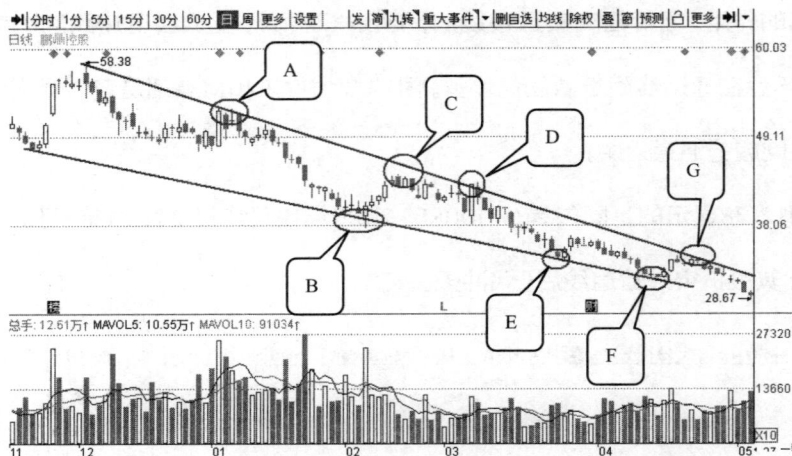

图12.29　鹏鼎控股（002938）2020年11月20日至2021年5月10日的日K线图

12.6　K线与黄金分割线实战分析

黄金分割是一个古老的数学方法。它的各种神奇的作用和魔力，屡屡在现实生活中发挥我们意想不到的作用。

12.6.1　什么是黄金分割线

黄金分割线源于一组神奇的数字组合，即1、2、3、5、8、13……任何一个数字都是前两个数字之和，如：2=1+1，3=2+1，5=3+2；13=8+5……

这一组数字的任意一个数字与相邻的后一个数字之比，均趋向于0.618；而任意一个数字与相邻的前一个数字之比，约等于1.618。这组数字被称为神秘数字，而0.618和1.618就叫黄金分割率。黄金分割率的基本公式是将1分割成0.618和0.382。

在上涨行情时，我们关心上涨到什么位置将遇到压力。黄金分割线提供的位置是基点价位乘上特殊数字。假设基点价格为10元，则：

10.00=10×1.000

13.82=10×1.382

15=10×1.500

16.18=10×1.618

20.00=10×2.000

26.18=10×2.618

这几个价位可能成为未来的压力位。其中16.18、26.18成为压力线的可能性最大。超过20的那几条很少用到。如果处在活跃程度很高、股价上下波动较为剧烈的市场，这个方法容易出现错误。

同理，在下降行情时，我们极为关心下落将在什么位置获得支撑。黄金分割提供的是如下几个价位，它们是由这次上涨的最高价位分别乘以上面所列特殊数字中的几个，假设基点是10元，则：

8.09=10×0.809

6.18=10×0.618

5=10×0.5

3.82=10×0.382

1.91=10×0.191

这几个价位极有可能成为支撑，其中6.18和3.82的可能性最大。

12.6.2　黄金分割线量化实战案例

如果股价已经过长时间的大幅下跌，探明底部区域后，开始震荡上升，并且上涨幅度不大，然后出现回调，这时可以利用黄金分割线来预测其回调的位置，从而实现抄短底。

图12.30显示的是航天信息（600271）2021年1月22日至2021年4月7日的日K线图。

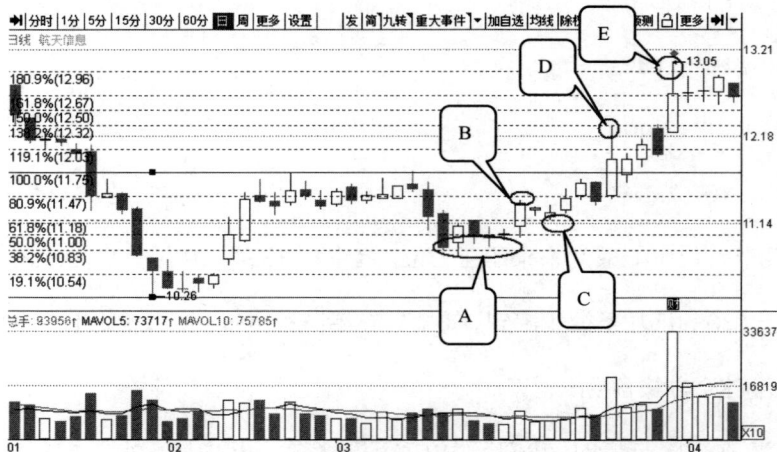

图12.30　航天信息（600271）2021年1月22日至2021年4月7日的日K线图

航天信息（600271）的股价经过较长时间、较大幅度的下跌之后，创出10.26元低点。股价创出低点这一天，股价收出一根带有长长下影线的锤头线，这是一个见底K线。随后几天，股价继续在低点震荡，震荡四个交易日后，股价跳空高开，出现反弹，这一波反弹最高上涨到11.75元。

需要注意的是，股价这一波反弹上涨到11.70元附近就涨不动了，然后在11.30元~11.75元来回震荡，经过十几个交易日的窄幅震荡之后，股价出现回调，这一波回调到什么位置可以抄底呢？下面利用黄金分割线来计算。

首先利用最低点10.26和最高点11.75来绘制黄金分割线，然后就可以看到其重要支撑位，即0.618（11.18元）、0.5（11.0元）、0.382（10.83元）的黄金分割支撑位。

在这里可以看到，股价两根大阴线下跌，回调到50%的位置，即11元附近。随后股价就在11元~11.18元震荡四个交易日，即A处。所以，A处是一个抄底做多的位置。接着股价就开始上涨，一根中阳线涨到80.9%（11.47元），即B处。然后略回调，回调到61.8%（11.18元），即C处。接着股价继续上涨，突破前期高点。

需要注意的是，突破前期高点是一根带有上影线的中阳线，最高上涨到138.2%（12.32元）附近，即D处。股价突破前期高点后，股价继续上涨，最高上涨到180.9%（12.95元）附近，即E处。需要注意的是，股价创出13.50元高点后，随后几个出现上涨无力情况，所以，短线高手要注意止盈。

总之，一波上涨行情完成后开始回调，一般会在0.5黄金分割位有支撑，如果支撑无效，一般会找0.328黄金分割位。如果是回调，很少会跌破0.382黄金分割位，然后开始上涨，上涨过程也许很复杂，但在重要的黄金分割位都会有压力或支撑。

在明显的上涨行情中，如果股价出现回调，也可以利用黄金分割线来抄底。

图12.31显示的是隆基股份（601012）2020年7月20日至2021年1月4日的日K线图。

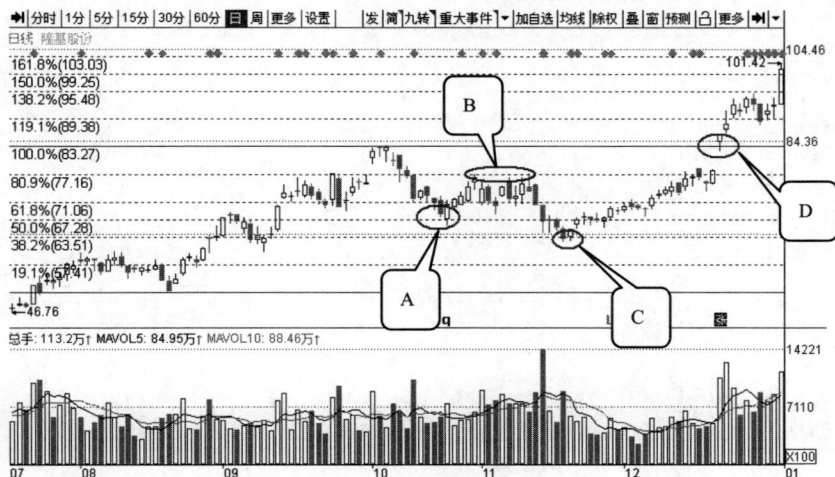

图12.31　隆基股份（601012）2020年7月20日至2021年1月4日的日K线图

隆基股份（601012）的股价在明显的上涨行情中经过一波上涨之后，出现回调，到底回调到什么位置可以抄底，下面利用黄金分割线来计算。

利用2020年8月20日的低点51.30元和10月13日的高点83.27元来绘制黄金分割线。

在这里可以看到，股价回调到50%附近，即A处。出现反弹。这一波反弹到80.9%附近，即B处。震荡近十个交易日后再度下跌回调，正好回调到38.2%附近，即C处。股价企稳，开始新的一波上涨，所以，C处是最佳的抄底位置。

随后股价开始震荡上涨，虽然上涨速度很慢，但股价的重心在上移，最后在D处，股价跳空高开突破前期高点，所以，D处是一个短线加仓做多的位置。

如果股价处于明显的下跌行情中，下跌过猛，然后出现反弹，这时可以利用黄金分割线预测其反弹的高度。

图12.32显示的是分众传媒（002027）2021年2月1日至2021年7月5日的日K线图。

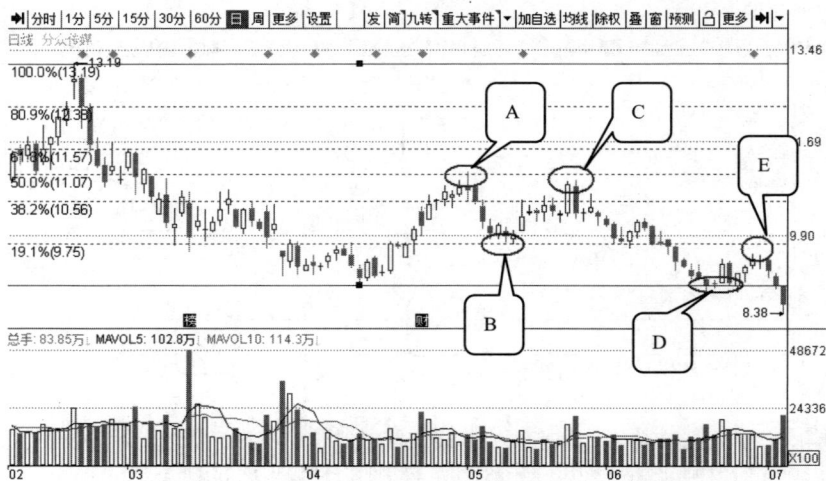

图12.32　分众传媒（002027）2021年2月1日至2021年7月5日的日K线图

分众传媒（002027）的股价经过较长时间、较大幅度的上涨之后，创出13.19元高点，然后股价开始下跌，经过连续下跌之后，创出8.94元低点。接着股价开始反弹，下面来预测一下其反弹的高度。

首先利用高点13.19元和低点8.94元来绘制黄金分割线。在这里可以看到，股价反弹到50%（11.07元）附近，即A处。股价受压下行，回调到19.1%（9.75元）附近，即B处。

股价在B处企稳后再度反弹，但这一波反弹力量有点儿弱，没有再创反弹新高，而是在C处，即50%以下受压下行，这一波下跌再度回到前期低点（8.94元）附近，即D处。

股价在D处企稳后再度反弹，但这一波反弹更弱，连19.1%（9.75元）也没有反弹到，即E处。就再度下跌，这一波下跌创出新低，即开始进入新的下跌行情。

总之，每次反弹到0.382和0.5重要阻力位时，都要特别小心，一出现不好的信号，就要及时出局观望。

12.6.3　黄金分割线对强势股股性的实战分析

假设一只强势股，上一轮由10元涨至15元，呈现一种强势，然后出现回调，它将回调到什么价位呢？黄金分割的0.382位为13.09元，0.5位为12.50元，0.618位为11.91元，这就是该股的三个支撑位。

第一：若股价在13. 09元附近获得支撑，该股强势不变，后市突破15元创新高的概率大于70%。若创出新高，该股就运行在第三主升浪中。能上冲什么价位呢？用一个0.382价位即（15−13.09）+15＝16.91（元），这是第一压力位；用两个0.382价位（15−13.09）×2+15＝18.82（元），这是第二压力位；第三压力位为10元的倍数即20元。

第二：若该股从15元下调至12.50元附近才获得支撑，则该股的强势特征已经趋淡，后市突破15元的概率只有50%，若突破，高点一般只能达到一个0.382价位即16.91元左右；若不能突破，往往会形成M头，后市下破12.50元支撑位后回到起点10元附近。

第三：若该股从15元下调至0.618位11.91元甚至更低才获得支撑，则该股已经由强转弱，破15元新高的概率小于30％，大多仅上摸下调空间的0.5位附近（假设回调至11.91元，反弹目标位大约在[（15-11.91）×0.5+11.91＝13.46（元）]然后再行下跌，运行该股的下跌C浪。大约跌到什么价位呢？用11.91-（15-13.09）＝10（元），是第一支撑位，也是前期低点；11.91-（15-13.09）×2＝8.09（元），是第二支撑位。

12.6.4　黄金分割线对弱势股股性的实战分析

假设一只弱势股上一轮由40元跌至20元，然后出现反弹，黄金分割的0.382位为27.64元；0.5位为30元；0.618位为32.36元。

第一：若该股仅反弹至0.382位27.64元附近即遇阻回落，则该股的弱势特性不改，后市下破20元创新低的概率大于70％。

第二：若该股反弹至0.5位30元遇阻回落，则该股的弱势股性已经有转强的迹象，后市下破20元的概率小于50％。大多在20元之上再次获得支撑，形成W底，日后有突破30元颈线上攻40元前期高点的可能。

第三：若该股反弹至0.618位32.36元附近才遇阻回落，则该股的股性已经由弱转强，后市基本可以肯定不会破20元前低，更大的可能是回探反弹空间的0.5位，假设反弹至32.36元，回档目标为（32.36-20）×0.5+20＝26.18（元），后市上破40元前高的概率大于50％。第一压力位40元，是前高，也是前低20元的整数倍；第二压力位是二浪底即26.18元的倍数52.36元。此时该股已经运行在新一上升浪的主升三浪中。

提醒：黄金分割线对具有明显上升或下跌趋势的个股有效，对平台运行的个股无效，一定要加以区分。

读 者 意 见 反 馈 表

亲爱的读者:

感谢您对中国铁道出版社有限公司的支持,您的建议是我们不断改进工作的信息来源,您的需求是我们不断开拓创新的基础。为了更好地服务读者,出版更多的精品图书,希望您能在百忙之中抽出时间填写这份意见反馈表发给我们。随书纸制表格请在填好后剪下寄到:北京市西城区右安门西街8号中国铁道出版社有限公司大众出版中心 张亚慧收(邮编:100054)。或者采用传真(010-63549458)方式发送。此外,读者也可以直接通过电子邮件把意见反馈给我们,E-mail地址是:lampard@vip.163.com。我们将选出意见中肯的热心读者,赠送本社的其他图书作为奖励。同时,我们将充分考虑您的意见和建议,并尽可能地给您满意的答复。谢谢!

- -

所购书名:_____

个人资料:

姓名:_____ 性别:_____ 年龄:_____ 文化程度:_____

职业:_____ 电话:_____ E-mail:_____

通信地址:_____ 邮编:_____

- -

您是如何得知本书的:

□书店宣传 □网络宣传 □展会促销 □出版社图书目录 □老师指定 □杂志、报纸等的介绍 □别人推荐
□其他(请指明)_____

您从何处得到本书的:

□书店 □邮购 □商场、超市等卖场 □图书销售的网站 □培训学校 □其他

影响您购买本书的因素(可多选):

□内容实用 □价格合理 □装帧设计精美 □带多媒体教学光盘 □优惠促销 □书评广告 □出版社知名度
□作者名气 □工作、生活和学习的需要 □其他

您对本书封面设计的满意程度:

□很满意 □比较满意 □一般 □不满意 □改进建议

您对本书的总体满意程度:

从文字的角度 □很满意 □比较满意 □一般 □不满意
从技术的角度 □很满意 □比较满意 □一般 □不满意

您希望书中图的比例是多少:

□少量的图片辅以大量的文字 □图文比例相当 □大量的图片辅以少量的文字

您希望本书的定价是多少:

本书最令您满意的是:

1.
2.

您在使用本书时遇到哪些困难:

1.
2.

您希望本书在哪些方面进行改进:

1.
2.

您需要购买哪些方面的图书? 对我社现有图书有什么好的建议?

您更喜欢阅读哪些类型和层次的书籍(可多选)?

□入门类 □精通类 □综合类 □问答类 □图解类 □查询手册类 □实例教程类

您在学习计算机的过程中有什么困难?

您的其他要求: